新时代
中国特色检察理论
与实践创新研究

叶 青　朱文波／主　编
柳　燕　程　衍／副主编

法律出版社
LAW PRESS·CHINA
——北京——

图书在版编目（CIP）数据

新时代中国特色检察理论与实践创新研究／叶青，朱文波主编；柳燕，程衍副主编. -- 北京：法律出版社，2024. -- ISBN 978 - 7 - 5197 - 9875 - 8

Ⅰ. D926.32

中国国家版本馆CIP数据核字第2024KB1321号

新时代中国特色检察理论与实践创新研究	叶 青 朱文波 主 编	策划编辑 张 珺
XINSHIDAI ZHONGGUO TESE JIANCHA LILUN YU SHIJIAN CHUANGXIN YANJIU	柳 燕 程 衍 副主编	责任编辑 张 珺
		装帧设计 汪奇峰

出版发行	法律出版社	开本	710毫米×1000毫米 1/16
编辑统筹	法商出版分社	印张 26.5	字数 392千
责任校对	王语童	版本	2025年5月第1版
责任印制	胡晓雅	印次	2025年5月第1次印刷
经　　销	新华书店	印刷	北京中科印刷有限公司

地址:北京市丰台区莲花池西里7号(100073)

网址:www.lawpress.com.cn 销售电话:010 - 83938349

投稿邮箱:info@lawpress.com.cn 客服电话:010 - 83938350

举报盗版邮箱:jbwq@lawpress.com.cn 咨询电话:010 - 63939796

版权所有·侵权必究

书号:ISBN 978 - 7 - 5197 - 9875 - 8 定价:99.00元

凡购买本社图书,如有印装错误,我社负责退换。电话:010 - 83938349

序　言

在全面依法治国战略稳步推进、国家治理体系和治理能力现代化加快构建的新时代背景下，检察机关作为国家法律监督机关，其理论基础与实践路径亟须在继承中创新、在创新中发展。《新时代中国特色检察理论与实践创新研究》一书，正是对当前检察改革前沿问题与中国特色社会主义法治体系建设深度对接的一次系统回应，是新时代中国特色检察理论成果的重要体现。

党的十八大以来，以习近平同志为核心的党中央高度重视检察机关法律监督工作，专门印发了《中共中央关于加强新时代检察机关法律监督工作的意见》，它是当前和今后一个时期加强检察工作的引领性文件，其中明确提出要深化司法体制改革，加强检察机关法律监督职能。特别是近些年来，检察机关在机构设置、职能重塑、监督机制等方面发生了一系列深刻变革。在长期的实践探索中，"四大检察"均衡发展；未成年人检察制度不断深入；行刑反向衔接、数字检察等理念持续创新，检察机关正以前所未有的担当姿态和守正创新意识投身法治实践。理论的探索与支撑在此过程中显得尤为重要。

为应对检察实践的需求，最高人民检察院提出了加强新时代检察机关与高等学校的合作的要求。上海市人民检察院积极响应，为上海市检察机关与驻沪高校搭建了众多合作平台。借此东风，上海市长宁区人民检察院与华东政法大学华东检察研究院，在2024年4月15日签订了《对标改革创新加强检察理论研究合作协议》，借助高校与机关各自优势，共同探讨解决检察理论与实践问题。其间双方共同论证并确定了十四项课题，由高校学者和一线检察官联合组成课题攻关小组。在后续的研究中，由长宁区人民检察院朱文波检察长和华东政法大学校长、华东检察研究院院长叶青教授共同担任联合课题组首席专家，各子课题组内部分工负责，长宁的一线检察人员细致整理并总结实践问题，高校学者提供理论指导。最终各课题组顺利完成了研究任务并形成了研究报告，而本书的书稿即是以此为蓝本。2024年11月12日,在长宁区人民检察院召开了课题结项评审会,邀请到了中国政法大学诉讼法学研究院名誉院长卞建林教授、上海交通大学凯原法学院讲席教授孙长永、法律出版社高级策划编辑张珺编审作为评审嘉宾,各位专家均对课题研究成果作了高度评价,同时也提出了进一步完善意见。依据各位专家意见,经过后续的打磨,最终形成了呈现于各位读者面前的本书书稿。

本书立足中国特色社会主义法治实践,紧扣新时代检察工作的时代命题与实践难题,既有对制度嬗变的历史脉络梳理,又有对现实问题的深度解析,理论厚重,资料翔实。创作者团队以长宁检察的基层实践为基础,同时结合了山东、新疆、江西以及江苏等地的检察经验,积极回应司法改革前沿问题,囊括了"四大检察",同时涉猎了新兴的检察改革问题,既注重规范分析,又融合实证研究,在理论的高度与实践的深度之间架起了坚实的桥梁。本书由华东政法大学校长、华东检察研究院院长叶青教授和上海市长宁区人民检察院朱文波检察长担任主编,由上海市长宁区人民检察院副检察长柳燕和上海市长宁区人民检察院挂职副检察长程衍(华东政法大学刑事法学院副教授)担任副主编。

本书的编写和出版得到了上海市长宁区人民检察院和华东政法大学、华东检察研究院的大力支持和经费资助,经费来源于"上海市高水平地方高校(学科)建设项目"。书稿的撰写也得到了华东政法大学张栋教授、王戬教授、虞浔教授、陈邦达教授、邓晓霞副教授、戎静副教授和成小爱博士的倾力指导,在此一并表示衷心的感谢。希望本书可以成为广大法学、法律工作者和一线检察官们学习与研究检察法律监督工作的参考读物!

本书篇章结构及合作作者如下:

第一章"刑事检察视角下'高质效办好每一个案件'的理论沿革与实践需求",作者:主父光熙、马静、夏文怡、赵晨敏、王铭明,指导老师:张栋。

第二章"以证据为中心的刑事指控体系构建",作者:胡楠、杨晓梦、周帅、胡嘉俊,指导老师:陈邦达。

第三章"总体国家安全观下重罪与公共安全犯罪检察职能履行与拓展",作者:严佳颖、张璟、孙瑜阳,指导老师:戎静。

第四章"未成年人检察制度创新发展",作者:梅静、吴皎颐、任舒容、赵璐、郁郭馨,指导老师:王戬。

第五章"推动行政违法行为检察监督实效化",作者:孙沂培,指导老师:程衍。

第六章"行刑反向衔接实践问题研究",作者:林甲,指导老师:张栋。

第七章"检察公益诉讼调查核实权的理论与实践",作者:张静燕、齐保安,指导老师:戎静。

第八章"民事检察支持起诉工作机制完善",作者:李琦,指导老师:虞浔。

第九章"个人信息保护领域检察公益诉讼研究",作者:隋依雯、汤鑫,指导老师:王戬。

第十章"检察职能在涉外法治中的探索",作者:张孟佳、张金奕、张昭轩、朱诗意,指导老师:邓晓霞。

第十一章"数字检察赋能法律监督高质效发展研究",作者:刘郑,指导老师:程衍。

第十二章"新型派驻检察监督研究",作者:周臻彦、张敦,指导老师:虞浔。

第十三章"检察案件管理实证研究",作者:刘露、徐蕾、黄帅,指导老师:成小爱。

第十四章"现代化视野下基层检察机关队伍管理研究",作者:王菲、高俊君、吴佳颖、陈飞,指导老师:虞浔。

叶青　朱文波

2024 年 12 月 20 日

目录

第一章 刑事检察视角下"高质效办好每一个案件"的理论沿革与实践需求 / 001

第一节 高质效办好每一个案件的背景和时代意义 / 001

一、提出背景 / 001

二、时代意义 / 002

(一)满足人民群众法治新期待的内在要求 / 002

(二)加强新时代法律监督的基础工作 / 003

(三)保障经济高质量发展的必然选择 / 004

第二节 "高质效办好每一个案件"的理论内涵 / 005

一、案件高质量办理是"高质效"的基本前提 / 006

(一)实体上确保实现公平正义 / 006

(二)程序上更好更快实现公平正义 / 006

(三)感知上让人民群众感知到公平正义 / 007

二、案件高效率办理是"高质效"的重要内容 / 007

(一)刑事办案过程中提高办案效率 / 007

(二)刑事办案结果上体现办案效果 / 008

三、案件高水平办理是"高质效"的终极追求 / 009

(一)高质效完善考核指标 / 009

(二)高质效统筹法理情 / 009

(三)高质效履行检察职能 / 010

第三节 "高质效办好每一个案件"的实践需求 / 011

一、提升办案质量(实体) / 011
　　(一)创新方式,完善引导侦查工作机制 / 011
　　(二)以证据裁判为准,体系化审查证据 / 013
　　(三)以主要矛盾为据,精准化认定事实 / 014
　　(四)以法治精神为魂,正确适用法律 / 014
二、提高办案效率(程序) / 016
　　(一)程序简化提升办案效率 / 016
　　(二)以技术支撑的现代检察确保"简程序"而不减权利 / 018
三、延伸办案效果 / 021
　　(一)践行新时代"枫桥经验",高质效化解矛盾纠纷 / 021
　　(二)制发高质量检察建议,高质效助推社会治理 / 023
　　(三)推进数字检察,赋能新时代刑事检察工作创新 / 025

第二章　以证据为中心的刑事指控体系构建 / 028

第一节　概念的提出 / 028

一、历史沿革 / 028

二、内涵解读 / 030
　　(一)以证据为中心 / 030
　　(二)刑事指控体系 / 030

三、基本原则 / 031
　　(一)证据裁判原则 / 031
　　(二)程序法定原则 / 032
　　(三)无罪推定原则 / 033
　　(四)全面审查原则 / 033

第二节　以证据为中心的构建路径 / 034

一、刑事证明标准的基本要求 / 034
　　(一)"案件事实清楚,证据确实、充分"的内涵 / 034
　　(二)"排除合理怀疑"的理解与适用 / 035

二、实体范畴 / 036

（一）定罪指控　/ 036

　　（二）量刑建议　/ 036

　　（三）涉案财物处置　/ 037

三、程序范畴　/ 038

　　（一）管辖　/ 038

　　（二）立案　/ 039

　　（三）回避　/ 039

　　（四）核准追诉　/ 039

四、审查体系　/ 040

　　（一）证据收集规则　/ 040

　　（二）关联性审查　/ 040

　　（三）合法性审查　/ 041

第三节　刑事指控体系的构建路径　/ 042

一、以提前介入实现指控体系的初步建构　/ 042

　　（一）提前介入程序的限定　/ 043

　　（二）提前介入范围的限定　/ 043

　　（三）提前介入角色的定位　/ 044

　　（四）提前介入的程序衔接　/ 044

二、审查起诉阶段　/ 045

　　（一）做优证据审查　/ 045

　　（二）做好证据补查　/ 045

　　（三）做细调查核实　/ 046

三、法院审理阶段　/ 046

第四节　健全完善配套制度机制　/ 047

一、完善内部工作机制　/ 047

　　（一）强化检察一体化履职机制　/ 047

　　（二）积极应对刑事指控多元化发展态势　/ 048

　　（三）动静结合全方位提高刑事指控实效　/ 049

　　（四）发挥不起诉审前过滤作用　/ 050

二、重构外部三方关系 / 051
　　(一) 完善制约配合的诉侦关系 / 051
　　(二) 优化以审判为中心的控审关系 / 051
　　(三) 构建良性互动的检律关系 / 052
三、注重组织保障和新时代队伍建设 / 052
　　(一) 强化组织领导机制 / 052
　　(二) 推进人才队伍建设 / 053
　　(三) 积极运用大数据赋能 / 053
　　(四) 加强国际合作与经验交流 / 054

第三章　总体国家安全观下重罪与公共安全犯罪检察职能履行与拓展 / 055
第一节　总体国家安全观下重罪与公共安全犯罪检察职能的内涵与外延 / 056
一、问题的内涵：对重罪与公共安全犯罪检察职能认定标准的教义学再反思 / 056
　　(一) 狭义重罪与公共安全犯罪检察职能认定标准：对单一维度标准的教义学评价 / 056
　　(二) 广义重罪与公共安全犯罪检察职能认定标准：犯罪性质和法定刑相结合的综合认定标准 / 058
　　(三) 重罪与公共安全犯罪检察职能认定标准的扩张：与重罪密切相关的部分案件纳入重罪检察的可行性 / 059
二、问题的外延：重罪与公共安全犯罪检察在总体国家安全观下的创新方向 / 060
　　(一) 明确总体国家安全观对检察工作的要求 / 060
　　(二) 明确总体国家安全观对重罪与公共安全犯罪检察的要求 / 061
第二节　总体国家安全观下的重罪与公共安全犯罪检察职能的履行与创新 / 063
一、在重罪与公共安全犯罪检察中贯彻执行司法政策 / 063
　　(一) 首要目的是维护国家和社会安全稳定 / 063

(二)贯彻宽严相济 / 064

(三)坚持客观公正导向 / 065

二、在重罪与公共安全犯罪检察中适用认罪认罚从宽制度 / 067

(一)在重罪案件中适用认罪认罚从宽制度的现状 / 067

(二)发挥认罪认罚从宽制度"分化、瓦解重大犯罪行为人"的作用 / 068

(三)对于应当依法从严惩治的案件,如何明确从宽的幅度与标准 / 069

(四)通过创新量刑方法,提高量刑建议精准度 / 069

三、在重罪与公共安全犯罪检察中建立重大敏感案件的快速反应机制 / 070

(一)明确需要报告请示的重大敏感案件范围 / 070

(二)重大敏感案件的发布信息、化解矛盾和引导舆论工作机制 / 070

四、在重罪与公共安全犯罪检察中探索建立交叉领域检察履职机制的新路径 / 072

(一)安全事故调查检察官制度 / 072

(二)行政检察与重罪检察组织与程序的衔接 / 075

五、在重罪与公共安全犯罪检察中构建重案上下联动体系建设 / 075

(一)案件捕诉一体的问题与破解 / 076

(二)法律程序运行过程中的问题与破解 / 077

六、在重罪与公共安全犯罪检察中深入强化法律监督职能履行 / 078

(一)审判监督:抗诉——司法公正的守护者 / 078

(二)侦查监督:纠正违法、漏捕漏诉——源头防范的基石 / 079

(三)对其他领域的监督:对行政机关履职的全方位审视 / 079

第四章　未成年人检察制度创新发展 / 081

第一节　现状与困境——未成年人检察创新发展中的棘手难题 / 081

一、涉未成年人刑事案件总体呈上升趋势 / 081

(一)未成年人犯罪低龄化、团伙化特征凸显 / 081

(二)侵害未成年人犯罪类型较为集中 / 081

二、未成年人保护相关制度和责任落实不够 / 082

（一）监护缺失或监护不当问题突出　/ 082

　　（二）家校共育机制待健全　/ 082

　　（三）行业监管存在困境　/ 083

　　（四）网络乱象影响严重　/ 084

三、未成年人犯罪预防和治理工作需深入推进　/ 084

　　（一）罪错未成年人分级干预矫治精准性有待进一步提高　/ 084

　　（二）未成年人检察社会支持体系建设有待进一步规范　/ 085

　　（三）大数据识别涉未成年人监督线索仍待深入探索　/ 086

　　（四）异地协作工作联动体系有待进一步健全　/ 086

第二节　创新与引领——未成年人检察工作的理念更新　/ 087

一、全面贯彻最有利于未成年人原则　/ 087

　　（一）统筹把握未成年人特殊、优先保护理念　/ 088

　　（二）准确把握检察办案与未成年人特殊主体的关系　/ 089

　　（三）辩证把握依法惩戒与教育挽救的关系　/ 089

二、凸显未成年人事务国家亲权理念　/ 090

　　（一）国家亲权理论之基础　/ 090

　　（二）检察机关履行未成年人保护的国家亲权　/ 090

三、坚持治罪与治理并重理念　/ 090

　　（一）依法惩处与精准帮教涉罪未成年人　/ 090

　　（二）依法严惩侵害未成年人犯罪　/ 091

　　（三）深化未成年人保护源头治理　/ 091

四、强化融合式监督、协同治理理念　/ 091

　　（一）融合式监督推动未成年人检察工作　/ 091

　　（二）协同治理实现全面保护　/ 092

第三节　构建与完善——未成年人检察工作创新发展路径　/ 092

一、深化综合履职，落实"高质效办好每一个案件"　/ 092

　　（一）践行"检察一体化"机制　/ 093

　　（二）健全综合履职、全面保护工作模式　/ 095

二、未成年人刑事检察实质化发展　/ 097

（一）从严惩治侵害未成年人犯罪与未成年被害人综合救助保护并重　／097

　　（二）依法惩戒和精准帮教罪错未成年人　／099

　　（三）深入开展未成年人刑事执行检察监督　／101

三、未成年人民事检察高质量发展　／103

　　（一）稳步推进未成年人监护侵害、监护缺失监督　／103

　　（二）持续深化涉未成年人民事权益支持起诉工作　／104

四、未成年人行政检察精准性发展　／105

　　（一）细化移送条件　／106

　　（二）建立内、外部衔接程序　／106

　　（三）落实行政处罚封存机制　／106

　　（四）规范未成年人刑事、行政处罚和矫治教育措施的衔接机制　／106

五、未成年人公益诉讼检察规范性发展　／107

　　（一）突出未成年人保护检察公益诉讼的精准性和规范性　／107

　　（二）做深做细新业态治理未成年人保护公益诉讼　／108

六、促推"六大保护"协同发力　／109

　　（一）深化家庭协同机制　／109

　　（二）深化检校协同机制　／110

　　（三）深化社会协同机制　／111

　　（四）深化网络保护协同机制　／112

　　（五）深化检府协同机制　／112

　　（六）深化司法保护协同机制　／113

第四节　配套与保障——未成年人检察专业化建设进路　／114

一、未成年人司法社会支持体系规范化发展　／114

　　（一）构建未成年人司法社会支持统筹协作机制　／114

　　（二）规范社会工作参与未成年人司法保护项目流程　／115

　　（三）建立委托事项完成效果评估机制　／115

　　（四）加强司法社会工作队伍专业化建设　／115

二、持续深耕数字未成年人检察建设　／116

　　（一）建构智慧未成年人检察数据动态共享平台　／116

（二）多元构建未成年人检察大数据监督模型 / 117
　三、加强未成年人检察队伍业务素能建设 / 117
　　（一）持续推动党建和业务深度融合 / 117
　　（二）坚持"一专多能"夯实业务素能基础 / 117
　四、深入探索长三角未成年人检察一体化跨区域协作创新 / 118
　　（一）完善长三角区域一体化数字检察联动机制 / 118
　　（二）建立区域专门检察人才和智库资源共建共享机制 / 118

第五章　推动行政违法行为检察监督实效化 / 120
第一节　行政违法行为检察监督的理解与定位 / 120
　一、行政违法行为检察监督的概念界定 / 120
　　（一）行政违法行为检察监督的内涵 / 120
　　（二）行政违法行为检察监督的外延 / 121
　二、行政违法行为检察监督的法理支撑 / 122
　　（一）行政违法行为检察监督是法律监督机关的基本职责 / 123
　　（二）行政违法行为检察监督是国家法律监督体系严密性的必然要求 / 124
　　（三）行政违法行为监督是"以人民为中心"理念的实际践行 / 125
　三、行政违法行为检察监督的现实必要性 / 126
　　（一）全面加强行政违法行为监督力度的现实需要 / 126
　　（二）深化行政检察职能补齐法律监督短板的现实需要 / 126
　　（三）行政检察提高站位、拓宽视野的必然要求 / 127
第二节　行政违法行为检察监督的实践运行 / 128
　一、行政违法行为检察监督的实践经验和成效 / 128
　　（一）行政违法行为检察监督实践运行特点 / 128
　　（二）行政违法行为检察监督实践探索情况的评析与思考 / 130
　二、行政违法行为检察监督的问题和困境 / 132
　　（一）外部依据不足 / 132
　　（二）线索来源较为匮乏 / 133
　　（三）监督范围和程序尚不明确 / 133

（四）监督方式乏力、能力不足和监督边界范围不清　／134

　第三节　行政违法行为检察监督的完善路径　／134

　　一、明确行政违法行为检察监督的基本原则　／135

　　二、规范行政违法行为检察监督工作机制　／136

　　　（一）严格把握办案标准　／136

　　　（二）持续优化监督方式　／136

　　　（三）谨守检察监督边界　／137

　　　（四）能动推进行政诉讼监督对行政违法行为的"穿透式监督"　／138

　　三、建立健全外部工作沟通协调机制　／139

　　四、坚持数字技术赋能行政违法行为监督　／141

　　五、配备具有专业素质的检察队伍　／142

　　六、加强理论研究和案例培育　／144

第六章　行刑反向衔接实践问题研究　／145

　第一节　行刑反向衔接的学理基础　／146

　　一、行刑反向衔接机制的概念、特征和原则　／146

　　　（一）基本概念　／146

　　　（二）性质特征　／147

　　　（三）基本原则　／149

　　二、行刑反向衔接机制的理论依托　／151

　　　（一）刑法谦抑性理论　／152

　　　（二）法秩序统一理论　／152

　　　（三）权力制约理论　／153

　　　（四）社会共治理论　／153

　　三、反向衔接的价值和功能体现　／154

　　　（一）社会综合治理功能　／154

　　　（二）轻罪治理协同路径构建　／154

　　　（三）社会惩戒体系完善　／155

　第二节　行刑反向衔接机制发展脉络　／155

　　一、反向衔接制度滥觞　／155

二、"两法衔接"背景下的反向衔接的探索 / 156

三、新时期背景下反向衔接新发展 / 157

第三节　行刑反向衔接实践难点和问题 / 158

一、反向衔接审查要点 / 159

（一）处罚法定性审查 / 159

（二）处罚必要性审查 / 162

（三）可操作性审查 / 164

二、反向衔接的文书制作和证据转化 / 165

（一）检察意见书和检察建议 / 165

（二）证据移送和转化问题 / 166

三、反向衔接管辖和流转障碍 / 167

（一）执法管辖对接缺位 / 168

（二）异地处罚问题障碍 / 169

（三）线索移送流转滞涩 / 169

（四）移送标准和认识差异 / 170

四、移送后跟进监督问题 / 171

（一）回复期限与行政执法办案期限的差异 / 171

（二）缺乏后续监督刚性 / 171

第四节　反向衔接问题分析化解建议 / 172

一、存在的问题 / 172

（一）相关规定细则尚未完善 / 172

（二）移送衔接机制未能有效衔接 / 173

（三）反向衔接认识和重视程度不足 / 173

二、具体化解完善的建议分析 / 174

（一）强化检察主导下的反向衔接体系 / 174

（二）增强行刑沟通和内外协作 / 174

（三）深化数字赋能提升衔接质效 / 175

三、反向衔接机制创新和监督延伸 / 175

第七章　检察公益诉讼调查核实权的理论与实践　/ 177

第一节　检察公益诉讼调查核实权的理论与实践内涵　/ 177

一、调查核实权的含义与发展历程　/ 177
（一）检察公益诉讼制度的法律沿革　/ 177
（二）检察公益诉讼调查核实权的发展　/ 178

二、调查核实权的实践地位　/ 181
（一）调查核实是检察机关履行法律监督职能的支点和重要方式　/ 181
（二）调查核实对司法办案的积极指导作用　/ 182
（三）调查核实是维护司法公正的内在要求　/ 182

三、调查核实权的理论依据　/ 183
（一）调查核实权的权力属性　/ 183
（二）举证责任和证明标准问题　/ 184

第二节　检察公益诉讼调查核实权方式　/ 185

一、公益诉讼调查核实方式的种类　/ 185
二、调查核实方式在实践中的运用　/ 186
三、与传统"三大检察"调查方式的区别　/ 186

第三节　调查核实权实践中的运用与思考　/ 187

一、调查核实权的实践运用　/ 187
二、在实践探索中遇到的困惑　/ 188
（一）法律规定不充分　/ 188
（二）较为依赖被调查对象的配合　/ 189
（三）配套机制不完善　/ 190

第四节　检察公益诉讼调查核实权的完善路径　/ 191

一、以法治化为目标，加强调查核实权法律规制　/ 192
二、以专业化为标准，加强公益诉讼团队建设　/ 194
（一）要在公益诉讼团队建制上做文章　/ 194
（二）要在公益诉讼团队素养上下功夫　/ 194
三、以职业化为要求，推动完善配套保障措施　/ 195

第五节　结语　/ 197

第八章　民事检察支持起诉工作机制完善 / 198

第一节　民事支持起诉制度概述 / 198

一、检察机关民事支持起诉的基本内涵 / 198

二、检察机关民事支持起诉的法理基础 / 199

三、检察机关民事支持起诉的必要性 / 201

(一) 保护特殊群体合法权益是民事支持起诉制度的应然追求 / 201

(二) 民事支持起诉制度是检察机关新时代法律监督职能的合理延伸 / 202

(三) 民事支持起诉制度是助推中国式法治现代化的有效路径 / 203

第二节　检察机关开展民事支持起诉的基层实践与困境 / 203

一、检察机关民事支持起诉的实践现状 / 203

二、当前支持起诉制度仍存在的问题及原因 / 205

(一) 线索来源渠道不畅 / 205

(二) 支持起诉的对象比较集中 / 205

(三) 支持起诉的法律依据与规范标准供给不足 / 206

(四) 办案效果参差不齐 / 208

(五) 支持起诉与相关工作机制的衔接与保障不通畅 / 208

第三节　检察机关民事支持起诉制度的构建与完善 / 209

一、民事支持起诉的基本原则 / 209

(一) 尊重处分权原则 / 209

(二) 谦抑性原则 / 210

(三) 尊重审判独立原则 / 211

二、明确民事支持起诉的主体范围 / 212

三、规范民事支持起诉的受理程序 / 212

四、规范民事支持起诉的审查程序 / 213

五、丰富办案中民事支持起诉的结案方式 / 214

(一) 民事检察和解 / 214

(二) 支持起诉 / 214

(三) 不予支持起诉 / 215

(四) 撤诉 / 215

（五）终结审查　/ 215
　　（六）跟进监督　/ 215
六、民事支持起诉制度与相关制度的衔接　/ 215
七、民事支持起诉的扩张适用　/ 216
八、民事支持起诉功能的延伸　/ 217

第九章　个人信息保护领域检察公益诉讼研究　/ 220
第一节　个人信息保护与检察公益诉讼的基本内涵　/ 220
一、个人信息法律属性及其保护背景　/ 220
　　（一）个人信息的法律属性　/ 220
　　（二）个人信息与个人隐私的区别与联系　/ 221
　　（三）对个人信息进行保护的背景　/ 221
二、检察公益诉讼的基本内涵　/ 222
　　（一）公共利益的定义　/ 222
　　（二）检察公益诉讼含义　/ 223

第二节　开展个人信息保护检察公益诉讼的制度优势　/ 224
一、现有立法及政策支撑　/ 224
二、司法实践提供经验基础　/ 225
　　（一）个人信息保护民事公益诉讼　/ 226
　　（二）个人信息保护行政公益诉讼　/ 227

第三节　个人信息保护检察公益诉讼制度问题提出　/ 228
一、民事公益诉讼起诉主体不明及诉讼顺位不清　/ 228
　　（一）民事公益诉讼起诉主体不明　/ 228
　　（二）起诉主体顺位有待厘清　/ 229
二、损害赔偿和惩罚性赔偿适用不明确　/ 230
　　（一）损害赔偿标准认定不明　/ 230
　　（二）惩罚性赔偿适用不明　/ 231
三、调查取证、侵权证明面临困境　/ 232
　　（一）线索收集、获取难　/ 232
　　（二）证据调取调查难　/ 233

四、公共利益认定标准不明确 / 233
第四节　个人信息保护检察公益诉讼制度路径完善 / 234
一、厘清民事公益诉讼起诉主体资格和主体顺位 / 234
（一）适当放宽消费者组织的范围和级别 / 234
（二）明确国家网信部门确定的组织的具体范围和认定标准 / 235
（三）厘清起诉主体顺位 / 236
二、完善诉讼请求相关制度 / 237
（一）探索多元化的诉讼请求 / 237
（二）明确损害赔偿的认定标准 / 237
（三）积极探索惩罚性赔偿制度 / 238
三、健全调查取证机制 / 239
（一）强化调查核实权刚性 / 239
（二）提高检察机关自身办案能力与技术水平 / 240
（三）扩大多元主体参与范围 / 240
四、明确个人信息公益受损的认定标准 / 241
（一）从"定性"的角度出发对个人信息分类分级 / 242
（二）从"定量"的角度确定"涉众性"的标准 / 242
（三）从"损害形态"的角度明确个人信息公益受损形态 / 242
五、健全个人信息公益损害赔偿金管理制度 / 243
（一）制定管理办法完善顶层设计 / 243
（二）规范统一损害赔偿金的管理与使用模式 / 244

第十章　检察职能在涉外法治中的探索 / 245
第一节　基层检察机关涉外法治履职的基本情况与服务成效
　　　　——以长宁区人民检察院为例 / 246
一、严格规范程序，首创涉外办案"四步法" / 247
二、涉外未成年人保护方面 / 248
三、知识产权保护方面 / 248
第二节　涉外法治案件履职过程中的挑战与风险 / 250
一、刑事案件办理上的难度陡增 / 250

二、中国企业"走出去"所面临的法律挑战 / 252
　　(一) 东道国法律变更风险 / 252
　　(二) 知识产权风险 / 253
　　(三) 国家安全审查风险 / 255
　　(四) 环境保护风险 / 256
　　(五) 数据跨境流动风险 / 257
　　(六) 公司治理和海外反腐败执法风险 / 258
三、外企"引进来"面临的法律挑战 / 259
　　(一) 外企知识产权司法保护机制仍存不足 / 260
　　(二) 公司内部廉洁风险防控力度较轻 / 261
第三节　基层检察机关办理涉外案件的展望 / 261
一、刑事检察方面 / 261
　　(一) 构建打击跨国网络犯罪的国际协作机制 / 261
　　(二) 探索完善缺席审判与违法所得没收程序 / 262
二、民事检察方面 / 265
　　(一) 国际条约和司法判例数据库建设 / 265
　　(二) 条约解释机制 / 266
　　(三) 域外法查明机制 / 267
　　(四) 探索支持起诉践行反外国制裁工作 / 268
三、公益诉讼检察方面 / 269

第十一章　数字检察赋能法律监督高质效发展研究 / 271
第一节　法律监督概述 / 271
一、法律监督概念的来源 / 271
二、法律监督的内涵 / 272
第二节　我国检察机关履行法律监督的成效 / 274
一、充分发挥打击犯罪的职能作用,维护国家安全与社会和谐稳定 / 274
二、融入社会治理,共筑长治久安 / 275
三、强化民事检察、行政检察监督,推动解决执法司法领域问题 / 276
四、发挥公益诉讼检察监督作用,维护社会公共利益 / 277

第三节 我国检察机关法律监督的"短板" / 277
一、能动性不足 / 278
二、系统性不足 / 279
三、治理效果不足 / 280

第四节 数字检察的提出 / 280
一、数字检察的背景 / 281
二、数字检察的概念 / 282
三、数字检察的作用 / 283
（一）增强检察主动性 / 284
（二）推动"四大检察"融合 / 285
（三）助力社会治理 / 286

第五节 推进数字检察赋能法律监督的障碍与路径 / 288
一、现实困境 / 288
（一）数据问题 / 288
（二）系统化问题 / 290
（三）理念问题 / 290
（四）技术问题 / 291
二、路径探索 / 291
（一）打通数据壁垒，提高数据质量 / 291
（二）做好人才队伍、技术保障 / 292
（三）更新工作理念 / 292
（四）加强数据安全保护 / 293
（五）推进检察一体化 / 293

第十二章 新型派驻检察监督研究 / 295
第一节 探索新型派驻检察模式的基本理念 / 296
一、坚持习近平法治思想，推进新型派驻检察监督理念现代化 / 296
二、以刑事执行检察一体化改革为抓手，推动派驻检察法律监督体系现代化 / 298
三、落实"派驻＋巡回"监督模式，推动刑事执行检察监督机制现代化 / 300

四、提高派驻检察人员监督能力，推进派驻检察监督能力现代化 / 301
第二节 派驻检察和巡回检察相结合的新型派驻检察模式 / 302
一、以往派驻检察模式的优劣势和改革探索 / 302
（一）以往派驻检察模式的优势 / 302
（二）以往派驻检察模式存在的问题 / 303
（三）以巡回检察完全取代派驻检察的试点探索 / 304
二、当前"派驻+巡回"模式存在的主要问题 / 305
（一）巡回检察的优势及其存在的主要问题 / 305
（二）派驻和巡回检察之间信息交互存在一定障碍 / 305
（三）"派驻+巡回"检察模式的队伍发展和业务不适配 / 306
三、构建"派驻+巡回"的新型派驻检察模式 / 307
（一）坚持融合巡回检察和派驻检察模式 / 307
（二）聚集工作重点，以排查职务犯罪线索作为"派驻+巡回"的新型派驻检察模式探索的突破口 / 308
（三）加强内外沟通协作 / 309
第三节 推动派驻检察工作信息化建设 / 310
一、派驻检察工作信息化的必要性 / 310
（一）派驻检察工作信息化建设为各级检察机关的派驻检察工作稳健发展夯实基础 / 310
（二）派驻检察监督信息化建设有助于促进执法规范化 / 311
（三）派驻检察监督信息化建设有利于相互联系、共享资料 / 311
二、派驻检察监督信息化要解决信息获取问题 / 312
（一）当前检察机关获取被监管人财产刑检察监督相关信息的主要模式 / 312
（二）被监管人财产刑检察监督所必须掌握的五类信息 / 313
（三）检察机关当前对被监管人财产刑检察监督所必须掌握的五类信息获取渠道有限 / 313
三、派驻检察监督信息化的主要建设方向 / 314
（一）运用技术手段，建立信息共享平台 / 315

(二)改变目前被监管人财产刑检察监督信息化建设中"输入数据多,利用数据少"的模式,充分利用相关数据服务检察工作 / 315

(三)开发与外网联通的财产刑执行监督专用网站或者手机 App / 316

(四)采用大数据手段进行被监管人财产刑执行检察 / 317

第四节 "减假暂"监督案件检察听证 / 322

一、"减假暂"监督案件中适用检察听证的理论必要性 / 323

(一)"减假暂"监督案件适用听证程序是落实全过程人民民主的重要举措 / 323

(二)"减假暂"监督案件适用听证程序是提升司法公信力的现实需要 / 323

(三)"减假暂"监督案件适用听证程序是提升检察人员综合素能的有效途径 / 324

二、当前"减假暂"监督案件适用检察听证面临的症结问题与实践挑战 / 324

(一)适用听证程序的"减假暂"监督案件范围有待进一步明确 / 324

(二)"减假暂"监督案件较短的办案期限导致适用听证程序面临现实困难 / 325

(三)"减假暂"案件中检察监督刚性不足导致听证效能无法得到实质发挥 / 326

(四)参与主体结构不尽合理 / 326

(五)考核激励机制不科学,检察官理念认识有待加强 / 328

三、完善"减假暂"监督案件听证制度的思考 / 328

(一)明晰"减假暂"监督案件听证程序适用的范围 / 328

(二)探索建立"减假暂"监督案件简易听证制度 / 330

(三)从法律层面明确"减假暂"监督案件检察机关监督意见的效力 / 330

(四)参与主体结构的系统化完善 / 331

(五)运用考核等制度推进"减假暂"监督案件听证应用 / 332

第十三章 检察案件管理实证研究 / 333

第一节 检察案件管理的内涵、沿革及主要内容 / 334

一、检察案件管理的基本内涵 / 334

二、检察案件管理的历史沿革 / 334

  (一)传统案件管理模式 / 334

  (二)现行案件管理模式 / 335

三、检察案件管理的主要内容 / 336

第二节　案件管理实证样本分析 / 339

一、C区检察院基本情况 / 339

  (一)窗口工作情况 / 339

  (二)内部监管工作情况 / 341

  (三)外部监管工作情况 / 341

二、C区检察院特征分析 / 342

  (一)案件管理人员检察工作经验不足 / 342

  (二)监管工作智能化程度欠缺 / 342

  (三)监管工作存在不足与"短板" / 343

第三节　案件管理困境的原因分析 / 344

一、对案件管理工作的理念认识不足 / 344

  (一)科学管理理念不统一 / 345

  (二)能动管理积极性不高 / 345

  (三)智能管理信息化不强 / 345

二、监管队伍素能有待提升 / 346

  (一)客观条件无法满足 / 346

  (二)案件管理人员素能欠缺 / 347

  (三)监管条件有限 / 347

三、案件管理部门职能定位不够明晰 / 347

  (一)"中枢"定位确定的必要性 / 347

  (二)"中枢"的基本特征 / 348

  (三)"中枢"的实现路径不够明晰 / 348

第四节　检察案件管理高质量发展的思路举措 / 349

一、明确职能定位从"枢纽"到"中枢",聚焦监督管理和服务保障的

  主责主业 / 349

(一)正确理解和运用中枢定位 /349

(二)构建与各部门工作互通机制 /349

(三)建立上下一体履职工作机制 /350

二、提升业务素能 /350

(一)培养专精尖案件管理队伍 /350

(二)提升综合检察业务的能力 /351

(三)提升发现问题、解决问题的能力 /351

(四)提升沟通协调且精通管理的能力 /351

三、借力数字检察推进数字案管 /351

(一)借助智慧辅助系统实现智能化监控 /352

(二)借助智能化检察实现质量评查的大规模覆盖 /352

(三)借助数字案管构建数字化分析研判体系 /353

四、"三大监管"的完善与融合 /353

第十四章 现代化视野下基层检察机关队伍管理研究 /355

第一节 加强基层检察机关队伍管理的理论探究 /355

一、基层检察机关队伍管理的内容含义 /355

(一)基层检察机关队伍的相关概念 /355

(二)队伍管理的主要内容 /356

二、检察机关队伍管理的指导思想 /356

(一)关于中国式现代化 /357

(二)关于检察工作现代化 /357

(三)关于政法队伍建设 /357

(四)关于检察队伍建设 /358

三、检察机关队伍管理的背景脉络 /359

(一)管理与制度的关系:检察队伍管理制度体系日趋完善 /359

(二)管理与建设的关系:检察队伍管理与队伍建设相互促进 /361

(三)管理与改革的关系:检察队伍管理伴随改革创新走向深入 /362

四、部分理论与实践的参考借鉴 /363

(一)管理学相关理论的应用 /363

  (二)其他政法机关的经验参考 /365

第二节 加强基层检察机关队伍管理的重大意义和内涵要求 /366

 一、深刻认识加强基层检察机关队伍管理的重大意义和价值意蕴 /366

 二、厘清基层检察机关队伍管理的工作要求和理念方法 /368

  (一)坚持系统观念 /368

  (二)坚持问题导向 /369

  (三)坚持遵循规律 /369

  (四)坚持守正创新 /370

第三节 基层检察机关队伍管理的主要做法及存在的问题(以上海市长宁区检察院为例) /371

 一、队伍人员结构分析 /371

  (一)性别结构情况 /371

  (二)年龄结构情况 /371

  (三)学历及专业结构情况 /373

  (四)人员分类情况 /373

  (五)队伍情况简要分析 /374

 二、在思想政治方面的主要做法与问题 /374

  (一)主要做法 /374

  (二)存在的问题 /377

 三、在干部队伍方面的主要做法与问题 /377

  (一)主要做法 /377

  (二)存在的问题 /381

 四、在专业能力方面的主要做法与问题 /382

  (一)主要做法 /382

  (二)存在的问题 /383

 五、在纪律作风方面的主要做法与问题 /384

  (一)主要做法 /384

  (二)存在的问题 /386

第四节 加强基层检察机关队伍管理，提升现代化水平的路径探索 /386
  一、思想政治方面 /386
    （一）坚持政治统领队伍管理，突出政治标准和正确导向 /386
    （二）坚持党建引领队伍管理，发挥政治优势和组织优势 /387
    （三）坚持文化推动队伍管理，重塑法治精神和法律人格 /388
  二、干部队伍方面 /389
    （一）提升全过程科学化管理水平 /389
    （二）构建干部引进储备培养体系 /390
    （三）畅通各类人员交流发展通道 /391
  三、专业能力方面 /392
    （一）抓细人才强检战略 /392
    （二）深耕专业能力提升 /393
    （三）推动人才典型选树 /394
  四、纪律作风方面 /394
    （一）把作风建设不断引向深入 /394
    （二）一体推进检察机关"三不腐" /395
    （三）推动形成遵规守纪的高度自觉 /395

第一章

刑事检察视角下"高质效办好每一个案件"的理论沿革与实践需求

习近平总书记强调,努力让人民群众在每一个司法案件中感受到公平正义。"高质效办好每一个案件",是习近平总书记关于公正司法重要论述精神在检察领域的具体体现和生动实践。最高人民检察院党组提出,要加强法律监督,坚持高质效办好每一个案件,努力实现办案质量、效率与公平正义的有机统一,既要通过履职办案实现公平正义,也要让公平正义更好更快实现,还要让人民群众真正、切实"感受到"公平正义。检察机关作为国家的法律监督机关,应当以习近平法治思想为指引,深入学习贯彻党的二十大精神,通过高质效办好每一个案件实现司法公正,维护社会公平正义。本章将探讨如何准确把握"高质效办好每一个案件"的理论内涵,并以刑事检察为切入口,探寻刑事检察的实践路径,从而提高办案质效。

第一节 高质效办好每一个案件的背景和时代意义

一、提出背景

习近平总书记创造性地提出了关于全面依法治国的一系列具有原创性、标志性的新理念新思想新战略,强调要坚持以人民为中心,全面依法治国最广泛、最深厚的基础是人民,必须坚持为了人民、依靠人民;推进全面依法治国,根本目的是依法保障人民权益。2012年12月4日,习近平总书记在首都各界纪念现行宪法公布施行30周年大会上发表重要讲话,提出"努力让人民群众在每一个司法案件中都能感受到公平正义"。党的十九大报告进一步指出,全面落实司法责任制,努力让人民群众在每一个司法案件中感受到公平正义。2018年8月,习近平总书记在中央全面依法治国委员会会议上强调:必须牢牢把握社会公平正义这一法治价值追求,努力让人民群众在每一项法律制度、每一个执法决定、每一宗司法案件中都感受到公平正义。2020年11月,习近平总书记在中央全面依法治国工作会议上对司法为民提出了新要求:要围绕让人民群众在每一项法律制度、每一个执法决定、每一宗司法案件中都感受到公平正义这个目标,深化司法体制综合配套改革,加快建设公正高效权威的社会主义司法制度。政法部门依照"努力让人民群众在每一个司法案件中感受到公平正义"的要求,持续发力贯彻落实。最高人民检察院党组以习近平法治思想为指导,立足检察实践,围绕"努力让人民群众在每一个司法案件中感受到公平正义"的根本目标,聚焦以检察工作现代化服务中国式现代化的中心任务,研究提出"高质效办好每一个案件",强调"通过检察履职办案,在实体上确保实现公平正义,在程序上让公平正义更好更快实现,在效果上让人民群众可感受、能感受、感受到公平正义,做到检察办案质量、效率、效果有机统一于公平正义"[1],并将其确定为新时代新征程检察履职办案的基本价值追求,标定了新时代检察工作遵循的指导思想和重要方法论。[2] 经过科学论证,十四届全国人大二次会议首次将"高质效办好每一个案件"写入关于最高人民检察院工作报告的决议,这既是肯定和鼓励,也是对检察工作更高的期盼和要求。

二、时代意义

(一) 满足人民群众法治新期待的内在要求

公正是法治的生命线,推进全面依法治国,根本目的是依法保障人民权益。人民性是检察机关的基本属性。时代发展,人民群众的追求已进入更高层次。近年来,检察机关在坚持为人民司法上取得了显著成效,但感受检察机关办案中显示公平正义的是人民群众,评判办案高质效的根本标准与人民群众的安全

---

[1] 2023年3月17日,应勇检察长在全国检察机关学习贯彻全国两会精神电视电话会议的讲话。
[2] 参见郭立新、李淮:《"高质效办好每一个案件"的理论认知》,载《人民检察》2024年第10期。

感、获得感直接挂钩,当人民群众在民主、法治、公平、正义、安全、环境等方面表达出新需求时,检察工作仍需与时俱进。因此,需要检察机关高质效办好每一个案件,既抓末端,严厉打击犯罪,严惩犯罪分子,切实维护人民群众合法权益;又抓前端,延伸办案触角,将检察建议的效能最大化,推动职能部门建章立制,确保问题找得准,对策立得住。"高质效办好每一个案件"理论是基于对法治建设规律的深刻把握、检察工作实践经验的科学总结,是检察机关与时俱进提出的贯彻落实要求和检察工作理念,充分体现了检察机关对"努力让人民群众在每一个司法案件中感受到公平正义"重要思想在检察实践中的原创性理论探索和思考总结,实现司法正义与期待正义的最大契合。

落到检察人员自身的具体实践中,可从以下几个方面来实现"高质效":(1)"高质效"是契合法治精神的办案,严格依法办案,从法律文本出发去解释法理、运用法律,自觉在法律适用中契合法治精神,使专业判断符合实质正义、朴素正义,考虑个案之间的差异性,在司法办案中彰显法治温度、司法善意。(2)"高质效"是把握实质法律关系的办案,以实体刑法为图,以诉讼程序为界,对复杂的事实问题进行抽丝剥茧,探寻实质法律关系,精准司法。(3)"高质效"是兼顾法理情的办案,不存在没有天理的国法,也没有不通人情的天理。案件办理不能仅停留在"案结"阶段,要多走一步、深想一层。在坚持法律文书充分说理的基础上,更加注重通过检察宣告、公开听证等方式,义正词严讲清"法理",循循善诱讲明"事理",感同身受讲透"情理",努力实现"案结事了",让老百姓切身感受到检察机关维护公平正义的担当和力量。

(二)加强新时代法律监督的基础工作

新时代下,法律监督工作尤其是基层法律监督工作面临刑事检察不强、民事检察不会、行政检察不敢、公益诉讼检察不精等问题,一定程度上影响法律监督工作的质效。[1] 习近平总书记强调,"要加快构建系统完备、规范高效的执法司法制约监督体系"。[2] 检察机关历经司法责任制改革、内设机构改革后,已经形成"四大检察"法律监督新格局。加强新时代法律监督工作,要对检察机关各

---

[1] 参见丁海涛:《"高质效办好每一个案件"的核心要义和实现路径》,载《人民检察》2024年第3期。

[2] 2021年12月6日,习近平总书记在主持中共中央政治局第三十五次集体学习时的讲话。

项法律监督工作机制进行优化完善。针对协同推进以审判为中心的刑事诉讼制度改革，完善准确适用宽严相济刑事政策机制，深化落实认罪认罚从宽制度，健全强化对刑事立案、侦查和审判活动的监督机制等的落实，每位办案人员都必须从思想上牢固树立"高质效办好每一个案件"的理念，以高质效办案的价值追求指引行动落实，通过一体履职、综合履职、能动履职，充分履行法律监督职责，推动"四大检察"协同精进。①

在刑事检察中，"高质效办好每一个案件"意味着充分运用好法律监督手段，将"质量好""效率高""效果佳"的检察办案统一于"看得见""感受到""可评价"的公平正义，以法为据、以理服人、以情感人。② 高质效办案是对"在审查中监督、在监督中审查"的坚持，切身投入案件办理，自觉运用补充侦查权和调查核实权，发现纠正执法司法中存在的深层次违法问题，把握好案件处理的时、度、效。高质效办案亦追求综合履职，注重整体办案效果，客观上要求各项检察职能协调互补，统筹联动发力，在保持刑事检察传统优势之外，关注民事、行政、公益诉讼检察中涉及民众诉诸司法权利的保障与实现问题，把各项检察职能真正融合在一起，"四大检察"一体发力，实现全方位司法保护。监督办案高质效，某种程度上推动监督办案方式完善创新。规范监督事项案件化办理，强化对重大监督事项的跟进监督、接续监督，提升法律监督规范化水平。深入实施数字检察战略，将数字检察战略作为法律监督手段的革命。

（三）保障经济高质量发展的必然选择

高质量发展是全面建设社会主义现代化国家的首要任务。习近平总书记强调，坚持推动经济发展在法治轨道上运行。社会主义市场经济本质上是法治经济，只有充分发挥法治在维护公平正义、激发市场主体活力方面的积极作用，才能充分发挥市场在资源配置中的决定性作用，提高资源配置效率，实现经济高质量发展。各类打击犯罪的专项活动的开展，为经济高质量发展创造安全稳定的社会环境、公平竞争的法治环境、优质高效的服务环境。但也要清醒认识到，侵犯民营企业产权和企业家权益的敲诈勒索、强迫交易、非法拘禁等犯罪仍

---

① 参见张建伟：《充分履行法律监督职责 "四大检察"协同精进》，载《检察日报－理论版》2024年3月23日。

② 参见陈锋：《以高质效办案加快推进平阳检察工作现代化》，载温州检察网，http://www.wenzhou.jcy.gov.cn/system/2024/03/04/014981620.shtml。

时有发生,侵犯知识产权、串通投标、行贿受贿等破坏公平竞争的犯罪依然存在,服务经济高质量发展任重道远。检察机关是法治中国建设的重要力量,应通过高质效办好每一个案件,服务保障经济高质量发展。

"高质效办好每一个案件"意味着要有"国之大者"的全局意识和战略眼光、一以贯之的人民立场和一如既往的责任担当,服务中国式现代化这个最大的政治,打造展示中国特色社会主义制度优越性的检察视窗。[①] 贯彻宽严相济刑事政策,坚决严惩电信网络诈骗、危害食品安全等侵害群众生命健康和财产安全犯罪,对轻微犯罪、主观恶性不大的犯罪,构建治罪与治理并重的工作路径。以高质量司法推动高质量发展,聚焦法治化营商环境建设,持续开展"检察护企"专项行动,均是以高水平的政策保障高质量发展,切实维护经济秩序、提振市场信心。加强民生司法保障,开展"检护民生"专项行动,聚焦教育医疗、养老社保、新业态涉食品药品安全等领域的依法打击和法律监督体现坚持检察为民,切实维护人民群众合法权益。坚持和发展新时代"枫桥经验",在检察办案各环节推进矛盾纠纷法治化实质性化解,促进涉法涉诉信访源头治理、系统治理。正确运用检察裁量权,运用好认罪认罚从宽、行刑反向衔接等制度,减少社会对立面、增进社会和谐稳定因素。从人民到企业再到行业,检察机关一直在尝试用好检察办案资源去促进行业、社会弥补管理中的漏洞、缺失,实现政治效果、法律效果、社会效果有机统一,保障经济环境稳定,促进经济平稳高质量发展。

第二节 "高质效办好每一个案件"的理论内涵

应勇检察长强调,坚持高质效办好每一个案件,努力实现办案质量、效率与公平正义的有机统一;让高质效办好每一个案件成为新时代新征程检察履职办案的基本价值追求。"高质效办好每一个案件",内在地蕴含办案质量好、办案效率高、办案效果佳的辩证统一,内在地包含实体正义、程序正义、感知正义的

[①] 参见刘计划、欧书沁:《"高质效办好每一个案件"的内在要求与实现路径》,载《人民检察》2024年第10期。

辩证统一，内在地含有国法、天理、人情的辩证统一和政治效果、法律效果、社会效果的有机统一。

一、案件高质量办理是"高质效"的基本前提

"高质效办案"中的"质"至少包含三层含义：实体上要确保实现公平正义；程序上要让公平正义更好更快地实现，迟到的公正是打了折扣的公正；同时，感知上公平正义要以让人民群众能感受、可感受、感受到的方式来实现。①

（一）实体上确保实现公平正义

实体公正是对办案质量的要求，前提是依法、核心是公正。只有事实认定准确、证据审查判断准确、法律适用准确才能确保实体结果符合人民群众朴素价值观的期待。一是事实认定准确。刑事诉讼首要的价值目标是实体真实，即查明案件的事实，这是实体正义的关键因素，通过审查案件的事实来还原案件，惩治罪犯。二是证据审查判断准确。这是指对证据实体上的审查，通过对证据的判断，以便准确认定案件事实，排除多余因素，及时办理案件，便于及时有效维护被害人的权利。三是法律适用准确。检察干警运用所学法学素养，对案件的适用法律作出判断和选择，以便准确适用罪名，防止出现错诉、漏诉。在查明案件事实的基础上准确适用法律条文，准确判定罪与非罪、此罪与彼罪，真正实现实体公正。②

（二）程序上更好更快实现公平正义

实体公正和程序公正是司法公正的一体两面，二者相辅相成，缺一不可。程序公正是现代法治精神的重要方面，只有运行程序规范、司法程序公正，才能体现现代司法的重要内涵，体现"看得见"和"摸得着"的正义。③ 检察机关应当依法保障当事人及其他诉讼参与人的合法权利，规范办案，落实证据裁判、疑罪从无等原则，准确适用非法证据排除规则。尊重当事人的主体地位，保障案件当事人充分参与诉讼并以自己的行为积极影响诉讼进程和案件处理，减少办案流程，也通过公开听证等方式接受程序监督，使公平正义在程序上更好更快实

---

① 2023年3月23日，应勇检察长在陕西省检察院座谈时的讲话。
② 参见王猛、刘根良：《"高质效办好每一个案件"的内涵与实现》，载《人民检察》2023年Z2期。
③ 参见王守安：《高质效办好每一个案件的价值内涵与实践路径》，载《人民检察》2023年第23期。

现。本市 C 区检察机关创新设立开设赌场案以及传播淫秽物品牟利案的证据审查清单,以清单化的形式将案件证据事实的审查重点、法律适用要求等规定固化为流程化的操作指南,提醒和指引办案人员在案件审查中注重对重点内容、重要证据的审查把关,确保程序结果的公正。

(三)感知上让人民群众感知到公平正义

习近平总书记强调,要努力让人民群众在每一个司法案件中感受到公平正义。坚持高质效办好每一个案件,努力实现办案质量、效率与公平正义的有机统一,既要通过履职办案实现公平正义,也要让公平正义更好更快实现,还要让人民群众真正、切实"感受到"公平正义,这应当成为新时代新征程检察工作的基本价值追求。[1] 检察机关贯彻落实习近平总书记关于依法治国、司法为民的指示要求,是在检察工作中"让人民群众在每一个司法案件中感受到公平正义"的工作方法,是在检察工作中深刻领悟"两个确立"的决定性意义、自觉做到"两个维护"的具体表现。[2] 把握"高质效"的为民宗旨,把人民群众的获得感作为评判标准。为何错案在社会上能引起轩然大波,因为案件的错误解决使得矛盾激化、舆论炒作,这对司法公信力是很大的打击。在办案中要践行为民宗旨,必须以为人民司法、让人民满意为出发点和落脚点。为大局服务、为人民司法、为法治担当,基本途径是监督办案,必须通过"高质效办好每一个案件"来实现。

二、案件高效率办理是"高质效"的重要内容

质效是一个复合概念,"效"既是效果,又是效率。在当前繁简分流的刑事办案程序下,要求优化办案流程,防止程序空转。当前繁案精办、简案快办,强调办案的质量,也重视办案的效率,平衡好"高质效"中的量、质、效关系。

(一)刑事办案过程中提高办案效率

"高质效"作为检察机关的政治属性,要以紧盯"每一个"的作风贯彻落实好"高质效办好每一个案件"。以"高质效"办好一个案件不难,难的是坚持不

---

[1] 2023 年 3 月 17 日,应勇检察长在全国检察机关学习贯彻全国两会精神电视电话会议的讲话。
[2] "两个确立":确立习近平同志党中央的核心、全党的核心地位。确立习近平新时代中国特色社会主义思想的指导地位。"两个维护":坚持维护习近平总书记党中央的核心、全党的核心地位。坚持维护以习近平同志为核心的党中央权威和集中统一领导。

懈地办好"每一个"案件。对检察机关而言,一个案件或许只是每年办理的一百个案件中的一个,但对当事人而言,这个案件或许是他们整个人生中的唯一,我们办理的或许就是他们的人生,"每一个"都极其重要。进一步落实好繁简分流,让"每一个"案件都得到恰如其当的办理,不仅要避免各环节的拖延、超期,更要简案快办、繁案精办。2023 年"繁简分流"制度的推行,压缩了一般轻罪案件的办理时限,对检察干警提出了更高的要求。对需要补充的证据及时通知公安机关调取,需要沟通请示的疑难问题提前在部门内部讨论、向分管领导汇报或同公安机关、法院进行会商沟通,将影响办案质效的难题解决在前端。能速裁的尽量速裁,能不转繁案的尽量不转繁案,防止案件拖延、堆积。

不仅在案件办理上坚持高效率办理,更要坚守客观公正立场,高质效夯实证据。在证据审查上贯彻好"高质效办好每一个案件"。树立"以证据为中心"的刑事诉讼制度,收集审查犯罪嫌疑人罪轻、罪重的证据,利用数字赋能,让证据裁判原则根植于心。充分发挥侦查监督与协作配合办公室的职能作用,在重大刑事政策落实、重大专项工作推进中的协同作用,持续做好挂案清理、立案监督、撤案监督工作,实现办公室体系化运行,如充分运用移诉前听取检察机关意见机制,推动公安机关轻重分离、快慢分道,为检察环节缩短办案时长、提高办案效率奠定基础。

(二)刑事办案结果上体现办案效果

高质效办好每一个案件,要在办案结果上让人民群众感受到公平正义:一是提供全面的权利保障。检察机关应当充分保障犯罪嫌疑人、被告人认罪认罚、辩护等权利,对符合规定的犯罪嫌疑人,及时为其指派法律援助律师为其辩护。同时,注重对被害人的权利保护,积极促进犯罪嫌疑人的道歉、赔偿、谅解,达成和解。二是转变思想观念,减少社会对立面。长宁区院通过保证金提存试点、轻微案件社会考察等制度,发挥诉前把关过滤功能,用足用好不起诉裁量权,做好"不起诉的后半篇文章"。三是尊重人民群众朴素的正义观念,注重弘扬社会主义核心价值观和社会主义法治精神,关注案件背后的延伸社会治理问题,通过在法律文书中释法说理、公开听证等方式,让当事人听得懂、行得通,在检察建议中提出针对性、可行性的意见,实现办案"三个效果"的有机统一。

高质效办好每一个案件,要深化刑事审判监督机制。强化诉前指导、"三书一函"审查、抗后补查、文书说理等环节的工作合力,及时发现抗诉线索。将人民群众关注案件、涉及民生问题案件、引发强烈反响案件作为监督重点,积极拓展抗源、找准抗点。对法院开庭后长时间未判案件持续跟踪、监督,切实纠正"审而不判"。

三、案件高水平办理是"高质效"的终极追求

"办好案件"的核心是"好",就是在办案中实现"三个效果"的有机统一,就是情理法的协调融合。要把握好各类案件中"办好案件"的不同侧重点。检察机关要以经得起检验作为"办好案件"的标准。"办好案件"要经得起司法检验,经得起当事人的评价,经得起舆情的考验。①

(一)高质效完善考核指标

应勇检察长强调,要恪守职责使命,让"高质效办好每一个案件"成为新时代新征程检察履职办案的基本价值追求。以更高标准严格依法履职,实现办案质量、效率、效果有机统一于公平正义。一是正确理解、科学运用案件质量评价指标体系,加大异常指标复核分析力度,进一步深化流程监控、质量评查、检务督察、院部领导监督管理、司法责任追究等机制,确保有权必有责、用权受监督、失责必追究。二是优化案件质量评价指标设置,特别是注重加强多个组合指标的科学设置,强化各指标之间的联动关系,合理运用评价指标引导检察人员"高质效办好每一个案件"。三是正确看待、用好各项办案指标,助推办案质效的同时,动态发现和纠正与考核初衷相悖的问题,不捕率、不诉率、诉前羁押率是中性指标,认罪认罚适用率为通报值,不是越高越好。在纠正违法通知书、监督活动通知书的制发上不能"一发了之",更不能为考核搞"凑数",甚至数据造假。

(二)高质效统筹法理情

"高质效办好每一个案件",目标是做到每一个案件都确保公正。习近平总书记深刻指出:"要懂得'100 – 1 = 0'的道理,一个错案的负面影响足以摧毁九十九个公正裁判积累起来的良好形象。"②司法公正作为人民群众感受社会公正

---

① 2023年7月13日,陈勇检察长在2023年1~6月业务数据分析会上讲话。
② 2014年1月7日,习近平总书记在中央政法会议上的讲话。

的一把"标尺",不是抽象的,而是具体的,它寓于个案公正之中,并通过无数个案的公正来体现。司法实践中,大多数案件就发生在群众身边,每一个案件都承载着当事人的切身利益,再小的案件也关系到民生、民心。要综合考虑天理、国情、人法,用心用情办好每一个案件,实现个案公正和普遍公正、法律公正与社会公正相统一。发挥审判监督职能,要将法律适用和程序适用错误的案件,人民群众反响强烈的影响性案件作为审判监督重点。被告人反悔不再认罪认罚,导致从宽量刑明显不当的,要依法提出抗诉。

(三)高质效履行检察职能

健全依法一体履职、综合履职、能动履职机制。"四大检察"中,每一项检察职能既相对独立又相互关联,高质效履行各项检察职能,就必须把"四大检察"所蕴含的内生潜力和动力充分激发出来,形成高质效办案的合力。一是要健全依法一体履职机制。检察机关是作为一个整体履行法律监督职责,必须发挥检察一体化优势,推动整体履职办案高质效。二是要健全依法综合履职机制。在一些特定领域加强全方位司法保护,是提升履职办案质效的客观需要。要持续深化未成年人检察、知识产权检察综合履职,把各项检察职能真正融合在一起,从"物理组合"向"化学融合"转变。三是要健全依法能动履职机制。法治建设既要"抓末端、治已病",更要"抓前端、治未病"。"高质效办好每一个案件"不能"就事论事、就案办案",而是要通过办理个案,促进解决一类案件甚至一个领域、一个方面的共性问题,从源头上减少同类案件反复发生。要注重"每一个"案件办理过程中充分履职。把握"每一个"监督的合理均衡。既不能轻微瑕疵过度监督,也不能严重问题降格处理。要以坚守"办好案件"的责任贯彻落实好"高质效办好每一个案件"。检察机关要能动履职,促进溯源治理,将案件的办理效果转化为社会治理效能。

统筹处理好质量、效率、效果与公平正义的关系,是司法工作的一个永恒课题。质量好、效率高、效果佳是"高质效"的三个方面,实践中不能把三者割裂开来,应坚持辩证思维、系统思维,全面把握三者之间相互联系、相互制约又内在统一于公平正义的关系。

第三节 "高质效办好每一个案件"的实践需求

新时代,人民美好生活需要日益广泛,对物质文化生活提出更高要求的同时,对民主、法治、公平、正义、安全、环境等方面的要求也越来越高。提升办案质效是基层检察机关回应人民群众新期待的题中应有之义。习近平总书记多次强调努力让人民群众在每一个司法案件中感受到公平正义,并明确提出"所有司法机关都要紧紧围绕这个目标来改进工作"。[①] 最高人民检察院学思践悟习近平法治思想,立足检察机关职能定位,应勇检察长强调,要实现这个目标,就要做到"高质效办好每一个案件",这理应成为新时代新征程检察履职办案的基本价值追求。检察机关办理的每一起案件都涉及当事人切身合法权益的保障,任何一个处理决定、每一项诉讼程序,都关乎实质正义和程序正义的体现。80%左右的案件办理在基层检察机关,因此高质效办好每一个案件对基层检察机关而言,最根本的就是把经办的每一起案件质量、效率、效果的要求落实到位。

一、提升办案质量(实体)

让人民群众感受到公平正义的前提是依法,核心是公正,这要求我们要始终坚持严格依法办案、公正司法。作为保障国家法律统一正确实施的司法机关,检察机关在任何时候都要绷紧"严格依法"这根弦。检察机关所有的监督办案都要遵循法律规定,恪守职能边界,以严格公正司法实现公平正义,维护国家利益、社会公共利益和当事人的合法权益。具言之,检察机关要从引导侦查取证、体系化审查证据、精准化认定事实、正确适用法律等方面入手来确保案件办理取得最佳效果。

(一)创新方式,完善引导侦查工作机制

检察机关引导侦查包括"提前介入侦查环节"的引导侦查和"退回补充侦查

[①] 习近平:《全面推进科学立法、严格执法、公正司法、全民守法(2013年2月23日)》,载《论坚持全面依法治国》,中央文献出版社2020年版,第22页。

环节"的引导侦查,前者具有即时性,后者则具有滞后性。"捕诉一体"下,审查逮捕工作实质上兼备了"提前介入引导侦查"的作用。"捕诉一体"改革之后,同一起案件的批捕、起诉由同一名承办人或者同一办案组负责到底。一审刑事诉讼程序有侦查、审查起诉和审判三个阶段,逮捕仅是一项强制措施,受理审查起诉后案件才进入检察环节。但负责审查起诉的承办检察官通过此前的审查逮捕工作,已经对案件的初步侦查取证情况进行了审查,在作出决定(批准或者不批准逮捕)时,会根据具体案情提出继续侦查的意见。"捕诉一体"将审查逮捕与审查起诉两个阶段更加紧密地连接在一起,承办检察官在审查逮捕时就要注重实质化审查,将引导侦查关口前移,把取证意识、取证标准及时传导给侦查机关,为后续起诉、出庭扫清障碍。

1. 建立审查逮捕"一案两书"制度。"捕诉一体"不仅没有弱化审查逮捕的程序和功能,还使审查逮捕的方式和机制不断丰富发展。建立审查逮捕"一案两书"制度,即办理审查逮捕案件一律实行"《(不)批准逮捕决定书》+《继续侦查意见书》"形式。具体言之,对于事实不清、证据不足不批准逮捕案件,《继续侦查意见书》的内容侧重于对基本犯罪事实的引导侦查,核心是"准";而对于批准逮捕的案件、无社会危险性不批准逮捕案件,则按照庭审证据标准制定继续侦查提纲,其核心是"全"。

2. 类案引导,构建"由点及面"引导侦查体系。为了实现对类型化案件引导侦查工作的针对性和有效性,应着力探索建立类案引导侦查机制,形成由点及面的引导侦查体系,提升检察引导侦查的专业化能力。检察机关可以从实践中的具体问题入手,总结、提炼共性问题,并在此基础上有针对性、指向性地设置指引条款,明确该类案件应重点收集哪些证据,遵循怎样的程序,证据需达到怎样的标准。比如,因证据侦查取证问题而导致案件退补等影响案件办理和刑事诉讼进程的刑事案件,部分承办人对监控录像、银行流水、电子通信记录等重要证据缺乏足够重视,从而影响到案件事实认定的准确性和证据链条的完整性,可制定检察官案件办理的"三必审"(监控录像、银行流水、电子通信记录)机制。

3. 信息共享,凝聚查明案件事实合力。当前检察机关通过业务应用系统可以查询的案件侦办信息十分有限,对此可以考虑与侦查机关充分沟通,进一步开放侦查阶段案件查询权限,便于检察机关同步查阅,及时了解侦查工作新进展。

此外，还可积极搭建检警业务交流沟通的各类平台，通过定期组织理论研讨会、案例评析会、公检同堂培训等，深入开展业务交流，共同提高取证质量，从而建立更具实质意义的"大控方"格局。

(二) 以证据裁判为准，体系化审查证据

证据裁判原则对证据审查提出基本要求，证据审查要以裁判为标准，不仅包含对各个证据关联性、合法性、客观性的审查，还包含对全案证据的综合审查，强调亲历性，并以亲历性保障准确性和时效性。检察机关加强证据审查，是准确认定法律事实，把握实质法律关系的必由之路。加强证据审查、分析、论证，根本是要以法律事实重现或最大限度接近客观事实，做到"案件事实清楚，证据确实、充分"。[1]

1. 优化证据审查方法。证据审查是刑事检察的核心工作。可通过分解验证、双向对比、综合分析等来判断审查各类证据的证明能力和证明力。如今随着以证据为核心的刑事指控体系不断构建，治罪与治理并重理念不断实践，重审查轻调查、重言词证据轻客观证据等已经难以适应新时代检察工作现代化的新要求，需要将书面审查与实地调查相结合，将退回侦查与自行侦查相结合，将事后纠正与事前引导相结合，凸显证据审查的亲历性和精准性。

2. 探索系统证据审查模式。当前司法实践中，一定程度上存在重视在卷证据轻视在案证据、重视主观证据轻视客观证据、重视有罪证据轻视无罪证据等问题。对此，检察人员要发挥司法主观能动性，用客观证据来验证主观证据的真实性，从主观性证据中挖掘客观性证据，以客观性证据为核心构建全案证据体系。此外，检察人员要坚守客观公正的立场，突出证据的综合审查判断，通过对证据完整性、体系性、逻辑性的审查，确保全案证据经分析后不存在无法合理解释之处。系统证据审查分析应当体现在审查报告里。审查报告作为刑事检察基础性的法律文书，存在重摘录轻分析、重法条轻证据等问题，应当构建审查报告证据说理体系，重证据重分析，提升审查报告实质性、系统性审查内涵。

---

[1] 应勇：《学思践悟习近平法治思想 以"三个善于"做实高质效办好每一个案件》，载《人民检察》2024 年第 8 期。

（三）以主要矛盾为据，精准化认定事实

准确认定法律事实，厘清案件来龙去脉是"高质效办好每一个案件"的前提和基础，要重现或最大限度接近客观事实。

1. 善于把握实质法律关系。实践中法律事实纷繁复杂，习近平总书记强调"通过复杂现象把握本质"，要求"善于从纷繁复杂的矛盾中把握规律"。[①] 要通过准确把握实质法律关系，透过现象看到本质，找准案件的主要矛盾，来准确认定案件事实，从而将案件办准办好。实质法律关系是案件众多法律关系中起支配性作用、对案件定性处理有决定性影响的法律关系。尤其是刑民交叉的疑难复杂案件，更要注重聚焦案件事实的主要矛盾，客观认定事实，准确界定实质法律关系，厘清法律监督的权力边界。

2. 依法全面审查案件事实。在进行案件事实的审查认定时，将时间点、时间线、空间面结合，考量事实演化的前因后果，将前因、行为、结果等作为整体评价要素，全面审查认定案件事实。具体考量因素包括但不限于时间、地点、起因、经过、结果、动机、手段、一贯表现等。在审查构成要件事实的基础上，还要兼顾天理和人情，坚持法理情有机融合。

（四）以法治精神为魂，正确适用法律

正确适用法律关系到罪与非罪、此罪与彼罪、罪重与罪轻等问题。检察人员只有准确适用法律，才能打通"高质效办好每一个案件"的关键一环。

1. 领悟法律条文中的法治精神。应勇检察长指出"三个善于"是"高质效办好每一个案件"的重要体现。[②] 善于从具体的法律条文中深刻领悟法治精神是关键，侧重点在于如何正确适用法律。检察办案"以法律为准绳"，不仅包含具体的法律条文，还要考量蕴含其中的法治精神。具体言之：一是要把握好部门法之间的辩证关系。在我国，各部门法都统一于宪法，部门法之间、法律条文之间均密切联系。比如，在办理侵犯公民个人信息案时，要把握好《个人信息保护法》与《刑法》《刑事诉讼法》的辩证关系，依法准确定罪量刑。二是要把握好静态法与动态法的辩证关系。法律具有一定的滞后性，适用法律时，要在坚持

---

① 习近平：《坚持底线思维，着力防范化解重大风险（2019年1月21日）》，载《习近平著作选读（第二卷）》，人民出版社2023年版，第248页。

② 参见2024年4月8日，最高人民检察院党组书记、检察长应勇在国家检察官学院2024年春季学期首批调训班次开班式上的讲话。

严格依法的基础上,综合考量文字含义、立法背景、立法原意、法理逻辑等明确法律条文的内涵和外延。三是要把握好刑事司法政策与法律规定的辩证关系。司法政策与社会发展联系紧密,灵活性较大,而法律规定则具有稳固性,将刑事司法政策与法律规定相结合,体现我国传统文化中的"方圆一体",更能正确适用法律。典型案例体现法律适用、政策把握等方面的经验做法和理念引导,我们在实践中要以案例为镜,引导正确适用法律,妥善把握政策。

2. 培养阶梯化法律适用思维。司法实践中,证据审查、事实认定、法律适用之间环环相扣,证据审查与事实认定是法律适用的前提和基础。因此,要通过构成要件养成法律适用思维,具体包含法律检索、法条要素分析和要件事实归入等步骤。适用法律既要考虑刑事法律规定,也要考虑中国传统文化、社会主流价值及社会公众的朴素认知。法律适用应围绕构成要件,坚持阶梯化思路:根据犯罪构成要件比对案件事实,不符合犯罪构成要件的,不应认定为犯罪;符合犯罪构成要件的,通过司法政策、社会主流价值观评判其主观恶性、社会危害性,以情节是否显著轻微进行过滤;对于构成犯罪的,应根据案件事实,依据罪责刑相适应原则,并结合天理、国法、人情开展检察裁量。

"高质效办好每一个案件"贯穿于刑事诉讼全过程,涉及检察履职办案的各环节。新时代新征程,刑事检察重在推动构建以证据为核心的刑事指控体系。在实体上体现公平正义是"高质效办好每一个案件"的重要一环。实体公正,也即结果公正,围绕案件处理结论,聚焦如何查明事实真相、获得证据,最根本的是要落实以事实为根据、以法律为准绳,确保案件处理经得起历史、人民和法律的检验。本市C区检察机关办理的一起开设赌场案则是贯彻落实"高质效办好每一个案件"的生动司法实践。2023年7月,公安机关以犯罪嫌疑人杜某、张某二人涉嫌开设赌场罪向检察机关移送审查起诉。检察机关受理后经依法审查查明,2022年6月起,犯罪嫌疑人杜某伙同犯罪嫌疑人张某在某平台上创建战队,以德州扑克的形式,通过微信拉人组群等方式招揽赌客进入战队参与赌博并将抽水返利分配至各队员。经查,仅2023年1~3月,该战队通过平台抽水返利金额达人民币17万余元。检察机关审查起诉期间,承办人注意到该案与以往办理的"WePoker"德州扑克开设赌场案有所不同。为此,承办人全面梳理在案证据,认真听取犯罪嫌疑人及其辩护人的意见,厘清赌博罪与开设赌场罪二者之间的区别,决定改变公安机关对该案的定性,以赌博罪起诉至法院。同时,承办人在贯彻刑法的罪责刑相适应原则的基础上,综合本案的事实和情节,依据法律规定,精准量刑,向法院提出确定性量刑建议。最终法院判决两名被告人犯赌博罪,切实维护了其二人的合法权益。①

二、提高办案效率(程序)

高质效的第二个要义在于"效",即提高办案效率。对于案件当事人来说,迟来的正义非正义。如何提升办案效率是检察人员需要高度重视的课题,也是实现高质效的应有之义。

(一)程序简化提升办案效率

"司法的本质功能是解决纠纷。"②在指控犯罪、惩罚犯罪之外,减少当事人诉累,保障案件当事人的合法权益,有效化解矛盾甚至修复社会关系是刑事司法的最高境界。然而随着刑事案件的大量涌现,各地包括检察机关在内的司法机关均面临着案多人少的矛盾,且这种矛盾日益显现。司法的功能和实践现状都给刑事诉讼提出了快速办案的要求,因为诉讼效率只有尽可能高,才能尽可能在短时间内更多更合理地配置资源办理好更多案件,尽可能多且好地解决诉讼纠纷。为了对刑事案件进行有效繁简分流,实现资源优化配置,我国刑事诉讼程序逐步经历了一系列的简化发展与演变。

程序简化的初步发展——简易程序的确立:我国1996年《刑事诉讼法》在原有普通程序的基础上正式设立了简易程序。1996年《刑事诉讼法》第174条规定,"对依法可能判处三年以下有期徒刑、拘役、管制、单处罚金的公诉案件,事实清楚、证据充分,人民检察院建议或者同意适用简易程序的",可以适用简易程序。由此规定可以看出,彼时简易程序只是一种处理轻微、简单案件的刑事程序,其适用条件并不要求犯罪嫌疑人(或被告人)认罪认罚或者认罪,也并不代表对适用简易程序的案件从宽处理。2012年《刑事诉讼法》将简易程序的适用范围扩大到基层法院管辖的所有刑事案件,同时,不再单独考虑案件情节,转而以被追诉人是否"配合"为核心标准,即增加规定简易程序适用的条件要求

---

① 参见张某、杜某开设赌场案,上海市长宁区人民法院(2023)沪0105刑初498号刑事判决书。
② 陈兴良:《程序与实体双重视野下认罪认罚从宽制度的教义学反思》,载《政法论坛》2023年第41卷第5期。

"被告人承认自己所犯罪行,对指控的犯罪事实没有异议"且"同意适用简易程序"。由此,简易程序正式成型并一直被沿用至今。

多层次刑事诉讼程序成型——2018年《刑事诉讼法》的施行,速裁程序和认罪认罚从宽制度的确立:在试点基础上,2018年《刑事诉讼法》正式设立了认罪认罚从宽制度。2018年《刑事诉讼法》第15条规定:"犯罪嫌疑人、被告人自愿如实供述自己的罪行,承认指控的犯罪事实,愿意接受处罚的,可以依法从宽处罚。"这一规定代表着认罪认罚从宽制度的适用扩大至所有刑事案件。同时,2018年《刑事诉讼法》设立了速裁程序,在简易程序的基础上进一步分流出更加简化的程序。速裁程序的适用范围仅限于可能判处三年有期徒刑以下刑罚的简单的轻微刑事案件,且以被告人认罪认罚、同意适用速裁程序为要件。速裁程序的上述适用规定可以说是对1996年和2012年《刑事诉讼法》简易程序适用规定的交集,明确了认罪认罚案件加快办理的司法要求和趋势,在节约司法资源、提升诉讼效率等方面发挥着重要价值和作用。

由于认罪认罚从宽案件中,犯罪嫌疑人对检察机关指控的事实、罪名以及提出的量刑建议均没有异议,检察机关与犯罪嫌疑人及其辩护人间的对抗自然减少,因此认罪认罚是提高办案效率最直接路径,"程序从简"自然成为认罪认罚从宽制度在程序上的基本特征。但需要说明的是,认罪认罚从宽是一项兼顾实体与程序的制度,正如我国2018年《刑事诉讼法》即明确了认罪认罚的对象适用于所有案件被告人,在办案流程、审理期限等方面,我国对认罪认罚案件并未设立独立的认罪认罚从宽诉讼程序。换言之,认罪认罚从宽制度主要以试点方案中速裁程序为适用类型,并辅以简易程序、普通程序,缺乏独立的诉讼程序作为配套,是一种嵌入式适用(嵌用)模式。[1]

从1996年《刑事诉讼法》首次正式确立简易程序,到2012年《刑事诉讼法》对简易程序规定的修改完善,再到2018年刑事速裁程序和认罪认罚从宽制度的确立,我国已初步形成了"普通程序—普通程序简化审—简易程序—速裁程序"的多层次刑事诉讼程序格局。检察机关在办案过程中,根据案件复杂程度、举证和庭审需求、被告人同意适用的程序等,选择适用不同程序,并可在庭审中

---

[1] 参见孙道萃:《认罪认罚从宽诉讼程序的独立建构》,载《南京师大学报(社会科学版)》2022年第6期。

对举证、辩论等予以简化。由普通程序简化审到简易程序,再到速裁程序,程序简化力度应当逐级递增,通过轻重分离、快慢分道,一方面确保简案快办,保障轻罪案件当事人合法权益;另一方面使检察机关得以抽出更多办案人员、办案精力办理复杂案件,以此通过司法资源的优化配置整体提升案件办理质效。

(二) 以技术支撑的现代检察确保"简程序"而不减权利

需要注意到,在笔者看来,提高办案效率并不代表效率绝对优先,在法的价值体系里,公平正义永远是第一位阶的价值。程序的简化虽然可以提高案件办理的效率,体现司法机关积极、高效办案的责任意识,有效防止案件积压、久拖不决对案件当事人合法权利的侵害,是刑事诉讼程序发展的一项卓越成果,但若过分强调"快"和"简",很容易陷入盲目追求速度和表面高效的误区而忽视程序正义和实质正义,导致对当事人权利的苛责。举一例说明,基层检察院在办理轻伤害案件中,化解当事人双方矛盾、修复社会关系往往是办理此类案件的根本目的,所以办案人员必然面临的一项重要工作就是了解当事人双方调解情况,推进或主持开展刑事和解工作。部分基层检察院建立了检调对接机制,引入专业调解机构确保调解有效进行,但无论检察办案人员自行主持和解、当事人主动调解或邀请人民调解员介入等各种方式,调解往往不是一蹴而就、一帆风顺的。在此前情况下,如果盲目追求速裁率或盲目关注办案时间的长短而忽视调解和和解工作的客观规律,则是本末倒置,不仅不能保障当事人合法权益,更是对其权利的侵害。"程序简化及由此带来的效率提升,只有在充分确立与保障被追诉人实质性诉讼主体地位与处分权利的基础上,方可获得正当性。"[1]在追求程序简化的同时,要确保刑事案件当事人权利不被削减,兼顾效率与公平正义。

1. 实质性推进认罪认罚工作,保障认罪认罚的自愿性

检察机关开展认罪认罚工作在纵向或横向上都推动着刑事案件分流。要积极推进认罪认罚的适用,提高释法说理能力,尤其是刑期计算逻辑、影响其量刑轻重的各类情节,确保程序简化的基本前提真实成立。同时,需要注意的是,虽然现行《刑事诉讼法》和《关于适用认罪认罚从宽制度的指导意见》均规定了

---

[1] 段陆平:《健全我国轻罪诉讼制度体系:实践背景与理论路径》,载《中国刑事法杂志》2021年第2期。

对简易程序、速裁程序的适用及认罪认罚普通程序的适用均应以被告人同意为条件,但实践中在进行认罪认罚具结时通常将重点放在指控的事实、罪名和量刑建议部分,对本案选择适用的程序以及被告人是否同意有时予以忽视。这种忽视一方面表现为在具结时选择适用的程序后期在未了解犯罪嫌疑人意见的情况下,检察机关单方面予以更改;另一方面表现为对程序缺乏解释或者在犯罪嫌疑人对适用程序不同意的情况下缺乏沟通而直接忽视其诉求。程序的简化是犯罪嫌疑人、被告人放弃刑事诉讼法律制度所赋予的一部分程序性权利的结果,因此应当确保其这种放弃是在明知前提下的自愿决定。检察办案人员应当意识到程序适用也是认罪认罚具结的内容之一,深刻把握认罪认罚从宽制度的精神内涵和我国刑事诉讼法对简化程序适用的相关规定,保障其权利让渡和放弃的真实性、自愿性。

2. 落实刑事辩护全覆盖制度

2018年《刑事诉讼法》正式确立值班制度后,检察机关正式在认罪认罚案件中引入值班律师制度。法律援助中心指派值班律师长期驻守看守所、检察院,对犯罪嫌疑人自愿认罪认罚,但其未委托辩护人的,由值班律师在场见证犯罪嫌疑人认罪认罚的合法性、真实性和自愿性。之后2021年8月十三届全国人大常委会审议通过《法律援助法》,2022年1月1日该法正式实施,为我国进一步推动实现刑事诉讼案件律师全覆盖创造了条件。多地司法机关出台了各省市相关适用意见,在《刑事诉讼法》和《法律援助法》规定的基础上,进一步扩大法律援助的适用主体和适用范围。以上海市为例,法律援助的适用主体明显扩大、适用罪名和情况也明显扩大,除刑事诉讼法规定的特殊困难人群外,包括但不限于不认罪案件、共同犯罪案件,依法可能判处三年以上的犯罪嫌疑人。检察机关通过落实全覆盖制度,确保指定的辩护律师全程参与审查起诉环节甚至延续至审判环节,律师在与检法交换意见、促进退赃退赔及刑事和解、谅解等方面都发挥着更加积极主动的作用,被告人的诉讼权利得到进一步保障,案件质量得到监督。推动法律援助更趋于实质化,实践中,检察机关应当将刑事辩护全覆盖与程序简化相结合,进一步保障法律援助律师在速裁程序、简易程序中发挥其地位和作用,避免因盲目追求快速审结而侵害律师阅卷、会见、提交意见等辩护权利的情形,在提高案件办理效率的同时,确保犯罪嫌疑人的意见得到充分听取,被告人刑事诉讼权利得到实质保障,案件质量得到监督。另外,司法机关与法律援助中心应达成有效衔接配合，尽量保证在犯罪嫌疑人没有自行委托辩护人的情况下，由同一律师的援助贯穿刑事诉讼全过程。

3. "数智化"检察发挥直接功效

科学技术推动人类进步，自然也包括对司法工作的创新性和能动性的推动。在大数据时代浪潮下，检察履职也应聚焦于"数智化"目标，将数字化与智能化作为核心驱动力，持续推动刑事检察场景应用的迭代升级，深化"智慧办案""智慧监督"。疫情防控期间远程办案系统的运用和改进被激活，司法办案人员对工作方式灵活性和创新性有了更高的重视。在疫情之后的司法实践中，远程办案方式也被持续适用。办案系统的电子送达、电子告知技术，可以解决取保候审外地犯罪嫌疑人往来不便的困难，争取在每个办案阶段都让案件当事人"少跑几次"，也直接节省了在途时间对办案时间的占用；检察机关与看守所间远程讯问系统和远程讯问室的建立，有效节省了押解流程，通过远程提讯室同步录音录像设备以及电子笔录签署系统的连接保障提讯的合法性；远程出庭、多媒体示证、语音识别自动生成笔等，让控辩双方的意见可以清晰体现，提高庭审效率。依托以全国检察业务应用系统为基础的大数据法律监督模型，强化各类模型应用，筛选类案线索，自动抓取数据等，可以有效发现立案监督线索，并快速挖掘审判监督抗源抗点，有效解放人力，提高监督效率。

当然，数字化和智能化带来的创新办案模式作为新生事物，仍存在有待完善的地方：一方面，要想充分发挥数字化和智能化的便捷高效优势，需要技术系统不断更新、改进，提供稳定支撑。另一方面，要注意远程办案模式可能存在的安全性隐患以及可操作性，对远程提讯、远程庭审的适用也要根据案件情况进行，尤其涉及国家秘密、商业隐私、个人隐私和未成年人的案件，是否适合远程办案需要慎重考虑；[1]有些涉案人员不会操作涉案软件，这种情况下若盲目追求远程电子系统的适用，不仅不便捷，甚至可能侵害涉案人员合法权益。

4. 创新机制——"一站式"执法办案管理中心

近年来，上海市探索建立"一站式"执法办案管理中心，各区办案中心设立在区公安分局，公安机关使用集成化的办案系统，检察机关设立办案场所，法院

---

[1] 参见庄绪龙、吴志新：《刑事案件远程视频办案模式的理论与实践》，载《人民司法》2021年第4期。

设立"一站式"法庭,以此落实"一站式"侦查、集中移送、集中审查、集中开庭,优化了流程,省去了以往案件流转的在途时间,解决了系统壁垒带来的阻碍。这种三方近距离配合的办案模式是实现轻罪快判、简案快办的有效实践创新。检察机关在其中应当充分发挥自身职能,可通过侦查监督与协作配合办公室入驻场,依法履行立案监督、提前介入、侦查监督、审查起诉等职责。同时,"一站式"办案场所方便了线索移送、共同参与社会治理和普法宣传等,既提高了办案效率,又保障了案件办理效果的延伸。

"质"与"效"各有内涵,但又不可分割,内在统一,在保障刑事诉讼效率的同时,更应兼顾公平,平衡公平与效率的关系,在确保实质正义的前提下提高办案效率,才能让公平正义更好更快实现。

三、延伸办案效果

(一)践行新时代"枫桥经验",高质效化解矛盾纠纷

党的二十大报告强调,统筹维护和塑造国家安全,夯实国家安全和社会稳定基层基础。基层基础是社会治理的前沿和重点,基层社会治理对于国家安全和社会稳定意义重大。2023年3月,习近平总书记在参加江苏代表团审议时强调,要坚持和发展新时代"枫桥经验",完善正确处理新形势下人民内部矛盾机制,及时把矛盾纠纷化解在基层、化解在萌芽状态。[1] 检察机关是践行"枫桥经验"的重要法治力量,应深入学习贯彻习近平新时代中国特色社会主义思想,贯彻落实党的二十大精神,全面贯彻习近平法治思想,践行总体国家安全观,在党的领导下,切实在检察履职中坚持和发展新时代"枫桥经验",聚焦人民群众急愁难盼问题,为民纾忧解困,通过高质效办案化解矛盾纠纷,促进基层社会治理。

1.注重矛盾化解,实现案结事了人和。矛盾不上交、及时化解矛盾是"枫桥经验"的鲜明价值追求,也是检察工作基本价值追求的应有之义。[2] 只有矛盾得到真正的化解,人民群众才能切身体会到公平正义。检察机关应高度重视矛盾

---

[1] 参见新华社:《习近平在参加江苏代表团审议时强调 牢牢把握高质量发展这个首要任务》,载微信公众号"新华社"2023年3月5日,https://mp.weixin.qq.com/s/C2j1QTRo34IWFVf4PXnnOw。

[2] 参见闵钐:《把握"枫桥经验"历史逻辑,以高质效法律监督助力基层社会治理》,载《中国检察官》2023年第15期。

化解,将学习践行"枫桥经验"落实到办理的每一个案件中去。检察机关应当深刻认识到,案件是社会矛盾的产物,矛盾得不到化解,就还会产生新的案件。①同时,检察机关也应当认识到"矛盾不上交"并不意味着掩盖矛盾,而是指就地积极化解矛盾。检察机关践行"枫桥经验"化解矛盾中必须立足于主责主业,兼顾依法能动履职和职责边界。坚持把调解、和解贯穿矛盾纠纷化解工作始终,对民间纠纷引发的案件,基层检察机关应当充分发挥基层的第一道防线作用,尽力将矛盾纠纷化解在办案的最初层级。借助人民调解员的专业力量对符合条件的刑事、民事、行政诉讼监督和公益诉讼等案件开展调解工作,既解"法结"又化"心结",促进当事人就案件中的民事责任和解息诉,真正实现"矛盾不上交、平安不出事、服务不缺位"。要以群众看得见的方式进行矛盾化解,完善以检察听证促纠纷化解等机制,积极开展检察听证,保障人民群众的知情权、参与权和监督权,通过参加听证的各方主体的交互作用,共同促进矛盾纠纷的实质性化解。

2. 坚持源头预防,高质效办好每一个案件。源头治理是"枫桥经验"的鲜明特征,习近平总书记强调法治建设既要抓末端、治已病,更要抓前端、治未病。当矛盾进入检察环节,其实已经是进入了诉讼渠道纠纷解决的中后端,检察机关作为法律监督机关,本就具有以客观公正视角分析审视案件源头的任务。检察机关不仅要做好个案矛盾化解,更要做好源头预防的"后半篇文章"。严格依法办案、公正司法,树立"涉案矛盾纠纷一次性实质解决"理念,把预防化解矛盾、修复社会关系、保护公共利益融入履职办案全过程。落实宽严相济刑事政策,依法适用认罪认罚从宽制度,打造具有区域特色的轻微刑事案件高质效办理工作路径,"抓前端"与"抓末端"并重,防止"重打击轻预防"。严格落实"每案必评、依法化解"工作机制,对办理的案件尤其是重大疑难复杂案件评估办案风险,对"较大风险"等级以上案件做到"一案一预案",确保风险隐患防范在早、处置在小。

3. 坚持群众路线,努力做好"暖心工程"。人民性是"枫桥经验"的本质属性,②习近平总书记"以人民为中心"的思想赋予其本质属性。群众路线是党的

---

① 参见张文显、朱孝清、贾宇等:《新时代"枫桥经验"大家谈》,载《国家检察官学院学报》2019年第3期。

② 参见张文显、朱孝清、贾宇等:《新时代"枫桥经验"大家谈》,载《国家检察官学院学报》2019年第3期。

生命线和根本工作路线，是坚持以人民为中心的重要体现。检察机关要以"努力让人民群众在每一个司法案件中感受到公平正义"为目标，坚持群众路线，把"高质效办好每一个案件"的检察履职办案基本价值追求落实到检察工作中。检察机关要协同侦查机关、审判机关完善追赃挽损协调机制，最大限度减少被害人损失。对于民事权益受损、有起诉维权意愿但提起诉讼确有困难的当事人，依法支持提起民事诉讼。对因案致贫、因案返贫的当事人及时开展司法救助，及时解决急迫困难。聚焦乡村、老幼、妇女权益保障，协调民政、乡村振兴、教育、人力资源与社会保障等部门，以"检察＋"多元化救助模式，开展就业、就学、心理疏导、政策支持等多元救助措施，联动基层组织开展跟踪回访，达到"一次救助，长期关怀"的效果。

(二)制发高质量检察建议，高质效助推社会治理

党的二十大报告对推进多层次多领域依法治理，提升社会治理法治化水平提出了明确要求。应勇检察长在2023年大检察官研讨班上指出，检察建议就是"抓前端、治未病"，要坚持质量先行，持续紧盯、跟进落实，推动从"办理"向"办复"转变，促进社会治理、源头治理。① 随着检察职能的拓展和检察实践的发展，检察建议已成为检察机关履行监督办案职能的重要方式，是检察机关参与社会治理的有效手段，是推动综合治理的重要抓手。从基层检察工作实践来看，在检察办案过程中发现违法犯罪隐患、制度漏洞以及其他妨碍社会治理的苗头性、倾向性问题，要在源头治理上下功夫，向相关单位制发解决深层次问题的检察建议，与相关部门形成合力，助力从源头推动相关问题的长效治理，实现"办理一案、治理一片"的效果，进而助推国家治理体系和治理能力现代化。

回头审视当前基层检察工作，检察建议的制发存在监督表面化、措施可操作性不强、落实质效不高等问题。比如，纠正违法类检察建议一般仅针对法院的审判程序瑕疵，以及未在规定时间内送达法律文书、审判人员未在庭审笔录上签字等浅层次问题，很少对法律适用问题、个案背后隐藏的深层次违法问题等制发检察建议，甚至存在针对同一问题多次制发检察建议的情况；社会治理类检察建议说理不透彻，缺乏系统分析论证，对不同单位不同事项模板化地使

---

① 参见巩宸宇：《为大局服务　为人民司法　为法治担当　以检察工作现代化服务中国式现代化》，载《检察日报》2023年7月20日，第1版。

用"制度不健全""管理有漏洞"等表述，监督表面化；同时也囿于检察人员跨专业跨行业知识的有限性，所提出的建议缺乏实践可操作性，文书质量不高。又如，检察机关在制发检察建议前不善于运用磋商、联席会议等方式，促进被建议单位自觉接受建议；未开展必要的调查核实工作，导致文书说理性、针对性、可操作性不强；制发检察建议后不注重跟踪督促，视回复为采纳，导致检察建议落实质效不高。

牢固树立"精品意识"，不断提升检察建议的制发质量。首先，检察人员要提高思想认识，认识到检察建议作为检察机关履行法律监督职能重要而灵活的监督方式及其对促进综合治理的重要意义，摒弃重个案办理、轻类案监督和系统治理的理念，纠正就案办案的思想，消除对制发检察建议存在的畏难情绪，树牢"制发检察建议也是办案"、"在办案中监督、在监督中办案"、双赢多赢共赢等理念。其次，检察机关制发检察建议应当严格在法律规定的框架下运行，要严格遵守法定性与必要性。对于《人民检察院检察建议工作规定》中有明确规定的，严格按照规定执行。对于一般性质、轻微违法问题，应优先通过磋商、沟通等方式交换意见，口头提醒对方纠正问题，杜绝"小问题"大处理。对于常发、频发现象，立足个案办理，查找违法犯罪隐患、制度漏洞以及其他苗头性、倾向性问题，在综合治理上下功夫，提出解决深层次问题的类案检察建议。最后，检察建议制发前应进行调查核实工作，切实做到事实清楚、证据确凿，杜绝"走马观花式"调查、"浅尝辄止式"核实，所提出的检察建议要根据被建议单位的具体情况，因案而异，具有针对性和可操作性。相较其他类型的检察建议，社会治理类检察建议涉及非检察领域的问题更多、专业性更强，检察人员由于跨行业专业知识不足，容易导致检察建议文书说理不充分或缺乏实践可操作性等问题。检察机关要善于借力第三方智库提升精准度，创新"检校共建"、特邀检察官助理等工作机制，广泛听取各领域专家的意见，充分借助外脑力量来提升检察建议的精准度。

不断完善工作机制，切实增强检察建议的监督刚性。检察建议从文义上看是一种"建议权"，具有明显的柔性监督色彩，与批捕、起诉、抗诉等其他制约监督方式相比，检察建议在运行中也确实存在刚性不足的问题，主要体现在基层检察工作中检察建议跟踪落实力度不够、视回复为整改、落实效率不高等问题。根据《人民检察院检察建议工作规定》第24条、第25条的规定，检察机关应当积极督促和支持配合被建议单位落实检察建议。督促落实工作由原承办检察官办理，可以采取询问、走访、不定期会商、召开联席会议等方式，并制作笔录或者工作记录。被建议单位在规定期限内经督促无正当理由不予整改或者整改不到位的，经检察长决定，可以将相关情况报告上级检察机关，通报被建议单位的上级机关、行政主管部门或者行业自律组织等，必要时可以报告同级党委、人大，通报同级政府、纪检监察机关。提升检察建议监督质效，要结合不同类型检察建议的职能性质和特点，针对性完善工作机制。比如，纠正违法检察建议要聚焦苗头性、普遍性的共性问题，注重发挥依职权监督和类案监督功能作用。又如，对于社会治理检察建议，一方面，要向外主动寻求党委、人大、政府对检察建议工作的支持，建立完善检察建议办复机制，形成监督合力，如采取定期对检察建议办复情况进行通报等方式，主动融入参与社会治理大格局；另一方面，要向内坚持质量先行、持续紧盯、跟进落实，找准切口触及被建议方的真实问题所在，同时提升制发工作的规范性，强化对涉及单位多、群众关注度高、社会影响力大的检察建议公开宣告送达，增强检察建议严肃性，提升检察建议的公信力和执行力。

检察机关在办案过程中应当深刻把握"高质效办好每一个案件"的时代内涵，把"高质效制发每一份检察建议"作为检察机关立足办案延伸职能，促进社会治理的重要载体，不断提高检察建议的质量、效率和效果，更新理念、创新机制、多措并举，从个案中见微知著，剖析具体个案办理中发现的苗头性、倾向性以及隐藏的社会治理短板弱项，通过检察建议开出治理处方，实现从案结事了的监督到综合治理的监督的转变，推动检察建议工作实现更高质量、更优效率、更好效果的统一，充分发挥检察建议综合治理作用，推动检察履职"由案到治"。

(三) 推进数字检察，赋能新时代刑事检察工作创新

随着信息技术的飞速发展和国家大数据战略的深入实施，大数据在经济社会高质量发展中的作用愈加显现。习近平总书记强调，大数据是信息化发展的新阶段，要推动大数据、人工智能等科技创新成果同司法工作深度融合。[1] 最高人民检察院检察长应勇指出，"数字检察战略是法律监督手段的革

---

[1] 《大数据战略：为新时代检察注入强劲动能》，载《检察日报》2023年3月1日，第3版。

命"。① 长期以来,受传统监督办案模式"被动性、碎片化、浅层次"特征的影响,检察机关监督办案质效总体上还跟不上、不适应法律监督现代化的更高要求,迫切需要通过数字赋能,推动法律监督模式深层次变革,实现监督办案手段的"革命"。运用大数据、云计算、人工智能等数字化手段,构筑"数字检察",既是检察机关发挥主观能动性、高效维护社会秩序及法律实施的重要举措,也是其全面推进国家治理体系和治理能力现代化的司法责任。具体到刑事检察业务,数字检察可应用于犯罪线索发现、证据收集固定、非羁押人员监管、为司法裁判提供参考、庭审示证、法院裁判审查监督等多个场域,既可以快速发现犯罪、固定证据,提升检察机关指控和证明犯罪的能力,也可以有效降低羁押率,统一法律适用,强化法律监督职能。但在不断强调数字检察所蕴含的巨大潜力和广阔前景、全力推动数字检察建设的同时,也要充分认识到科学技术的创新性与法律规定的滞后性之间的矛盾关系可能带来的法律风险,并予以解决,以保证作为法律监督机关的检察机关在科技创新发展之路上始终坚守法治轨道。

数字检察赋能高质效法律监督。数字检察在法律监督中的应用主要体现在以下方面:一是立案监督。检察机关的立案监督权包括两个方面:一方面,对公安机关应当立案而不立案的案件进行立案监督;另一方面,对公安机关不应当立案而立案的案件进行撤案监督。当前,犯罪线索的发现已由传统的当事人或行政执法机关的控告、举报或线索移送,转变为更多来自检察机关通过大数据监督模型自行发现犯罪线索,检察机关以大数据手段进行犯罪预警、发现及控制,及时介入社会治理。但在广泛运用的同时需重视惩罚犯罪与保障人权之平衡,在构建大数据法律监督模型时,应当贯彻防止公权力滥权之理念,以公民"知情—同意"或比例原则为核心,严格依照《刑事诉讼法》的程序设置依法履职。二是侦查监督。依托电子卷宗,梳理监督要点、编写监督规则、提取证据要素、构建监督模型,推动监督形态从个案监督向类案监督转变,提升侦查监督质效。对银行交易记录等海量数据进行筛选、碰撞、分析,提高对洗钱、电信网络诈骗、金融诈骗等新型犯罪漏犯漏罪的追诉精准度和效率,实现监督模式从被动监督向主动监督转变。将起诉书和判决书进行比对,构建审判监督模型,强

---

① 《让"高质效办好每一个案件"成为基本价值追求》,载《检察日报》2023年7月26日,第1版。

化对审判程序和裁判内容的监督。

数字检察赋能高质效案件审查。数字检察在案件审查中的应用主要体现在以下方面：一是对案件本身的处理。这表现在：一方面，通过大数据手段，检索、碰撞、对比类案判决，为案件处理提供参考，以促进同案同判，增强刑罚的公正性；另一方面，通过完善量刑辅助系统，准确设置量刑要素提取规则和计算规则，丰富判决书样本，提升辅助提出量刑建议的准确性。二是作为管理手段，如通过大数据监管非羁押人员，推动检察机关和看守所、法院远程视频讯问系统的升级联通，提高检察人员讯问、出庭公诉以及辩护人、值班律师见证认罪认罚的效率。

数字检察是"高质效办好每一个案件"的推动器，"大数据"对法律监督工作具有放大、叠加、倍增的作用，能够有效破解线索收集难、类案办理难、社会治理效能不明显等问题，使法律监督更加精准、能动、有力。[①] 检察机关要聚焦构建"业务主导、数据整合、技术支撑、重在应用"的数字检察工作模式，坚持"从业务中来，到业务中去"，增强检察官大数据思维，善于从个案办理中发现异常数据，并深入思考背后的深层次原因，敏锐发现共性问题和管理漏洞，在总结提炼规则的基础上会同技术人员研发大数据监督模型，推动从个案办理到类案监督，再到综合治理，真正实现"数字赋能监督，监督促进治理"的法律监督模式变革。

[①] 参见刘巍：《数字赋能检察工作高质量发展的思考与研究》，载《辽宁公安司法管理干部学院学报》2023年第4期。

第 二 章
以证据为中心的刑事指控体系构建

当前,我国的刑事诉讼模式由最初的以侦查为中心,逐步发展为以审判为中心。对此,最高人民检察院提出要构建以证据为中心的刑事指控体系,这是适应以审判为中心的刑事诉讼制度改革要求的重要举措,是推进刑事检察体系现代化的重要内容,是落实"高质效办好每一个案件"的重要基础。本章通过探讨以证据为中心的刑事指控体系的内涵、构建路径以及相关配套制度的完善等,以期完善以证据为中心的刑事指控体系,确保新时代检察工作高质量发展。

第一节 概念的提出

一、历史沿革

长期以来,我国刑事诉讼实行的是"以侦查为中心"的诉讼模式,导致庭审过分依赖侦查卷宗等书面材料,庭审流于形式,法庭审判被严重虚化,使得刑事诉讼通过法庭审理发现事实真相和保障诉讼参与人诉讼权利的价值大打折扣,既不利于有效追究犯罪,也容易导致冤假错案的发生,引发"侦查失控""制约失灵""控辩失衡"等问题。[1] 对此,党的十八届四中全会提出"推进以审判为中心的诉讼制度改革",全面贯彻证据裁判规则,严格依法收集、固定、保存、审查、运用证据,完善对证人、鉴定人的法庭质证规则。

---

[1] 参见王敏远:《以审判为中心的诉讼制度改革问题初步研究》,载《法律适用》2015年第6期。

为适应以审判为中心的诉讼制度改革的新要求，最高人民检察院于2015年6月在全国检察机关第五次公诉工作会议上提出"构建以证据为核心的刑事指控体系和新型诉侦、诉审、诉辩关系"，这是检察机关首次提出"刑事指控体系"的命题。随后，最高人民检察院制定《"十三五"时期检察工作发展规划纲要》，并联合最高人民法院、公安部、国家安全部、司法部（以下简称"两高三部"）出台《关于推进以审判为中心的刑事诉讼制度改革的意见》，明确构建以证据为核心的刑事指控体系，全面贯彻证据裁判规则，建立书面审查与调查复核相结合的亲历性办案模式，推行以客观性证据为主导的证据审查模式，实行技术性证据专门审查制度，重视瑕疵证据补正和定罪量刑关键证据补强，巩固、完善证据体系。2017年6月，"两高三部"制定《关于办理刑事案件严格排除非法证据若干问题的规定》，从侦查、起诉、辩护、审判等方面明确非法证据的认定标准和排除程序，切实防范冤假错案产生。

2018年12月，最高人民检察院发布《2018—2022年检察改革工作规划》，再次提出"健全完善以证据为核心的刑事犯罪指控体系"。构建"诉讼以审判为中心、审判以庭审为中心、庭审以证据为中心"的刑事诉讼新格局，完善证据收集、审查、判断工作机制，建立健全符合庭审和证据裁判要求、适应各类案件特点的证据收集、审查指引，深化书面审查与调查复核相结合的亲历性办案模式，确保审查起诉的案件事实证据经得起法律检验。2020年3月，为进一步完善以证据为核心的刑事指控体系，加强和规范补充侦查工作，提高办案质效，最高人民检察院、公安部共同制定了《关于加强和规范补充侦查工作的指导意见》，对于开展补充侦查的原则及内容予以进一步强调与规范。2021年12月，为深入推进以审判为中心的刑事诉讼制度改革，落实认罪认罚从宽制度，进一步规范量刑程序，最高人民检察院制定《人民检察院办理认罪认罚案件开展量刑建议工作的指导意见》，从规范检察机关量刑建议的维度进一步丰富了刑事指控体系。2023年8月，最高人民检察院制定的《2023—2027年检察改革工作规划》，将构建以证据为中心的刑事指控体系列为完善"六大体系"36项改革任务之一，即协同推进以审判为中心的刑事诉讼制度改革，充分发挥检察机关审前把关、过滤作用，健全以证据为核心的刑事指控体系。2024年9月，"两高三部"出台《办理刑事案件排除非法证据规程》，进一步明确了非法证据的认定标准和排除程序。

由此可以看出,"构建以证据为中心的刑事指控体系"这一提法经历了近10年的演变,从最初"以侦查为中心"的刑事诉讼模式,到"以审判为中心"的刑事诉讼制度改革,再到最高人民检察院提出构建以证据为中心的刑事指控体系,并出台一系列司法解释、规定予以丰富、完善和发展,最终成为新时代检察机关办理刑事案件的基本准则。

二、内涵解读

从最高人民检察院提出构建以证据为中心的刑事指控体系以来,其内涵在不断丰富和发展,从强调要处理好诉侦、诉审和诉辩关系,到要完善证据收集、审查、判断的机制,再到将量刑建议、涉案财物处置等公诉职责纳入刑事指控体系,以证据为中心的刑事指控体系得到了发展与完善。根据定义来看,构建以证据为中心的刑事指控体系,其基本内涵主要包括两部分,即"以证据为中心"和"刑事指控体系"。

(一)以证据为中心

刑事诉讼以审判为中心,实质是以庭审为中心;以庭审为中心,实质上就是以证据为中心。刑事司法活动的过程就是收集证据、审查证据、运用证据、采纳证据进行认定犯罪事实,作出裁判的过程,任何一个刑事案件的办理自始至终都是围绕证据来进行的。要想达到刑事诉讼"案件事实清楚,证据确实、充分"的证明标准,关键靠证据。只有证据确实、充分,案件事实才能清楚;只有案件事实清楚,才能正确适用法律。

何为"证据"?根据我国刑事诉讼法的规定,可以用于证明案件事实的材料都是证据,证据必须经过查证属实才能作为定案的根据。证据必须是有证据能力和证明力的证据,其应当具有客观性、关联性和合法性。对于非法言词证据,应当予以排除;对于违反法定程序收集的物证、书证等,可能严重影响司法公正且不能作出补正或合理解释的,应当予以排除。"以证据为中心"就是要求奉行证据裁判主义,即对于案件事实的认定必须有相应的证据予以证明,据以定案的证据均经法定程序查证属实,符合合法性、关联性和客观性"三性"要求。

(二)刑事指控体系

刑事指控体系不等同于刑事指控,其不仅包括静态意义上的达到刑事案件的证明标准,还包括动态意义上的公诉人出庭履行公诉职责。长期以来,检察机关在刑事诉讼中停留在刑事指控阶段,刑事指控主要侧重于定罪问题,即起诉仅要求法院对被告人作有罪判决,对于量刑建议、涉案财物处置等刑事诉讼环节不够重视,忽略了刑事指控体系的建立。当前,随着以证据为中心的刑事指控体系的建立,检察机关的刑事指控体系得到了逐步完善,"对人之诉"从最初的单一定罪逐步扩展到强调量刑建议,即检察机关在提起公诉时应出具相应的量刑建议,由法院进行审查。后随着"对物之诉"的发展,涉案财物的处置问题成为审判对象,我国《刑事诉讼法》及相关司法解释增加了涉案财物审查、移送和处理的规定,拓宽了刑事指控体系的内涵,检察机关的刑事指控又包含了对涉案财物的处置申请,[1]这不仅包括对于查封、扣押和冻结的在案财物的处置意见,还包括检察机关提起的违法所得没收申请等诉讼过程。

可以看出,我国的刑事指控从以往侧重单一定罪问题,发展到涵盖量刑、涉案财物处置等方面,已经形成了较为完善的刑事指控体系。其中,定罪指控是刑事指控的根基,量刑建议是刑事指控的必要延展,财物追缴是刑事指控的应有内容。[2] 因此,构建以证据为中心的刑事指控体系要求以指控犯罪事实的确立为根基和方向,将量刑建议作为刑事指控体系的必要延伸,同时将涉案财物追缴纳入刑事指控体系的实体范畴,确保一切刑事诉讼活动环节都围绕证据来进行。

三、基本原则

检察机关构建以证据为中心的刑事指控体系应当遵循证据裁判原则、程序法定原则、无罪推定原则和全面审查原则等基本原则,树立刑法、刑事诉讼法、证据法一体化适用思维来构建以证据为中心的刑事指控体系。

(一)证据裁判原则

证据裁判原则,又称证据裁判主义,其基本含义是指对于案件事实的认定,应依据有关的证据作出;没有证据,不得认定案件事实。在现代证据制度中,证

---

[1] 参见熊秋红:《以证明标准为中心的刑事指控证据体系之构建》,载《中国检察官》2024年第3期。

[2] 参见闵春雷、王从光:《中国刑事指控体系应以事实而非证据为面向建构》,载微信公众号"尚权刑辩"2022年5月24日,http://mp.weixin.qq.com/s/al-Ahul_LysZq2CP-x-Oow。

据裁判原则是所有证据法和诉讼制度的核心原则。① 我国刑事诉讼法虽然没有明确使用证据裁判原则的表述,但是明确规定了证据在事实认定中的决定性作用,体现了证据裁判原则的精神。

以证据为中心的刑事指控体系的建立,首先就是要坚持证据裁判原则,只有贯彻证据裁判原则,才能推进庭审实质化,才能推进以审判为中心的刑事诉讼制度改革。其主要包括三个方面内容:一是定罪量刑等事实都有证据证明。如前所述,刑事指控体系涵盖定罪、量刑、财物处置等多个环节,各个环节都需要用证据来证明。最高人民法院《关于适用〈中华人民共和国刑事诉讼法〉的解释》第72条明确规定了包括身份、刑事责任能力、犯罪事实、量刑情节、程序事实、涉案财物处理等11种应当运用证据证明的案件事实。二是据以定案的证据均经法定程序查证属实,这是对证据能力的要求。一方面,据以定案的证据需要做到真实合法,对于虚假证据以及非法证据不能作为定案的依据。另一方面,据以定案的证据要经过法定程序认定,才能作为证据使用。一般而言,作为定案依据的证据均应当经过庭审举证、质证,否则不能使用。证据未经庭审举证、质证,而直接作为定案依据的,属于程序违法。三是综合全案证据,对所认定事实已排除合理怀疑。这主要是对于证明标准的规定。需要明确的是,"合理怀疑"非"一切怀疑",它是指建立在一定的理由之上、有合理根据的怀疑,并非任意臆测的怀疑。排除合理怀疑是指对于事实的认定,已经没有符合常理的、有根据的怀疑,实际上达到了确信的程度。

(二)程序法定原则

正所谓"程序不合法则裁判无效力"。程序法定原则等同于刑法的罪刑法定原则,是刑事诉讼中的"帝王原则",其在刑事诉讼领域的基本含义是指侦查、起诉和审判过程,包括立案侦查、审查起诉、审判以及证据的收集调取、强制措施的适用、办案期限的规定等均应遵循法定的程序。程序法定原则有利于防止司法专断,保障公民基本人权,是实现实体公正的必要途径。

由于我国刑事检察贯穿于立案侦查、起诉、审判、执行等刑事诉讼各个环节,以证据为中心的刑事指控体系包括对于证明定罪、量刑、涉案财物等各项事实的证据的收集、审查和运用,对于检察机关提前介入侦查、提起公诉以及出庭

---

① 参见樊崇义:《以审判为中心与证据裁判原则》,载《人民法治》2017年第7期。

支持公诉等各项检察权的运行,对于被告人的定罪判刑均需要严格坚持程序法定的原则。通过法庭审判的程序公正实现案件裁判的实体公正,发挥庭审在查明事实、认定证据、保护诉权、公正裁判中的决定性作用,确保诉讼证据出示在法庭、案件事实查明在法庭、诉辩意见发表在法庭、裁判结果形成在法庭,从而构建以证据为中心的刑事指控体系,推进以庭审为中心的诉讼制度改革。

(三)无罪推定原则

我国《刑事诉讼法》明确规定:"未经人民法院依法判决,对任何人都不得确定有罪。"这被认为是我国吸收了无罪推定原则的基本内容的标志。其中,公诉机关承担证明责任、被告人是刑事诉讼的主体而非客体、疑罪从无是无罪推定原则的重要内容。① 比如,我国《刑事诉讼法》规定,人民检察院对于补充侦查后证据仍然不足,不符合起诉条件的案件应当作出不起诉的决定;人民法院经过审理,对于证据不足,不能认定被告人有罪的,应当作出证据不足、指控的犯罪不能成立的无罪判决。这就是对疑罪从无原则的具体规定。

构建以证据为中心的刑事指控体系,要求坚持无罪推定原则,即刑事诉讼要以假定犯罪嫌疑人无罪为起点,刑事指控的过程就是公安机关通过收集证明犯罪嫌疑人有罪的证据,检察机关通过审查、运用现有证据来逐一证明犯罪嫌疑人、被告人有罪。倘若刑事诉讼不坚持无罪推定原则,犯罪嫌疑人、被告人可能会被提前认定为有罪,犯罪嫌疑人、被告人一方的力量难以与国家公权力抗衡,容易出现权利滥用。这不仅侵犯了犯罪嫌疑人、被告人的合法权益,还导致司法人员可能会先入为主地认为犯罪嫌疑人、被告人有罪,可能干扰侦查方向,从而导致冤假错案的发生,影响司法公正性。

(四)全面审查原则

全面审查原则,即对于案件相关的所有事实和证据进行全面、客观、公正的审查,这是办理所有刑事案件的要求,也是确保司法公正、保护被告人合法权益的重要原则。检察机关作为国家法律监督机关,除承担指控犯罪的任务外,还应确保尊重、保障犯罪嫌疑人、被告人的合法权利。案件事实的认定,往往是综

---

① 参见揭萍:《以无罪推定原则为指引,重构认罪认罚从宽制度》,载微信公众号"尚权刑辩"2024年11月15日,http://mp.weixin.qq.com/s/U-luTBxPhkxlfkowliHhGw。

合运用各种审查判断方法的结果。① 由于检察机关贯穿于刑事诉讼始终,对于刑事案件把握更为全面,应强化对于侦查、审查起诉环节的证据把关,对侦查机关移送的证据材料进行全面、严格的审查和判断,确保证据体系的完整性和提起指控的有效性。

构建以证据为中心的刑事指控体系,需要坚持全面审查的原则。一是要做到审查与监督协同并进。检察机关既要审查侦查机关对案件事实是否进行全面的收集和调查,不仅是有罪与罪重的证据,更要注重无罪或罪轻的证据的收集,以确保案件事实的真实性和全面性;在全面审查案件事实和证据中也要对发现的违反刑事诉讼相关规定的侦查、审判行为进行监督。二是要以符合诉讼规律的方法和模式强化证据审查,要注重书面审查与调查复核相结合,强调证据审查的亲历性,不仅要加强对侦查机关移送的案卷材料和证据进行全面审查,而且要在审查中注重听取、核实各方意见,确保案件的证据体系完整牢固。三是要对案件事实和证据进行全面的比对和分析。对案件事实和证据进行综合分析,确保案件事实和证据之间的一致性和相互印证性,将证据与事实的关联性作为一个个环,串联起整个案件事实,即所谓的证据链。要注重审查行为人的辩解以及发现的事实与证据之间的矛盾,通过全面审查来排除合理怀疑。

第二节　以证据为中心的构建路径

一、刑事证明标准的基本要求

(一)"案件事实清楚,证据确实、充分"的内涵

"案件事实清楚,证据确实、充分"是我国刑事案件最为重要的证明标准,被规定于《刑事诉讼法》第 55 条,一般认为,"事实清楚"是指裁判者对有关定罪量刑的事实均已查清楚;"证据确实、充分"则是从质与量上要求据以定案的每个证据都必须有证明力,且案件事实需要有足够的证据加以证明②。对于如何理

---

① 参见樊崇义:《以证据为中心的刑事指控体系的构建》,载《人民检察》2024 年第 1 期。
② 参见卞建林、张璐:《"排除合理怀疑"之理解与适用》,载《国家检察官学院学报》2015 年第 1 期。

解上述标准,立法者也通过确立规范的方式予以明确,具体包括以下6点。

1. 每一案件事实都有证据证明。具体到司法实践中,起诉书中"经审查认定的事实"部分所续写的每一项事实,均需要有证据予以证实(不能仅为被告人供述),否则不能成立,亦无法成为定罪量刑的依据。

2. 单个证据具备证据能力和证明力。公诉机关在起诉书中所列明的每一项证据,均需满足认定相关案件事实所要达到的证明程度,"证据确实、充分"包含了对每一证据的证明力和证据能力的资格要求。

3. 证据之间应做到相互印证。对于在起诉书中所指控的事实,公诉机关应做到对于同一案件事实或信息,两个以上的在案证据能够出现交叉或者重合,从而实现相互印证,最终实现验证其真实性的目标。

4. 全案证据形成完整的证据链。公诉机关所出示的证据应与案件事实的每一环节相对应,从而使具有相关性的证据构成证明体系的一环。

5. 直接证据得到其他证据的补强。为了防止误认事实或发生其他危险性,在运用某些证明力显然薄弱的证据认定案情时,应有其他证据补强其证明力,从而夯实定罪量刑的基础。

6. 结论具有唯一性和排他性[1]。公诉机关在法庭审理中所出示的全部证据,应确保由此得出的结论是唯一的,而不能有两种以上的结论,即排除"所发生的案件不是犯罪事件,或者犯罪事件根本没有发生"以及"所发生的犯罪行为不属于被告人所为,存在其他人实施犯罪行为的可能"。

(二)"排除合理怀疑"的理解与适用

对于"排除合理怀疑"的认定,全国人大常委会法制工作委员会刑法室对其的解释为:对于事实的认定,已没有符合常理的、有根据的怀疑,实际上达到确信的程度。在检察实务中,对"排除合理怀疑"标准的理解,宜将判定的依据划定为庭审中所提出的案件相关的证据,这有助于防止怀疑的范围被不合理地扩大。[2] "排除合理怀疑"的标准并不苛求对于案件事实的证明要达到绝对确定的程度,案件事实中有一部分是能够被完全予以还原的,另一部分的案件事实则很难达到绝对确定的程度,对于这一部分的案件事实就需要检察机关尽量地

---

[1] 参见陈瑞华:《刑事证明标准中主客观要素的关系》,载《中国法学》2014年第3期。
[2] 参见郝睿夫:《论刑事证明新标准:排除合理怀疑》,西南财经大学2013年硕士学位论文,第15页。

使自己的主观认识靠近或者达到客观事实的绝对确定。

具体到司法实践,针对"幽灵辩解",宜善用经验法则,综合全案证据准确判断是否足以排除;针对不认罪认罚的案件,可用间接证据进行逻辑推理,查明怀疑是否合理;而在面对有合理怀疑的案件时,要兼用引导侦查、自行补侦等方式补强证据。

二、实体范畴

(一)定罪指控

提起公诉时,检察机关在确保所指控的事实均有证据印证的情况下,还应坚持证据的客观性、关联性和合法性,这直接决定着每一个案件的质量,是以证据为中心的刑事指控体系的基础之一。

1.证据的客观性

在审查案件的过程中,检察人员不能把个人的判断或想象、假设、推理等作为定案的证据使用,所认定的事实均需依托于在案证据。同时,证据必须有正确的来源,对于没有正确来源的,由于无法进行查证,缺乏客观真实性,不可作为证据使用。[1]

2.证据的关联性

证据的关联性,是指证实事实与案件事实之间的联系是客观存在的,且不以人的主观意志为转移。注重证据的关联性,有助于检察机关在侦查阶段引导侦查机关明确调查和收集证据的方向和范围,查明案件真相;在审查起诉阶段,防止错案,保证起诉质量。

3.证据的合法性

证据的合法性是证据客观性和关联性的重要保证,也是证据具有法律效力的重要条件。根据我国现行法律规定,司法人员必须依照法律规定的诉讼程序收集、固定、保全、审查和运用证据,并且经过查证属实以后,才能作为逮捕、起诉和判决的根据。

(二)量刑建议

以证据为核心的刑事指控体系应坚持用客观真实的证据来提高刑事诉讼

---

[1] 参见樊崇义:《以证据为中心的刑事指控体系的建构》,载《人民检察》2024年第1期。

案件的审查质量,而检察机关的量刑建议权涉及被告人的刑期长短及刑罚执行方式,是被告人及其辩护人极为关注的环节。对此,检察人员在计算被告人的刑期时,不可依靠既往经验随意得出,应严格按照被告人所具有的法定情节,最高人民法院、最高人民检察院《关于常见犯罪的量刑指导意见》明确每一情节所对应的增加或减轻刑罚的比例予以计算,并在公诉案件审查报告中予以明确。此外,在认罪认罚具结的过程中,检察人员应在向行为人宣读所指控的事实以外,另告知其所具有的量刑情节,并结合证据开示向其与辩护人(或值班律师)出示佐证上述情节的在案证据(如侦查机关出具的"抓获经过"、刑事判决书等),释明建议量刑的计算方式,并在后续庭审过程中进行充分的质证以及对质。

(三)涉案财物处置

根据《人民检察院刑事诉讼规则》的规定,犯罪工具的特征,与犯罪有关的财物的来源、数量、去向是公诉机关需要举证证明的事实。由此可见,刑事对物裁判程序由检察机关发动,那么,程序中待证事实的证明自然也应由检察机关承担。为履行证明责任,检察机关需要举证证明涉案财物与犯罪行为之间的实质联系,进而提出处置意见、依据的法律和事实理由。

1. 涉案财物的定义

与犯罪事实相关联的财物才能被认定为涉案财物,与此同时,在犯罪金额范围内的财物即涉案财物。① 需要注意的是,这里的"事实关系"既包含直接关系,即财物出现在犯罪过程中,也包含间接关系,即由这些财物转化形成的其他形式的财物。

2. 涉案财物的审查

在案件被移送到检察机关后,首先应由案件管理部门做好涉案财物的接收与保管工作,然后由办案部门负责开展财物与案件关联性审查。在讯问的过程中,检察人员应专门就涉案物品设立相应讯问问题,应重点关注相关财物是否由犯罪嫌疑人所拥有或持有;相关财物是否系犯罪嫌疑人以赃款购得;案外人是否持有涉案财物;犯罪嫌疑人对于涉案财物的查扣有无意见;公安机关在查

---

① 参见四川高院课题组:《诉讼结构缺损下刑事涉案财物没收程序实证研究》,载《云南大学学报(法学版)》2014年第5期。

扣涉案物品时是否存在程序瑕疵等。对于犯罪嫌疑人抗辩涉案财物与案件无涉的,检察机关应加大审查力度,通过查明购入或拥有时间、勘验电子数据(通过微信等个人社交账号厘清权属)等方式予以核实,其间发现某项财物与案件无关的,应当由办案部门提出对该笔财物解除强制措施的申请,由案件管理部门办理财物出库手续。

除此之外,为了弥补办案人在开展涉案财物审核过程中可能出现的遗漏,检察机关也可通过设置依申请启动的涉案财物审查机制予以纠偏,允许当事人本人及家属对非涉案财物采取的强制措施提出复核的请求。对于当事人的申请,经办案部门审查,被采取措施的财物确实与案件无关的,应当及时解除物上的强制措施,将该笔财物发还给权利人。①

三、程序范畴

(一)管辖

案件进入检察流程伊始,承办检察官即应开展对于承办单位管辖权的审核。审查逮捕阶段,倘若发现案件管辖依据缺失的,应及时与侦查机关沟通,了解其受、立案的依据,查明是否存在确认管辖的证据未随案移送的情况。若查明案件确应由本区司法机关受理但未妥善搜集事关管辖证据的情况,可通过开具《补充侦查提纲》等方式要求侦查机关补充侦查。对于历经审查逮捕阶段的案件,检察机关的案件管理部门在接收侦查机关移送审查起诉的案件时,应重点关注侦查机关有无按照要求补充印证管辖权的证据,并及时将审查结果同步给办案部门。

对于管辖权的证明标准,同样应秉持审慎的审查标准,在仅有报案人陈述的情况下,不得轻易认定案件具有管辖权。例如,不得仅以"报案人称自己曾按照犯罪嫌疑人的要求于本区(工作地点)操作转账从而被骗"而认定犯罪结果发生地位于本区,需要查明报案人的实际工作地点、被骗当日有无在岗、转账时间是否系上班时间等要素。若经审查发现本区司法机关没有管辖权,但前期侦查取证工作已然全面开展,继续由本区办理更为适宜的,可要求公安机关报请指

---

① 参见董凯、李政:《检察机关在涉案财物管理中对嫌疑人非涉案财物的发还问题浅析》,载《法制与社会》2016年第29期。

定管辖。鉴于公安机关和检察机关对于确立管辖的理解常存偏差,检察机关可通过侦查监督与协作配合办公室提前了解受、立案情况,妥善处理有关管辖权证据的收集工作。

(二) 立案

《刑事诉讼法》对于立案程序明确规定:认为有犯罪事实需要追究刑事责任的时候,应当立案;认为没有犯罪事实,或者犯罪事实显著轻微,不需要追究刑事责任的时候,不予立案。由此可知,立案与否的关键在于是否有犯罪事实。这一犯罪事实的确定,包括是否需要追究刑事责任,核心在于是否有证据证明。

(三) 回避

刑事诉讼回避制度,是指刑事诉讼中的司法工作人员因与案件的当事人存在某种利害关系或其他特殊关系,可能影响案件的公正处理,而不得参加刑事诉讼活动的制度。为提升案件办理的公正性,防止人情案的发生,检察机关应在回避程序中充分发挥法律监督职能。对于犯罪嫌疑人、被告人在审查起诉、法庭审理中提出回避申请的,应充分听取其理由,重点关注其表述是否翔实,能否准确表达自己与司法人员存在牵连的具体情形,并要求其提供能够佐证其陈述的相关证据,便于收集、核验。

(四) 核准追诉

关于核准追诉的性质,宜理解为对起诉的核准,即从立案直至是否核准追诉其实就是全面把握是否具有追诉必要性的过程,核准追诉就是核准提起公诉。①

1. 核准追诉的条件

《人民检察院刑事诉讼规则》及最高人民检察院《关于办理核准追诉案件若干问题的规定》对于核准追诉的条件予以了明确规定。这包括四个方面:一是有证据证明存在犯罪事实,且犯罪事实是犯罪嫌疑人实施的;二是涉嫌犯罪的行为应当适用的法定量刑幅度的最高刑为无期徒刑或者死刑的;三是涉嫌犯罪的性质、情节和后果特别严重,虽然已过 20 年追诉期限,但社会危害性和影响依然存在,不追诉会严重影响社会稳定或者产生其他严重后果,而必须追诉的;

---

① 参见吕梅、陈小炜:《核准追诉实体和程序争议问题探究》,载《中国检察官》2022 年第 1 期。

四是犯罪嫌疑人能够及时到案接受追诉的。

2. 核准追诉的证明标准

对于核准追诉的标准，主要可适用"有证据证明有犯罪事实，可能判处徒刑以上刑罚的犯罪嫌疑人、被告人，采取取保候审尚不足以防止发生社会危险性"的逮捕证明标准，需要有证据证明犯罪事实是犯罪嫌疑人所实施的。其原因有如下两点：首先，逮捕证明标准符合诉讼规律，立案证明标准明显过于宽松，用立案的证明标准实施核准追诉，极有可能达不到犯罪事实清楚、证据确实充分，将有失核准追诉的严肃性。其次，逮捕证明标准能够保证案件质量，如果报请核准追诉证据标准设置太低，核准追诉的启动将变得草率不慎重，将难以保证核准追诉的案件质量，会造成案件最终无法诉出以及下判，造成司法资源的浪费，从而对被害方和社会情感造成伤害。

四、审查体系

（一）证据收集规则

侦查机关在收集证据时应秉持全面取证规则，即司法人员在调取证据时，应当尽可能地全面调取能够证明案件真实情况的一切事实材料，不仅要穷尽《刑事诉讼法》规定的8种证据形式，还要尽可能地全面调取被告人有罪、无罪、罪轻、罪重的证据材料。

具体而言，需要满足证据形式的完整性，即作为案件事实信息的载体，证据在形式上应是完整的，应当包含本应具有的要素及组成部分。此外，还要满足提供信息的完整性，事实具有整体性，而证据具有片段性。事实认定是控辩审三方共同参与的信息加工过程，而进行这种信息加工的前提是证据所提供的信息应当是完整的。客观事实的发生固然不可能在每个片段均留有证据，但已经留下的包含各个细节信息的证据应当全部提供，特别是包含案件主要事实以及其他影响定罪量刑重要细节信息的证据。①

（二）关联性审查

证据关联性指的是证据与待证事实之间的关联，至于证据与证据之间的关联，即通常所说的间接证据定案形成的"完整证据锁链"，并不是作为证据基本

---

① 参见纵博：《证据完整性规则的法律价值及其构建》，载《政法论坛》2024年第5期。

属性之一的关联性所包含的内容,"如果将一般意义上的'关联'当成'证据的关联性'则会产生很多负面效应,使得关联性规则的理解和适用难度增大"①。刑事案件证据关联性审查对于实物证据等客观性证据应当充分注意该证据所蕴含的意义、透露的信息,进而进行合理的解释和分析,审慎判断证据的证明力。

结合司法实践,"抓获经过"等证据材料可直接用于确定犯罪嫌疑人、被告人与案件的关联性。它是刑事案件侦破过程中侦查机关第一时间收集到的证据材料,也是所有证据中最为直接并相对更为客观的第一手材料,规范、客观、全面、细致的抓获经过,不仅直接关乎定案,而且对案件来源、立案时间、强制措施的运用等程序性事实,以及自首、坦白、悔罪等量刑情节都能起到重要证明作用。所以,检察机关在办案中应当重视对此类材料的制作以及审查与运用。

(三)合法性审查

依照我国《刑事诉讼法》及相关司法解释,法律对证据合法性要求具体包括:(1)证据必须由法定人员收集;(2)证据必须是依照法定程序收集的;(3)证据必须具有合法的种类;(4)证据必须具备合法的来源;(5)证据必须具备法定的形式;(6)证据必须经法定程序查证属实。

检察机关在审查证据合法性时,应特别注意以下几点:针对犯罪嫌疑人、被告人供述和辩解,着重关注是否存在刑讯逼供的现象,讯问程序是否合法;为防止犯罪嫌疑人、被告人翻供,办案时可对犯罪嫌疑人、被告人的供述进行录音或摄像,加以固定,或让犯罪嫌疑人、被告人亲笔书写供述;针对书证,应注意审查书证收集的主体是否合法,如犯罪嫌疑人在接受行政处罚时所作的笔录、纪检监察部门的谈话材料,不能直接作为证据使用,而必须转化为合法的证据;针对证人证言,应审查证人所言是亲自所见所闻,还是传来证据,审查证人对其所作的证言是否能完全肯定;针对鉴定结论,应注意审查鉴定结论上面是不是个人签名,侦查机关有无告知当事人鉴定结论,有无如实记录当事人对于鉴定结论的异议等。

---

① 奚玮等:《证据关联性问题之研究——以证明力为考察视角》,载《审判研究》2006年第1期。

第三节　刑事指控体系的构建路径

在以审判为中心的改革背景下，以证据为中心的刑事指控体系的提出有其重要意义，更加强调证据在提升检察机关办案质效中的中心作用，凸显检察机关刑事指控体系性建构和全过程动态连接的要求。检察机关刑事指控所需的证据体系不再始于公诉阶段，而是向前传导至侦查阶段，通过规范收集证据、严格审查证据和有效运用证据建构经得起庭审检验的指控体系。

一、以提前介入实现指控体系的初步建构

以审判为中心的刑事诉讼制度实质是以庭审为中心，其核心要义即在于庭审的实质化审理，确保案件事实查明在庭审、证据出示审查在庭审、诉辩意见发表在庭审、裁判结果形成在庭审，以体现庭审在刑事诉讼中的决定性作用。这种决定性作用依赖于控辩双方以证据为基础的庭审对抗和法庭依据证据裁判原则作出的审查判断。[1] 在原有的以侦查机关为主导的侦查模式下，侦查机关是侦查取证的单一主体，因刑事诉讼阶段的单向性特质，侦查机关获取的证据决定证据体系的建构。侦查机关的主要职责在"破案"，关注于案件事实的发现和侦查技巧的运用，可能忽视证据收集、固定、保存的合法性，检察机关担负着在庭审中指控犯罪的核心职责，其对证据链条的构建和证据能力的审查有着更高的要求和认识，而"起诉的成功与否很大程度上取决于检察机关在法庭上的举证、质证，取决于检察机关所拥有的证据材料，而这些证据材料在很大程度上取决于侦查的质量"[2]，"这就客观上要求公诉方即检察机关能够提前介入引导公安机关取证，以确保侦查环节所收集的证据能够符合庭审的证据规格和标准"[3]，以检察机关提前介入引导侦查实现指控事实所需证据体系的初步建构。

---

[1] 参见龙宗智：《"以审判为中心"的改革及其限度》，载《中外法学》2015年第4期。
[2] 陈卫东：《我国检察权的反思与重构——以公诉权为核心的分析》，载《法学研究》2002年第2期。
[3] 万毅：《构建介入侦查引导取证制度完善证明体系》，载《检察日报》2019年8月3日，第3版。

(一)提前介入程序的限定

明确了检察机关提前介入的必要性,需要对检察机关提前介入的具体程序,包括启动程序、时间节点、行为方式作出规定,以规范化提高提前介入工作的质效。首先,提前介入的启动通常有应公安机关商请介入和检察机关主动介入两种方式。公安机关立案后,认为系重大疑难案件,可以邀请检察机关参与现场勘查或案件讨论活动,检察机关基于对案情和介入必要的研判,作出是否介入的决定;同时,需积极建立信息通报制度,借助派驻检察机制、侦协办,完善办案信息共享机制,畅通检察机关发现案件信息的渠道,保障检察机关及时、准确作出介入决策。其次,提前介入名为"提前",其实效在于及时对侦查方向、取证行为进行引导,因此介入时间格外重要,既不能过于"超前",在侦查机关尚未取得有效线索时即介入,难以提供有效引导,也不宜过于"延迟",侦查机关已完成侦查取证活动后再介入,介入行为流于书面审查。笔者认为,提前介入的时间可根据不同案件类型分情况进行选择。例如,对于新类型、犯罪手段新颖、法律适用争议较大的案件,立案后即可适时介入,以便及时厘清法律适用疑难问题,为侦查取证提供正确方向;对于如陈年积案等取证要求较高、犯罪手段隐蔽、客观证据依赖性较强的案件,可从客观证据的收集时开始介入;对于如开设赌场、组织卖淫等人数较多的团伙性案件,言词证据是其中较为关键的证据,此类案件可在第一次讯问后即开始介入。最后,检察机关提前介入引导侦查不能"取代""干预"侦查,提前介入的具体行为主要有以下几种:人民检察院可派员审查侦查活动中形成的书面材料,旁观现场勘验、检查、搜查等取证活动,参与案件讨论,并在此基础上形成书面意见,对侦查取证方向、侦查活动合法性、法律适用问题发表意见。

(二)提前介入范围的限定

如前所述,刑事诉讼法原则性规定了提前介入案件范围系"重大案件"。至于如何界定"重大案件",实践中仍有较大的解释空间,各地司法机关对"重大案件"的理解也有不同,有地区检察机关以法定刑为基准,将其限定在可能判处10年以上有期徒刑的案件,有地区检察机关以案件类型为标准,如建立命案提前介入机制、重大生产责任事故案件提前介入机制等。笔者认为,检察机关提前介入案件范围不宜过宽,避免出现检察代替侦查的情况;也不能过于限制,导致提前介入流于形式。参考当前司法实践中侦查机关对提前介入需求较高的案件类型，笔者认为可对提前介入案件的范围做相对统一的限定，如对重大危害国家安全案件、重大危害公共安全案件、涉黑涉恶犯罪案件、严重暴力犯罪案件、涉众型经济犯罪案件、涉网络等新类型犯罪案件、社会舆论高度关注的敏感案件、上级检察机关督办案件等一般应当介入侦查引导取证，再由各地司法机关根据具体情况结合当时司法资源配置现状，对提前介入的具体案件范围作出细化规定。

（三）提前介入角色的定位

检察机关要明确自身的角色定位，检察官介入侦查引导取证的工作是对侦查机关收集证据等侦查活动进行引导、监督，不是指挥，更不是替代，要坚持"介入不干预、引导不指挥、讨论不定论"的适度介入原则。介入侦查的目的是检察官与侦查人员形成优势互补，引导侦查机关依法全面收集、固定和完善证据。介入侦查不等同于联合办案，要防止越俎代庖，防止侦查引导、侦查监督与侦查行为产生竞合。

从尊重侦查机关侦查主体地位、严格划分司法责任的角度出发，捕前关于案件定性、侦查方向的意见仅供侦查机关参考，是否采纳由侦查机关结合案件办理情况决定。

（四）提前介入的程序衔接

考虑到案件在不同诉讼环节对证据的要求有一定差别，从尊重侦查规律出发，案件报捕前的介入重点原则上为案件定性、侦查取证方向、立案监督等，证据的收集、调取等具体侦查行为不宜过多介入，仅就违法违规侦查行为进行监督纠正；捕后诉前、审查起诉阶段的引导侦查可结合继续侦查提纲、补充侦查提纲等，对案件定性、证据规范、侦查监督等事项进行全面审查，提出引导、监督意见。

按照捕、诉一体的要求，介入侦查的检察官应当负责批捕、起诉案件办理。在审查批捕时，应当首先审查介入侦查所提意见是否被采纳，并了解公安机关未采纳的原因。要以后续的捕、诉审查反向助推介入阶段检察机关引导、监督意见的刚性，实现侦、捕、诉在检察环节的专人化、一体化，切实提高案件办理质量。

二、审查起诉阶段

深化证据全链条审查运用,提升案件审查能力。以"三查融合"为抓手,探索构建检察审查、调查、侦查"三位一体"证据审查格局。

(一) 做优证据审查

做优检察审查,检察官要主动收集、直接接触、全面审查各种证据。一方面,坚持法定证明标准,遵循证据裁判原则,从单项证据到多项证据对比再到全案证据综合审查,构建刑事证明体系。单项证据是构建证据链条的基础,需要从合法性、客观性和关联性上对其进行审查,确认其证据能力。在对单项证据进行审查后,还需将多项证据进行纵向、横向对比审查并综合归纳,纵向对比审查如对一人前后作出的多次供述进行对比,排除矛盾之处,横向对比审查需对证明同意事实的不同证据进行对比,审查是否相互印证形成证据链条。最后再对全案证据进行概括归纳,审查全案证据能否客观、完整地展现案件事实,形成完整的证据闭环。另一方面,要从办公室中"走出来",将书面审查与现场勘察结合起来,要从案卷证据材料中"走出来",从在卷证据的审查向在案证据审查转变,提升以调查侦查能力、证据审查判断能力和事实认定能力等为主要内容的案件审查能力。

(二) 做好证据补查

做好补充侦查是检察机关的基本职权,要充分运用退回补充侦查及自行补充侦查,及时性、针对性地收集、固定、补强证据。

在退回补充侦查中应加强侦查提纲的说理性、针对性和可操作性。一是认真梳理在卷证据,归纳已证事实和待证事实,以及证明待证事实所需证据;二是在侦查机关初步侦查的基础上,对侦查人员的取证能力、开展取证工作可行性进行研判,明确具体地列明可操作性的补充侦查的具体事项和要求;三是详细说明每一条补充侦查事项对于待证事实所起的作用,使侦查人员理解并接受侦查提纲,保证补充侦查的质效。

在自行补充侦查中增强检察人员亲历性,变"静态"审查为"动态"审查,实现"在卷"证据审查向"在案"证据审查转变。检察官可综合运用复勘现场、疑点证据走访核实、调取侦查机关的侦查内卷、接触当事人和证人、听取律师意见等方法审查证据取得方法、程序及证据内容的合法性，对前后矛盾的言词证据进行梳理、复核和固定，及时发现未在案的相关证据，自行补充案件所需证据，完善证据链条，也能够通过自行补充侦查提升引导侦查工作能力。同时，检察官可通过与公安机关同堂培训等方式，加强对现场勘验、物证提取、侦查实验等侦查取证方式的培训，以逐步提升侦查工作能力。此外，在补充侦查工作中，注意补充侦查的补充性，把握好亲历性与补充性、协同性之间的关系，不能以补充侦查代替其他部门办案履职，对符合退回补充侦查条件的案件要依法退回补充侦查。

（三）做细调查核实

调查核实是检察机关查明违法事实的重要方法和法定职权，依法、审慎运用调查核实权，健全非法证据排除制度，对于经调查确系非法证据的，坚决依法排除，以法律事实最大限度还原客观真实。

三、法院审理阶段

在审判环节，检察机关应切实提升运用证据指控犯罪的水平，承担证明犯罪事实的责任。具体而言，这主要应当从以下几个方面着手：

其一，强化庭审准备工作，围绕证据做好充分预案。公诉人在出庭前应进一步熟悉案情，针对证据情况，了解审判可能涉及的专业知识，形成周密的公诉预案，以取得良好的指控效果。制作举证提纲要在摘录证据时保证证据材料信息的完整性、全面性，做到详略得当、总结恰当，在排列证据时力求条理清楚、符合逻辑。制订质证方案的关键在于归纳整理审查起诉阶段各方诉讼参与人的意见，预估庭审争议焦点，对辩方可能提出的证据问题作出有效预判并准备相关材料。拟定讯问提纲应围绕起诉书指控的犯罪事实，紧扣案件争议焦点，对于可能发生变化的言词证据，讯问提纲需要重点揭示当庭陈述的理由不合理、不成立，进而确认、强调庭前陈述的真实性和合法性。

其二，强化庭前会议的参与工作，尽量减少庭审证据争议。一方面，公诉人应全面展示拟在庭审中出示的证据，并说明证据种类、来源及拟证明对象和内容，注意了解辩护人收集的证据，有针对性地与辩方交换意见，并向法庭阐明观点，减少证据争议；另一方面，公诉人应重视被告人及其辩护人提出的排除非法证据的申请，在庭前会议中通过出示有关证据材料等方式，对证据收集合法性作出说明,尽量与辩方达成一致意见,减少和避免因非法证据问题而导致的庭审被动。

其三,强化出庭举证质证工作,重视证据说理,有力论证犯罪指控成立。公诉人要根据案件的具体情况和证据状况进行有针对性、有区别的举证,实现繁简分流,做到简案简化举证、繁案精化举证。被告人认罪的案件,经控辩双方协商一致并经法庭同意,可以简化举证质证。被告人不认罪或者辩护律师作无罪辩护的案件应当全面详细举证质证,以有利于证明公诉主张为目的,有针对性地安排举证顺序,采用逐一、分组或者两者相结合的方式进行举证、质证。对影响定罪量刑的关键证据和控辩双方存在争议的证据,单独举证、质证。"零口供"案件的举证,可以采用关键证据优先法。公诉人根据案件证据情况,优先出示定案的关键证据,重点出示物证、书证、现场勘查笔录等客观性证据,直接将被告人与案件建立客观联系,在此基础上构建全案证据体系。定罪证据与量刑证据需要分开的,应当分别出示。质证要抓住实质,直击要害,切忌舍本逐末、纠结细枝末节。公诉人对于辩护方提出的质证意见应当结合举证、质证阶段的情况,充分运用证据法学知识,进行证据说理,包括案件中控方是否已尽到证明责任,案件是否已达到以及如何达到证明标准,有力论证犯罪指控体系的成立。

第四节 健全完善配套制度机制

构建以证据为中心的刑事指控体系是法治现代化和检察工作现代化的应有之义,既要从证据证明的实体层面和指控过程的程序层面双重着手,也要坚持检察工作整体把握,根据新时代法治建设要求,完善相关的配套制度和机制建设。

一、完善内部工作机制

正所谓"打铁还须自身硬",检察机关只有先形成"内循环",确保系统内部自洽,才能使检察工作在社会主义新时代的法治环境中行稳致远。

(一)强化检察一体化履职机制

人民检察制度自创立以来,本身就具有检察一体化的基因。我国《宪法》和

《人民检察院组织法》规定，最高人民检察院领导地方各级人民检察院和专门人民检察院的工作，上级人民检察院领导下级人民检察院的工作。推行检察一体化机制，根本目的在于聚合检察资源，形成履职合力，提升法律监督效能。检察一体化是检察机关有效行使检察权的重要保障，也是实现检察工作高质量发展和现代化的根节所在，更是推进新时代检察工作高质量发展的重要抓手。运用好检察一体化履职机制，才能实现法律监督体系和机制现代化，更好地服务刑事指控体系。

从内涵来看，检察一体化履职机制体现为纵向一体化和横向一体化两个方面。纵向一体化强调检察机关在领导关系的管理体制下，上级检察院充分发挥在类案分析、业务指导、线索统筹、对外协作、综合治理等方面的指导作用，基层检察院注重在个案办理中进行有效落实；横向一体化强调检察机关内部协作，优化线索共享、监管聚合，确保在证据收集、审查和运用方面形成合力，确保对案件办理理念和证据审查标准步调一致。

（二）积极应对刑事指控多元化发展态势

随着社会生活的不断发展进步，对于刑事指控这项工作内容和方式的要求也不断提高。起初，也是最基本的要求是解决对被告人的定罪问题，继而扩展到由检察机关提出量刑建议，法院进行司法审查，再到后来增设了对依法不负刑事责任的精神病人的强制医疗程序、犯罪嫌疑人、被告人逃匿、死亡案件违法所得没收程序等，刑事指控的类型逐渐丰富，从围绕犯罪主体的"对人之诉"逐步扩展到包含"对物之诉"的犯罪活动全面指控，将涉案财物的处置申请等增加到检察机关的刑事指控范围中。这些新类型的出现，标志着刑事指控从过去具有的单一性特征逐渐呈现多元化发展态势，最终形成了刑事案件指控体系[1]。

检察机关在应对刑事指控体系的变化时，也要与时俱进，针对不同的指控类型，研究梳理履职重点。比如对于指控犯罪的案件，要尝试建立类型化案件的基本证据标准指引，对主客观相结合的证明标准予以进一步细化，同时注重逻辑证明方法、实证证明方法、高科技证明方法的综合运用等对证据进行审查，结合案件实际情况得出审查结论，在标准化的同时实现个案正义；对于涉案财

---

[1] 参见熊秋红：《刑事检察体系现代化的宏观思考》，载《人民检察》2024年第6期。

物等事项,要更新司法理念,注重收集财物信息,判断财物与案件当事人的关系,关注对物的强制措施,监督侦查机关有无违法违规采取侦查手段等情况,做到全案的精细化处理。

(三)动静结合全方位提高刑事指控实效

刑事指控和出庭支持指控是检察机关维护法律权威、监督法律正确实施的方式之一。检察机关在刑事诉讼过程中拥有"贯穿始终、身兼数职"的地位,对于检察行为和法律监督的关系,理论界亦有"一元论"和"二元论"的探讨。根据检察行为"一元论",人民检察院实施法律监督和进行诉讼行为是相互关联的,"检察监督是通过具体的诉讼职能实现检察职权,而不是超脱于监督对象之外的以旁观者姿态实施监督"[1]。也有不少学者提出了检察行为的"二元论",将人民检察院的行为区分为诉讼行为与诉讼监督行为,凡是法律规定,由检察机关自己行使的诉讼权力都属于诉讼行为,包括侦查、审查逮捕、支持公诉等;不是由检察机关直接、自我行使的职权,而是借由对其他机关或者个人行使的权力进行监督的行为,则属于诉讼监督行为,包括立案监督、侦查监督、审判监督等[2]。这种区分的本质在于如何看待检察机关作为法律监督机关,其监督是广义的还是狭义的,对这种监督行为的理解,究竟是一种对法律实施过程中实体和程序的全面监督,还是另一种办案与监督分离的模式,比如在办理审查批准逮捕案件时,检察机关是批准逮捕的决定机关,是诉讼行为中办理案件实体问题的一环,而对其中侦查活动违法等程序问题的纠正是一种他者监督行为。实际上,监督与办案一直内在地统一于检察职能,二者的关系犹如内容与形式、本质与现象的关系。最高人民检察院提出"在办案中监督、在监督中办案"的检察理念,并非为了割裂二者的关系,随着全新工作格局的构建和职能内容的发展,检察人员应当认识到检察工作的基本规律,以监督为心,以办案为形,在办案职能中发挥监督职能,以监督职能落实办案职能,实现二者的有机结合,将监督实效落到每一起案件的办理中。

面对刑事指控这一贯穿于侦查、起诉、审判全过程的基本检察职能,检察机关应当强化主导责任担当,充分运用法律赋予的监督职能,既要在静态的司法

---

[1] 甄贞、梁景明:《"检察监督体系"建设的阶段论刍议》,载《人民检察》2018年第3期。
[2] 参见陈卫东:《转型与变革:中国检察的理论与实践》,中国人民大学出版社2017年版,第247页。

办案中,对于案件的定罪、量刑、涉案财物处置等问题进行监督,牢牢把握住证据这一案件质量的生命线,把握好刑事诉讼证据收集、运用、效力关[①],也要注重在动态的刑事诉讼进展过程中积极发挥作用,善于通过庭前会议、庭审质证等路径方式,提高举证能力,促进庭审实质化,确保刑事证据达到审判机关要求的证据标准,确保两方面共同进步,让刑事指控内容上"立得住"、流程上"走得稳",全方位提高刑事指控实效。

(四)发挥不起诉审前过滤作用

不起诉审前过滤机制是检察机关在刑事诉讼中的一项重要职能。它指的是检察机关在审查起诉阶段,对案件进行审查后,认为犯罪嫌疑人的行为不符合起诉条件或没有必要起诉时,依法决定不将犯罪嫌疑人提交人民法院进行审判、追究刑事责任的一种诉讼制度。这一机制的目的是防止案件"带病"进入审判程序,确保司法资源的合理分配和诉讼效率的提升。

在实践中,检察机关通过不起诉审前过滤机制,对认罪认罚案件进行繁简分流,提高诉讼效率,对于轻微刑事案件或犯罪嫌疑人自愿认罪认罚的案件,可以适用速裁程序、简易程序或者普通程序简化审理。通过完善审前程序,如审查逮捕、审查起诉等,确保案件在进入审判阶段前已经形成了完整的证据链,减少不必要的审判延误。此外,检察机关还应当加强对案件量刑的预判,对可能判处免刑的轻微刑事案件,可以依法作出不起诉决定。

为了提升案件办理质效,检察机关需要加强质量监督管理。对于不起诉案件,最重要的是要保证公正性和透明度,在进行不起诉审前过滤时,应确立统一和科学的筛查标准,严格把握案件的事实、证据、程序和法律关,避免任意性;建立全流程监督机制,包括事中监督和事后监督,确保不起诉决定的合法性和适当性;进行公开听证,让案件在阳光下办理,接受社会监督,提高司法公信力,确保不起诉决定的透明度。检察机关通过不起诉审前过滤机制的有效运行,完成平衡法律的严格性和司法的灵活性这一复杂但至关重要的任务。

---

① 参见俞昕水:《坚持系统观念 运用多元规则全方位构建以证据为中心的刑事指控体系》,载《中国检察官》2024年第2期。

二、重构外部三方关系

检察机关基于在刑事诉讼中贯穿始终、开展监督的地位,应当发挥主导作用,而重构外部协同关系,与公安机关、法院、司法行政机关等加强协作,检察机关自身也应接受外部监督,确保权力运行的透明和规范。建立高效的信息共享和协作机制,也是实现司法公正和效率的重要举措,有利于确保指控的犯罪事实清楚、证据确实充分,提高刑事诉讼整体效率。

(一)完善制约配合的诉侦关系

检察机关应加强对侦查活动的引导和监督,确保侦查机关依法、全面、客观地收集证据。建立侦查监督与协作配合机制,通过提前介入、引导侦查等方式,帮助侦查机关完善证据体系,形成与侦查的制约配合,构建回归各自职责和监督属性的新型诉侦关系,理顺办案与监督、监督与制约的关系。

具体而言,检察机关可从以下几个方面与侦查机关建立联系:(1)明确职责边界,清晰界定检察机关和侦查机关的职责范围,确保各自依法独立行使职权,防止职权交叉和重叠;(2)加强沟通协调,建立常态化的沟通机制,如联席会议、案件协商等,以便在案件处理过程中及时交流信息;(3)制定严格的案件移送程序,确保侦查机关在将案件移送给检察机关时,案件材料完整、证据充分、程序合法;(4)依法对侦查活动进行监督,确保侦查行为合法,及时发现并纠正侦查过程中的违法行为;(5)在必要时,检察机关可以提前介入侦查活动,对侦查方向、证据收集等提出建议,引导侦查活动更加符合起诉和审判的要求。

(二)优化以审判为中心的控审关系

以审判为中心的诉讼制度改革是近年来我国司法改革的重要内容,其核心在于优化司法资源配置,提高司法效率和公信力。公诉机关与审判机关在刑事诉讼中必须找准自己的位置,各司其职,形成制约监督的关系,才能真正实现以审判为中心的司法程序。

控审分离是确保司法公正的基本原则之一,其核心在于确保检察机关的公诉职能与审判机关的审判职能相互独立,避免职能混淆导致的司法不公。控审分离就是控方履行指控的职责,包括证明的责任,审判方履行审理和作出判决的职责。这样两个截然不同的职责,意味着诉讼中的控方和审判方这两个主体的一种关系,并且辐射到诉讼中的各个方面。在现代刑事诉讼当中,审判不是收集证据的最佳时机,法庭也不是破案的地方。① 在实际操作中,控审分离原则的落实需要明确区分检察机关和审判机关之间的职责和权力,避免权力交叉和滥用;需要确保法官在审判过程中不受任何外部干预,能够独立地根据法律和证据作出公正的判决;需要以证据为基础,确保所有的判决都是基于充分的证据和合理的法律推理。

审判监督职能的强化是优化控审关系的重要途径,有助于确保审判活动的合法性、公正性和效率性。庭审实质化要求所有与定罪量刑有关的证据都要在审判中提交和质证,确保证据的合法性、相关性和真实性。严格执行非法证据排除规则,防止非法证据影响案件的公正审理。

(三)构建良性互动的检律关系

在现代法治社会中,检察官和辩护律师作为法律职业共同体的重要组成部分,各自承担着不同的职责和使命,尽管在某些时刻存在一定的对立性,但建立一种基于法律原则的相互尊重和有效沟通的互动关系,也是确保司法的公正性、合理性和透明度的关键所在。

保障律师的执业权利是构建良性检律关系的核心。检察机关如何对待辩护律师很大程度上体现了司法的良心和对法治原则的维护。检察机关应当尊重律师的职业地位,建立平等交流机制,支持律师依法履行职责,提供必要的工作条件,保障其会见权、阅卷权等合法执业权利,防止"反驳倾向",做到"亲"不逾矩、"清"不远疏,以相互尊重稳固法治的根基。

三、注重组织保障和新时代队伍建设

在构建以证据为中心的刑事指控体系中,党的领导是确保正确政治方向的根本保证,专业化和能力建设是提高刑事指控质量的关键,数字化建设是构建以证据为中心的刑事指控体系的重要组成部分,跨境协作是新时代刑事诉讼工作面临的新的机遇和挑战。

(一)强化组织领导机制

组织领导机制的建设对于确保组织构建体系目标的实现、提升检察队伍执

---

① 参见王敏远:《检察机关履行刑事指控责任的基本原则》,载《中国检察官》2024年第3期。

行力和战斗力等都具有至关重要的作用。其中,党的领导在刑事指控体系中发挥着核心作用,通过党的政策指导和组织保障,确保刑事指控工作的顺利进行。而构建起以各级检察院为核心的组织体系,明确各级检察机关在刑事指控体系中的职责和任务,形成上下联动、协同高效的工作机制,是应对新时代刑事指控的坚强后盾。建立有效的激励与约束机制,则可以确保刑事指控体系高效运转,激发检察官的工作积极性和责任感,对于在刑事指控工作中表现突出的检察官,给予表彰和奖励,提高其职业荣誉感和工作动力,对于违法违规行为,严格追究责任,确保检察官依法办案,维护司法公正。同时,还需要建立科学的考核评价体系,将检察官的工作绩效与晋升、奖惩等挂钩,促进检察官不断提高工作质量和效率。

(二)推进人才队伍建设

构建以证据为中心的刑事指控体系,检察机关要高度重视队伍建设,进一步完善批捕、公诉队伍的专业化培养机制,大力提升检察人员的专业素能和履职水平。

加强证据法学理论学习,深化检校协作,邀请专家作专题授课,为检察人员应对证据前沿疑难问题提供理论支撑。聚焦证据运用实务,定期举办侦查监督和公诉技能培训班,组织办案骨干结合典型案例分享证据审查、出庭公诉的方法和技巧,通过培训和实践,提高检察人员在证据审查、法律适用和出庭支持公诉等方面的专业能力,着力提高证据运用的实际操作能力。广泛开展岗位练兵,举办公诉人业务竞赛、模拟法庭论辩赛、法律文书评比等活动,在实战中磨炼检察人员的证据运用能力、逻辑思维能力、语言表达能力和临场应变能力,锻造优秀的公诉队伍,为构建以证据为中心的刑事指控体系奠定坚实的人才基础。[1]

(三)积极运用大数据赋能

随着科技的进步和社会的高速发展,新时代检察队伍也应当及时吸收新鲜经验,提升数据运用能力,打造数字化办案场景,整合各类证据资源,集成案件录入、证据管理、案件跟踪、数据分析等多个模块,实现案件信息的电子化管理

---

[1] 参见潘金贵、周宇婷:《司法现代化视角下以证据为中心刑事指控体系的构建及配套机制保障》,载《人民检察》2024年第1期。

和实时更新,提高办案效率和证据审查的准确性。人工智能和大数据技术的应用,为刑事指控体系提供了强大的技术支持,使证据分析和案件预测更加精准。利用人工智能算法对案件证据进行深度分析,自动识别证据中的矛盾点和关键信息,提高了证据审查的效率和质量。通过大数据分析,对案件发展趋势进行预测,为检察机关提供了决策支持。因此,要鼓励检察官积极运用现代科技手段提高办案效率和质量。

(四)加强国际合作与经验交流

近年来,我国检察机关办理跨国司法协助案件日趋增多,涉及证据交换、犯罪嫌疑人引渡等多个方面,通过有效的司法协助,成功解决了多起跨境犯罪案件,提高了刑事指控的效率和准确性,加强了国际的法律合作和信任。国际法律标准对于构建以证据为中心的刑事指控体系也至关重要,推动与国际刑事法庭和其他国家司法机构在证据规则、司法程序等方面的标准统一,有利于跨国案件的妥善处理,共同制定打击跨国有组织犯罪的法律框架和证据标准,也可增强国际刑事司法的协调性。通过国际交流和合作,分享在构建以证据为中心的刑事指控体系方面的经验。例如,我国检察机关在处理一起涉及多国的网络诈骗案件中,通过国际合作成功获取关键证据,为案件的成功起诉提供了有力支持,该案例在国际会议上被广泛讨论,成为跨国司法合作的典范。

第三章
总体国家安全观下重罪与公共安全犯罪检察职能履行与拓展

2014年4月15日,习近平总书记在中央国家安全委员会第一次会议上创造性地提出总体国家安全观,这一重要理念将政治、国土、军事、经济、文化、社会等多达11类安全纳入统一的国家安全体系,为国家的安全保障提供了全面而系统的指导。在2015年至2020年这段时间里,太空、深海、极地、海外和生物安全被正式纳入国家安全范畴。由此,国家安全的构成要素得到了丰富拓展,涵盖了多达16个领域。这一重大举措标志着对传统国家安全理念的突破性转变。对于我国检察工作职能的履行与拓展来说,这具有极其重要的启示和指导意义。

在新时代大背景下,我国检察权的定位以及检察工作的具体内容皆发生了引人注目的变化。当下我国检察工作已构建起刑事、民事、行政、公益诉讼"四大检察"法律监督的总体布局。与此同时,检察权完成了多维度的重大转变。具体来讲,从原本的"单一型"成功转变为"全面型",这使检察权的覆盖范畴更为广泛,能够对不同领域的法律事务实施全面监督;从"管理型"转化为"保障型",有力地凸显了检察权在保障公民权利、维护社会公平正义方面所发挥的重要作用;从"分散型"转变为"集散型",有益于整合各类资源,进而提高监督效能;从"被动型"转变为"能动型",促使检察机关以更加积极主动的姿态履行法律监督职责,主动去发现问题并加以解决。这些转变对于适应新时代法治建设的需求以及推动国家治理体系和治理能力现代化而言,具有极为关键的重大意义。与此同时,在总体国家安全观这一宏大背景之下,检察机关承担着至关重要的维护国家安全的法定职责,其中维护政治安全的职责尤为凸显。

重大刑事犯罪与危害公共安全检察业务，由于其覆盖的案件类型具有特殊性，已然成为刑事检察业务的重点范畴之一。这不仅体现了当前国家安全形势对检察工作的新要求，还反映了检察机关在维护国家稳定和人民安全方面的关键作用。

因此，笔者拟以总体国家安全观为切入视角，对基层检察院当前重罪与危害公共安全犯罪检察工作的实际状况进行深入分析与审慎思考，力求为该领域检察履职开拓新的发展维度与尝试方向。

第一节　总体国家安全观下重罪与公共安全犯罪检察职能的内涵与外延

一、问题的内涵：对重罪与公共安全犯罪检察职能认定标准的教义学再反思

（一）狭义重罪与公共安全犯罪检察职能认定标准：对单一维度标准的教义学评价

在现代刑法体系中，重罪与轻罪的划分最早可追溯至《法国刑法典》[1]，以特定的社会危害性为基准来判断犯罪的严重程度，从而将罪名划分为重罪、轻罪与违警罪。这一立法分类具有深远的影响，并且在不断创新发展。例如，《德国刑法典》与《奥地利联邦共和国刑法典》将犯罪划分为重罪和轻罪；而《瑞士联邦刑法典》则把犯罪区分为重罪、轻罪和越轨罪。

"轻轻重重、罪刑相应"的刑法思想需要彰显。为此，各国立法一方面在不完整罪等规定中对重罪予以特别规定，另一方面在不同司法程序中为重罪设计特别流程。例如，法国设置非常设的重罪法院，在启动重罪公诉程序时，从上诉法院和轻罪法院抽选法官与陪审员组成合议庭进行审理[2]；我国刑事诉讼法也规定死刑案件由中级以上人民法院一审。在这样的背景下，重罪公诉程序具有悠久的传统和特殊的价值。

---

[1]《法国新刑法典》，罗结珍译，中国法制出版社2003年版，第261页。
[2]〔法〕卡斯东·斯特凡尼等：《法国刑法总论精义》，罗结珍译，中国政法大学出版社1998年版，第187~189页。

通常情况下，学界关于重罪与轻罪的划分有两种主要观点，即形式标准说和实质标准说。形式标准说主张以刑罚的轻重为标准划定，分为法定刑说与宣告刑说两类：以法定刑作为依据来区分轻罪与重罪，其原因在于对社会的危害性决定了犯罪的轻重程度，而在立法层面，犯罪的法定刑便是这种轻重程度的标志[1]；以宣告刑为依据来认定，认为这样能从每个案件的具体情况出发，对每个案件罪行的轻重作个案性的评价。[2] 实质标准说以犯罪性质、危害程度等内在特质为依据来确定犯罪的轻重等级，该学说同样分为两类：依据犯罪性质来认定轻罪与重罪，不赞同以罪行进行划分，而是以预备行为造成危害的可能性来进行划分，这一观点主要在讨论预备行为是否可罚的领域中出现；[3]罪行轻重的认定需要综合考虑行为人的罪过程度、主观恶性大小、人身危险性高低、社会危害性强弱以及具体情节等因素。[4]

形式标准说具备明确性强、操作简便且与刑事诉讼法适用范围高度契合等显著特点。不过，在形式标准说的内部体系中，对于"究竟应当以法定刑还是宣告刑作为划分标准"这一关键问题，当前仍未达成统一共识，处于争议状态。并且法定刑说存在较大局限，法定刑仅是反映立法者对法益保护程度的一个方面，司法实践中仍需对具体的法益性质进行深入分析；而宣告刑说则存在本末倒置的可能。《刑法》第5条规定："刑罚的轻重，应当与犯罪分子所犯罪行和承担的刑事责任相适应。"从对《刑法》第5条的教义学注释来看，刑罚最终由罪行与刑事责任（宣告刑）共同决定，宣告刑主要受社会危害性和人身危险性大小的影响，通常与罪行轻重不存在必然联系。故而宣告刑是经过对社会危害性与人身危险性进行全面考量后确定的，它所体现的并非仅仅局限于罪行的轻重程度。因为这一观点将罪行轻重的认定标准和罪刑关系是否恰当混为一谈，所以其使得在刑罚宣告后才得以判断是否为重罪或轻罪，最终也使得为重罪设计特殊的司法程序的法政策目的落空。

实质标准说中，第一种观点反对以罪行作为轻罪和重罪划分对象，有僭越刑事诉讼法律保留原则的嫌疑；第二种观点虽体现了从多角度、全方位认识与

---

[1] 参见赵秉志：《刑法新探索》，群众出版社1993年版，第36页。
[2] 参见周振想：《刑法学教程》，中国人民公安大学出版社1997年版，第271页。
[3] 参见邢志人：《犯罪预备研究》，中国检察出版社2001年版，第208~209页。
[4] 参见郑伟：《重罪轻罪研究》，中国政法大学出版社1998年版，第62~144页。

界定犯罪层级的理念,但在实际操作层面却显得力不从心,不是一个具体的可操作的标准。

(二)广义重罪与公共安全犯罪检察职能认定标准:犯罪性质和法定刑相结合的综合认定标准

具体来讲,在对重罪进行认定时需综合考量多个因素。只有当法益种类涵盖国家安全、公共安全、公民生命安全等高度重要的法益,并且最低法定刑在一定年限以上时,才可以认定为重罪。这些重要的法益关乎国家稳定、社会安宁以及公民的根本权益,而较高的最低法定刑也从刑罚层面体现了此类犯罪行为的严重程度。这一综合认定标准能扬长避短,兼具两者的优点。

以法益的性质或种类作为划分重罪、轻罪的主要标准,刑法的规范保护目的更易被实现。在现代刑法学领域,法益处于核心要素的关键位置。它切实拥有立法批判以及司法解释的重要功能。立法者一般会根据行为对法益的侵害状况进行类型化区分,在刑法的各个不同章节中对相关行为予以规定,同时赋予其程度不同的法定刑。其根本目的就在于充分体现对各类不同法益的重视程度与有力的保护力度。

在确定辅助标准时,采用法定刑作为参照具有明显优势。一方面,选取法定刑而不是宣告刑作为判断标准,是因为法定刑具有客观确定的特性;另一方面,在具体进行判断时,可借鉴一种融合了轻(重)罪理念、法益结构和认定模式的多层次途径。在法国,目前的普遍观点认为:"为了区分各类犯罪,《刑法》主要从惩处这些犯罪所适用的刑罚着眼,因此,凡是以'法律有规定'为依据对犯罪进行分类,最终都可以归结为按照'刑罚'进行分类。"[1]法定刑仍然是判断重罪的重要标准。

最后,聚焦我国刑法的诸多章目与条款进行教义学分类。对于那些侵害国家利益以及给社会利益或个人利益带来严重危害或构成严重威胁的犯罪行为,应视为严格意义上的重罪,无须再考虑法定刑的因素,正如一般涉及死刑和命案这两个因素的罪名原则上认定为重罪,如绑架、故意伤害致人死亡、强奸等属于严重暴力犯罪,自然属于重罪的范畴;此外,那些严重影响民众安全感的犯罪,如危害国家安全、社会公共安全,以及严重影响到民众生产生活安全的犯罪

---

[1] 《法国新刑法典》,罗结珍译,中国法制出版社2003年版,第181页。

在司法实践中适用重罪程序也较为常见;对于具有可恢复性的社会利益和个人法益来说,以最低法定刑3年有期徒刑作为划分标准,既契合刑法的法政策精神,又有益于满足程序法对案件繁简分流处理的需求。而将3年作为区分节点,也符合我国刑法较多条款中以3年有期徒刑为界限的立法习惯。

(三)重罪与公共安全犯罪检察职能认定标准的扩张:与重罪密切相关的部分案件纳入重罪检察的可行性

在探讨与重罪密切相关的部分案件纳入重罪检察的可行性时,需要关注一些特定的案例,如毒品案件,尤其是与新精神活性物质相关的案件。新精神活性物质,也被称为"设计毒品",它们的化学结构和效果与已知的毒品相似,但因为其化学结构的微小差异,其往往在被发现并被滥用时,尚未被纳入毒品管制的名单。这导致在对该类案件进行处理时,无法直接运用毒品犯罪的罪名。故而此类案件通常以非法经营罪,生产、销售有毒、有害食品罪等罪名进行处置,由此引发了一系列诸如法律适用的准确性、犯罪行为的定性以及对犯罪分子的惩罚力度等问题。

此外,《刑法修正案(十一)》将自洗钱行为正式入罪,这一举措让涉毒洗钱犯罪与毒品犯罪二者之间的联系越发紧密。在毒品犯罪中,洗钱行为往往作为毒品犯罪的衍生下游犯罪出现,其犯罪手段和过程与毒品犯罪有着千丝万缕的联系。因此,对于涉毒洗钱犯罪,是否应将其纳入重罪检察的范围,以实现对毒品犯罪的全方位打击,这是一个值得深思的问题。

将与重罪密切相关的部分案件纳入重罪检察,不仅有助于实现对重罪的全面打击,而且有助于提高司法效率,避免司法资源的浪费。但是,这同样也对重罪检察部门提出了更高的要求,其要具备更专业的法律知识、更敏锐的洞察力以及更强的处理复杂案件的能力。同时,这也要求重罪检察部门与相关部门加强合作,共同应对这些复杂的案件。

综上所述,将与重罪密切相关的部分案件纳入重罪检察,既具有可行性,也是当前司法实践的需要。但是,这同样也要求改革以适应新的司法需求,才能更好地打击犯罪,保护社会的稳定和安全。

二、问题的外延:重罪与公共安全犯罪检察在总体国家安全观下的创新方向

(一)明确总体国家安全观对检察工作的要求

1. 维护国家政治安全

党的二十大报告指出,必须坚定不移贯彻总体国家安全观,把维护国家安全贯穿党和国家工作各方面全过程,确保国家安全和社会稳定。这为检察机关在日常工作中落实总体国家安全观、保卫国家政治安全指明了具体方向。

(1)坚持把政治安全放在首要位置。检察机关在办理涉及危害国家安全的重罪案件时,必须坚决依法严惩,确保国家政治安全,始终把维护国家政治安全摆在检察工作首位。[①]

(2)聚焦"四大检察",切实维护政治安全。在维护国家安全尤其是政治安全方面,检察机关于刑事检察领域能够有力打击犯罪行为。同时,其在民事审判与执行活动、政府依法行政、公益诉讼检察的整个流程中,拥有全面的法律监督权,以促使相关活动彰显公平公正。通过让人民群众在每起案件中体悟公平正义,检察机关能够优化党群关系,保障党的执政安全。

2. 维护国家人民安全与社会安全

党的二十大报告指出,国家安全是民族复兴的根基,社会稳定是国家强盛的前提。公共安全关系到人民群众的生命财产安全,关系到改革发展稳定的全局。这要求检察机关在维护国家人民安全与社会安全上应主动担当,积极履行责任。

检察机关应当依法对暴力恐怖犯罪、黑恶势力犯罪、严重暴力犯罪等危害社会安全的犯罪行为予以严惩,以此保障人民群众的安全感,维护社会的和谐稳定。在履行检察职责之际,检察机关还需积极投身于社会治安综合治理工作,如构建全新的检察官参与办案制度等举措。通过这些努力,积极维护社会的和谐稳定,为人民群众的安全感提供保障。

3. 维护国家经济安全

防范和打击经济犯罪工作对于国家经济安全以及人民群众切身利益至关

---

① 《检察机关充分发挥检察职能 坚决维护国家安全》,载最高人民检察院网,https://www.spp.gov.cn/tt/201704/t20170415_188106.shtml。

重要。检察机关在工作中,既要依法办理公众存款、集资诈骗等涉众型经济犯罪案件,又要做到防微杜渐,切实维护市场经济整体秩序以及广大人民群众的经济利益,有效防范系统性的金融危机与经济危机。这是总体国家安全观对检察机关开展工作所提出的必然要求。检察机关务必高度重视经济犯罪防范和打击工作,以专业的态度和行动,为维护国家经济安全、保障人民群众切身利益贡献力量,为经济社会的稳定发展提供坚实的法治保障。

(二)明确总体国家安全观对重罪与公共安全犯罪检察的要求

1.维护国家政治安全

按照总体国家安全观的指引,总检察工作必须把维护国家安全这一使命贯穿其工作的各个环节和各个方面。这为检察机关在日常工作中落实总体国家安全观、保卫国家政治安全指明了具体方向。

(1)明确重罪与公共安全犯罪检察部门在维护政治安全方面的担当与责任。重罪与公共安全犯罪检察明确了检察机关作为维护政治安全的重要力量的担当与责任,明确了检察机关的任务是坚决打击各类危害国家安全的犯罪活动,保证国家政治安全不被侵犯,对国家政治安全起着至关重要的作用。

在办理重罪与公共安全犯罪案件过程中,检察机关需要始终切实增强政治警觉性和政治鉴别力,坚决维护国家政治安全特别是政权安全、制度安全。此种做法对于维护国家政治安全起着提纲挈领的关键作用,是将总体国家安全观对检察工作的要求落到实处的重要组成部分。

(2)重罪与公共安全犯罪检察通过优化维护政治安全工作机制,推动总体国家安全观落地。重罪与公共安全犯罪检察通过优化维护政治安全工作流程,推动总体国家安全观在政治安全层面的进一步落地。

在司法实践中,危害国家安全犯罪呈现出以下趋势:第一,技术化程度更高,借助区块链技术加密、借助去中心化的比特币交易,办案难度大大增加;第二,分散化特征明显,由境外组织统一安排策划,但在境内安排犯罪分子实施的犯罪区域极度分散化、犯罪模式非接触的情况越发频繁,空间防控难度增加;第三,隐蔽化层次更深,绝大多数犯罪均可以依托互联网实施,尤其是区块链技术应用于人工智能领域,难以完成对于各种信息化犯罪行为的实时监控。仅仅依靠本级检察部门开展工作存在不言而喻的困难与挑战。

这意味着重罪与公共安全犯罪检察部门迫切需要强化横向配合、上下联动,借助多方力量互相配合、守望相助,从全方位、多层次、宽领域打击危害国家安全犯罪,化解危机,维护国家政治安全。重罪与公共安全犯罪检察通过构建并强化横向配合、上下联动机制,推动总体国家安全观在政治安全层面的具体落实。

2. 维护国家人民安全与社会安全

(1) 明确在维护人民安全与社会安全方面的担当与责任。重罪与公共安全犯罪检察明确了检察机关在维护人民安全与社会安全方面的担当与责任,对落实总体国家安全观对检察工作的要求具有重要意义。危害公共安全的恐怖主义、极端主义、暴力犯罪等犯罪活动,不但性质恶劣,而且对人民群众的生命与财产安全产生了重大威胁。所以,重罪与公共安全犯罪检察是维护社会安全、落实总体国家安全观对检察工作要求的重要一环。这要求检察机关在重罪与公共安全犯罪检察工作中进一步贯彻落实司法政策。

(2) 从更多层面积极维护国家人民安全与社会安全。重罪与公共安全犯罪检察既可以通过建立交叉领域检察履职机制以更多角度参与社会综合治理、助力社会治安综合治理建设,也可以通过进一步研究重罪与公共安全犯罪检察的立法精神与司法政策,明确认罪认罚从宽等制度在重罪与公共安全犯罪检察中的适用,积极发挥刑法事前预防与事后感化的教育警示作用,从源头、过程、结果全流程助力社会综合治理。更为重要的是,检察机关可以通过进一步明确重罪与公共安全犯罪检察的对象,建立重大敏感案件的快速反应机制,严厉打击公共安全犯罪;也可以通过构建重案上下联动体系、深入强化法律监督等方式履行检察机关本身重罪与公共安全犯罪检察职能。

检察机关可以尝试通过施行各种举措,积极对重罪与公共安全犯罪检察职能的履职方式进行创新。其目的在于进一步维护国家人民安全以及社会安全,将总体国家安全观在人民安全与社会安全领域针对检察工作的总体要求切实加以落实。

3. 维护国家经济安全

(1) 明确在维护国家经济安全方面的担当与责任。虽然经济犯罪大多数不直接属于重罪与公共安全犯罪的范畴,但其往往以洗钱犯罪等面貌出现在重罪与公共安全犯罪中,扮演相关犯罪链条的上下游。打击重罪与公共安全犯罪,也能从侧面间接打击相关的经济犯罪行为,维护国家经济安全,这切实反映了总体国家安全观在经济安全范畴对检察机关的具体要求与明确指引。

(2)重罪与公共安全犯罪检察工作积极发挥在防范国家经济运行风险中的重要作用。重罪与公共安全犯罪检察部门可以通过进一步研究相关立法精神与司法政策,考虑将与重罪密切相关的部分案件纳入重罪检察的可行性;也可以通过建立交叉领域检察履职机制,加大对各业各界法律监督力度,积极进行事前提醒、事中督促和事后止损,有效防范国家系统性金融风险,推动总体国家安全观在经济领域对检察工作要求的有效落地与实现。

第二节　总体国家安全观下的重罪与公共安全犯罪检察职能的履行与创新

一、在重罪与公共安全犯罪检察中贯彻执行司法政策

(一)首要目的是维护国家和社会安全稳定

重罪与公共安全犯罪检察的首要目的是实现国家、社会的安全稳定,重罪检察部门是维护国家安全和社会稳定的重要力量。

重罪检察部门在工作中必须牢牢秉持总体国家安全观,而在这一观念体系中,政治安全无疑是根本之所在。政治安全在整个国家安全的架构中占据着至关重要的统领地位,它犹如坚实的基石,是国家得以生存与持续发展的首要前提。国家若失去了政治安全,就如同大厦失去了根基,必然面临崩塌的危险。重罪检察部门承担着维护国家政治安全的重大职责,这就要求其在工作中时刻保持高度的警觉。一方面,要在理论上保持清醒,深刻认识到政治安全的重要性以及维护政治安全所面临的各种挑战和风险;另一方面,在政治上必须坚定立场,坚决贯彻执行国家关于维护政治安全的各项决策部署,以坚定的决心和有力的行动,为国家政治安全筑起坚固的防线。只有这样,重罪检察部门才能切实履行好自己的职责,为国家的稳定和发展贡献力量。

危害国家安全犯罪必须受到严厉惩处,常态化扫黑除恶斗争需深入推进。重罪检察部门要以强硬姿态打击敌对势力的各类不良活动,为新疆等地的反恐维稳法治化、常态化提供有力支撑,用实际行动守护国家的政权安全、制度安全

和意识形态安全。面对跨境犯罪，如妨害国（边）境管理犯罪，重罪检察部门也频繁"亮剑"，依法严惩犯罪行为。

重罪检察部门肩负着重大使命，需严格依法履行重罪检察职能。对于危害国家安全、公共安全的犯罪，如故意杀人、抢劫、毒品犯罪等重大刑事犯罪，坚决予以严惩。及时高效地办理最高人民检察院受理案件，同时大力加强对重大敏感案件的指导力度。在法律监督方面，强化重罪案件的立案监督、侦查活动监督以及"两法衔接"工作，适时开展专项侦查监督活动。深化综合治理，扎实落实最高人民检察院四号、七号、八号检察建议，全面加强刑事立案、侦查活动和审判活动监督，以推动重罪检察工作高质量发展，助力检察工作现代化，为服务中国式现代化贡献强大的法治力量。而依法严查严惩危害公共安全犯罪，对于维护社会大局稳定起着至关重要的作用。

（二）贯彻宽严相济

在现代刑事诉讼制度的背景下，宽严相济刑事政策乃保障人权和惩罚犯罪的内在要求。在重罪检察领域贯彻这一政策时，首先要确立"该严则严、当宽则宽"的准则。当面对严重危害国家安全、公共安全犯罪等情形时，必须依法予以严厉打击，展现出法律的严肃性与强大威慑力。与此同时，对于那些情节较为轻微、社会危害性不大的犯罪行为，应依法从宽处置，从而发挥出教育和挽救的功效。

在具体的司法实践中，检察机关务必根据案件的详细情况进行深入分析。要全面统筹考虑犯罪性质究竟是怎样的，情节严重程度如何，对社会造成的危害程度有多深，以及犯罪人的主观恶性大小和悔罪表现情况等诸多因素。通过上述方式，真正做到量刑的个别化和合理化，使每一个案件的处理都能符合公平正义的要求。此外，在审查逮捕、起诉等关键环节，检察机关更应严格按照法律规定来办理案件，切实保障宽严相济政策的准确实施。例如在最高人民检察院典型案例中的危害珍贵、濒危野生动物非法狩猎案，对于最高刑期10年以上的案件，就需要仔细斟酌是否可以不批准逮捕，这涉及对法律的精准适用和对案件具体情况的综合考量。

此外，要想将宽严相济刑事政策切实贯彻落实，就必须建立在各司法机关以及各诉讼程序之间的共同契合基础之上，这样才能符合法精神与法政策的指引方向。这需要公安、检察、法院、司法行政等各机关在侦查、逮捕、起诉、审判、执行等各个环节做到观念统一、协同行动,并且对结果相互认可,只有如此,才能充分发挥出该政策的最佳效能。① 检察机关应当强化与法院、公安机关等部门之间的沟通与协调,通过这样的方式,形成打击犯罪的强大合力。除此之外,检察机关还要注重犯罪预防以及社会治理工作,通过法律教育、法治宣传等措施,提升公众的法律意识和社会责任感,共同维护社会的和谐稳定。在践行宽严相济刑事政策之时,检察机关需要留意保障犯罪嫌疑人的合法权益,保证案件处理的公平公正。同时,借助认罪认罚从宽等制度,提升司法效率,达成法律效果与社会效果的有机统一。

(三)坚持客观公正导向

检察机关作为国家法律监督机关,在保障法律正确实施、维护社会公平正义方面扮演着至关重要的角色,习近平总书记指出:"司法机关是维护社会公平正义的最后一道防线"。② 在对刑事诉讼活动进行监督的过程中,检察机关必须确保法律的正确实施,特别是在处理重罪与公共安全犯罪案件时,更应坚守客观公正的政策导向。要实现这个目标,检察机关应从以下几个方面发力:

1. 实行严格的证据审查。"以事实为根据,以法律为准绳"的基本原则在司法实践中必须得到坚定不移地贯彻。在审查案件时,检察机关必须对全部证据进行严格、缜密的审查,务必保证证据具备客观真实之属性与合法之特性。正如《中共中央关于全面推进依法治国若干重大问题的决定》中提到的那样,"推进以审判为中心的诉讼制度改革,确保侦查、审查起诉的案件事实证据经得起法律的检验"。这意味着检察机关不仅要对证据的合法性进行审查,还要对证据的客观性和关联性进行核实,确保每一起案件都能建立在坚实的证据基础之上,防止因证据不足或证据瑕疵而导致的误判。

2. 形成独立的审查意见。检察官充当着法律的守护者这一角色,而其具备的独立性乃保障司法公正的关键前提条件。检察官在审查案件时应不受任何外部干扰,独立地提出审查意见,确保审查过程的客观性和公正性。习近平总

---

① 参见贺恒扬:《少捕慎诉慎押刑事司法政策五大关系论纲》,载《人民检察》2022年第3期。
② 邱学强:《坚定不移走中国特色社会主义政法道路》,载人民网,theory.people.com.cn/n1/2017/0414/c40531-29210936.html。

书记指出,"公平正义是我们党追求的一个非常崇高的价值,全心全意为人民服务的宗旨决定了我们必须追求公平正义、保护人民权益、伸张正义"。① 这就要求检察官在审查案件时,必须秉持法律精神,不受行政干预、人情关系等因素影响,独立判断,确保审查结论的公正性和权威性。

3. 坚定不移地坚持法律标准。在行使检察权的过程中,检察机关应当牢牢守住法律标准,确保对案件的处理符合法律要求。检察机关在承担职责之时,要严格遵循法律的规定,确保法律正确落地,捍卫法律的统一和尊严。在处理重罪与公共安全犯罪案件时,检察机关更应严格遵守法定程序,确保每一项法律措施都有明确的法律依据,防止权力滥用,保护公民合法权益。

4. 进一步强化侦查监督。侦查活动是刑事诉讼的基础环节,其合法性直接关系到后续诉讼程序的顺利进行和判决结果的公正性。检察机关有必要强化对侦查活动的监督力度,保证侦查工作在合法的轨道上进行,避免非法取证等违法行为的出现,"要强化对侦查活动的监督,及时发现和纠正侦查违法行为,确保侦查活动依法进行"。② 强化对侦查活动的监督,检察机关便能有效防止非法取证等违法行为的发生,为犯罪嫌疑人、被告人的合法权益保驾护航,同时提高诉讼的效率和质量。

5. 健全冤错案件纠正机制。冤错案件的发生是对司法公正的严重损害,也是对社会公信力的极大伤害。检察机关应建立和完善冤错案件的发现、审查、纠正和赔偿追责等工作制度,形成纠正冤错案件的常态化机制,"要完善预防和纠正冤假错案机制,维护社会公平正义"。③ 鉴于此,检察机关应当构建并完善案件复查制度,针对可能存在冤错情况的案件展开及时且全面的复查工作。一旦察觉错误,马上启动纠正程序。与此同时,对于因错误裁判而给当事人带来的损害,要依照法律规定给予赔偿,并且对相关责任人进行追究责任,起到以儆效尤的作用。

---

① 邱学强:《坚定不移走中国特色社会主义政法道路》,载人民网,theory.people.com.cn/n1/2017/0414/c40531-29210936.html。
② 《张军在全国检察机关侦查监督工作会议上的讲话》,载最高人民检察院网,http://www.spp.gov.cn/spp/zdgzw/201904/t20190424434140.shtml。
③ 《习近平在中共中央政治局第四次集体学习时的讲话》,载新华社网,http://www.xinhuanet.com/politics/2013-02/24/C_114787856.htm。

通过这些措施的实施,检察机关在重罪与公共安全犯罪案件中能够有效地坚持客观公正导向,减少冤假错案的发生,维护司法公正和法律权威,正如《人民检察院组织法》所提到的,"人民检察院通过行使检察权,追诉犯罪,维护国家安全和社会秩序,维护个人和组织的合法权益,维护国家利益和社会公共利益,保障法律正确实施,维护社会公平正义,维护国家法制统一、尊严和权威"。检察机关作为法律的捍卫者,其任务在于让法律正确落地,维护社会公平正义。通过持续加强自身建设,增强监督能力,检察机关为建设社会主义法治国家贡献自己的力量。

二、在重罪与公共安全犯罪检察中适用认罪认罚从宽制度

(一)在重罪案件中适用认罪认罚从宽制度的现状

(1)对重罪的判定标准存疑,重罪检察界定存在争议。当下,在理论界和实务界,关于重罪的界定标准存在较大差异,争议颇为繁多。倘若重罪标准的界定过高,那么便会出现重罪案件中适用认罪认罚从宽制度的范围过于狭窄的状况。同样地,在重罪检察部门实际办理案件的过程中,也有很大可能会出现办理案件的范围被不恰当缩小的情形。

(2)对认罪认罚从宽制度的认知存在欠缺。在宽严相济,推行认罪认罚从宽制度的大背景下,重罪检察工作被要求把握好价值导向,能够实现实体与程序相济。这就需要检察队伍对于认罪认罚从宽制度和重罪检察体系的结合与契合有更加深刻的理解,进行更为清晰的规则构筑:何种案件及具体情况下适合适用认罪认罚从宽,何种情况下能够实现认罪认罚从宽对于追诉的法律效果,需要有更加明确具体的适用标准。

(3)由于目前对于重罪领域认罪认罚从宽制度的解读及规则构建不足,各地及各级办案机关制度适用不一。不同省份地区的单位在处置重罪案件之际,对认罪认罚从宽制度的实施主要集中于特定的一些罪名,诈骗罪、抢劫罪等涉财类犯罪案件在适用认罪认罚从宽制度方面相对频繁。此外,在这些罪名的实际运用中,不同案件的办案成果也大不一样。

然而,从目前来看,认罪认罚案件具有较为明显的集中性特征。以经济类犯罪为例,如诈骗、抢劫罪等涉财类的犯罪案件在司法实践中,往往更容易适用认罪认罚从宽制度。这是因为此类犯罪通常在犯罪事实的认定以及证据的

收集方面相对较为清晰,犯罪嫌疑人在认识到自身行为的错误后,也更有可能积极配合司法机关的工作,从而达成认罪认罚的状态。但是,对于涉黑、涉恶、涉众等类型的犯罪而言,适用认罪认罚从宽制度却往往面临较大的难度,并且很难取得预期的效果。这些类型的犯罪通常具有组织性强、犯罪手段复杂、社会影响恶劣等特点。犯罪嫌疑人往往存在较强的抵触心理,不愿意轻易认罪认罚。同时,此类犯罪的证据收集和事实认定也更为复杂,需要耗费大量的时间和精力,这也在一定程度上增加了适用认罪认罚从宽制度的难度。例如,涉众案件涉及多人认罪态度的认定、团伙中所起到作用的大小以及量刑适用的均衡,需要极大地听取被害人的意见的问题。对于涉黑、涉恶危害程度较高的案件,如何在保证有效打击黑恶势力违法犯罪的同时,坚定不移地推进认罪认罚从宽,并取得一定的适用效果,需要进行价值及政策的取舍。

在重罪检察方面,对于认罪认罚制度的适用,不应受限于效率原则,而应注重人权的保障性,着眼于推进被追诉人进行自愿如实供述。同时,也应坚持罪责刑相适应的价值权衡,恪守证据证明标准,不应在实践中模糊对于认罪认罚从宽制度的标准及尺度,造成滥用。

(二)发挥认罪认罚从宽制度"分化、瓦解重大犯罪行为人"的作用

1. 贯彻宽严相济刑事政策是制定司法解释一贯坚持的重要原则。切实落实认罪认罚从宽制度,对于符合刑事诉讼法规定的认罪认罚从宽适用范围和条件的行为人,依照刑事诉讼法的规定处理,既可以体现出区别对待不同罪行的犯罪分子,也有利于分化瓦解共同犯罪的同盟体系。

2. 明确认罪认罚制度可以从轻处罚的具体标准。规定对于行为人符合定罪处罚标准,如实供述犯罪事实,认罪悔罪,并积极配合调查,退缴违法所得的,可以从轻处罚;其中犯罪情节轻微的,可以依法不起诉或者免予刑事处罚。确保法律效果和社会效果的有机统一,更好地实现惩罚和预防犯罪的目的。

3. 重罪案件适用认罪认罚从宽制度,也是刑事司法参与社会治理的一种具体方式,特别是在缓和社会矛盾、修复社会关系上可以发挥重要的积极促进作用。犯罪分子可以通过自己的意愿认罪认罚,从而获得从宽制度下的程序和实体双重激励。通过认罪认罚既可以实现国家在一定程度上给予其宽大处理,还

可以实现其与国家、社会的和解。更为有利的因素在于,通过主动与被害人达成赔偿协议、赔礼道歉,或者积极退赃赔款,达到与被害人和解的目的,最大限度地降低社会风险。此外,在重罪案件适用认罪认罚从宽制度的过程之中,如可对犯罪分子进行教育感化也具有积极的意义,意味着刑罚在正义的实现上,不仅可以通过惩罚本身起作用,还可以通过教育发挥实效。

(三)对于应当依法从严惩治的案件,如何明确从宽的幅度与标准

就重罪适用认罪认罚从宽制度的量刑建议来说,近些年来,"精准化、规范化、智能化"成为检察机关提出量刑建议所追逐的目标。但重罪检察部门在对重罪案件适用认罪认罚从宽制度提出量刑建议之际,绝不能囿于以"精准刑"作为主导的单一标准。恰恰相反,应当依照案件的类型以及犯罪的具体状况,采取一种"以精准刑为主导,以幅度刑为辅助"的多元办案思路。

此外,事实上,重罪案件与轻罪案件在诸多方面存在显著区别。在诉讼程序上,重罪案件往往更为复杂严谨;在量刑幅度方面,重罪案件的刑罚力度通常远高于轻罪案件;在量刑折扣上,重罪案件也应更加审慎考量。而对于重罪案件来说,关键之处在于切实落实对犯罪嫌疑人认罪认罚的真实性与自愿性的严格审查,这与轻罪案件的审查重点及尺度均有所不同。

(四)通过创新量刑方法,提高量刑建议精准度

1. 深入开展对重罪案件量刑指导规范的探索。检察机关能够担当主导角色,构建起涵盖事前规范、事中沟通和事后评判的完整工作机制。需与同级法院紧密合作,强化沟通交流,革新司法理念,携手拟定量刑指导规范,着力对新型、少见犯罪的量刑规则进行发掘,制定出规范化的从宽量刑细则,并推出诸如"量刑清单"之类的举措。

2. 可以参照最高人民法院对强化类案检索制度的要求,促进"类案同判"目标的达成。在最高人民法院《关于统一法律适用加强类案检索的指导意见(试行)》这份文件中,明确指出应当充分运用现代信息技术建立审判案例数据库。检察机关提出量刑建议时,可以充分利用案例数据库,对不同时期、不同地区的重罪案件的裁判信息以及量刑建议信息等进行全面梳理。

3. 以大数据技术为支撑,充分挖掘其预测和预判效能。结合犯罪的具体状况,精准判定是否适用从宽以及确定从宽的幅度,真正做到宽严得当、宽严互

补,保证在从宽中体现严格、在严格中包含从宽。对于严重暴力犯罪和公众高度关注的重大敏感案件,在适用认罪认罚从宽制度时,必须综合考量诸多因素,谨慎地把握该制度的运用。

三、在重罪与公共安全犯罪检察中建立重大敏感案件的快速反应机制

在当前复杂多变的社会环境下,重罪与公共安全犯罪案件呈频发态势。这些案件严重危害人民群众的生命财产安全,同时对社会稳定及司法公信力构成重大挑战。为了有效应对这些挑战,检察机关必须建立健全重大敏感案件的快速反应机制,确保在第一时间作出正确反应,维护社会公平正义和公共安全。

(一)明确需要报告请示的重大敏感案件范围

在构建快速反应机制的过程中,首要任务是明确哪些案件属于重大敏感案件,并规定相应的报告请示程序。根据《中共中央关于全面推进依法治国若干重大问题的决定》及最高人民检察院的相关指导意见,重大敏感案件通常包括涉及国家安全、社会稳定、公共安全以及引发社会广泛关注、舆论反响强烈的案件。具体而言,以下几类案件应纳入重大敏感案件范围:

1. 涉及国家安全和社会稳定的案件,如恐怖袭击、颠覆国家政权等危害国家安全的犯罪案件,以及可能引发大规模群体性事件的案件。

2. 重大公共安全犯罪案件,如重大责任事故、重大环境污染等造成严重后果的案件。

3. 受到舆论高度关注、具有重大社会影响的案件,如涉及公众人物或社会热点问题的犯罪案件,以及在网络上引发广泛讨论和关注的案件。

4. 涉外案件和涉及民族宗教因素的案件,这些案件往往涉及复杂的国际关系和民族宗教情感,处理不当可能引发外交纠纷或民族矛盾。

对于上述范围内的案件,检察机关应当建立严格的报告请示制度,确保能够迅速、准确地向上级检察机关和相关部门报告案件信息,以便上级机关及时作出指导和决策。

(二)重大敏感案件的发布信息、化解矛盾和引导舆论工作机制

在重大敏感案件的处理过程中,信息发布、矛盾化解和舆论引导是不可或缺的环节。为了建立起行之有效的快速反应机制,检察机关需要从以下几个方

面展开工作:

1. 重大敏感案件发现报告制度

建立重大敏感案件发现报告制度,是确保案件信息及时上报和有效处理的基础。检察机关应当要求办案人员在发现重大敏感案件线索时,立即向部门负责人报告,并按照规定程序逐级上报至上级检察机关。同时,应建立案件信息数据库,对重大敏感案件进行统一编号、分类管理和跟踪监督。

在报告过程中,应注重信息的准确性和全面性,避免遗漏关键信息或误导上级机关。此外,还应建立案件信息保密机制,确保案件信息在传递过程中不被泄露或滥用。

2. 重大敏感案件执法办案风险评估预警制度

为了切实防范并化解重大敏感案件处理期间的风险,检察机关有必要构建执法办案风险评估预警机制。该制度应当对案件涉及的社会稳定风险、舆论风险、法律风险等进行全面评估,并根据评估结果制定相应的风险应对措施。

在具体操作中,可以借鉴《人民检察院刑事诉讼规则》中关于风险评估的相关规定,结合案件具体情况,制定个性化的风险评估报告。对于经评估结果显示存在较高风险的案件,应当提前拟定应急预案,以确保在风险出现时能够迅速且有效地予以应对。

此外,检察机关需大力强化与公安、法院等部门的交流协作,携手打造风险评估预警机制,汇聚工作合力。可采取定期举行风险评估会议、互通风险评估信息等举措,提升风险评估的精准度与实效性。

3. 重大敏感案件捕诉衔接和跟踪监督制度

在重大敏感案件的处理过程中,捕诉衔接和跟踪监督是确保案件质量和效率的关键环节。检察机关应当建立捕诉衔接机制,确保在案件审查逮捕和审查起诉阶段能够无缝对接,避免出现脱节或重复劳动的情况。

具体来说,按照法律程序及证据规范,可以设立案件信息共享平台。此平台将促使办案信息得以实时更新与共享,从而增强法律适用的准确性和一致性,为司法决策提供有力支撑,确保司法活动在法治轨道上有序进行。在审查逮捕阶段,办案人员应当及时将案件信息录入平台,并通知公诉部门提前介入。公诉部门在收到通知后,应当及时安排人员查阅案卷材料,了解案件情况,为审查起诉阶段的工作做好准备。在审查起诉环节,办案人员需高度重视对案件的跟踪监督工作,务必使案件质量符合标准。当遇到需要补充侦查的案件时,应迅速与侦查机关沟通协作,确切地确定补充侦查的方向及具体要求。而对于存有争议的案件,可考虑组织召开联席会议或者专家论证会,一同对其进行深入研讨并确定妥善的解决方案。

此外,检察机关还应建立案件质量评查机制,对重大敏感案件的处理过程进行全面评查,确保案件质量符合法律标准和社会期望。

4. 重大敏感案件责任追究制度

为了保障重大敏感案件快速反应机制的有效运行,检察机关应当建立责任追究制度,对在案件处理过程中违反规定、失职渎职的办案人员进行严肃处理,确保案件处理的公正性和严肃性。

在具体操作中,可以依据《检察官法》及最高人民检察院的相关规定,制定具体的责任追究办法。对于违反规定导致案件处理不当或引发社会矛盾的办案人员,应当视情节轻重给予相应的纪律处分或法律制裁。同时,需建立科学、严谨的责任追究公示制度。将责任追究结果以规范、透明的形式向社会公开,主动接受社会的广泛监督。这一举措能够有效提升责任追究的公正性与公信力,增强公众对相关工作的认可度。

为了增强责任追究制度的威慑力和执行力,检察机关还应加强与纪检监察机关、组织人事部门的沟通协调,共同构建责任追究的联动机制。通过定期开展责任追究专项检查、建立责任追究档案等方式,推动责任追究制度的全面落实。

四、在重罪与公共安全犯罪检察中探索建立交叉领域检察履职机制的新路径

(一)安全事故调查检察官制度

安全生产中的重大责任事故,不仅触及社会的重大公共利益,更直接关系到劳动者的生命权这一最基本且不可剥夺的人权。这些事故往往伴随着严重的人员伤亡和财产损失,给受害者家庭和社会带来深重的伤痛和负担。在此背景下,检察机关同步介入调查重大生产安全事故,不仅是其法律地位的体现,更是保障社会公平正义、维护劳动者权益的必然要求。这一介入机制的必要性与可能性,在多个层面均得到了充分展现。

检察机关作为国家法律监督机构，其重要职责在于确保法律的正确实施，维护社会公平正义。在涉及重大生产安全事故中，检察院的介入至关重要，其首要任务是对事故中是否有国家机关工作人员涉嫌职务犯罪进行初步的调查和评估。这对于迅速获取案件的相关信息，为案件的进一步调查、证据的搜集和保护提供便利具有关键作用。正如习近平总书记在众多场合所强调的，我们必须坚定不移地树立安全发展的理念，加强安全生产的监管力度，并确保人民群众的生命和财产安全。[①] 检察机关的介入，正是落实这一理念的重要举措。

　　此外，检察院的参与有助于防止由于时间的推移而导致案件线索和证据变得难以追踪，同时也可以有效阻止事故责任人逃避责任或逃逸的情况。这对于查清事故真相、追究责任人的法律责任、维护法律的尊严和权威具有重要意义。此外，检察机关的专业性和独立性，使其能够更客观地分析事故原因，包括直接原因和间接原因，这有助于制定更有效的措施来预防类似事故和犯罪的再次发生。

　　目前，我国在安全事故调查检察官制度实践中仍存在诸多问题。在法律对不同部门的职责分配中，检察院所承担的监督职责是确保司法和行政活动公正性的关键机制之一。检察院的职责不仅包括监督公安部门和法院的司法程序，还包括监督国家机关工作人员的行政行为。在重大生产安全事故的调查过程中，这种职能的执行尤为关键。

　　然而，同步介入作为一种及时纠正错误、预防失误的有效监督手段，虽然能够加快案件处理速度并提升案件处理质量，但并不适用于所有重大安全事故案件。其适用性应限定在少数具有重大影响或典型意义的案件中。这是因为试图对所有重大安全事故都实施检察机关的同步介入，会受到检察院在人力、财力和物力方面的客观限制。此外，过度介入也可能干扰正常的行政执法和事故调查程序，影响调查效率和准确性。

　　为了完善检察院在重大生产安全事故中同步介入的工作机制，可以考虑以下几个方面的措施：

1. 建立定期联系制度

　　危险作业罪、重大责任事故罪涉及建筑、运输、化工、机械等众多领域，这些

[①] 《习近平谈治国理政》（第三卷），外文出版社2020年版，第234页。

领域的专业性强、风险高，需要专业的监管和调查。因此，建立一个定期的沟通机制，使行政机关的相关部门与检察院之间能够保持密切联系，是十分必要的。通过定期召开联席会议、互通信息等方式，加强双方在重大责任事故调查中的协作与配合。这样不仅可以保证突发性重大安全事故发生后能够及时进行介入调查及取证，还可以在日常工作中加强沟通和协调，共同提高监管水平和执法效果。

2. 制定检察机关介入事故调查的实施细则

当前，《生产安全事故报告和调查处理条例》关于检察院介入事故调查的规定较为概括，缺少具体的操作细节和指导方针。为了进一步优化这一机制，可以着手制定详尽的补充执行规则。这些细则可以包括检察机关介入事故调查的具体程序、权力范围、调查方法、证据收集与固定等方面的规定。此外，可以进一步明确事故调查团队的职责和义务，并建立检察院与事故调查团队之间的合作机制。这些细则的制定和实施，将大大增强条例的可操作性和权威性，为检察机关介入事故调查提供更加明确和具体的指导。

3. 建立重大执法行动邀请检察机关参与监督制度

将检察院的法律监督职能从事故责任调查的事后阶段提前至执法前的监督环节，这有助于改进执法行为，确保执法质量，并提升执法成效。因此，可以建立一个制度，要求在重大执法行动中邀请检察院参与监督。在涉及重大生产安全事故的执法行动中，行政机关可以主动邀请检察机关参与监督，共同确保执法行为的合法性和规范性。实施这一制度不仅可以有效防止执法过程中出现违法行为和违规行为，而且能够提升执法效率和增强执法的公信力，从而为建设和谐社会、确保人民安全提供更坚实的法律保障。

4. 加强检察机关队伍建设和专业培训

为了更好地履行同步介入重大生产安全事故调查的职能，检察机关需要不断加强队伍建设和专业培训。一方面，要加强对检察院人员的选拔和培训工作，以提升他们的专业技能和执法效能；另一方面，要加强检察机关内部的协作与配合，形成合力，共同应对复杂多变的重大生产安全事故调查工作。

5. 完善相关法律法规和政策支持

最终，至关重要的是要完善相关的法律法规和政策支持，以确保检察院在重大生产安全事故的调查中同步介入得到更有力的法律保障。这包括修订和完善相关法律法规,明确检察机关在重大生产安全事故调查中的法律地位、职责权限和程序要求;同时,还需要制定相关政策措施,为检察机关同步介入提供必要的经费保障、技术支持和人员配备等方面的支持。

综上所述,检察机关同步介入重大生产安全事故调查是保障社会公平正义、维护劳动者权益的重要举措。然而,这一机制的完善还需要从多个方面入手,包括建立定期联系制度、制定实施细则、建立邀请监督制度、加强队伍建设和专业培训以及完善相关法律法规和政策支持等。只有这样,才能确保检察机关在重大生产安全事故调查中发挥更加积极的作用,为构建和谐社会、保障人民安全提供更加有力的法治保障。

(二)行政检察与重罪检察组织与程序的衔接

在行政检察尤其是行政诉讼检察监督中,行政机关与相对人的行为可能构成犯罪的,则应将线索移送刑事检察部门由其追究刑事责任。同样,在刑事检察监督中,发现存在行政违法或者行政不作为情形的,则应将线索移送行政检察部门由其督促行政机关规范行政行为。

衔接离不开机制的保障。检察机关应健全"四大检察"部门之间信息共享、线索移送、配合协作的衔接机制,乃至建立不同类型检察业务的统一集中办理机制,来推动行政检察工作中依法主动作为的理念得到广泛实施。

比如,深圳市检察机关在推行未成年人案件、知识产权案件、"食药环"案件一体化办理的同时,探索在审判管辖不变的情况下,指定全市涉海洋"四大检察"案件由前海蛇口自贸区检察院集中受理,[①]以融合监督、综合治理助力提升海洋生态保护成效。未来,可从审慎拓展"四检合一"办案领域、强化制度规范、健全完善专门化组织体系、引进培育复合型人才等几个方面入手,持续推进检察职能的整合发展,确保其在实际工作中深入实施并取得实效。

五、在重罪与公共安全犯罪检察中构建重案上下联动体系建设

在司法实践中,重罪与公共安全犯罪检察工作面临诸多挑战,在案件捕诉一体、法律程序运行等方面的问题尤为突出。为有效应对这些挑战,构建重案

---

① 《海洋检察业务蓄势而发》,载深圳市人民检察院网 2022 年 9 月 26 日,https://www.shenzhen.jcy.gov.cn/Dynamic/Media/5641.html。

上下联动体系显得尤为重要。

（一）案件捕诉一体的问题与破解

在重罪与公共安全犯罪检察中，案件捕诉一体的问题尤为关键。然而，当前实践中存在的一些问题，使捕诉一体的实现面临诸多困难。

针对可能被判处无期徒刑及以上刑罚的重大犯罪案件，逮捕审查和起诉审查的职责通常由不同级别的检察院承担。在实际操作中，逮捕审查通常由基层检察院执行，而起诉审查则由市级检察院负责。这种分工实际上导致了逮捕和起诉的分离，使无法采用统一的逮捕和起诉办案机制。这种分离不仅影响了案件的连续性和专业性，还可能给案件质量带来诸多隐患。例如，基层检察机关在审查逮捕环节对案件证据的审查把关可能不到位，而案件到了市级检察机关审查起诉时，已经丧失了补查补证的最佳时机，这无疑增加了案件处理的难度和风险。

此外，基层检察机关在办理重罪案件时，往往面临力量和经验有限的困境。由于重大犯罪案件通常涉及复杂的案情和大量的证据，因此要求检察官具有较高的专业技能和丰富的办案经验。然而，基层检察机关在人员配置、专业培训等方面往往存在不足，导致办案人员在审查逮捕环节难以对案件证据进行全面、深入的审查。这种情况不仅会降低案件审查的质量，而且可能为后续的起诉审查工作带来额外的困难。

为解决这一问题，一些地方检察机关已经开始探索和实施重大案件捕诉联动机制。该机制的核心目标是确保同一检察官或办案团队能够在逮捕审查和起诉审查阶段持续负责案件，以实现逮捕和起诉的一体化。通过捕诉联动机制，可以加强对侦查活动的监督，提高案件办理的专业性和连续性，减少因职能分离而带来的办案隐患。

具体来说，捕诉联动机制可以通过以下方法实施：一是提前参与并指导侦查工作。在案件侦查阶段，检察院可以派遣人员提前介入，掌握案件细节，并指导侦查机关收集和固定证据。这有助于确保证据的全面性、客观性和合法性，为之后的逮捕审查和起诉审查打下坚实的基础。二是强化证据动态分析。在审查逮捕和审查起诉过程中，检察机关应加强对案件证据的动态分析，及时发现和纠正证据中存在的问题和不足。这种做法有助于提升案件审查的精确度和效率，并确保案件处理的公正性和合法性。三是增强检察官的专业技能。通过强化培训和促进交流等措施，提升检察官的专业水平和案件处理能力。这有助于确保检察官在审查逮捕和审查起诉过程中能够准确把握案件事实和法律适用问题，提高案件处理的准确性和公正性。

(二)法律程序运行过程中的问题与破解

在重罪与公共安全犯罪检察中，法律程序运行过程中的问题不容忽视。为确保案件处理的高效有序，需要采取一系列措施加以破解。

1. 完善合作机制。依据最高人民检察院与公安部共同发布的《关于健全完善侦查监督与协作配合机制的意见》，公安机关与人民检察院应当建立重大疑难案件听取意见机制、联合督办机制以及加强办案衔接配合等合作机制。该意见的发布为公安机关和人民检察院在侦查监督和协作配合方面提供了清晰的指导原则和规范。通过建立健全这些协作机制，可以加强公安机关和人民检察院之间的沟通与协作，统一执法司法理念标准，确保案件办理工作的顺畅进行。

具体而言，重大疑难案件听取意见机制有助于检察机关在案件办理过程中及时听取公安机关的意见和建议，确保案件处理的公正性和合法性；联合督办机制则可以对重大疑难案件进行联合督办，加强案件办理的协调性和高效性；加强办案衔接配合则可以通过信息共享、案件移送等方式，确保案件在不同阶段之间的顺畅衔接。

2. 确立案件审查逮捕和审查起诉的职责划分。在逮捕审查和起诉审查的流程中，检察院需要增强与侦查部门的沟通与协作，清晰界定各自的职责和任务分配。对于需要进一步侦查的案件，检察院应迅速向侦查部门提出补充侦查的建议，并确保补充侦查文件的规范化。与此同时，侦查部门应依照检察院的要求，及时、规范且有效地执行补充侦查任务。通过明确职责和分工，可以确保案件审查逮捕和审查起诉过程的连续性和专业性，提高案件处理的效率和准确性。

3. 提升信息技术应用。在信息化快速发展的今天，增强信息技术的建设和应用已成为提升司法工作效率与质量的关键途径。在重罪与公共安全犯罪检察中，应充分利用侦查监督平台等信息化手段，规范检察机关的监督行为，完善监督机制，提升监督实效。通过加强信息技术的应用，可以确保案件信息的即时共享和查询，从而提升办案的效率和准确性。此外，这也有助于加强对办案流程的监管和控制，避免出现监督不当或监督缺失的情况。

具体来说,可以借助侦查监督平台实施对侦查活动的即时监控和预警机制。一旦监测到侦查活动有违法或不当行为,能够迅速向侦查机关提出改正意见或建议。此外,还可以利用大数据、人工智能等技术手段对案件信息进行深度挖掘和分析,为案件审查逮捕和审查起诉提供更加全面、准确的依据。

通过上述措施的实施,既可以有效解决在重罪和公共安全犯罪办案过程中与上级检察院协同与配合的问题,也可以确保案件审查逮捕和审查起诉过程中侦查机关与检察机关的对应关系与职责整合,实现案件处理的高效有序。这不仅可以提升司法工作的效率和品质,而且有利于更有效地保障公众的合法权益,以及促进社会公平和正义的实现。

六、在重罪与公共安全犯罪检察中深入强化法律监督职能履行

在司法实践中,重大案件的错判不仅关乎个体的命运,更触及法律的尊严与司法的公正性。这些错判的产生,除法院在审理过程中的疏漏与错误外,检察机关在审查起诉阶段的责任同样不容忽视。实际上,部分原因确实来自检察机关审查起诉与侦查机关的侦查活动之间的衔接与配合出现问题。相对于普通刑事案件,重案和公共安全案件由于案情复杂、社会影响广泛,对证据标准的要求更为严格,对证据实物及证据获取程序的审查也更为审慎。在这种背景下,检察院如何有效地承担起主导责任,并建立以证据为核心的重大案件指控监督体系,如何强化在刑事审判、侦查以及其他领域的法律监督,从而建立一套强化监督、全面监督、精准监督、接续监督的重案监督新理念,成为当前司法实践中迫切需要深入研究和解决的核心问题。

(一)审判监督:抗诉——司法公正的守护者

审判监督是检察机关履行法律监督职能的重要环节,而抗诉则是其监督审判工作、确保法院判决合法性与公正性的有力武器。抗诉是指检察机关对认为确有错误的已经发生法律效力的判决、裁定,依法向人民法院提出重新审理要求的一种法律行为。这一过程既体现了检察机关对司法公正的坚定追求,也是其维护法律尊严、保障公民合法权益的重要手段。

具体来说,在抗诉的过程中,检察院主要关注以下关键点:一是判决中的罪名判定和量刑是否明显不合理。这包括是否存在罪刑不相适应、量刑畸轻畸重等问题,以确保刑罚的公正性与合理性。二是审判程序是否严重违法,如是否

存在违反回避制度、剥夺被告人辩护权等严重程序瑕疵，以保障审判过程的合法性与公正性。通过提出抗诉，检察院能够及时发现并纠正这些司法判决中的错误，进而保障司法公正，增强司法的公信力。

值得注意的是，抗诉并非随意为之，而是需要检察机关在充分审查案件材料、听取各方意见的基础上，严格依法作出决定。同时，抗诉过程也需要遵循一定的程序规范，如提出抗诉的期限、方式以及抗诉书的制作等，以确保抗诉活动的合法性与有效性。

(二) 侦查监督：纠正违法、漏捕漏诉——源头防范的基石

侦查监督作为检察院对公安部门侦查行为进行监督的核心职责，对于保障侦查行为的合法性及预防冤假错案的出现具有至关重要的作用。在重案和公共安全案件中，由于案情复杂、证据收集难度大，侦查活动往往面临诸多挑战。因此，检察机关在侦查监督方面的职责尤为关键。

在侦查监督过程中，检察机关主要关注以下两个关键领域：一是及时识别并纠正侦查过程中的违法行为。这涉及诸如应当立案而未立案、不应当立案却立案、刑讯逼供、非法取证等严重违反侦查程序的行为。检察机关通过审查侦查文件、讯问犯罪嫌疑人、询问证人等手段，及时发现并纠正这些违法行为，从根本上预防冤假错案的产生。二是加强对侦查活动的指导和引导。检察机关可以通过提前介入侦查活动、提出补充侦查建议等方式，指导侦查机关依法、全面、客观地收集证据，确保案件事实清晰、证据确凿。

此外，检察机关在侦查监督中还需关注漏捕和漏诉的问题。由于重案和公共安全案件往往涉及多个犯罪嫌疑人、多个犯罪事实，侦查机关在侦查过程中可能会出现遗漏犯罪嫌疑人或犯罪事实的情况。检察机关通过审查案件材料、听取侦查机关汇报等方式，及时发现并纠正这些问题，确保案件得到全面、公正的处理。

在司法实践中，检察机关通过侦查监督成功纠正了一批侦查违法行为和漏捕漏诉问题，有效地维护了侦查活动的合法性与公正性。例如，在某重大毒品案件中，检察机关通过侦查监督发现并纠正了侦查机关在取证过程中的违法行为，确保了案件的合法性与公正性。

(三) 对其他领域的监督：对行政机关履职的全方位审视

除审判监督和侦查监督外，检察机关还需要在行政机关履职监督等方面发

挥重要作用。这些领域的监督不仅关乎法律的正确实施与司法的公正性,更关乎社会秩序的稳定与经济的健康发展。

在监督行政机关履行职责方面,检察院主要关注行政机关是否依法行使职权、是否执行法定职责等问题。通过审查行政机关的行政行为、听取当事人意见等手段,检察院能够及时发现并纠正行政机关的违法或不当行为,以此保障法律的严肃性和权威性。例如,在某个环保领域的行政公益诉讼案件中,检察院通过监督行政机关的履职情况,有效地促进了环境问题的整治和解决。

通过上述监督措施的实施,检察机关能够有效地预防和纠正可能导致错案的行为,从而保障法律的正确实施与司法的公正性。同时,这些监督措施也有助于提高司法的公信力、维护社会秩序的稳定和促进经济的发展。

综合来看,检察机关在预防和纠正重大案件的误判方面发挥着极其重要的作用。通过全面执行审判监督、侦查监督以及其他领域的监督,检察机关能够保障法律的正确执行和司法公正,进而维护社会的公正和法治秩序。

第四章
未成年人检察制度创新发展

第一节 现状与困境——未成年人检察创新发展中的梗节难题

一、涉未成年人刑事案件总体呈上升趋势

(一) 未成年人犯罪低龄化、团伙化特征凸显

根据最高人民检察院公布的 2014 年至 2023 年未成年人检察工作相关数据,近 10 年间我国未成年人犯罪数量总体呈上升趋势,其中 2023 年检察机关受理审查起诉未成年犯罪嫌疑人 9.7 万人,达近 10 年最高。[1] 而最高人民检察院发布的《未成年人检察工作白皮书(2023)》显示,2020 年至 2022 年检察机关受理审查起诉未成年犯罪嫌疑人的案件中,14～16 周岁未成年犯罪嫌疑人分别为 5259 人、8169 人、8710 人;2023 年,全国检察机关受理审查起诉 14～16 周岁的未成年犯罪嫌疑人 10,063 人,同比上升 15.5%。由此观之,低龄未成年人犯罪总体上升趋势明显。同时,检察机关受理的未成年人犯罪案件中,涉及共同犯罪的人数占比较高,反映出未成年人犯罪呈现低龄化、团伙化特征。

(二) 侵害未成年人犯罪类型较为集中

2017 年至 2023 年,检察机关批准逮捕侵害未成年人犯罪分别为 33,790 人、40,005 人、47,563 人、38,854 人、45,827 人、39,380 人、53,286 人,虽部分年份总量有所下降,但总体呈上升趋势。以 2023 年为例,全国检察机关共批准逮

---

[1] 参见最高人民检察院《未成年人检察工作白皮书(2014－2019)》《未成年人检察工作白皮书(2022)》《未成年人检察工作白皮书(2023)》。

捕侵害未成年人犯罪 53,286 人,提起公诉 67,103 人,同比分别上升 35.3%、14.9%,侵害未成年人犯罪类型集中于强奸罪、猥亵儿童罪、抢劫罪、寻衅滋事罪及强制猥亵、侮辱罪,占比过半,犯罪类型集中表现为暴力型犯罪。[1]

二、未成年人保护相关制度和责任落实不够

(一)监护缺失或监护不当问题突出

家庭保护始终处于未成年人保护的"首位",居于基础性地位。最高人民检察院曾对 2018 年至 2022 年 9 月的未成年人犯罪案件予以统计,数据显示一些未成年人家庭监护缺失、监护不力,未成年人脱离家庭后实施犯罪占未成年人犯罪的 48%。而一些未成年人辍学失管,2018 年至 2022 年 9 月,检察机关受理审查起诉的涉罪未成年人中,未完成小学阶段义务教育的 3 万人,占 9.9%。[2] 尤其是家长强迫儿童辍学,残疾未成年人、特困家庭的子女、流动人口中的儿童等特殊的未成年人群体的监护没有得到有效的监督和落实,使未成年人群体缺乏社会安全感,而容易引起心理问题,继而可能诱发未成年人实施不良行为、严重不良行为甚至违法犯罪。

由此观之,监护缺失或监护不当是导致未成年人违法犯罪的一个重要原因。而陷入监护困境的未成年人,亦容易成为成年人的侵害对象,甚至是监护侵害的被害人。监护人性侵、遗弃、故意杀害未成年人等案件时有发生,然而在实务中由于监护行为的内部性,被监护人处于弱势地位,这种监护违法行为被发现并非易事。而且涉及监护侵害案件进入司法机关视野后,有的由于监护人作案时间跨度大,相关客观证据已经灭失;有的由于家庭成员间存在利害关系,或者未成年被害人年幼,其记忆能力和表达能力较弱,言词证据反复,给案件定性以及如何处理带来困扰。

(二)家校共育机制待健全

家庭与学校是未成年人重要的生活、学习场域,家庭教育责任的履行需要学校的助力,学校育人的目标亦需要家庭的支持,故而家校共育机制的构建对

---

[1] 参见最高人民检察院《未成年人检察工作白皮书(2014—2019)》《未成年人检察工作白皮书(2022)》《未成年人检察工作白皮书(2023)》。

[2] 最高人民检察院《关于人民检察院开展未成年人检察工作情况的报告》2022 年 10 月 28 日。

于良好教育环境的打造和教育支持系统的建设起着决定性作用。[1] 然而,目前家校共育机制仍有亟待健全完善之处,主要体现在:

1. 教育共识未达成一致,易诱发信任危机。对于学校而言,学校关注全体学生及其全面发展,防范学生不良行为乃至欺凌等恶性事件发生,而对于家长而言,他们所关注的是自家孩子的发展成长,一方面不希望孩子遭受任何伤害,另一方面希望学校在处置孩子的违纪甚至违法行为时"大事化小、小事化了",双方立场角度的不同导致双方对处置结果的意见不统一。

2. 家校间权责界限不清,易发生责任推诿。由于学校和家庭教育间的界限划分不清,部分教师将工作职责转嫁给家庭,存在"学校教育家庭化"的问题,而部分家长过度干预教师的教育与管教方式,致使教师存在不敢管、不敢教等问题。

3. 家校沟通模式单向化,易导致沟通不畅。校方主要将各类要求以传达形式告知家长,即便有家委会等组织,也未能有效履行职责,致使学生存在的问题未能得到及时干预,家长的需求与疑虑未得到及时回应。部分学生因家校沟通不畅存在"上骗下瞒"行为,造成监护教育"两头空"。

(三)行业监管存在困境

在传统业态中,如烟、酒、彩票销售点对于未成年人禁售问题在形式上(标志设置)与实质上逐步规范,杜绝未成年人购买烟酒、彩票;而旅馆、宾馆、酒店等住宿经营场所接待未成年人入住时仍问题频发亟待重视,2018年至2022年9月,检察机关起诉的性侵未成年人犯罪,发生在宾馆、酒店等住宿经营场所的占31.5%,有的省份甚至高达50%。住宿业经营者接待未成年人入住时未严格落实"五必须"规定,住宿登记不严,怠于履行强制报告责任等。同时,网约房、电竞酒店、剧本杀、密室逃脱等新兴业态快速发展,以电竞酒店为例,其兼具互联网上网场所与住宿功能,相关行业协会功能未健全,监管职能无法充分发挥,行业内部缺乏自律约束,放任甚至引诱未成年人入内,违法雇用未成年人,安全管控措施不健全,导致一些住宿、娱乐场所成为涉未成年人犯罪的高发地。[2]

除行业规范不健全外,行政监管也面临诸多挑战。例如,超范围经营造成

---

[1] 参见田宏杰:《凝聚共识,互搭平台,形成家校共育合力》,载《光明日报》2023年10月31日。
[2] 最高人民检察院《关于人民检察院开展未成年人检察工作情况的报告》2022年10月28日。

监管真空、行业管理条例相关执法标准不明确、执法取证存在客观困难①以及多头管理导致难以落实监管责任等造成对行业监管的困境。

(四) 网络乱象影响严重

根据 2023 年 12 月 23 日发布的《第 5 次全国未成年人互联网使用情况调查报告》，2022 年未成年网民规模已突破 1.93 亿。2018 年至 2022 年，未成年人互联网普及率从 93.7% 增长到 97.2%，基本达到饱和状态。随着未成年人触网年龄低龄化、上网时间增加，未成年人网络乱象也频发，这些网络乱象诱发甚至教唆犯罪。一方面，未成年人遭受网络侵害问题突出，如利用儿童耳熟能详的卡通人物制作的邪典片，或者不法分子利用"AI 换脸""AI 绘图"等新兴技术传播有害信息，或者制作并推广灰色应用软件，通过"二创视频"、表情包、外链浮窗等隐蔽形式，向青少年传播色情低俗、迷信暴力等内容。除了不良信息传播方式变化，未成年人遭遇网络诈骗、隔空猥亵、个人信息的盗取与滥用频发。另一方面，未成年人利用网络实施犯罪不断上升。未成年人通过互联网获悉犯罪方法，自认为在网络空间的行为无法溯源追踪，从而实施犯罪。

三、未成年人犯罪预防和治理工作需深入推进

(一) 罪错未成年人分级干预矫治精准性有待进一步提高

2020 年修订的《预防未成年人犯罪法》确立了"不良行为、严重不良行为以及违反刑法规定需要予以刑事处罚的行为"三级干预矫治的基本框架。罪错未成年人分级干预机制在深度规范化建设中，仍然存在分级干预矫治的精确度、有效性不足的问题。

首先，分级干预矫治精确度不足。这主要体现在实施"严重不良行为"的未成年人群体中，其实质上包括违警行为（治安违法行为）和触刑行为，②这两类未成年人在主观恶性和行为危害程度上存在显著差异，对于不满刑事责任年龄不予刑事处罚的罪错行为未单独分级，缺乏针对性的矫治措施。

其次，分级干预矫治有效性不足。专门教育和专门矫治教育是罪错未成年

---

① 参见吴燕：《未成年人检察理论研究》，法律出版社 2016 年版，第 344 页。
② 参见姚建龙：《未成年人罪错"四分说"的考量与立场——兼评新修订〈预防未成年人犯罪法〉》，载《内蒙古社会科学》2021 年第 2 期。

人分级干预矫治的重要内容,但是实践中各省市专门学校均存在生源分布差异较大、缺乏科学统筹和区域转介协作机制以及师资不足、基础设施薄弱、标签效应强等问题。目前实践中,如何决定适用专门教育、如何闭环管理、如何救济举措缺乏具体规定,没有明确专门教育指导委员会的职能设置、人员组成、评估机制,也未指明专门教育指导委员会个案评估职能如何履行、教育行政部门与公安机关会同决定如何运作、专门矫治教育机制如何监督等问题,不能为实践适用层面提供足够明确、清晰的操作指引。

(二)未成年人检察社会支持体系建设有待进一步规范

我国社会工作参与未成年人司法保护经过20余年的实践探索,已形成一定的实践经验与成果,但目前尚未建立系统、科学的分类服务体系,主要存在服务范围不全面、服务内容针对性不强、服务流程不规范等问题。

1. 社会工作服务范围不全面。目前,社会工作服务未成年人司法工作的场域主要集中在传统的未成年人刑事司法中,服务对象集中在涉罪未成年人及未成年被害人,在未成年人民事、行政、公益诉讼等司法领域,社会工作者较少参与。但实际上在上述领域,社会工作者具有参与空间和参与必要,当前未能最大限度地发挥社会工作的功能与价值。

2. 社会工作服务针对性不强。目前,社会工作服务的内容主要包括为刑事案件中未成年当事人担任合适成年人,开展社会调查,心理测评及疏导,不捕、不诉后观护帮教,以及对实施不良行为、严重不良行为,实施犯罪行为但未达到刑事责任年龄的未成年人开展保护处分工作。根据《预防未成年人犯罪法》,我国已建立起罪错未成年人分级处遇机制,但目前社会工作者针对实施不同严重程度行为的未成年人开展行为矫治工作时,采用的方式方法存在同质化问题,未能充分结合未成年人的帮教需求定制个性化、差异化的帮教方案。

3. 社会工作服务缺乏配套机制保障。经过长期的司法实践,社会工作者开展未成年人司法保护服务工作已形成约定俗成的服务流程,但缺乏顶层制度明确规定的服务流程,实践中往往通过司法机关与社会工作组织签署协议的形式委托相关事项,但公、检、法缺乏统一的委托事项效果评估机制及社会工作服务衔接机制,无法及时跟进未成年人司法保护发展的需要,虽然最高人民检察院会同共青团中央等部门起草并发布《未成年人司法社会工作服务规范》,但相关国家标准仍待落实。并且在未成年人检察社会支持体系建设、司法保护中社会工作等方面的规范目前也在研究起草过程中。同时，观护帮教基地、机构等资源青黄不接，各地建设水平不平衡等问题仍待解决。

（三）大数据识别涉未成年人监督线索仍待深入探索

数字检察是检察工作现代化的重要依托。在数字化时代背景下，未成年人检察工作也要深入推进检察大数据战略，推动办案模式从"个案为主、数量驱动"向"类案为主、数据赋能"转变，通过数据分析、数据碰撞、数据挖掘发现治理漏洞或者监督线索，构建大数据法律监督模型，精准识别未成年人相关的监督线索，即未成年人的权益保护与犯罪预防。然而，大数据识别涉未成年人监督线索仍面临数据获取壁垒、数据运用壁垒及隐私安全问题。

1. 数据获取壁垒。大数据的获取不仅以检察机关办案数据为基础，还需要其他司法机关、行政机关在日常工作中所掌握的大量数据。然而各主体间责任权属不一，均会有选择性地屏蔽部分信息，加之检察机关与其他机关间监督与被监督的关系，全部数据共享可能会造成"自曝其短"的问题，引致其他机关对于责任承担的担忧而不愿数据共享。

2. 数据运用壁垒。数据的质量会影响线索的识别与分析结果，同时各机关各部门间不同数据源之间的数据格式和标准也可能不一致，需要进行数据清洗和整合。而在数据分析与应用时，需对数据关联度进行技术性分析，从中筛选出真正有价值的线索，仅通过人工筛查势必降低数据分析效率，亦不符合法律监督模型设立初衷，如何使用有效的技术手段并为之所用成为横亘在检察实务人员与检察技术人员之间的问题。

3. 隐私安全问题。隐私和安全问题也是大数据识别涉未成年人监督线索需要考虑的重要因素。大数据包括外部数据与内部数据，自然而然涉及工作秘密，而有关数据安全管理制度尚不完备，一旦数据共享时出现安全问题处理失当，就会造成严重后果。当前，个人信息保护、数据安全等法律法规相继制定，故而处理未成年人相关数据时，必须确保数据的合法性、安全性和隐私保护，遵循相关的法律法规和伦理准则。

（四）异地协作工作联动体系有待进一步健全

未成年人检察异地协作常见于罪错未成年人跨省帮教中，办案检察机关在办理外省未成年人犯罪案件时，为了更好实现未成年人社会化帮教，往往会联络户籍地检察机关开展附条件不起诉监督考察异地协作。现阶段异地协作工作联动体系仍存在诸多不足,亟须进一步健全。

其一,异地协作内容较为单一,检察机关异地协作仍以附条件不起诉监督考察为主,在刑事案件办理中缺乏社会调查、家庭教育指导等协作内容,而在涉未成年人民事行政检察、公益诉讼检察乃至大数据法律监督模型方面亦鲜少合作。

其二,协调沟通机制也存在障碍。受各区区情不一致的影响,检察机关在协作过程中往往存在沟通不畅、协调不力的情况,导致工作衔接不紧密,影响了整体工作效率和效果。

其三,缺乏有效的监督和评估机制。由于跨省检察机关本质上是协作关系而非监督关系,对于异地协作工作的进展和成效,缺乏全面、客观的监督和评估,无法及时发现问题并进行调整改进。

第二节 创新与引领——未成年人检察工作的理念更新

新时代未成年人检察工作,要坚持以习近平新时代中国特色社会主义思想为指导,深入贯彻习近平法治思想,与中国式现代化同频共振,强调党的绝对领导和中国特色社会主义法治道路。更加自觉把党的绝对领导贯穿于未成年人检察工作全过程,实现讲政治、顾大局与讲法治、促保护的统一,始终保持未检工作正确政治方向。坚持以人民为中心,以人民群众反映强烈的未成年人保护热点、难点和痛点为着力点,高质效办好每一个未成年人案件,切实提升未成年人权益司法保障水平。

一、全面贯彻最有利于未成年人原则

2020年修订的《未成年人保护法》第4条明确规定了"保护未成年人,应当坚持最有利于未成年人的原则"。这一重大原则的确立,如同一条红线,不仅贯穿在修订后的《未成年人保护法》的方方面面,更为未成年人检察工作的创新发展提供了指引。1989年联合国大会通过《儿童权利公约》,该公约第3条第1款规定,"关于儿童的一切行动,不论是由公私社会福利机构、法院、行政当局或立

法机构执行,均应以儿童的最大利益为一种首要考虑",自此在国际法层面确立了儿童最大利益原则(the best interests of the child)。在未成年人刑事司法领域,《联合国少年司法最低限度标准规则》(《北京规则》)亦体现了这一理念,该规则第17条规定,"在考虑少年的案件时,应把其福祉看作主导因素",并在注释中强调,"在成人案件中和可能某些严重的少年违法案件中,可能会认为罪有应得和惩罚性处分有些好处,但在少年案件中必须一贯以维护少年的福祉和他们未来的前途为重"。而最有利于未成年人原则是儿童最大利益原则的本土转化,未成年人与成年人具有本质不同,明确了未成年人司法的独有地位,也对未成年人检察工作高质量发展提出了更高要求。

(一)统筹把握未成年人特殊、优先保护理念

未成年人犯罪原因复杂,有其个人因素,更有家庭、学校、社会等方面的因素。因此,从某种意义上说,涉罪未成年人既是施暴人也是受害者,需要得到司法机关的保护。这种司法保护要通过综合措施从根本上预防和矫正未成年人的罪错行为,以期未成年人顺利实现社会化。而从刑事案件的未成年被害人权益保护或者未成年人公共利益角度出发,此类未成年群体处于弱势地位,更需要得到司法保护。2020年修订的《未成年人保护法》明确规定,"给予未成年人特殊、优先保护",不仅包括不同于成年人的特殊保护,还重点关注留守未成年人、困境未成年人等特殊群体的权益保护。

特殊保护是指对未成年人的司法保护,应当区别于成年人,更加体现未成年人的特殊性。比如,办理性侵害未成年人犯罪案件,应当充分考虑未成年被害人身心尚未成熟、易受伤害等特点,贯彻特殊保护原则,如推动公安机关建立"一站式"取证和保护制度并建立专门办案场所,完成一次性询问、一次性取证并配套落实救助工作,以防造成二次伤害。优先保护则强调将"最有利于未成年人"作为一种首要考虑,突出对未成年人权益司法保护的优先地位。比如,在未成年人与成年人共同犯罪案件中,并案起诉符合司法效率原则,而分案起诉则有利于涉罪未成年人的教育挽救和权利保障,基于优先保护原则,后者自然就成为未成年人检察工作的必然选择。①

---

① 参见童建明、万春、宋英辉:《未成年人检察业务》,中国检察出版社2022年版,第10页。

(二) 准确把握检察办案与未成年人特殊主体的关系

不同于成年人司法，未成年人检察工作的关注点在"人"，未成年人具有与成年人完全不同的身心特质，不能将其简单视为缩小版的成年人。发展心理学表明，处于青春期的未成年人心理尚未成熟。而从生物学角度看，未成年人大脑的发展亦能解释和印证未成年人心理上的不成熟性。[1]

正是基于未成年人的特殊性，检察机关在办理涉未成年人案件时也应遵循未成年人司法特殊规律，不能直接、僵化套用刑事司法的做法，对未成年人施以专业干预，促使未成年人顺利回归社会。比如，未成年人犯罪案件的处理程序应当符合未成年人的身心特点，如法定代理人到场、合适成年人制度、社会调查、圆桌审判、法庭教育等，充分考虑到未成年人的认知和决策能力天生不足，避免对其造成难以承受的压力或伤害，制定符合未成年人身心特点的司法程序，并在案件办理过程中采取适当方式方法。

(三) 辩证把握依法惩戒与教育挽救的关系

未成年人检察工作必须坚定不移实行"教育、感化、挽救"方针，坚持"教育为主、惩罚为辅"原则，全面落实宽严相济刑事政策。宽严相济刑事政策是我国的基本刑事政策，贯穿于刑事立法、刑事司法和刑罚执行的全过程，是惩办与宽大相结合政策在新时期的继承、发展和完善，是司法机关惩罚犯罪、预防犯罪、保护人民、保障人权、正确实施国家法律的指南。[2]

关于宽严相济刑事政策在未成年人刑事司法领域的适用，应辩证把握依法惩戒与教育挽救的关系。办理未成年人犯罪案件不是以定罪量刑为最终目标，而是以案件事实为切入点，探究未成年人犯罪问题产生的原因，采取必要的干预手段，实施有针对性的教育挽救，帮助未成年人重回社会。对于主观恶性深、犯罪手段残忍、行为危害后果严重的未成年人，该依法惩处的要依法惩处。[3]

---

[1] 参见宋英辉、苑宁宁：《未成年人罪错行为处置规律研究》，载《中国应用法学》2019年第2期。
[2] 最高人民法院《关于贯彻宽严相济刑事政策的若干意见》（法发〔2010〕9号）2010年2月8日。
[3] 参见缐杰：《坚持预防为主提前干预搭建未成年人犯罪预防"隔离带"》，载《人民检察》2024年第4期。

二、凸显未成年人事务国家亲权理念

(一)国家亲权理论之基础

国家亲权理论是由英国普通法中的亲权理念变迁而来,在传统观念中,子女属于父母的私有财产,其对子女的绝对权利不受他人干涉。但随着社会伦理的发展及社会福利化程度加深,绝对亲权的观念逐渐被摒弃,代之以国家亲权理论的出现。这种理论认为,国家是公民的保护者,当父母无法对其子女行使亲权时,国家可以代替父母对其子女进行监护与教化,国家作为最高监护人,有权对未成年人进行教育、关爱和治疗,从而保障其顺利成长。[1] 国家亲权意味着未成年人的监护与权益保护问题不再是父母或家庭、家族的事项,而是国家利益,为少年司法制度建设提供理论基础,也逐步改变"法不入家门"的传统观念。

(二)检察机关履行未成年人保护的国家亲权

《未成年人保护法》中将国家责任转化为两个专章,即政府保护与司法保护,对于司法机关确定专门机构或指定专门人员办理涉未成年人案件作出严格规定,其中第 105 条规定,人民检察院对涉及未成年人的诉讼活动等依法进行监督。实践中,检察机关推动并建立"一站式"询问、强制报告与入职查询制度,并逐步形成检察中心主义的未成年人司法基本模式。这意味着由检察机关引领司法保护的纵深发展,在司法保护促进未成年人社会治理现代化中发挥主导作用。

三、坚持治罪与治理并重理念

(一)依法惩处与精准帮教涉罪未成年人

近年来,低龄未成年人侵害案件频发,未成年人违法犯罪出现新动向。这意味着检察机关应主动调整履职方向,高度重视未成年人犯罪预防和治理,应勇检察长强调"预防就是保护,惩治也是挽救"。随着刑事责任年龄有限制性地降低,将恶性未成年人犯罪纳入刑法规制范围,检察机关落实"教育、感化、挽救"方针和"教育为主、惩罚为辅"原则并未改变。事实上,检察机关办理未成年

---

[1] 参见于国旦、许身健:《少年司法制度理论与实务》,中国人民公安大学出版社 2012 年版,第 8 ~ 9 页。

人犯罪案件时始终坚持依据行为、后果及主观恶性程度来选择对涉罪未成年人的惩治路径。对于主观恶性深、犯罪手段残忍、行为后果严重的未成年人，坚决依法惩治，绝不纵容；对于主观恶性不大、犯罪情节较轻的未成年人，依法从宽；一体落实"保护、教育、管束"措施。①

(二)依法严惩侵害未成年人犯罪

坚持对侵害未成年人犯罪"零容忍"，严惩暴力伤害、强奸、猥亵等侵害未成年人犯罪，依法提出量刑建议，积极建议适用从业禁止、禁止令。持续强化性侵害未成年人犯罪惩治与预防，严厉打击组织、介绍未成年人卖淫、进行有偿陪侍等活动。落实强制报告每案必查工作要求，积极建议适用从业禁止、禁止令，推动优化入职查询、从业限制统一查询机制。

(三)深化未成年人保护源头治理

未成年人保护要坚持源头治理思维，通过深入分析未成年人犯罪或未成年人权益受损的深层次原因，"抓前端、治未病"，促进并推动标本兼治，最大限度预防未成年人违法犯罪发生，最大限度避免未成年人人身、财产和其他合法权益受损。目前，家庭、学校、社会及网络保护存在缺失，如家庭教育缺失、学校欺凌防治不到位、新兴领域监管盲区等。涉未成年人案件源头治理是一项系统性工程，上述深层次原因往往引致综合性问题发生，而未成年人检察部门作为系统工程中的重要责任主体，应当多方位、多角度开展综合治理、系统治理，实现未成年人保护的全面性和长效化。

四、强化融合式监督、协同治理理念

(一)融合式监督推动未成年人检察工作

融合式监督实质上是检察一体化的特殊形式，而检察一体化主要体现在四个维度：一是上下级检察机关纵向一体化；二是同级检察机关间横向一体化；三是检察机关内部业务部门横向一体化；四是"四大检察""十大业务"的一体化融合。

未成年人检察工作具有融合式监督独有优势，自2018年最高人民检察院

---

① 张羽、潘若曦：《有态度 有温度 有力度——检察机关治理未成年人犯罪的惩与防》，载《检察日报》2024年6月2日。

部署开展未成年人刑事、民事、行政、公益诉讼检察业务统一集中办理试点以来，各项工作不断深入并发挥特色，取得了明显成效。进入新时代，未成年人检察工作呈现出鲜明的时代特征和中国特色，更加注重双向保护、特殊保护、优先保护、综合保护。这些转变都体现出未成年人检察履职功能的多元化，需顺应未成年人司法工作发展趋势，实现检察职能有机贯通、内外联动、相互协调。因此，未成年人检察工作步入融合履职这一检察工作新路径，坚持一体履职、综合履职。

（二）协同治理实现全面保护

协同治理的本质是最大限度统筹并利用公共资源以及全社会一切积极因素以有效解决社会问题，这亦是践行全过程人民民主的重要体现。如前所述，未成年人保护是一项系统性工程，需要家庭、学校、政府、社会、司法机关等共同参与，围绕未成年人全面保护这一治理目的，构建联动运行机制，化单一工作为通力协作。具体而言，这既需要未成年人检察部门挖掘可能对未成年人权益造成重大影响的线索共享机制，也需要政府部门及社会组织基于各自职能的配合协作，根据每一未成年人的具体情况及需求提供靶向服务。

第三节　构建与完善——未成年人检察工作创新发展路径

一、深化综合履职，落实"高质效办好每一个案件"

"高质效办好每一个案件"，是检察履职质量、效率、效果的有机统一，是回应新时代人民群众对未成年人司法保护工作新需求、新期待的必然要求，是新时代检察机关开展未成年人司法保护工作的基本价值追求。检察机关作为唯一参与未成年人司法保护工作全过程的司法机关，在未成年人保护大格局中肩负重要使命。为回应人民群众对未成年人司法保护的期待，最大限度维护未成年人合法权益，最高人民检察院自2018年启动未成年人检察业务统一集中办理试点工作。2020年发布的最高人民检察院《关于加强新时代未成年人检察工作的意见》明确检察机关涉未成年人刑事、民事、行政、公益诉讼案件原则上由未成年人检察部门统一办理。自2021年起，未成年人检察业务统一集中办理工作在全国机关稳步全面推开。依托未成年人刑事、民事、行政、公益诉讼四大检察职能统筹融合，检察机关将最有利于未成年人原则贯穿于监督办案的全过程和全领域，积极依法开展一体、综合履职，未成年人检察业务统一集中办理工作取得显著成效，并在此基础上向多维度、集成式、系统性方向发展。

开展未成年人检察综合履职，有利于统一未成年人司法保护理念，整合集约司法资源，有力提高办案效率，推动未成年人检察职能全面协调充分发展。检察机关应当精准把握新时代未成年人司法保护的新要求，通过检察一体、综合履职，高质效办好每一个涉未成年人案件，推进未成年人司法保护工作走深走实。

(一) 践行"检察一体化"机制

新时代检察一体化指的是以习近平新时代中国特色社会主义思想为指导，检察机关作为一个系统性的整体，通过规范检察机关内部领导监督配合机制，打造"上下统一、横向协作、内部整合、总体统筹"的一体化检察模式，释放履行法律监督职能内生动力，更好地发挥检察机关法律监督职能及维护社会稳定、服务保障大局的重要作用。[①] 未成年人检察一体化是实现未成年人综合履职的必经之路，通过上下级检察机关之间、同级检察机关之间及检察机关内部各部门之间的良性互动、统筹履职，充分实现未成年人检察综合监督效能。

1. 纵向一体化履职

(1) 上级检察机关统筹指挥下级检察机关依法履职

我国《宪法》规定，最高人民检察院领导地方各级人民检察院和专门人民检察院的工作，上级人民检察院领导下级人民检察院的工作。在办案方面，对于下级检察机关的未成年人检察部门及办案组办理的涉未成年人重大、疑难复杂、新类型等案件，上级检察机关可以根据案件实际需求对上述案件进行督办、提办、领办、指定管辖等，以不同层级的检察机关赓续接力实现相关案件履职效果的最大化；在资源调配方面，上级检察机关可以统筹调配辖区未成年人检察

[①] 参见姜昕、李成林等：《检察一体化机制建设的推进与落实》，载《人民检察》2022年第2期。

部门及其他业务部门的人员配合案件办理，也可以灵活调用辖区其他检察机关及部门的业务资源和设备资源对案件办理予以支持。

（2）下级检察机关支持推动上级检察机关科学决策

上级检察机关需要下级检察机关及时报送涉未成年人案件办理的基础数据及特色经验，经分析研判、总结梳理后，作为制定规范化履职规则、创新类案办理工作机制、培树有指导意义的履职案例的重要依据。从未成年人检察工作开展初期的社会调查制度、合适成年人制度、附条件不起诉制度等未成年人刑事司法特殊制度，到如今的强制报告制度、入职查询制度等诸多机制，均系自下而上从司法实践探索过程中一步步上升为国家司法制度，为顶层立法设计及刑事政策的制定起到了重要的推动作用。

2. 横向一体化履职

（1）同级检察机关联动

在司法实务中，涉未成年人案件经常需要检察机关异地协作履职。比如，在未成年人犯罪案件中，未成年人犯罪行为或结果地与其居住地或户籍地不一致，涉罪未成年人被犯罪结果地的检察机关作出附条件不起诉决定，但考察期间需在原籍学习工作生活，或经社会调查发现其在原籍的父母存在怠于履行监护职责的情况，这需要两地检察机关合力开展观护帮教考察及督促监护落实；又如，在涉未成年人网络保护案件中，可能涉及多地检察机关具有管辖权，在确定有管辖权的检察机关后，另一检察机关可配合开展调查取证工作，协助落实未成年人网络权益保护。因此，检察机关在办理涉未成年人案件时，应当自觉树立同级联动意识，通过协同履职释放司法资源的集约效能。

（2）检察机关内部各部门联动

未成年人检察部门是所有检察业务部门中唯一以对象确定受案范围的部门，所具有的检察职能与检察机关内其他业务部门的职能均存在交叉重合。因此，各检察机关应秉持"一盘棋"的工作思路，建立机关内部线索移送和协同履职机制，畅通部门之间线索流转渠道，未成年人检察部门及时从刑事、民事、行政、公益诉讼检察部门获取涉未成年人权益保障线索，并将办案中发现的不属于本部门管辖的案件线索及时移送，以双赢共赢的方式形成法律监督合力。

（二）健全综合履职、全面保护工作模式

1. 以靶向定位强化未成年人全领域保护

在未成年人刑事检察方面，要注重未成年人"捕诉监防教"的全流程统筹履职，以加强刑事检察全流程规范化为抓手，以未成年人案件刑事政策把握、法律适用、特殊制度落实、权益保障等为重点，全面依法加强对立案、侦查、审判、执行等各环节的监督，做到惩治、预防、监督、帮教、维权的有机融合。① 在刑事执行检察方面，要全面落实未成年人羁押必要性审查，开展看守所交叉巡回检察，实行未成年社区矫正对象动态管理，推动"分管分押分教"落实到位。

在未成年人民事检察方面，要以民事监护侵害、监护缺失监督为重点，并聚焦未成年子女抚养费、探视权、继承权等婚姻家庭权益、人格权益、民事侵权责任纠纷等关乎未成年人重大利益的领域，加大对民事生效判决裁定和执行的监督力度并积极拓展广度和深度，联合法院探索建立抚养费优先执行、探望权执行监督、民事案件隐私保护等工作机制，并加大支持起诉力度，细化支持起诉必要性审查标准，探索适应未成年人特殊、优先保护要求的支持起诉适用条件和检察履职方式，从保障诉权实质平等、推动解决法律适用疑难争议问题的定位和视角，为未成年人依法维权提供实质性支持。

在未成年人行政检察方面，要聚焦行政诉讼和执行监督案件中的未成年人权益保护，充分运用检察听证、司法救助、促成和解等方式推动行政争议实质性化解，并积极贯彻中共中央《关于加强新时代检察机关法律监督工作的意见》关于"全面深化行政检察监督"的要求，探索开展涉未成年人行政违法的行政检察"穿透式"监督，通过制发检察建议等方式督促行政机关及时整改违法和不当的行政执法行为，并以落实《预防未成年人犯罪法》为切入点，探索建立具有未成年人检察特点的行刑反向衔接工作机制，推动公安机关对罪错未成年人优先适用矫治教育措施；对于公安机关经通知，仍不及时落实矫治教育措施的，通过行政违法行为监督等方式跟进监督。

在未成年人公益诉讼检察方面，要突出未成年人保护检察公益诉讼的精准性和规范性，在食品药品安全等传统领域基础上，进一步加强未成年人保护新

---

① 参见童建明：《持续深化未成年人检察业务统一集中办理工作 以更优综合司法保护护航未成年人健康成长》，载《人民检察》2022年第14期。

领域公益诉讼力度,重点关注产品质量、烟酒销售、文化宣传、个人信息安全、儿童游乐场所设施安全、文身以及"互联网+"新业态等涉未成年人公共利益的领域。对于法律尚无明确规定的领域,可以以最有利于未成年人原则为指引,探索开展增益型公益诉讼,规范运用公益诉讼检察建议、提起诉讼等柔性与刚性手段相结合的方式,加强与相关职能部门的线索移送和工作协同,确保监督整改落实取得实效,实现未成年人公益的全方位保护。

2. 以综合履职做实未成年人全流程保护

检察机关应当通过系统审查个案、检察综合履职实现未成年人全面保护。在办理涉未成年人刑事案件时,应利用捕诉案件的基础性地位,以刑事案件为圆心开展精准辐射监督,一并审查涉未成年人民事、行政权益及公益损害情形;反之,在开展民事、行政、公益诉讼检察过程中,也要同步审查是否涉及刑事犯罪问题,尤其注意审查是否存在刑事立案、撤案监督线索。此外,要在个案办理基础上及时梳理总结共性问题,延伸开展社会治理工作,实现预防、办案、修复的事前、事中和事后全流程全面履职。

在具体审查方式方面,检察机关一方面要聚焦未成年当事人,充分利用未成年人社会调查制度,通过检察机关、未成年人居住地及原籍司法行政部门、未成年人法定代理人等多方调查,全面掌握涉案未成年人的成长经历、家庭背景、在校表现、社会交往情况、个人性格特点和生活习惯等情况,综合研判未成年人的家庭、学校、社会等方面是否存在导致其走上犯罪歧途及遭受侵害的不利因素,以及其他侵害未成年人合法权益的情形,并通过进一步履职完善未成年人综合司法保护;另一方面要审查刑事案件环境因素,发挥参与未成年人刑事司法程序全流程优势,以刑事案件背后的未成年人权益保障需求为切入点,开展未成年人民事、行政和公益诉讼检察履职。比如,上海市长宁区人民检察院办理的禁止向未成年人租售网络游戏账号检察监督案,针对网络游戏账号租售引发的侵害未成年人权益犯罪案件,一方面开展未成年人的被害修复及网络沉迷不良行为干预,最大限度降低网络侵害对未成年人的不利影响;另一方面通过未成年人检察综合履职督促有关部门及互联网平台加强对平台商户的规范管理,填补互联网平台商户向未成年人提供游戏账号租售服务造成逃避有效监管的漏洞,实现未成年人网络保护综合治理,该案例入选最高人民检察院第五十批指导性案例。

在证据收集转化方面,检察机关要善于借助刑事办案,运用刑事证据证明相关事实,必要时在刑事案件办理过程中同步收集调取落实其他检察职能所需的证据,畅通检察履职通道,提升工作效率。比如,依托提前介入、信息共享、重大疑难案件听取意见等工作机制,可以引导公安机关全面收集开展未成年人综合保护所需证据,为后续其他检察职能的行使提供证据支持。又如,在办理刑事案件过程中,可以在讯问犯罪嫌疑人,询问被害人、证人时,同步收集开展公益诉讼、民事支持起诉所需的言词证据;在对涉案未成年人进行观护帮教、综合救助时,同步摸排监护监督线索;对在押未成年人进行羁押必要性审查、人所谈话时,同步发掘刑事执行监督线索;在实地调查走访时,同步调取涉案场所可能存在侵害未成年人合法权益的证据。再如,针对通过刑事案件证据转化不足以支持同一案件其他涉未成年人权益保护职能履行,未成年人利益受损的具体情况还需进一步调查和收集证据的,可通过向有关单位和个人收集书证、物证、视听资料、电子数据等证据,向专业人员、有关部门等咨询专业意见,委托有资质的机构进行鉴定、评估、审计、检验等取证手段,确保相关证据足以充分证实侵害事实。此外,对发现的涉及多项检察业务交叉的案件,更宜由同一名检察官或一个办案组统一办理,综合运用调查、审查等监督手段,[①]统筹同步运用"四大检察"监督方式,确保综合履职效率和履职成效的最大化。

二、未成年人刑事检察实质化发展

最高人民检察院应勇检察长指出,要全面正确理解依法保护未成年人,既要对侵害未成年人犯罪"零容忍",也要高度重视未成年人犯罪预防和治理。因此,必须以未成年人司法保护与犯罪预防为出发点,持续推进未成年人刑事检察的实质化发展。

(一)从严惩治侵害未成年人犯罪与未成年被害人综合救助保护并重

1.严厉打击侵害未成年人犯罪

面对当前侵害未成年人犯罪的严峻形势,为维护未成年人的合法权益,追求对未成年人利益的最大化保护,从严惩治侵害未成年人权益的犯罪成为当前

---

① 参见徐日丹:《将最有利于未成年人原则贯穿监督办案全过程——全国检察机关未成年人检察业务统一集中办理工作推进会解读》,载《检察日报》2022年5月27日,第1版。

刑事司法实践的共识,①该刑事政策导向在刑事立法及司法中均有所体现。比如,在《刑法修正案(十一)》中,对强奸幼女、猥亵儿童等性侵害未成年人犯罪均进行细化和加重,并增设了负有照护职责人员性侵罪;又如,最高人民法院、最高人民检察院《关于办理强奸、猥亵未成年人刑事案件适用法律若干问题的解释》规定了奸淫幼女适用较重的从重处罚幅度的情形,被告人判处刑罚的一般不适用缓刑等;再如,最高人民法院、最高人民检察院、公安部和司法部共同制定的《关于办理性侵害未成年人刑事案件的意见》明确将"依法从严惩处性侵害未成年人犯罪"作为办理性侵害未成年人刑事案件的原则,并规定对性侵害未成年人的成年犯罪嫌疑人、被告人,应当依法从严把握适用非羁押强制措施,依法追诉,从严惩处。这些均体现了我国在防治侵害未成年人犯罪领域贯彻落实从严刑事政策的鲜明特色,直接表明了我国刑法严格保护未成年人利益的态度,是刑事立法对未成年人利益最大化保护的价值宣示。因此,检察机关在办理侵害未成年人犯罪案件,尤其是办理性侵害、暴力伤害未成年人犯罪案件时,应当在依法审查证据达到刑事评价标准的基础上坚持从严导向,在公安侦查中积极提前介入,慎重对侵害未成年人犯罪案件作出不批捕、不起诉决定,对被告人认罪认罚的从严把握是否从宽处罚及从宽幅度,在法院审判中建议从业禁止等,充分发挥刑罚的威慑作用和犯罪预防作用,最大限度维护未成年被害人的合法权益。

2. 加强未成年被害人保护救助

在对侵害未成年人犯罪坚持"零容忍"态度的同时,应当充分重视对未成年被害人的保护救助工作。首先,应当依托公安机关执法办案中心建设,推进落实"一站式"取证保护机制,根据未成年被害人的生理和心理特点,在相对集中的时间和空间内,尽可能一次性完成对未成年被害人的询问、人身检查、伤情固定、物证提取、辨认等侦查取证工作,并结合未成年被害人需求,积极协调教育、卫健、民政、司法行政等部门同步落实对未成年人必要的临时安置、经济救助、医疗救治、心理干预、调查评估、法律援助、复学就业等多元救助保护措施。其次,应当根据最高人民检察院《关于全面加强未成年人国家司法救助工作的意

---

① 参见郑自飞:《侵害未成年人犯罪从重处罚的规范检视与制度完善》,载《少年儿童研究》2023年第1期。

见》，协同控申部门对符合条件的未成年被害人积极落实司法救助，及时帮扶司法过程中陷入困境的未成年人，以救助工作精细化、救助对象精准化、救助效果最优化为目标，帮助未成年人走出生活困境。最后，检察机关应当以督促、支持起诉的方式，帮助未成年被害人获得相应的民事损害赔偿，尤其加强对民事诉讼中未成年被害人精神损害赔偿的支持探索与创新。例如，上海市长宁区人民检察院在办理一起发生在点播影院的成年人性侵未成年人案件中，针对涉案点播影院未尽到安全保障义务，支持起诉被害人提起民事侵权诉讼，要求涉案点播影院赔偿精神损害，通过参与民事调解，涉案点播影院经营者当庭向被害人道歉，并一次性支付被害人精神损害抚慰金人民币3.5万元，积累了性侵案件中未成年被害人精神损害赔偿的探索实践。

(二)依法惩戒和精准帮教罪错未成年人

针对当前未成年人犯罪新形势和未成年人检察工作新要求，最高人民检察院明确提出"预防就是保护，惩治也是挽救"的理念，要求对涉罪未成年人采取依法惩治、精准帮教和提前预防有机结合等方式，一体化推进惩治和预防未成年人犯罪工作。

1. 依法惩处，保持必要司法震慑

2024年，检察机关起诉未成年人5.7万人，核准追诉低龄未成年人严重暴力犯罪34人。[①] 例如河北邯郸低龄未成年被害人杀害初中生案，经最高人民检察院核准追诉，两名未成年人已被分别判处无期徒刑和有期徒刑十二年，[②]既让涉罪未成年人感受法治威严，也警示教育社会和相关主体，将依法惩治作为特殊形式的教育挽救，以管束理念的强调带动保护理念的培植。但目前专门学校建设与专门教育机制不健全，导致未核准追诉的低龄未成年人未能顺利接受矫治教育。对此，检察机关可以创新激活"枫桥经验"强化专门学校实质化运作。首先，因人制宜分类精准开展矫治教育。根据未成年人行为类型、年龄、社会危险性等制定个性化的矫治措施和弹性制教育期限，必要时可采用入校指导模式，采取针对性、相称性、综合性的教育矫治措施，对学员实行"学分制"管理，制定"正面行为""负面行为"指标清单，系统自动进行监督矫治措施学分计算，形

[①] 2025年3月11日，第十四届全国人民代表大会第三次会议通过的《最高人民检察院工作报告》。
[②] 最高人民检察院《2024年度十大法律监督案例》。

成学员学习生活轨迹的精准"画像"。其次,因地制宜科学优化专门学校布局。可以以地级市为单位,以"一地一策"差异化布局集中建设一批投资小、功能齐、特色亮的专门学校,将社区矫正与专门学校教育相结合,因地制宜做好资源整合和功能升级,综合考虑人身危险性、身心发育程度、心理偏常情况和义务教育接受情况,设置不同的收生条件、管理机制及入学程序,并做好不同专门学校之间的衔接工作。最后,探索专门学校跨区域立体联动。针对当前异地协作时存在个案协调多、机制化规范处置少的情况,可以探索建立区域协作机制,统筹一定区域范围内专门学校入学、离校评估一体化标准和同城化待遇,打通异地转介渠道,促进异地专门学校协作常态化、制度化、规范化。

2. 精准帮教,最大限度挽救罪错未成年人

未成年人处在人生发展的"见习许可期",犯罪预防的最终目标是促进未成年人平稳度过这一"见习期"。帮助未成年人从实施犯罪的迷途中走出来,重新融入社会,是未成年人检察工作必须担起的司法责任,其核心在于更加关注"行为人的回归"。

首先,应当以实质化的社会调查为基础,秉持"一把钥匙开一把锁"的理念,委托专业司法社会力量,对未成年人的成长经历、犯罪原因、教育监护情况等进行详细调查,并将调查结果作为办案和开展精准帮教的"地基"与重要参考。当前上海检察机关已经形成较为成熟的委托专业司法社会工作者开展社会调查的实践基础,但针对调查中存在的同质化、形式化问题,应当进一步探索社会调查制度的实质化执行。在启动时间上,为保证社会调查报告效用的充分发挥,尤其在评估未成年人犯罪原因、人身与社会危险性、羁押必要性等方面,宜尽可能在诉讼程序启动之初即侦查阶段开始;在社会调查主体方面,考虑到社会调查的专业性与全面性,宜参考上海经验,以政府购买服务的方式,委托专业的司法社会工作者力量开展工作,同时配套建立社会调查质量评估机制,激励司法社会工作者开展调查的积极性;在社会调查内容方面,探索在现有内容的基础上细化社会调查报告模板,为社会工作者开展调查提供内容指引,从而保证调查内容的针对性和翔实性。

其次,对罪错未成年人根据《预防未成年人犯罪法》规定的预防措施分级开展精准靶向矫治。针对涉罪未成年人,根据未成年人刑事诉讼特别程序,落实社会调查、心理测评、犯罪记录封存等未成年人特殊制度。对于犯罪情节较轻、

认罪悔罪态度较好、初犯的涉罪未成年人,通过变更强制措施、相对不起诉、附条件不起诉、诉后建议法院适用缓刑等方式,最大限度实现未成年人在社会中接受行为矫治,同步建立以"检察官+青少年社工+监护人"为基础配置的帮教小组,对涉罪未成年人存在的心理创伤、行为偏差、认知偏差、不良情绪、不良关系等问题进行分类,以纠偏、教育、修复、支持、服务等为目标,精准施策,从而提升帮教的针对性和个性化,并将帮教效果与法律处遇直接关联,从而提升帮教质效。针对实施犯罪行为但未达刑事责任年龄的未成年人,通过制发行政检察建议督促公安机关落实精准矫治教育措施,避免"一放了之"。针对未成年人存在不良行为、严重不良行为的,探索依托公安机关"社区少年服务队",对社区问题未成年人及其家长定期走访并开展入校指导工作,开展犯罪预防前端治理,并可会同公安机关、专业司法社会工作者组织与行为偏差未成年人及其监护人签订保护处分协议,开展行为干预与观护评估。

最后,以社会支持体系为支撑,实现未成年人回归社会的目标。2023年,《未成年人司法社会工作服务规范》正式发布并实施,进一步为司法社会工作的标准化运行提供保障。检察机关在履行职能的过程中,可以积极依托专业社会力量参与,通过专业化办案和社会化帮教救助,实现"司法的归司法,社会的归社会",共同实现涉罪未成年人回归社会的目标。例如,除了已广泛实践的担任合适成年人、开展社会调查等,还可深入探索有专业社会力量担任"合适保证人"制度,促进外地户籍未成年人与本地户籍未成年人的平等保护;又如,探索将流动的无监护条件、无固定住所、无经济来源的"三无"涉罪未成年人送入检企合作的社会观护基地,为其提供食宿、学习、培训的条件,进行社会化帮教,最终实现回归社会的目标。

(三)深入开展未成年人刑事执行检察监督

未成年人刑事执行检察是刑事诉讼活动中至关重要的最后一个环节。检察机关应当聚焦未成年人被羁押后及被判处刑罚后其权益保护和预防再犯是否到位,良性回归社会的价值目标能否实现,延伸开展涉罪未成年人刑事执行监督工作。

1.切实保障在押未成年人合法权益

在押未成年人合法权益的保障是检察机关开展刑事执行检察的基本内容,检察机关可以通过派驻检察、定期巡查、专项巡查等方式,常态化保障在押未成年人合法权益。例如,上海市长宁区人民检察院未成年人检察部门联合刑事执行检察部门在看守所定制"未成年人在押人员特殊保护规定"宣传板及宣教 PPT 在未成年人羁押监室张贴播放,积极宣传未成年人检察、监所检察工作职能,并对未成年在押人员实行"五必谈"机制,即对在押未成年人入所、逮捕、起诉、判决以及刑罚执行等五阶段开展入所谈话工作,动态掌握涉案、思想波动以及特殊诉讼权利落实情况,及时进行沟通、帮教,帮助其反省自身罪错,安抚其心理。

2. 监督落实在押未成年人再社会化措施

检察机关还可依托社会组织对在押未成年人针对性开展帮教活动,推动完善亲情会见与通话机制,加强在押未成年人心理疏导室、亲情会见室等配套设施建设,并通过分级个案帮教、家庭教育指导、技能培训和社会帮扶等综合措施,降低未成年人再犯风险,增强其自我认识和自我管控。同时,检察机关应当积极探索建立未成年犯减刑、假释、暂予监外执行的专门性规则,结合未成年犯社会调查报告、犯罪性质和情节、社会危害程度,重点审查未成年犯服刑表现、道德品质、学习情况和技能提升等因素,作为是否可以减刑、假释的重要依据,正面激励未成年犯进行自我改造的积极性。

3. 全流程开展未成年人羁押必要性审查

对涉罪未成年人开展羁押必要性审查,是对未成年人落实特殊、优先保护,避免未成年人受到"交叉感染"的应有之义。检察机关可以积极探索关口前移,开展报捕必要性审查。比如,上海市长宁区人民检察院在侦查阶段提前介入一起两名未成年犯罪嫌疑人涉嫌诈骗案,在引导公安机关证据收集与侦查过程中认为,认定其中一名未成年犯罪嫌疑人构成诈骗罪存疑,另一名未成年犯罪嫌疑人虽然构成诈骗罪证据充分,但其诈骗金额不大,到案后积极退赔被害人,认罪悔罪态度良好,再犯可能性较小,对此建议公安机关对其二人变更刑事拘留的强制措施,公安机关予以采纳。此外,检察机关还可以探索制定规范化羁押必要性评估量表,提升涉罪未成年人非羁押风险评估的科学性。对非本地户籍且在本地无帮教条件的未成年人,检察机关可以联系落实异地帮教,启动"一路阳光"护送机制,提前联系未成年人的法定代理人协助落实往返行程,并对其进行释放前教育,确保未成年人顺利、安全回归家庭和社会。

4. 延伸推进未成年人社区矫正活动监督

对未成年社区服刑人员实施社区矫正,应当参考对其作出的社会调查、心理评估报告等材料,与成年社区服刑人员分别管理、教育和评价,教育矫治其心理行为偏差。检察机关应当重点督促社区矫正机构结合未成年人的年龄、心理特点、身心发育需要和家庭情况,采取有针对性的矫正措施。结合区位优势及未成年人具体情况,探索建立外来未成年人社区矫正观护基地,并针对其身心特点进行相关观察保护措施,开展评估、考察和帮教。社区矫正期满前,检察机关可以会同社区矫正机构对安置未成年人的帮教提出建议,并与安置帮教工作部门做好对接工作,就其教育、就业、心理疏导等提供必要的社会化支持。

三、未成年人民事检察高质量发展

(一)稳步推进未成年人监护侵害、监护缺失监督

近年来,发生在家庭内部的监护侵害案件并不鲜见,也一定程度上引发了社会的关注和讨论。针对监护侵害或监护缺位的这类监护困境未成年人,如何完善监护监督工作,已经成为未成年人保护制度中的重点问题。2015年正式施行的《关于依法处理监护人侵害未成年人权益行为若干问题的意见》(以下简称《监护侵害意见》)明确了检察机关及有关职能部门的监护干预与综合保护职责。随后出台的《民法典》,修改后的《未成年人保护法》、《民事诉讼法》、《行政诉讼法》及相关解释、意见等都为检察机关开展监护缺失、监护侵害监督提供了法律依据。

目前,检察机关开展监护监督主要有刑事、民事两条路径。第一,针对严重的监护侵害案件,启动刑事诉讼程序追究监护人的刑事责任;第二,通过民事诉讼程序撤销监护人资格或变更抚养关系,并辅以人身安全保护令以及家庭教育指导等监督措施。但通过实践工作及探索,目前监护监督仍存在程序主导机关不够明确、程序设计不足、监护监督手段不完善等问题。笔者认为,要稳步推进监护监督工作,可以着重从以下三个方面入手。

1. 明确司法机关为程序主导机关

现行法律规范并未明确规定监护困境未成年人保护工作的主要责任机关,这就容易导致"九龙治水"的困境,产生责任稀释现象。而从多年未成年人保护的探索工作来看,由司法机关承担程序主导责任似乎更为合适。司法系统对未成年人司法专门化的建设高度重视,其人员队伍的建设日臻完善,且通过购买服务的方式和社会组织广泛合作,在开展社会调查、心理辅导以及附条件不起诉考察帮教等工作上取得了具有推广性的经验。而在司法机关中，由于检察机关处于承上启下的诉讼地位以及承担着法律监督职能，实际由检察机关的未成年人检察部门承担主要工作已是不争的事实。

2. 完善具体评估程序

根据《监护侵害意见》的规定，办理监护侵害案件主要有举报收案、调查评估、临时照料、结案会商和最终安置五个阶段。现行法律规范在整体流程的设计规定上已较为完善，但从实务视角出发，其中仍存在评估人员的专业化不足、评估程序的标准化不足以及评估指南缺乏体系性等问题。比如，对于监护侵害案件中的未成年人，为精准保护，需对他们所处的危险状况及身心健康状态进行分级分类；又如，需要建立起对临时照料人是否有完整的照料能力、照料意愿和照料环境等进行评估的标准体系。

对此，笔者建议可以参考办理未成年人刑事案件中的社会调查制度，对于监护困境案件启动正式调查评估程序；可以充分参考域外及部分地区的优秀实践经验，加强评估工作的标准化建设，进而推动国家立法层面确立科学统一的家庭监护能力评估标准以及评估工作的具体流程规范。检察机关可以委托专业的社会工作服务机构开展相应的评估工作。

3. 探索多元化的监督方式

如上所述，目前监护监督的手段较为局限，存在一定的不足。比如，对于监护侵害案件，检察机关通过支持起诉方式撤销监护人资格后，后续的"国家监护"是否到位，以及监护困境的未成年人在户籍、教育、卫生等方面的权益是否能妥善安置，仍需有效监管以及后续跟踪。故而检察机关应当积极探索监督方式和内容，全面发挥刑事、民事、行政、公益诉讼四大检察职能，同时推动建立科学化、规范化、长效化的工作机制，通过明确具体承担行政指导、管理、监督和处罚等职能的部门，来完善国家监护权的落地实现，避免因各部门衔接不当而导致国家监护权空置。

(二)持续深化涉未成年人民事权益支持起诉工作

2023年，全国检察机关在支持起诉方面的工作取得了显著成效，共受理涉未成年人支持起诉案件7769件，审查后支持起诉6936件，法院采纳支持意见

6743 件，占支持起诉的 97.2%。[①] 这些案件主要集中在婚姻家庭、继承纠纷、人格权纠纷、侵权责任纠纷和监护权监督案件等类型。

1. 明确检察机关的诉讼地位

检察机关作为国家法律监督机关，同时基于立法赋予的支持起诉权力，检察机关的地位与职能亟须厘清，否则易陷入"既是运动员又是裁判员"的困境。必须明确检察机关支持起诉，其承担的角色是辅助性的，旨在帮助未成年人这一弱势群体提起诉讼，并非起诉主体，更不能取代当事人的诉讼地位。

2. 明确受案范围

根据实务探索经验，目前可以支持起诉的受案范围主要有监护资格案件、涉未成年人人身侵权案件以及涉未成年人的人格权、继承权、受教育权案件等。当未成年被害人处于弱势地位，受限于认知能力和诉讼能力，无法独立保护自己的合法权益时，检察机关可以依法支持起诉，也有必要对此类案件提供协助。

3. 细化民事支持起诉工作规则

为了细化未成年人民事支持起诉工作规则，可以考虑以下几个方面：第一，规范支持起诉的具体方式。检察机关支持起诉，可以提供法律咨询帮助、调查取证、诉前调解、制发检察建议以及出席法庭等。但应当明确检察官的角色和职责，避免与诉讼代理人角色混淆。第二，完善案件线索发现、移送的工作机制。需要拓宽线索发现渠道，加强检察机关内部各部门之间的沟通协作，确保案件线索的有效管理和及时处理。第三，提供全面法律服务。除前文提到的为未成年当事人提供法律咨询帮助外，应视情况引入社会资源，对于需要者提供心理疏导、心理矫治等服务帮助，并为处于困境中的案件当事人提供必要的司法救助。

四、未成年人行政检察精准性发展

检察机关在办理未成年人案件时，对于不需要追究刑事责任的未成年人，符合一定条件的，需依法移送有关主管机关给予行政处罚或其他处分。在实践中，检察机关在探索具有未成年人检察特点的行刑反向衔接工作机制时，主要

[①] 资料来源：最高人民检察院《未成年人检察工作白皮书(2023)》。

考虑以下几个方面。

(一)细化移送条件

检察机关在作出不起诉决定后,应当结合被不起诉未成年人的年龄,对其行为是否违反行政法律法规、是否需要给予行政处罚等进行全面审查,并明确移送的条件和标准。

(二)建立内、外部衔接程序

检察机关内部需要建立刑事检察部门与行政检察部门之间的案件线索移送、受理、审查、反馈等标准和程序,形成有效的工作模式,并进一步形成长效机制。同时,检察机关需要与行政执法机关建立有效的沟通协作机制,明确移送程序、接收程序,确保案件能够顺利移送并得到妥善处理。

(三)落实行政处罚封存机制

根据《未成年人保护法》和《预防未成年人犯罪法》的规定,未成年人的犯罪记录应当予以封存,其中不仅包括刑事案件程序中的案件材料,还涵盖了不起诉、社会调查、帮教考察、心理疏导和司法救助等工作的记录。因此,对于行刑反向衔接案件中未成年人的行政处罚,也应当依法封存,避免前科标签对未成年人的长期负面影响。

(四)规范未成年人刑事、行政处罚和矫治教育措施的衔接机制

低龄未成年人的恶性案件时有发生,《刑法修正案(十一)》对触刑未成年人增设了非刑罚矫治教育措施,同时修改后的《未成年人保护法》《预防未成年人犯罪法》也对分级干预体系进行了规定。但现有的教育矫治与刑事诉讼程序之间缺乏有效的衔接机制,导致教育矫治内部程序杂糅、外部措施配合不畅。笔者认为,除上述提到的细化移送条件、建立内外部衔接机制外,教育矫治的行刑反向衔接更重要的是建立刑事程序与专门矫治教育之间的衔接流转,这是罪错未成年人教育矫治的关键环节,对于教育矫治效果具有重要的影响。

1. 明确转入条件。刑事"分流"程序主要指检察机关作出附条件不起诉或相对不起诉决定的情形,在此情形下,检察机关将审查涉案未成年人是否需要进一步的行为干预。而对于需要进行干预的未成年人,具体应当适用专门教育还是专门矫治教育,学界说法不一。笔者认为,应当由检察机关视个案情形,向专门教育指导委员会提出具体建议。除考虑行为危害性外,更应注重审查未成

年人的人身危险性及所需要的矫治程度。

2. 明确转入程序。刑事"分流"程序转出的未成年人,笔者认为应当根据对其适用的措施不同,区分适用专门教育、专门矫治教育的审查程序。只是在此类情况下,提请方由公安机关改为检察机关,提请专门教育指导委员会评估同意后,由教育行政部门会同公安机关作出决定。

3. 明确矫治教育方案。对于刑事"分流"程序转出的未成年人,检察机关应当发挥监督主导性,不仅要参与制订个性化的矫治教育方案,还应当定时了解未成年人在校内接受矫治教育的情况,必要时可以参与对未成年人开展的常规评估、离校评估等工作。

五、未成年人公益诉讼检察规范性发展

(一)突出未成年人保护检察公益诉讼的精准性和规范性

未成年人检察公益诉讼应严格把握"可诉性"要求,需要突出未成年人保护检察公益诉讼的精准性和规范性。

1. 明确未成年人公共利益的判定标准

对于涉未成年人公共利益的判定,要把握"不特定多数人利益"的基本标准和"未成年人群体利益"的特殊化标准。公益诉讼的司法保护目的在于维护相对具体的、不特定的未成年人多数利益。"不特定"是指利益遭受侵害的未成年人数量不确定,即遭受侵害的未成年群体具有开放性。而"多数"应当理解为超过1人。需注意的是,不可机械理解"不特定多数"的含义,即如果受侵害的未成年人人员特定,即便受侵害的人数众多,依旧不能适用公益诉讼。

2. 明确未成年人特殊保护的核心要求

未成年人公益诉讼不应当被简单理解为"公益诉讼+未成年人检察工作",未成年人公益诉讼具有公益诉讼的一般基本特征,但更重要的是其自身独特的保护理念与核心价值。简言之,未成年人公益诉讼的重点是要通过个案来推动各政府职能部门全面履职,从而将立法规定的未成年人特殊保护政策落地实现。比如,检察机关的未成年人检察部门针对无证幼儿园和黑校车提起行政公益诉讼,通过向有关部门制发检察建议推动履职,不仅直接解决涉案机构的违规行为,更重要的是推动该地区对类似违法违规行为的整治清理,全面、深度地参与社会治理工作。

3.诉权启动的审慎性

在未成年人公益诉讼中,诉权的行使需要未成年人检察部门发挥公共利益代表和国家法律监督机关的双重职能。应当基于一般未成年人群体的最大利益诉求,对某些"潜在侵害危险"尽早介入,但同时需要准确把握"可行性"要求,防止扩权、滥权。启动公益诉讼之前,检察机关应当审慎评估案件的紧迫性和必要性,确保在未成年人公共利益确实遭受侵害或存在侵害危险,且其他途径难以有效解决侵害问题时,才提起公益诉讼。

(二)做深做细新业态治理未成年人保护公益诉讼

2023年2月,最高人民检察院发布的未成年人保护检察公益诉讼典型案例就分别涉及点播影院、电竞酒店、盲盒、密室剧本杀等新兴业态的治理。蓬勃发展的新业态行业,能激发情感互动、满足青年多元个性化需求、使人们得到沉浸式体验,已引发未成年人的高度兴趣,但基于行业监管主体不甚清晰、行业规范尚未健全、法律规定尚不明确等因素,新业态领域的法律规制问题仍需引起重视。

1.全面推动未成年人民事公益诉讼检察做精细

最高人民检察院在未成年人公益诉讼检察工作相关规范性文件和指导意见中纳入了对新兴业态的检察监督,实务中如何做深做细需要更深入的思考。以"密室逃脱"这一沉浸式实景游戏的新业态为例,该行业乱象凸显,不仅频发场所安全事故,部分密室逃脱游戏主题还充斥着恐怖、色情、暴力等不良因素,危害未成年人身心健康。上海市浦东新区人民法院审结的未成年人参加"密室逃脱"意外受伤害引发的侵权责任纠纷案件,就是以民事责任方式设置司法保护红线,督促从业者自觉规范经营,明确了密室逃脱经营者以格式文件排除己方责任的,不发生法律效力;在"密室逃脱"特定情景下,经营者应尽到安全保障义务应高于一般限度范围。

2.深入推动未成年人行政公益诉讼检察做精准

新业态领域的推陈出新决定了新业态领域的未成年人保护检察公益诉讼更需要与时俱进,为让公益诉讼保障体系能满足公益诉讼法治产品的生产力,检察机关需要保持高度敏感性,加强研判力度,同时推动建立协作衔接机制,借助专业优势,补齐监督能力短板。

其一,要重视形成规范化的制度。努力实现通过个案办理推动机制的构建,以实现系统治理。如浙江省诸暨市人民检察院督促履行电竞酒店监管职责行政公益诉讼案,在个案办理的基础上,推动该市于2022年出台了《"电竞酒店"行业管理规范(试行)》。随后在吸纳各地实践探索的基础上,文化和旅游部和公安部共同出台了《关于加强电竞酒店管理中未成年人保护工作的通知》,进一步明确了新业态属性、强化主体责任以及确立协同监管机制等,为未成年人保护工作进一步提供明确依据。

其二,要重视实现规范化的工作依据。充分释放公益诉讼制度价值,需要不断提高检察机关的工作能力,要加强在调查核实、诉前建议、提起诉讼等关键环节的能力建设,更要在司法实践中锤炼监督本领,既要敢监督,更要会监督、善监督。同时大数据时代,要进一步增强专业取证保障能力。用好数据赋能,探索跨业务数据运用,如通过刑事案件数据发现民事、行政公益诉讼线索。要积极探索、应用和总结运用大数据开展公益保护的案例,形成可复制、可推广的经验,努力通过管用有效的大数据监督模型,探索更多更新的法律监督点、业务增长点、溯源治理点。

六、促推"六大保护"协同发力

(一)深化家庭协同机制

每一个罪错未成年人的背后大多存在"问题家庭",因此亟须加强家庭教育指导措施的效能。第一,提高家庭教育指导的精准性。以罪错未成年人的行为分级为基点,结合家庭监护能力评估结果,采取更具有针对性的分级家庭教育指导措施。针对存在不良行为的未成年人且家庭监护能力评估为低风险的家庭,相应的家庭教育指导措施应以引导性为主,更多强调家庭的主观能动性,适用教育引导等常规的帮扶性措施即可;相反,针对存在犯罪行为的未成年人且家庭监护能力评估为高风险的家庭,相应的家庭教育指导措施应更侧重于强化强制性,引入相应的教育惩戒措施,如训诫或督促公安机关训诫、责令其接受教育指导,建议公安机关进行治安处罚等。必要时针对监护状况持续恶化、监护失职达到严重程度的监护人,符合法定条件的,应当依法及时启动监护权撤销程序。第二,提高家庭教育指导的专业度。建议可引入专业的家庭教育指导师队伍,考虑通过政府采购等方式,保障相关队伍有序运行,并定期培训以不断强化专业能力。实践中应当尽量避免青少年社工和家庭教育指导师严重混同的情况,以免相关人员在履行工作职能时存在定位不清、执行不力的现象。第三,提高家庭教育指导的强制性。可以参考上海市虹口区人民检察院首创的监护监督员制度,从民政部门、妇联、居委会或者未成年人保护组织的专门人员中选任专业的监护监督员,对监护人不履行或怠于履行监护职责的行为进行监督和督促,对监护人的监护行为进行指导和帮助,紧急情况下可对监护人采取相应的教育和惩戒措施等。而对于不接受或不配合家庭教育指导者,建议从立法层面确立具体的罚则制度,以保障家庭教育指导措施的有效执行。

(二)深化检校协同机制

1. 健全侵害未成年人案件强制报告制度落实机制

强化监护监督,落实强制报告不留死角。要牵头相关职能部门建立监护侵害案件快速反应机制,在接到学校疑似家暴案件报告后,迅速启动调查核实、转移安置、心理疏导、法律援助等保护措施,法院则开通网上立案绿色通道,加快刑事、民事案件办理进程。

此外,为了加强强制报告制度的实施,法律法规还规定了首问负责制,即第一个接触到未成年人受侵害信息的人员,无论是否直接负责该事务,都应当承担起及时响应和报告的责任。这一制度要求学校教职工在接到学生求助或者发生异常情况时,不能推诿,包括但不限于了解情况、提供帮助、向校方及有关部门报告,确保未成年人得到及时有效的保护。

2. 推动检察官法治副校长实质化履职

检察官兼任法治副校长机制的目的在于提升校园内青少年法治教育的专业性。检察官具备专业的法律知识,同时拥有丰富的司法实践经验,担任法治副校长能将法律理念、法律规范精神通过鲜活的案例融入校园内的法治教育,能切实提高法治教育效果。要推动履职实质化,避免法治副校长制度流于形式、表面,需做到以下两点:

第一,培养青少年法治素养为要。法治副校长需要积极参与校内学生权益保护制度的制定与设计,参与学生保护委员会、学生欺凌防治组织,指导、监督学校保护未成年人的合法权益。同时,丰富法治课形式与内容,切实提高青少年学生的法治素养。

第二,提高学校治理水平为要。法治副校长是法治校园的建设者,需要参与防治学生欺凌、预防校园暴力等工作,积极推动强制报告制度的落实、特殊行业入职查询和从业限制的监督与完善、协助校方处理涉法涉诉案件或事件等，从制度层面推动校园的法治建设。

（三）深化社会协同机制

从早期的拓荒探索工作到现在已初步形成体系化的未成年人司法社会支持网，未成年人司法工作与社会支持力量已形成了较为完备的合作模式。但纵观全国，可以发现仍存在社会支持力量的专业性有待提高、全国范围全覆盖的司法社会支持转介机制尚未构建、司法社会资源的区域分布不均等问题。

1. 明确司法与社会的职能分工

在罪错未成年人分级干预矫治体系中，对于实施了不良行为以及严重不良行为，尚未进入司法程序的行为偏差未成年人，其矫治教育主要依赖于家庭、学校、社区、公安机关以及社会力量等。在此场域内，在保障适用统一司法标准的前提下，建议采用司法与社会并重模式，对于符合条件者转出司法程序后，交由社会支持体系对行为偏差未成年人采取适当的社会化处遇措施，如为未成年人提供临时照管服务、心理疏导和行为矫治服务、社会融入服务或社会适应力提升服务等。①

2. 发挥政府的主导作用

未成年人司法社会支持力量的主体多元、丰富且极具分散性，检察机关在探索社会支持体系网建设的工作中也常常面临着困惑。未成年人司法保护工作牵涉范围较广，需要调动的资源也较为广泛，包括民政、教育、医疗等，而这些需要承担着社会管理职能的政府主导，进行统筹、整合。修改后的《未成年人保护法》施行以来，部分地区已开始构建以政府为主导的多部门协调机制且取得了不错的成效，但大部分实践案例仍为个案探索，尚缺乏规范化、体系化、常态化的工作机制。

3. 推动司法社会支持的专业化发展

全国各地的未成年人司法社会支持体系尚不均衡，各地资源分布不均，且我国司法社会工作仍处于起步阶段，专业化发展仍有较大空间。第一，需从制度上推动形成明确的行业标准；第二，需从实践中完成从个案探索到市场化运

---

① 参见史立梅、李金珂：《从嵌入式走向合作式：未成年人司法社会支持体系建设的路径思考》，载《中国青年社会科学》2023年第5期。

作模式的构建;第三,完善社会支持服务的评价机制,甚至可以考虑引入第三方评估机制,通过科学公允的评价等级推动社会服务的规范化、专业化发展。

(四)深化网络保护协同机制

据中国互联网络信息中心第54次《中国互联网络发展状况统计报告》显示,截至2024年6月,我国网民规模近11亿人(10.9967亿人),新增网民742万人,以10~19岁青少年和"银发族"为主。其中,青少年占新增网民的49.0%。《未成年人保护法》《未成年人网络保护条例》《儿童个人信息网络保护规定》《网络信息内容生态治理规定》等法律文件,为未成年人网络权益保护提供了基本纲领,如何深化未成年人网络保护工作已成为未成年人保护制度中的一大重要内容。

可以参考上海市长宁区人民检察院的做法。区检察院联合区网信办以及区重点网络公司,共同建立政检企三方协作联络机制,线下打造未成年人守护立体专区,线上以该网络平台商户渠道对接区检察院未成年人检察社会服务中心"宁萌护未"微信小程序,集约优化未成年人社会支持及网络保护普法宣传资源。同时在政检企三方外,进一步拓展阵地提升社会参与度,联合高校打造"检校加油站"品牌,积极为未成年人提供普惠型、公益性的网络法治活动,建立"宁萌e站"未成年人网络保护法治教育基地,与"检校加油站"联动形成网络保护主题游学路线,进一步形成未成年人网络保护的合力机制。

(五)深化检府协同机制

现行《未成年人保护法》规定:"县级以上人民政府应当建立未成年人保护工作协调机制,统筹、协调、督促和指导有关部门在各自职责范围内做好未成年人保护工作。协调机制具体工作由县级以上人民政府民政部门承担,省级人民政府也可以根据本地实际情况确定由其他有关部门承担。"各地也分别从领导机构与执行机构两大方面进行了探索组建。如2022年3月1日正式施行的《上海市未成年人保护条例》(以下简称《上海未保条例》)在体例结构上就整合了政府保护和司法保护,增设特别保护章节,既与《未成年人保护法》相衔接,也体现了上海未成年人保护工作的特点,具体表现为:一是明确市、区民政部门具体承担未成年人保护工作,各街镇设立未成年人保护工作站或者指定专门人员办理相关事务;明确相关部门和群团组织落实教育制度改革、家庭教育指导服务、校园及周边环境安全管理等具体职责。二是规定公安机关、检察院、法院、司法行政部门履行建立司法保护联动机制,开展法律援助与司法救助,落实办案保护、违法犯罪未成年人保护制度,指派法治副校长等司法保护职责。

实务中,上海检察机关指派检察官兼任未成年人保护工作站法治副站长,实现辖区全覆盖,充分发挥未成年人保护工作站在线索收集、深化保护、矛盾化解中的基础堡垒作用。同时,在上海政务服务平台"随申办"App中设立"未成年人专区",对接"12309未成年人保护司法专区"开展检察监督,对未成年人政务服务事项进行集成,实现未成年人事务的"一网式服务、一键式转介、一站式监督"。

(六)深化司法保护协同机制

依托侦查监督与协作配合办公室平台,会同公安机关建立未成年人保护公检协同机制,建立罪错未成年人信息共享、分级干预工作机制,推动未成年人特别程序、预防未成年人犯罪法律法规有效执行。同时,继续优化与法院、司法行政机关的配合衔接,共同推进未成年人常见犯罪定罪量刑、执法司法标准的制定和"一站式"取证保护,实现司法协同最大化。

如长宁区关于未成年人"一站式"取证和保护工作的探索,区检察院联合区法院、区公安等职能部门共同会签了《长宁区未成年人"一站式"取证保护实施细则》,明确办理性侵害未成年人案件时,为了最大限度预防对被害人的"二次伤害",减少不必要的反复取证,司法机关安排专门人员、使用专用场所、配置专用设备,在相对集中的时间和特定的空间内,尽量一次性完成未成年被害人询问、人身检查、伤情固定、物证提取、辨认等侦查取证工作,并根据需要提供经济救助、身心康复、复学就业、法律支持等一系列特殊保护措施。这一机制建立后,长宁区开启未成年被害人司法保护和社会综合保护的新模式,发挥司法协同机制的最大实效。

第四节　配套与保障——未成年人检察专业化建设进路

一、未成年人司法社会支持体系规范化发展

在未成年人司法领域内，困境未成年人的问题主要是由其自身社会资源匮乏、社会支持缺位所引发的，如家庭陷入困境、监护人不履行或不适当履行监护职责、缺乏心理和情感支持、知识技能的严重不足及融入社会能力的欠缺等。从未成年人犯罪防控角度来看，社会支持是对未成年人这一弱势群体所提供的各种救助行为或服务，从而使其远离引发犯罪的各种消极因素，避免犯罪行为发生。未成年人犯罪防控的社会支持体系则是指通过国家、社会、群体和家庭等各个层面，对未成年人提供各项救助行为或服务的有序外部社会网络。[①] 当前，未成年人司法社会支持的主要内容是以充分保护未成年人程序权利和其他合法权益为目标的司法程序内的社会服务，但是不足以彻底实现未成年人利益最大化和良好社会融入的目标。[②] 因此，应当以预防犯罪和最有利于未成年人为共识理念，规范化推动各类社会支持资源实现靶向供给，构筑专业、精细、高效的未成年人司法社会治理格局。

（一）构建未成年人司法社会支持统筹协作机制

2018年，共青团中央与最高人民检察院签订的《关于构建未成年人检察工作社会支持体系的合作框架协议》正式提出构建"未成年人检察工作社会支持体系"，明确专业社会工作者参与未成年人检察工作的内容和路径。2020年修订的《预防未成年人犯罪法》第6条提到县级以上地方人民政府成立专门教育指导委员会，体现了多机构合作模式的司法社会支持体系建构思路。但是现阶段的专门教育指导委员会的性质还不明朗，并不是实体机构。因此，司法机关与社会工作组织构建协作机制就显得尤为迫切。首先，应当推动社会工作参与司法保护的立法落地，从法律层面规定社会工作介入未成年人司法案件的情

[①] 参见徐莹莹：《未成年人犯罪防控的社会支持体系研究》，载《市域社会治理研讨论文集》第十四篇。
[②] 参见宋志军、毛泽金：《从保护到赋权：未成年人司法社会支持的拓展与深化》，载《中国青年社会科学》2023年第5期第42卷。

形,规范社会工作组织及社会工作者的司法权力及相应义务,建立工作保密制度,保障未成年人隐私安全。其次,应当明确各参与主体即司法机关与社会工作组织的职责划分,畅通服务项目委派与衔接渠道。最后,在联动机制基础上,建立未成年人司法保护信息数据库,实现数据共享,打造未成年人司法保护线上平台,实现委托文书流转、工作联系、质量评价等流程追踪,提升服务效率以及社会工作组织参与的积极性。

(二)规范社会工作参与未成年人司法保护项目流程

建立社会工作参与司法流程中的具体服务规范与服务流程,明确工作原则,界定社会工作服务司法保护以及分类服务对象的具体概念,明确社会工作参与的具体流程与内容。在流程上,规范委托受理、立案建档、评估与计划、提供服务、结案与转介、跟进支持等阶段;在内容上需要根据服务对象的具体需求与预估目标,将具体服务内容加以细化。最终由专业评估组织或机构对服务嗣后效果进行评价与总结,其中对社会工作服务方法、管理与保障机制亦加以规定。

(三)建立委托事项完成效果评估机制

社会工作组织在服务未成年人司法程序过程中的完成度直接影响司法工作的实效,因此社会工作质效评估的重要性越发凸显。根据调查反馈,部分地区有专门的督导机制,对社会工作者的服务进行审核评估,然而以内部为主,并不与司法机关互通,因此应当建立社会工作服务未成年人司法项目的效果评估机制,细化各类委托事项效果评估标准,及时反馈评估结果,促进社会工作组织不断改进升华服务水平,促进司法与社会深度融合。

(四)加强司法社会工作队伍专业化建设

社会工作涉及心理学、社会学、职业技能培养、家庭教育等诸多专业学科和业务领域,社会工作者必须具备专业的知识储备和实践经验,因此应不断加强司法社会工作队伍建设,尤其应加强未成年人司法领域社会工作专业力量。一方面,通过专业教育教学、职业技能培训、专家讲座等方式,提高社会工作者的业务素能;另一方面,通过社会工作组织、高校、司法机关联合人才培养等方式,为社会工作者提供专业实践平台,针对社会工作参与司法保护的新领域,通过实践探索及时归纳与总结,形成理论指导实践,实践推动理论的良性循环。①

二、持续深耕数字未成年人检察建设

数字检察是数字中国建设背景下检察工作现代化的必由之路，是法律监督工作高质量发展的必然要求，也是突破传统法律监督模式瓶颈的重要方法。

（一）建构智慧未成年人检察数据动态共享平台

数字检察战略是法律监督质效飞跃的关键变量和科技翅膀，要探索建立未检数字化场景应用矩阵，切实将"数字未检"工作理念深入贯彻未成年人保护"两法"、实现"六大保护"协同发力的有效途径，精准研判类案背后的社会治理漏洞，通过数据碰撞主动发现监督线索，实现未成年人"刑事、民事、行政、公益诉讼"一体化融合履职，以"数字革命"驱动法律监督提质增效，更好推进新时代未成年人检察工作高质量发展。一是牢固树立"数字赋能监督、监督促进治理"理念，以数字化理念引领未成年人检察实践创新，与行政机关和兄弟院形成数字共治理念认同和共识，深挖侵害众多未成年人合法权益监督线索，运用数字化手段形成部门联动、衔接有序的未成年人保护良好局面，由个案向类案、由办理向治理转变，以数字检察"关键变量"实现涉未成年人保护高质量发展"最大增量"。二是搭建未成年人综合保护数字平台，善用大数据赋能未成年人检察监督，协同教育局、公安局等相关部门实现信息共享、线索移送和分类预警等线上互通，有效促进各部门之间的融通协作，上线集普法宣传教育、预防违法犯罪、心理健康辅导、法律咨询等多功能于一体的法治教育"云平台"，运用大数据技术归集整理失学辍学青少年、罪错未成年人等工作数据，实现风险预警、行为监管、趋势研判，开设在线法治课程，探索互动式智慧普法新模式，一体化推进未成年人权益综合保护。三是要以强化业务支撑、推进融合对接为着力点，依托"一网通办""一网统管"两张网建设推进数据共享，会同城市数据运行管理中心等相关单位会签协作意见，接入数字城市通道，融入政务服务体系实现推广应用，全面贯通"检察＋"协同共治平台、检察大数据法律监督平台，实现数据资源在未检办案履职中的高效配置与运用。

---

① 参见么媛：《司法社会工作者在社区矫正中的角色困境研究——基于天津市 H 区社区矫正中心的实践》，天津理工大学 2019 年硕士学位论文，第 33 页。

(二) 多元构建未成年人检察大数据监督模型

未成年人检察工作要深入打造品牌场景,选取"医食住行学"五大监督视角作为切入点,搭建数据监督模型开发"办案行为+智能辅助"的全程、多维、立体应用场景,通过数据碰撞和实时动态筛查,及时发现医疗机构强制报告、未成年人食药安全、住宿经营者询问登记报告义务履行、未成年人免票福利政策、从业限制及校园周边治理、控辍保学等线索,深化监督检察的智慧支撑,实现从个案办理式监督向类案治理式监督转型升级,提高未成年人检察综合履职实效。此外,还要加强与互联网数字企业的合作,依托海量数据库制发风险防范清单,引导企业以年龄、异常敏感词汇、不雅照片为筛选规则,通过交互数据比对及时发现不良信息线索,并推送至检察机关开展跟进监督,既保护未成年人身心健康,又促推互联网企业良性健康发展。

三、加强未成年人检察队伍业务素能建设

(一) 持续推动党建和业务深度融合

打造高素能未成年人检察队伍要将政治能力建设摆在首位,一体抓实政治与业务建设,切实将讲政治落实到每一项工作中、每一个案件的办理中。坚持党建工作与业务工作同谋划、同部署、同推进,处理好抓党建与抓业务辩证统一、相互交融的关系,以党建带动业务品牌培育和队伍建设,厚植发源地多项首创优势,以上海市长宁区人民检察院优秀党员组建的"宁萌卫士"队伍为例,充分发挥党员示范和骨干带头"一致性"优势,建立"一对一"帮带小组,以先行先试的主观能动性加强理论探索和实践探路,找准讲政治与抓业务有机统一的路径方法,督促党员充分锤炼政治素能与业务素能,有效调动工作主动性和积极性,形成争先创优的良性竞争局面,更好发挥检察政治工作引领、支撑、保障作用。

(二) 坚持"一专多能"夯实业务素能基础

高素质专业化的检察队伍,是检察工作现代化的坚实组织保障。未成年人司法体系中的专业人员,除应具有与未成年人交流所需的专业技巧外,还应当注重对司法专业化的特殊要求,尤其是对于预防未成年人犯罪和未成年人最大利益的理解,以及未成年人司法目标把控等,即人员专业化首先体现在知识专

业化。要坚持"一专多能"培养目标夯实业务素能,通过专题培训、同堂培训、交流锻炼、跟班学习等方式,提升基础办案能力,拓宽多领域复合能力。深化公、检、法、律同堂培训,健全教、学、练、战一体培训机制,开展精细化、实战化的岗位练兵和业务竞赛活动,注重在干警之间实行观点交换、经验交流、知识叠加,达到"1+1＞2"的效果。发挥专业化办案团队、未成年人检察青年沙龙等平台的培优育新作用,持续加强人才梯队建设,形成业务专家领衔、标兵能手示范、青年骨干活跃、全员素能提升的专业化队伍。重点深化新发展阶段未成年人司法理论研究,充分借助少年司法专业委员会、高校、科研机构等资源优势,以理论研究水平的提高促进专业能力的提升。

四、深入探索长三角未成年人检察一体化跨区域协作创新

深化长三角区域未成年人检察工作协作机制,健全沟通协作机制,协调并趋同未成年人检察工作标准、监督理念,制定参考意见和标准,实现四地未成年人保护线索和工作信息的实时互通,形成跨区域、全方位、多层次的未成年人检察协作格局。

(一)完善长三角区域一体化数字检察联动机制

2020年,沪苏浙皖四地检察机关签署了《关于建立长三角区域未成年人检察工作协作机制的意见》,就工作协同、信息共享等形成协作协同机制。目前,随着长三角地区司法一体化程度的深入,区域间的数据壁垒逐渐被打破,数据资源得以在更大范围内优化配置,需要进一步注重构建系统性的数据共享框架和整体性的数据治理体系,深入实践"个案办理—类案监督—系统治理"路径,持续强化涉未成年人数字检察办案。以数字检察监督模型的建用为数字检察战略突破口,探索统筹建立长三角区域内数字检察模型"应用池",集聚四地成熟的建模成果,通过"一省突破、四地共享",以"一件事"串起治理一条链,升级可优化整合的模型,推广应用成熟模型,加快智能辅助转型,赋能未成年人权益保护法律监督质效。进一步打破信息壁垒,积极探索长三角区域检察数据共享和交换体系建设实质化,推动涉未成年人检察数据汇聚、整合、管理、应用,充分激活、用足用好区域内数据资源,发挥数字融合共享的乘数效应。

(二)建立区域专门检察人才和智库资源共建共享机制

举办长三角未成年人检察理论和实务研究活动,加强在未成年人检察培训、检察专业人才建设等方面的合作交流,积极推动区域内人才库和专家智库建设,共同搭建包含交流学习、业务竞赛、专题研讨等的长三角区域检察职业群体互动交流平台,推动学术资源、实务经验共享,及时总结未成年人保护领域具有典型性、代表性的案例,每年联合发布1～2批典型案例,凝聚司法共识,指导区域内检察办案。四地联合开展控辍保学、观护帮教、法治教育等检察协作项目,促进实现未成年人保护"同城待遇"。四地检察机关应当落实人才强检战略,以发展的视野积极探索开展检察官及助理人才交流锻炼,加大临近区域之间骨干人才双向交流、互派锻炼力度,按照问题导向和需求导向实现未成年人检察人才交流和师资共享,交流借鉴有益经验,增强优势互补。充分发挥一体化示范区、G60科创走廊等重点区域的地缘优势,创新协作方式,打造长三角一体化未成年人检察工作品牌。

第五章
推动行政违法行为检察监督实效化

习近平总书记在党的二十大报告中指出:"强化对司法活动的制约监督,促进司法公正。加强检察机关的法律监督工作。"积极推进行政违法行为检察监督工作走深走实,促进行政检察监督工作取得长足发展,对于深入贯彻习近平法治思想,落实以人民为中心的司法理念,推动严格执法、公正司法,助力法治政府建设,推进国家治理体系和治理能力现代化具有重要意义。本文将立足检察机关的职能定位,探讨违法行为检察监督的边界,从实践中发现困境,并探索切实可行的解决路径,以此推动行政违法行为检察监督在法治化轨道行稳致远。

第一节 行政违法行为检察监督的理解与定位

一、行政违法行为检察监督的概念界定

(一)行政违法行为检察监督的内涵

行政违法行为检察监督属于司法监督,是基于检察机关法律监督宪法定位开展的检察权对行政权的监督。行政违法行为检察监督是指检察机关针对行政机关行政执法主体不适格,超越或者滥用职权,适用法律、法规错误,违反法定程序,主要事实认定不清,证据不足,违反法律规定的涉公民人身、财产权益的行政强制措施、行政强制执行等违法行使职权行为,以及不履行或者怠于履行法定职责的行为,采用检察建议等方式对行政执法的权限、方式、手段等进行全方位的监督,主要包括行政机关违法行使职权和不行使职权两大类。根据党中央有关文件定义,检察机关对行政机关违法行使职权或不行使职权进行监督,应当"在履行法律监督职责中发现"。其基本含义包括四个方面:一是指明了检察权对行政权可以直接监督,构建了检察权与行政权的新型关系;二是检察权对行政权的监督不是一般监督,是在履行检察职能中法律监督权的延伸;三是监督范围是行政机关违法行使职权的作为和不作为行为;四是监督案件的来源是在履行职责中发现的行政不作为或乱作为。检察机关对行政机关进行行政违法行为监督,一方面要求与检察职能具有关联性,防止检察权无序扩大;另一方面要求检察机关的履职具有能动性,维护检察机关法律监督地位与权威。

(二)行政违法行为检察监督的外延

内设机构改革之后,检察机关形成了"四大检察""十大业务"的法律监督格局,而行政违法行为监督定义中"在履行法律监督职责中发现"直观理解,应当为限制在"四大检察""十大业务"履职范围之内。然而在检察权实际运行中,检察机关的履职还包括向人大常委会负责并报告工作、进行案件质量评查、流程监督管理、数据分析研判、利用"两法衔接"平台开展联动工作等,因此在实际工作中对于行政违法行为检察监督的外延界定较为模糊。

但检察监督的外延不应无限拓宽。检察机关在对行政执法活动进行检察监督时,应谨守检察权的边界,注意防止检察权过分干涉甚至代替行政权和其他监督权,检察监督的重点应限于百姓反映强烈的行政执法领域,以及严重损害公共利益的违法行政规定或具体行政行为。①

《人民检察院组织法》从国家立法层面赋予检察机关通过行使公益诉讼职权对涉及国家利益和社会公共利益的特定行政行为进行直接监督的权力。公益诉讼、监察监督、行政违法行为检察监督在某种程度上均涉及对行政行为的监督,从理论层面廓清三种监督方式的区别,是界定好行政违法行为检察监督外延的内在要求。

1.行政违法行为检察监督与监察监督的区别。第一,监察监督以对人的监督为主,主要涉及对公职人员违法违纪行为的监督,而行政违法行为监督

---

① 参见刘畅、肖泽晟:《行政违法行为检察监督的边界》,载《行政法学研究》2017年第1期。

侧重于对被监督行政机关作出的行政行为是否合法、合理进行监督,行政机关的公职人员并非行政违法行为监督的对象;第二,监察监督的启动阶段属于全流程覆盖,无论在何时间段发现行政机关公职人员违法违纪线索均可监督,而行政违法行为监督则仅限于事后监督,存在滞后性;第三,在监督方式上,监察监督主要采用党纪处分等方式进行处置,对构成犯罪的移送检察机关审查起诉,而行政违法行为监督则采用检察建议等方式进行监督,具有柔性督促性质。[1]

2. 行政违法行为监督与公益诉讼监督的区别。行政违法行为监督的案件线索来源除了从依托于传统的法院审判活动中发现的模式,还拓展到了对其他行使法律监督职能过程中发现的行政机关存在需要被监督的问题进行监督,因此这两种监督方式在线索来源方面存在相似之处,难以完全区分。而二者在监督程序、监督方式与监督目的上虽略有差异,但仍不足以明确作为区分标准。行政违法行为监督与公益诉讼监督之间的最大区别在于监督限制。依照行政诉讼法有关规定,检察公益诉讼监督仅针对"4+9"[2]类型案件可开展监督,而行政违法行为监督无此限制。因此,实务中多认为行政违法行为监督的范围大于行政公益诉讼监督,部分属于"4+9"案件范围内交叉领域案件归属公益诉讼管辖,其他行政违法行为监督案件属于行政检察部门管辖。厘清行政违法行为监督与公益诉讼监督之间的区别,有助于探索行政违法行为监督的边界,补强法律监督的空白,对行政违法行为实现全方位、多角度的监督,同时又可避免职权重合、多头监督的情况出现。

二、行政违法行为检察监督的法理支撑

以习近平同志为核心的党中央高度重视依法行政,《中共中央关于全面推进依法治国若干重大问题的决定》《中共中央关于加强新时代检察机关法律监督工作的意见》等都明确规定检察机关在履行法律监督职责中发现行政机关违

---

[1] 参见陈士莉、刘亮:《监察监督与检察监督衔接机制研究——以行政检察和公益诉讼检察为视角》,载《中国检察官》2020 年第 7 期。

[2] "4+9"即"生态环境和资源保护领域、食品药品安全领域、国有财产保护领域、国有土地使用权出让领域"+"英雄烈士保护、未成年人保护、军人地位和权益保障、安全生产、个人信息保护、反垄断、反电信网络诈骗、农产品质量安全、妇女权益保障领域公益诉讼"。

法行使职权或者不行使职权的,可以依法进行法律监督。这是党中央赋予检察机关的重大政治责任,也是检察机关践行习近平法治思想,促进依法行政,维护人民群众合法权益,助推国家治理体系和治理能力现代化的重要途径。从宏观层面认识行政违法行为检察监督的法理根基,有助于更新观念、增强自觉、形成共识,促进行政权监督制约机制的规范化发展。

(一)行政违法行为检察监督是法律监督机关的基本职责

检察机关行使的检察权是国家权力的一部分,与国家权力的其他组成部分发生各式各样的关系,处于国家权力架构之中。这种权力架构模式决定了检察权的地位和作用,也决定了检察职能分工。① 在我国一元多立的权力架构之下,由人民代表大会及其常务委员会对下辖各项权力行使宏观监督,但涉及监督的主要内容为国家和社会的重大事项,并非经常而具体的监督。而检察机关便是在此基础上成立的专门法律监督机关,用以弥补外部监督的不足,防止权力的滥用,保障国家权力在法治轨道上正确运行。检察机关依法对行政机关的行政违法行为开展合法性监督,是对国家公权力的合理规制,是法律监督价值追求的体现,也是实现法律监督职能的路径之一,并以此确保法律的正确统一实施。行政违法行为监督的开展,不仅审查行政机关的行政行为是否合法,还关注具体行政行为的实施是否符合法治政府建设的政治目标,即"法的目的"是否实现,而非仅关注"法"本身。②

行政违法行为检察监督的实质是以检察机关的法律监督权监督行政权力,以法律约束行政权力。行政权承担经济、政治、社会和文化管理职能,而且它们都是实体性的权力,其行使对国家利益、公共利益、公民和法人的权利会产生直接甚至重大的影响。行政权所具有的主动性、广泛性、扩张性容易导致权力被滥用,其恣意运行极易侵害公民合法权益。检察机关对行政主体进行监督,对涉及国家利益、社会公共利益的行政违法行为进行督促、纠正,确保其合法、正当,对行政执法活动展开监督,纠正不作为、乱作为、慢作为,确保行政权力不越位、不错位、不缺位,是顺应合理规范行政权运行的必然要求,是行政检察工作

---

① 参见樊崇义:《法律监督职能哲理论纲》,载《人民检察》2010年第1期。
② 参见姜涛:《检察机关行政法律监督制度研究》,载《东方法学》2016年第6期。

契合新时代全面依法治国内在要求的应然体现。①

检察机关是宪法规定的国家法律监督机关。检察权是人民代表大会制度之下确立的一种既不同于行政权也不同于审判权并由专门机关实施的法律监督权。从维护法制统一的角度看,行政违法行为检察监督是对行政法制统一性的监督。统一性是法制的基本要求和逻辑前提,法律作为一种制度设计,其目的在于为人们提供统一的行为模式。在公共行政领域,要保证不同场合、千差万别的行政执法个案中的行政法律适用能够遵从统一的行政法原则和规范,必须要有相应的权力制约机制来保障行政执法行为的统一标准。检察机关在履行职责中发现行政机关违法作出行政行为或者不作为,就可以启动检察监督程序,及时督促相关行政机关纠正。检察机关作为司法机关,对违法行政行为进行监督采用"案件化"办理,遵循必要的程序,确保每个案件建立在准确认定事实、适用法律的基础之上,以检察建议推动行政机关依法行政,具有独特的制度优势。② 检察机关开展行政违法行为检察监督,由专业行政检察部门专门力量承担,具有专业性优势。在监督行政个案、救济个体权利的同时,还发挥着"一手托两家"的作用,在法治政府建设和社会治理创新中体现更大的价值,这也是行政检察实现自身价值的基本要求。

(二)行政违法行为检察监督是国家法律监督体系严密性的必然要求

行政权作为国家公权力体系中极具主动性与繁杂性、庞大性的权力,自身便面临较大的法治风险。行政机关承担着诸如社会管理、市场监督、公共服务等重要职能,与百姓的安居乐业、国家的长治久安息息相关,因此有必要接受最为严格、最为广泛的监督。

我国《宪法》第 134 条规定,人民检察院是国家的法律监督机关。长久以来,检察机关对行政机关的法律监督职能定性更多体现在行政诉讼检察监督当中,原告以行政机关为被告向人民法院提起行政诉讼后,经再审仍不服,向检察机关申请行政诉讼监督。然而一方面,法院对行政诉讼案件本身的审判遵循不

---

① 参见肖中扬:《论新时代行政检察》,载《法学评论》2019 年第 1 期。
② 参见杨春雷:《深入贯彻党中央全面深化行政检察监督新要求 探索推进行政违法行为监督》,载《人民检察》2021 年 Z1 期。

告不理的诉讼原则,且不能突破有限审查原则,并非对完整的行政活动进行全方面审查,存在一定局限性;另一方面,通过检察机关对行政诉讼活动开展监督,本身存在较大滞后性,且需穷尽诉讼救济途径之后才可启动检察监督,出于诉讼经济考虑会有不少当事人放弃申请监督。因此,虽然目前通过行政诉讼活动对行政机关的行政行为开展司法监督是最直接且最常见的监督模式,但其仍存在较大局限性。

此时,由检察机关开展行政违法行为监督,便能在一定程度上补全行政诉讼监督的不足,拥有较为广阔的能动履职空间。虽然检察机关的行政违法行为监督尚未有严密的法律条文支撑,但党中央与最高检相关政策文件给予的原则性规定与检察机关自身职能的行为补足了单纯的行政诉讼监督带来的缺憾,使检察机关能够在更为广阔的空间开展全方位的监督。行政违法行为监督使检察机关跳出诉讼程序之外,以"穿透式"的方式监督行政机关履职的不足,不受诉讼时效、受案范围等限制,使监督范围更广、监督内容更全、监督效果更深,能够更好发挥检察机关在严密的国家行政权力体系中的补充和协同作用。

(三)行政违法行为监督是"以人民为中心"理念的实际践行

坚持"以人民为中心"的理念是宪法的直接规定,也是由我国国体决定的。宪法对于国家法律监督机关这一概念的定位,明确了法律监督工作必须以国家利益为导向。基于人民利益与国家利益的高度统一性,检察机关服务保障大局、服务党和国家中心工作的核心,都是维护人民群众合法利益。而我国作为人民民主专政的社会主义国家,一切权力属于人民,也决定了作为法律监督机关的检察机关应当肩负起维护人民利益的责任。

坚持人民至上是法律监督理念的根本立场和价值取向。党的二十大报告把习近平新时代中国特色社会主义思想的世界观和方法论系统概括为"六个必须坚持",其中便有"必须坚持人民至上"这一要求。法律监督是法治施行的保障,而监督法律实施的特性决定了检察机关法律监督工作需要更多回应人民群众的新诉求。检察机关加强民生司法保障,着重解决的是人民群众的操心事、烦心事、揪心事。以人民为中心的法律监督理念既关注法律适用的正确性,同时也关注人民的司法满意度、案件的"三个效果"统一;不仅在实体上保证公平正义,还需要关注程序正义的实现。①

传统行政检察监督的重点主要在于对人民法院诉讼活动的监督,许多案件经历一审、二审、再审直至检察机关抗诉等监督,诉讼争议仍难以解决,即便问题得到解决,也耗时耗力;部分行政案件暴露出来的行政机关履职过程中不恰当的行为,较多是制度性、体系性、普遍性的问题,若检察机关不能对行政活动予以全方位、多角度的监督,难免一叶障目。行政违法行为监督则通过检察履职"穿透式"针对行政机关违法行为开展监督,在不超越检察监督职权的前提下,对行政机关违法行为予以同步审查,这是对人民群众更高监督需求的回应,也是检察机关充分发挥检察监督法律职责的重要路径。

三、行政违法行为检察监督的现实必要性

(一)全面加强行政违法行为监督力度的现实需要

当前,我国总体上已经建立了较为系统的行政执法监督机制,但是行政内部监督的局限性和法院司法监督的被动性在一定程度上制约了监督的实效。首先,地方人大对行政执法行为监督的主体范围、方式、程序等都缺乏法律具体规定,并没有形成有效的长效机制,实践可操作性不强。其次,行政内部监督的层级监督和专门监督往往因为利益关联而失去其应有的效用,在透明和公开的程度上不够高,难以独立行使监督权,监督往往流于形式。再次,事前监督不足,监督整改滞后。实践中,政府信息公开工作还不完善,政务公开化程度还不够高,各方社会监督主体之间缺乏有效的沟通机制,监督往往比较乏力。最后,监督缺乏全面性。合理的监督机制应当贯穿于行政执法的全过程,做到执法事前、事中和事后的全方位监督,以保证监督实效。当前对行政执法的监督偏重事后监管,事前和事中较为薄弱,监督环节较为单一。

(二)深化行政检察职能补齐法律监督短板的现实需要

"检察之治"在"中国之治"中承担了重要历史使命,行政违法检察监督因应了这一时代需求。② 检察机关聚焦执法不严、机械执法、选择性执法等突出问

---

① 参见秦前红:《法律监督理念现代化中人民性的内涵、要求与实现保障》,载《人民检察》2024年第5期。

② 江国华、王磊:《行政违法行为的检察监督》,载《财经法学》2022年第2期。

题,针对行政违法开展行政违法行为监督,是深入贯彻习近平法治思想、落实以人民为中心的发展思想的重要举措,是健全和完善党和国家监督体系的重要环节。行政违法行为检察监督既可以协同其他监督方式提升对行政权的整体监督质效,也可以发挥专门的法律监督机关优势推动行政机关履职到位,进而弥补其他监督的不足,促进执法司法制约监督体系建设。① 行政违法行为检察监督有助于丰富新时代法律监督的内涵外延、逻辑体系和理论框架,厘清新时代法律监督在国家公权力监督体系中的地位和作用,达到服务和保障经济社会高质量发展的目的,助推法治政府建设,推进国家治理体系和治理能力现代化。②

(三)行政检察提高站位、拓宽视野的必然要求

检察机关要做好行政检察,必须提高站位、拓宽视野、明确方向、走稳路子。扎实有序推进行政违法行为监督,要从政治制度、国家治理层面,从加强对公权力的监督、促进法治政府建设的角度,认识和加强行政检察工作,而将行政违法行为监督工作做好,是检察工作新的亮点。③ 随着《行政复议法》等行政法律的修改,检察机关更应当全面加强行政检察工作,做实"高质效办好每一个案件",对履职中发现的行政机关违法行使职权或者不行使职权的行为,探索通过检察建议、督促起诉等方式加强法律监督,合理设置行政检察机构,从"四大检察"基本格局出发,从组织机构上把行政检察立起来。④

---

① 参见安阳、王焰明、刘东杰:《行政违法行为监督:价值、类型及标准化构建》,载《中国检察官》2023年第7期。
② 参见李一川、宫步坦、肖慧娟:《行政违法行为检察监督与行政诉讼衔接初探》,载《中国检察官》2022年第7期。
③ 《专访全国政协委员、最高检副检察长张雪樵:检察监督助推法治政府建设》,载最高人民检察院网,https://www.spp.gov.cn/spp/zdgz/202403/t20240311_649256.shtml。
④ 应勇检察长于2024年2月27日在最高人民检察院党组理论学习中心组暨检委会集体学习修订后行政复议法会议上的讲话,载最高人民检察院网,https://www.spp.gov.cn/tt/202402/t20240227_645203.shtml。

第二节　行政违法行为检察监督的实践运行

一、行政违法行为检察监督的实践经验和成效

(一)行政违法行为检察监督实践运行特点

1.强调监督线索来源"主动性"

当前,检察机关履职中发现行政违法行为监督线索来源主要通过三种途径:第一,主动调阅案卷。办案对象的特殊性决定了调查工作不能盲目出击,必须讲究筹划和谋略,这是办案取得实效的基本保障。为了进一步明确行政行为违法性的证据和认定依据,检察机关加强与法院沟通,调取相关行政诉讼、行政非诉执行案卷,通过案卷审查发现监督线索。[①] 第二,主动推进内部衔接。行政违法行为监督的线索来源有较大一部分依托于"行刑衔接"机制的推进和发展,行政检察部门积极主动与刑事检察部门对接,就刑事案件中可能存在的行政违法行为监督线索进行内部移送并开展监督,是线索的一大重要来源。例如,某基层检察院在办理一起刑事案件时,发现公安机关制发的行政处罚决定书起止日期计算有误,导致实际执行期限少了一日。针对这一案件,检察机关一方面通过主动履职,积极与刑事检察部门对接,深挖线索来源;另一方面以此单个案件为基础,通过大数据赋能积极开展类案监督,推动公安机关建立相关改进监管措施的长效机制,弥补监管过程漏洞,促进工作程序的完善,从源头减少此类案件的发生。第三,主动做好外部线索移送。检察机关积极与区人大、区政协、区委政法委及本区内行政机关等建立相关机制,搭建案件线索移送平台与沟通协作平台,便于外部线索移送开展监督,先行先试推进行政违法行为监督工作发展。

2.探索检察监督方式的"多样性"

检察建议是检察机关对于履职中发现的行政违法行为进行监督的最主要

---

① 参见李一川、斜继来、范丽:《行政违法行为监督的办案探索——以湖北省2022年办案实践为样本》,载《中国检察官》2023年第5期。

方式,在实践中,行政检察部门主要通过制发检察建议督促或者纠正行政机关履职。一是注重个案监督与类案监督相结合。在办案中不仅精准办理个案,还针对行政机关共性问题、倾向性问题,进行类案监督,促进同一类案件正确、统一适用法律,进而提升监督效果和效率。二是注重刚性监督与柔性监督相结合。对于行政机关不采纳检察建议的,行政违法行为监督将通过跟进监督的方式来实现监督目的。对于行政机关收到检察建议后在规定时间内仍未积极履职或整改不到位的,实践中检察机关将根据情况向党委、政府专题报告,或提请上级检察院函告相关行政机关的上一级领导机关,借助上一级行政机关或党委、政府的力量,督促行政机关整改落实,确保监督实效。三是注重能动监督与事后监督相结合。行政检察监督既可以依当事人申请而启动,也可以依职权启动,具有明显的能动优势。在不阻碍行政权的主动性运行、不限制行政机关工作人员主观能动性的发挥前提下,开展检察监督是行政违法行为监督的重要监督方式。①

3. 贯彻监督理念的"溯源性"

行政违法行为监督是推动全面依法治国,服务建设法治政府的必然路径,也是行政检察工作契合新时代全面依法治国内在要求的应然体现。新的历史发展时期,行政违法行为监督的理念和目标也随之产生相应变化,不仅要依法办案,还要从源头解决带来行政诉讼的问题,积极推进社会治理创新。2021年,上海检察机关推动全市范围内各区成立由区委政法委牵头的"行政检察协调小组",检察机关行政检察部门与全区行政机关共同作为小组成员参与。基层检察机关充分利用行政检察协调小组的作用,针对在办案中发现的行政执法、社会治理中存在的普遍性问题,强调法律监督促进综合治理的监督理念,督促行政机关积极履职,推动行政机关完善制度、改进工作,以依法履职的"我管"促法治建设的"都管",实现从末端治理向促进前端治理转变。有效提升社会治理水平,实现行政检察"办理一件,治理一片"的效能。②

---

① 参见安小刚:《行政违法行为监督的基层实践》,载《中国检察官》2023年第3期。
② 参见邓思清:《新时代检察理论研究创新成就与未来发展》,载《检察日报》2022年10月14日,第3版。

(二)行政违法行为检察监督实践探索情况的评析与思考

1.中央与地方政策文件加大支持力度

2021年6月,中共中央专门印发《中共中央关于加强新时代检察机关法律监督工作的意见》,明确检察机关"在履行法律监督职责中发现行政机关违法行使职权或者不行使职权的,可以依照法律规定制发检察建议等督促其纠正"。这一规定与党的十八届四中全会通过的《中共中央关于全面推进依法治国若干重大问题的决定》提出的"检察机关在履行职责中发现行政机关违法行使职权或者不行使职权的行为,应该督促其纠正"要求一脉相承,为检察机关开展行政违法行为监督提供了依据。中共中央、国务院印发的《法治政府建设实施纲要(2021—2025年)》明确要求,"支持检察院开展行政诉讼监督工作和行政公益诉讼,积极主动履行职责或者纠正违法行为。认真做好司法建议、检察建议落实和反馈工作"。最高人民检察院在《关于深化检察改革的意见(2013—2017年工作规划)》中对检察机关开展行政违法行为监督提出了要求和规划,并陆续颁布《关于深入推进民事行政检察工作科学发展的意见》《人民检察院检察建议工作规定》等,各地检察机关在实践中陆续办理了一批行政违法行为监督案件。

从全国其他省市来看,浙江省委办公厅印发《进一步加强检察机关法律监督工作的若干意见》,要求"对行政审判和执行、行政执法中存在的苗头性、倾向性、普遍性问题有针对性地发出检察建议"。山东省人大常委会出台《关于加强新时代检察机关法律监督工作的决议》,要求"强化对行政权力的制约和监督,探索建立相关工作机制,对履行职责中发现的行政机关违法行使职权或者不行使职权行为,依法督促纠正"。江苏省常州市委全面深化改革领导小组通过《常州市违法行政行为检察监督工作实施办法(试行)》,明确了检察机关监督范围、监督方式、监督手段等内容,并将行政执法机关整改落实情况、支持配合检察监督等情况纳入行政执法机关年度考核评价体系。吉林省通化市委、市政府出台《通化市行政执法检察监督暂行规定》,将行政违法行为检察监督工作纳入党委和政府直接部署的全局性重要工作。上海市人大常委会出台《关于加强新时代检察机关法律监督工作的决定》,明确"在履行法律监督职责中发现行政机关违法行使职权或者不行使职权行为的,应当依法督促纠正"。在地方党委、人大的领导和支持下,各地检察机关以人大决议为依据,积极探索开展对行政机关行政违法行为的法律监督工作。从实践成果来看,各地检察机关在行政违法行为检察监督的监督方式、监督理念、监督机制构建方面都进行了不同程度的探索尝试,为如何有效地监督行政执法活动提供了方法上的范本,也因为其先行探索的价值而为后续关于行政违法行为检察监督的立法提供了经验上的指引。

2024年4月,最高人民检察院印发《关于人民检察院在履行行政诉讼监督职责中开展行政违法行为监督工作的意见》,就"提高政治站位,切实增强推进行政违法行为监督工作的自觉性、规范性与科学性""准确把握监督范围、标准和重点""规范案件管辖与线索管理""严格办理程序""完善配套工作机制""加强组织领导"等6部分共29条进行明确。

2. 基于"穿透式监督"开展行政违法行为检察监督的实践总结

行政检察"穿透式监督"是基于我国检察制度实践经验所提炼的创新理念,"穿透式监督"借鉴于互联网金融领域的"穿透式"监管理论,是对我国行政检察监督职能配置的反思,是对行政诉讼监督实践中面临"倒三角""程序空转"挑战的回应。[1] "穿透式监督"是参与社会治理多元主体中不可替代的重要力量,在司法实践中具有监督行政诉讼活动、促进依法行政、实质性化解行政争议、提升社会治理能力的制度优势。行政违法行为监督中的"穿透式监督"主要指监督法院行政审判活动,穿透至监督行政机关违法的行政行为。[2] 检察机关对行政机关的行政违法行为监督,最基础也是最典型的"穿透式监督"为行政诉讼案件中"穿透式"发现行政机关的违法行为,通过检察建议等方式予以纠正。"崔某诉北京市公安局某分局政府信息公开监督案"[3]是典型的检察机关在行政诉讼案件中的"穿透式监督"。在该案中,检察机关坚持"穿透式监督"和"能动监督"的工作理念,在行政诉讼案件中发现公安机关行政违法行为,提请抗诉后开展化解工作,与公安机关和法院执行部门沟通协调,最终实现对民生的保障及行政争议的实质性化解。

各地开展工作中,逐步明确了刑事检察、民事检察、公益诉讼检察与行政违

---

[1] 参见王维成、卢山、刘岷洋:《检察机关参与行政争议实质性化解的多元化路径》,载《中国检察官》2021年第18期。

[2] 参见常锋:《抓重点补短板 推动行政检察创新发展——专访最高人民检察院第七检察厅厅长张相军》,载《人民检察》2020年第3期。

[3] 参见《2021年度十大行政检察典型案例》,载最高人民检察院网,https://www.spp.gov.cn/spp/xwfbh/202201/t20220124_542379.shtml。

法行为检察监督的界限。一方面，行政违法行为检察监督应当立足于事后监督、违法监督，不跨前行使应由其他检察职能履行的监督职能；另一方面，行政检察部门积极争取检察院其他部门支持，对其履行检察职能仍未有效消除的行政违法行为，履职发现的其他行政违法行为检察监督线索，或者一类问题的行政违法行为线索，根据最高人民检察院印发的《人民检察院内部移送法律监督线索工作规定》，通过案件管理部门移送行政检察部门开展行政违法行为检察监督。在2021年度十大行政检察典型案例之"福建省某县卫健局征收社会抚养费非诉执行监督系列案"中，检察机关在行政非诉执行案件中"穿透式"发现行政机关存在的违法行为，充分运用调查核实权，对国家现行政策进行深入研究，并以点带面、以个案推进带动类案治理，充分发挥行政检察"一手托两家"的特色，保障老百姓合法权益，促进行政机关依法行政。

二、行政违法行为检察监督的问题和困境

（一）外部依据不足

各地在探索行政执法检察监督时，较为普遍的做法是通过人大制定相关文件，来规定行政执法检察监督的基本内容，这成为各地检察机关履行行政执法检察监督职能的依据。但是这些文件不仅位阶不高，缺乏刚性的约束力，还缺乏实质性和可操作性规定，难以保证监督的实效，开展行政违法行为检察监督仍欠缺直接且全面的法律依据。[1] 地方行政执法检察监督探索实践有其时代背景和现实合理性，但在全面依法治国的过程中，特别是强调重大改革于法有据的背景下，如何落实落细党中央决策部署，实现行政违法行为监督的法治化，是理论和实践亟须回答的问题。[2] 司法实践中，常存在检察机关调阅执法卷宗、向有关人员了解情况时，得不到配合，被认为没有法律依据的情况，抑或是检察机关向行政机关制发检察建议后，有的不予回复或敷衍了事，缺乏刚性约束。直至目前，仍有不少行政执法机关认为，公权力行使"法无明文规定不可为"，检察机关开展行政违法行为监督缺乏法律依据，导致实践中监督推进存在底气不足

---

[1] 参见李华伟、原佳丽、王钰：《完善行政违法行为检察监督的对策分析》，载《中国检察官》2024年第13期。

[2] 参见王勇、高鹏志：《行政违法行为监督的法治化分析》，载《中国检察官》2023年第1期。

的情况。

(二)线索来源较为匮乏

行政违法行为监督作为一项较新的行政检察制度设计,与传统行政诉讼监督的线索来源存在明显不同,并无成熟的经验可供借鉴。对于行政诉讼监督而言,被动性是其重要的特点,尤其是行政抗诉案件,大多数案件的线索源自当事人申请监督,检察机关很少主动寻找行政抗诉案件线索。[1] 然而,行政违法行为监督工作难以被动地"等案上门",实践中,行政违法行为检察监督的线索主要靠检察机关依职权发现,案源问题已成为制约行政检察监督工作顺利开展的主要因素。行政执法部门虽然与检察机关建立了工作衔接机制,但由于双方信息共享机制、工作联席机制等运行不畅,无法充分有效运用衔接机制发挥监督作用。行政违法行为监督相关案源少,案件线索来源短缺,导致司法实践中存在成案率低、成案随机性等问题,直接影响检察机关对行政执法领域各环节可能存在的违法行政行为进行监督的力度和效果。

(三)监督范围和程序尚不明确

首先,从规范意义上说,在探索行政执法检察监督机制时,只要是检察机关在履职中发现的行政机关违法行使职权或者不行使职权的情形,都可以被纳入监督的范围。但是,由于行政管理领域的广泛性、复杂性和交叉性,检察机关在监督时会面临较多困境。一是行政机关履行职责如何判断。如果行政机关切实履行了法定职责,但是基于各种原因没有产生纠正违法行为的实际效果,是否值得监督。涉及国家利益和社会公共利益时,能否提起行政公益诉讼,仍然是值得进一步研究的问题。二是行政机关的执法行为服务于地方经济发展、受制于行政干预时,检察机关是否应当监督,又该如何去监督。三是行政机关内部已经启动纠正程序的,检察机关该如何介入。如何知晓行政机关内部的纠正结果,如何避免产生由于认识不一致而导致互相矛盾的结果。四是对于多个行政机关共同联合执法如何监督,监督的程序如何等,这些都仍然存在疑问,亟待解决。

其次,对"在履行职责中发现"问题的理解各有不同,司法实践中适用边界模糊。部分地区检察机关认为,除了在"四大检察"办案中发现,包括受理当事

---

[1] 参见汪习根主编:《司法权论》,武汉大学出版社2006年版,第134页。

人申请控告、参与专项治理、代表委员转交、新闻媒体反映等,均为案件来源渠道;部分地区的适用标准则较为严格,认为应局限于"四大检察"办案中发现,导致案件来源标准不一,无法统一。

最后,司法实践中还针对"是否可对抽象行政行为进行监督"有不同意见。有的认为,依托具体办案可以开展对市、县级以下规范性文件的监督;但有的则认为,行政规范性文件目前已有比较健全的合法性审核和备案审查制度,检察机关可以与之对接,不宜自行直接开展监督。而针对"行政违法行为监督介入时段"问题,有的认为,检察机关不应限于对行政违法的事后监督,应当同步开展监督,防止出现违法行政行为等。

(四)监督方式乏力、能力不足和监督边界范围不清

在前文中提到,行政违法行为监督需要着力区分与监察监督、行政公益诉讼监督之间的区别。而司法实践中,还存在与行政执法内部监督及与司法局监督之间边界模糊不清的问题。首先,针对与行政执法内部监督之间的关系,部分行政机关认为,根据中共中央办公厅、国务院办公厅印发的《关于加强行政执法协调监督工作体系建设的意见》,行政执法监督已经形成完整闭环,行政检察监督并无必要且难以对接。其次,针对与司法局监督之间的关系,实践中检察机关与司法局联合开展案件评查后,两个部门基于发现同一监督线索分别向相关的行政机关制发检察建议和行政执法监督意见书,存在监督顺位难以把握的问题。此外,检察监督方式设置得合理科学与否,将直接影响到监督的效果。实践中的部分监督方式与制度设计的初衷相背离,如检察机关要求的相关执法信息公开,部分地区仍然在信息公开上做得不彻底、不全面,也就导致了检察机关对行政执法信息的监督难以形成全面系统的分析。另外,部分地区探索建立的通报制度也只是浅层次的信息登记,无法真正实现监督的实效。

第三节 行政违法行为检察监督的完善路径

在深入剖析制约行政违法行为监督的突出问题和短板弱项的基础上,需要进一步厘清做实行政违法行为监督的具体思路、方法路径,为全面深化行政检察监督提供理论支持和实践参考。

一、明确行政违法行为检察监督的基本原则

行政违法行为检察监督不仅在范围和边界上需要予以细致的探讨,在权力的价值与秩序层面更值得仔细考量。行政违法行为检察监督是检察权对行政权的直接监督,也是对国家利益、社会公共利益的公力救济,应当秉持以下原则:

第一,不替代行政权。行政违法行为检察监督针对行政行为的违法性开展,不介入行政权运行过程、不取代行政权行使。检察监督职能的发挥和权力行使以程序控制为限,只具有提请行政机关重新审视行为并作出调整纠正的请求权。

第二,不替代当事人救济权。行政违法行为检察监督程序并非因当事人启动,且检察监督的首要目的在于规范行政权的行使而非救济当事人的权利,除非检察机关认为有必要,否则行政相对人或者利害关系人不必参与其中,其权益的维护可通过原行政行为的改变予以一并实现。行政相对人认为行政行为违法、侵犯其自身合法权益的,其救济方式包括行政复议、行政诉讼,以及一定条件下的调解、和解等。如果当事人丧失了救济权,检察机关可以进行监督纠正行政机关的违法行为,弥补当事人权益是其附带后果。如果当事人正在行使救济权,启动了行政复议或行政诉讼来寻求救济,此时应由行政权或审判权先行确认。

第三,不替代对人的监督。行政违法行为检察监督的对象是机关或行为,而不是人员。行政违法行为监督中发现的个人可能涉及违纪违法的,应当按照规定移送有关机关处理。

在"乔某某诉新疆某市自然资源和规划局行政规划许可检察监督案"中,乔某某因高层采光问题多次向市自然资源和规划局反映情况无果,后乔某某向某区人民法院提起行政诉讼,要求确认某市自然资源和规划局为房地产公司颁发建设工程规划许可证的行为违法。某区人民法院、某市中级人民法院均认为,乔某某起诉已超过起诉期限,裁定驳回乔某某的起诉。乔某某提出再审申请,被新疆高级人民法院裁定驳回。乔某某在提起行政诉讼的同时,亦多次通过信访部门反映其住宅采光问题。最终,在四处寻访无果后,乔某某向检察机关申请监督。检察机关在履行法律监督职责中,没有替代行政权的行使,也未替代

当事人的救济，而是在恪守原则定位的基础上开展能动履职，主动研究案件背后的问题和原因，发现行政机关违法行使职权或者不行使职权的，督促其纠正，最终促进案结事了。①

二、规范行政违法行为检察监督工作机制

检察机关开展行政违法行为监督时，应立足于法律监督定位，坚持有限监督原则，恪守监督定位，明确监督边界。同时，应当遵守"在履行法律监督职责中发现"这一原则，推动中国式现代化进程中的系统治理、协同治理。

（一）严格把握办案标准

开展行政违法行为监督应当坚持依法规范监督，严守办案程序。检察建议应当准确把握行政违法行为监督的范围、方式和程序，对行政违法行为监督实行"案件化"办理，充分行使调查核实权，在初步排摸的基础上对行政机关开展调查核实工作，采用调阅卷宗、听取当事人意见、检察公开听证等方式查清事实，并针对违法事实精准提出检察建议。在办理行政违法行为监督案件过程中，严格遵守检察应用系统内繁简分流规定，严守办案期限，针对线索接收、案件受理、调查核实、审核决定、督促纠正、跟踪反馈、备案审批、违纪违法犯罪线索移送等办案流程，做好相应案卡的填录工作。

（二）持续优化监督方式

行政违法行为的监督方式最核心的便是制发检察建议，包括向行政机关制发纠正违法检察建议与社会治理检察建议两种类型。社会治理检察建议主要针对区域性社会治理问题制发，具有方式柔和、视野宽阔、领域广泛、注重协同、接地气和高效率等特点，而纠正违法检察建议主要针对行政机关具体违法行为制发纠正建议。检察建议的制发占据监督方式的主导地位，因此检察机关应当着力提高建议质效，注重具体问题具体分析，紧扣严格依法、准确及时、必要审慎、注重实效等工作规范，因地制宜、因案制宜，提出切实可行的改进措施和建议，不断增强检察建议的针对性、可操作性和精准性。而要发展行政违法行为监督职能，检察机关应当优化监督方式，除检察建议外，积极探索多元监督方式。检察年报、案件通报、制发白皮书等也是重要的检察监督手段。依据《人民

---

① 参见最高人民检察院第七检察厅《行政检察工作情况》2023 年第 41 期。

检察院行政诉讼监督规则》第 121 条的规定,针对行政诉讼监督案件,检察机关可以对行政诉讼监督情况进行年度或者专题分析,向法院、行政机关通报,向党委、人大报告。而行政违法行为监督案件作为与行政机关行政执法活动息息相关的案件类型,应当探索参照该条规定内容,针对履职中发现的普遍性问题及个性化问题,以年报、通报、白皮书等形式进行监督,增强监督实效。

(三)谨守检察监督边界

检察机关应当在宪法、法律的框架内行使行政检察监督权,对行政审判权、行政执法权保持一定的尊让和克制。检察机关开展行政违法行为监督应当把握有限监督原则,保持必要的谦抑性,同时追求各项监督机制之间的衔接,增强监督效果。第一,明确与行政诉讼监督的界限划分。检察机关对行政违法行为进行监督有别于行政诉讼监督对行政权的间接监督,其对行政权的监督为直接监督,与通过行政诉讼监督促进行政机关依法行使职权,共同构成了在诉讼外和诉讼内监督行政权的"双轮驱动"。检察机关的监督不能代替当事人寻求救济权利,也不能抢先于当事人主动寻求救济权利。对符合申请复议、提起诉讼条件的,检察机关应当依法引导公民、法人和其他组织通过行政复议、行政诉讼等方式实现权利救济。[1] 第二,检察机关对外要处理好检察权与行政权、监察权等外部权力的关系。行政违法行为监督仅针对行政行为的违法性开展监督,即针对行政机关在行政执法过程中的违法行为开展监督,既不能干预行政机关依法履职,也不能代替行政机关履职。行政违法行为监督的监督对象为"事",而监察监督的对象为"人"。监察监督的启动阶段属于全流程覆盖,无论在何时间段发现行政机关公职人员违法违纪线索均可监督,而行政违法行为监督则仅限事后监督,存在滞后性。因此,要加强检察监督与监察监督之间的边界划分,协同履职、相互配合,做好对行为违法的全方位、多角度监督。[2] 第三,开展行政违法行为监督应当处理好行政检察和行政公益诉讼的关系,在依据线索无法通过法律明文规定判断案件归属的情况下,应当由本检察院组织行政检察部门与公益诉讼检察部门对个案线索进行深入研判,并及时向上级检察院汇报,不能机

---

[1] 参见杨春雷:《深入贯彻党中央全面深化行政检察监督新要求 探索推进行政违法行为监督》,载《人民检察》2021 年 Z1 期。

[2] 参见陈士莉、刘亮:《监察监督与检察监督衔接机制研究——以行政检察和公益诉讼检察为视角》,载《中国检察官》2020 年第 7 期。

械地直接归属行政违法行为监督范畴。而相较于行政公益诉讼,行政违法行为监督又具有更多的主动性,不受"造成公益损害"这一前提限制,因此在保持谦抑性的同时要与行政公益诉讼监督做好相互配合与补充,呈现"你进我退,各司其职"的弥合特点。①

（四）能动推进行政诉讼监督对行政违法行为的"穿透式监督"

检察机关开展行政违法行为监督的切入点,应当紧扣"在履行法律监督职责中发现"这一标准进行"穿透式监督"。这里的"履行法律监督职责"是指履行检察机关的全部法律监督职责,应当包括在专项案件评查等履职过程中发现的监督线索,以使检察机关开展行政违法行为监督能更好地融入法治政府建设大局,融入行政执法监督体系,实现协同监督。在当前行政违法行为监督工作处于探索推进阶段,尚没有完全形成统一监督机制的情况下,在坚持有限监督与监督谦抑性原则的基础上,合理拓展监督切入点,发挥"四大检察"一体优势,能够更好地发挥检察监督职能。针对人民群众关注度高、关系群众切身利益、容易发生行政违法行为的专项领域开展"穿透式监督",不断提高行政违法行为检察监督的社会影响力,依法保障人民群众的人身权、财产权等合法权利。

在"山东省青岛市市北区检察院对公安交管部门怠于履行违规购买短期交强险监管职责检察监督案"中,检察机关在办理辖区20余起车辆保险诈骗案中,发现部分犯罪分子为降低犯罪成本,往往会钻制度漏洞用虚假暂住证从二手车交易市场购买机动车,并违规为二手机动车购买短期交强险实施保险诈骗犯罪。根据《道路交通安全法》和《机动车交通事故责任强制保险条例》相关规定,除了境外临时入境、临时上路、临近报废期限及其他等情况,单次交强险期限应为1年。公安机关交通管理部门作为监管责任主体,既未采取监管措施审核机动车转让登记中是否存在短期交强险行为,也未对不法分子违规购买短期交强险行为进行任何处罚,使违规购买短期交强险成为监管盲区,产生了较大的社会危害。该区检察院经审查认为,公安交管部门未尽到机动车交强险监管责任,导致二手车交易市场中此类违法行为多发,严重影响道路交通安全,于是向公安机关发出检察建议书,建议:(1)对违法购买短期交强险的机动车所有

---

① 参见孙传玺、崔雪:《检察机关行政违法行为监督的差异化发展路径——以监察制度及行政公益诉讼为参照的规范分析》,载《中国检察官》2022年第5期。

人,根据查明的事实依法予以行政处罚;(2)加强对二手车交易市场的监管措施,主动审查所交易车辆是否依法购买交强险,对存在违法行为的不予办理登记;(3)公安机关车管部门应与国家金融监督管理总局建立机动车交强险信息数据共享平台,依据该信息主动监督机动车是否按期购买符合法定期间的交强险,对发生违法行为机动车及时予以扣留、降低道路交通安全隐患。在这一案件中,检察机关积极能动履职,与公安交管部门、国家金融监督管理总局相关部门建立了机动车交强险信息共享机制,同步掌握辖区内机动车购买交强险的情况,利用网络后台监控及时发现机动车未依法购买交强险违法行为,以案件办理作为切入点,查实机动车违规购买交强险违法渠道,对当中存在的不法中介人员,联合国家金融监督管理总局相关部门及时行使保险销售监管职责,对扰乱保险市场的违法行为坚决严查快处,保障市场运营的良性发展。这一案件反映出检察机关在严格把握办案标准的基础上,持续优化监督方式,在职权范围内开展"穿透式监督",有效消除了机动车违规购买短期交强险监管盲点,助力维护道路交通安全。[1]

三、建立健全外部工作沟通协调机制

针对部分行政机关拒不接受检察建议、沟通不畅等情形,纵向上应当及时建立检察系统内部上下一体化监督机制。检察机关要及时提请上级检察院跟进监督,充分发挥上级检察院的统筹领导作用,并将相应的监督文件、材料及时抄送上级行政机关或政府监督部门。上级行政机关发现下级行政机关行政执法存在违法情形时,要通过发布监督通知书等方式进行纠正,并将相关文件、材料抄送检察机关,增强监督信息的共享。同时,横向上通过建立定期向党委、人大、政府做专题报告制度的形式进行汇报,借助外部力量推进工作开展。[2] 检察机关和行政系统内部监督部门在履行监督职责时,可以根据实际的工作需要,商请对方提供必要的工作协助,相关机关应当具有职责意识和法治思维,积极配合。检察机关和行政系统内部监督部门也可根据案件具体情况,对涉及公民

---

[1] 参见最高人民检察院第七检察厅《行政检察工作情况》2023年第27期。
[2] 参见安阳、王焰明、刘东杰:《行政违法行为监督:价值、类型及标准化构建》,载《中国检察官》2023年第7期。

重大人身权利、财产权利的事项展开联合专项监督。

针对监督信息存在不对称的问题，可以建立行政执法检察监督与行政机关内部联席会议制度。检察机关与行政机关相关职能部门定期召开联席会议，对于实践中行政执法监督存在的重大疑难、复杂问题，要统筹协调，加强沟通联动，在保证措施系统性的同时有效解决问题。针对调卷难问题，可由地区/当地委政法委牵头搭建每年固定案卷评查平台，建立案卷线索移送机制，以监督促发展，实现线索来源拓展。

应勇检察长指出，有的地方检察机关推动建立"府检联动"机制，实践效果较好，有条件的地方要积极探索。司法实践中，为推进检察机关行政违法行为监督工作的顺利进行，部分地区检察院印发了"府检联动"工作机制，畅通外部沟通协调路径。比如，河北省人民政府、省人民检察院印发《关于建立"府检联动"工作机制的方案》，建立重大决策部署法治会商机制，在政府部门出台关于经济发展和有关民计民生的重大决策部署时，开展法治专家会商，检察机关提供法律咨询服务，助力依法决策、依法管理、依法办事，提高科学执政、依法执政水平，提升政府公信力。检察机关定期公布法律监督工作情况，为政府部门提供决策参考。又如，山东省青岛市人民政府、市人民检察院印发《关于建立"府检联动"工作机制实施意见》，对构建行政执法监督与行政检察融合发展机制进行规定，指出行政执法监督机关和检察机关应积极打通行政处罚与行政强制权力事项等线上工作平台数据，实现行政机关相关执法信息和检察机关法律监督数据的有序衔接、互联互通；同时提出完善检察建议办理及督导机制，要求行政机关要依法支持配合检察机关查阅案卷材料、调查核实、宣告送达检察建议等工作，对检察机关提出的监督意见及时办理并书面回复，进一步加强与检察机关的沟通联系，共同探索破解"新官不理旧账"，行政不作为、慢作为等问题的法治路径。各级政府要依法支持检察机关履行法律监督职责，将办理检察机关对行政机关的检察建议作为法治政府建设的一项具体内容。检察机关每年要向政府综合通报检察建议回复办理情况，共同推动提升检察建议实效。此外，北京、四川、吉林、湖南等地均有"府检联动"机制建立。[1]

---

[1] 参见最高人民检察院第七检察厅《行政检察工作情况》2024 年第 5 期。

四、坚持数字技术赋能行政违法行为监督

检察机关应树立大数据监督思维,将大数据监督与行政违法行为监督履职紧密融合,强化大数据法律监督意识,破解行政检察案源渠道狭窄、监督被动滞后等问题,通过有效汇集相关数据,建立分析模型,将通常难以发现的行政机关违法行使职权或不行使职权的问题具象化,实现行政检察办案模式从"个案为主、数量驱动"转变为"类案为主、数据赋能",进而促使行政机关及早发现问题、堵塞漏洞,确保行政职能正确发挥。积极推动内外部数字协作平台建设完善,完善个案到类案监督的数字化监督路径,助推行政违法行为监督整体提质增效。行政检察监督办案亟须"依托数字化监督转型实现精细治理",运用大数据筛查、比对、碰撞,推动相互独立的信息点产生交集、串联,及时发现行政违法监督线索,更为高效挖掘深层次问题。而针对大数据平台的建设和利用,行政检察部门应当加强对内部已有平台如"侦查监督与协作配合办公室"的利用,充分利用侦查监督与协作配合办公室与系统内部自身大数据碰撞发现违法行为监督线索;要积极拓展与尚未建立数据共享行政机关之间的平台搭建,加强沟通,打破行业壁垒与数据孤岛,必要时应当及时向上级党委、政府汇报工作情况,商议可行方案并形成机制固定,着力解决大数据赋能的数据来源痛点问题。

以"黑龙江省杜尔伯特蒙古族自治县卫生健康局行政违法行为检察监督案"为例,检察机关在开展专项活动中发现部分日租房、宾馆、洗浴中心等提供住宿服务的场所中存在工作人员无"健康合格证"上岗、场所无"卫生许可证"等情况,故调取了全县企业名称、全县公共场所持有"健康合格证"及"卫生许可证"企业名单建立了数字监督模型,除利用上述数据对比分析寻找案件线索外,还可以将从"美团""去哪儿网"等网络平台上查到的宾馆房源信息与其比对分析,查出公共场所无"健康合格证"从业人员、无"卫生许可证"经营单位、无证经营企业。杜尔伯特蒙古族自治县人民检察院利用该数据模型通过上述两种路径比对研判,筛查出案件线索共计9件,对其中3件进行现场核实。发现县域内经营范围为住宿服务的某宾馆自2019年开业以来一直未办理"卫生许可证",同时宾馆工作人员3人,均无"健康合格证";县域内另一家经营范围为住宿、洗浴、预包装食品、保健按摩服务的某休闲洗浴中心,员工8人,其中有2人没有"健康合格证"。自治县人民检察院经审查后认为,根据《公共场所卫生管理条例》第2条、第7条、第8条、第14条的规定,杜尔伯特蒙古族自治县某洗浴中心和某宾馆作为公共场所,按照法律规定直接为顾客服务的人员应持有"健康合格证"方能从事本职工作,而上述洗浴中心和宾馆工作人员无"健康合格证"为顾客提供服务,不符合规定。同时,宾馆开业3年无"卫生许可证"也未被检查过。杜尔伯特蒙古族自治县卫生健康局作为县卫生防疫机构负有对本县公共场所的卫生监督职责,对以上问题未及时发现,存在监管不力。杜尔伯特蒙古族自治县人民检察院向县卫生健康局制发检察建议,建议该局加强对公共场所"卫生许可证"和直接为顾客服务的人员"健康合格证"的检查,加强监管,积极履职。检察机关在办理该案过程中,以公共场所卫生情况为切入口,运用数字化办案思维,构建公共卫生领域行政违法行为监督模型,通过对数据整合筛查,精准发现行政机关对宾馆、洗浴中心等公共场所卫生和从业人员健康监管存在问题的案件线索,充分运用数字检察监督手段提升行政检察监督办案质效,将"业务主导、数据整合、技术支撑、重在应用"落到实处。[①]

苏州工业园区检察院在开展"大数据"法律监督中发现,张某洋、杨某明将注册的市场主体的营业执照、单位账户等转卖给电信网络诈骗犯罪团伙。在二人受到刑事处罚后,仍有部分市场主体处于存续状态。遂及时向该区市场监管局移送相关线索,并发出检察建议书,推动市场监管部门依法吊销所涉3家市场主体的营业执照,并将其列入严重违法失信名单。[②]

五、配备具有专业素质的检察队伍

行政违法行为检察监督要实现长足发展,加强专业人才培养是开展工作的基本保障。实践中,行政违法行为检察监督主要集中在环境资源保护、国有土地出让等领域,且在监督过程中侧重于调查取证,相关法律文书也缺乏对行政行为违法构成的说理,论证尚不透彻。检察人员仅仅停留在对法条的表面理解上,对相关法理掌握程度还不够高,这在一定程度上影响了检察监督的效果。因此,加强检察人员的专业培训,提升法律监督能力就显得格外必要。一是要加强检察人员的专题业务培训,通过行政法专题讲座、行政执法检察监督典型

[①] 参见最高人民检察院第七检察厅《行政检察工作情况》2023年第36期。
[②] 参见最高人民检察院第七检察厅《行政检察工作情况》2023年第19期。

案例研讨、检察能力提升研讨会等方式提升培训的质量。二是可以建立行政执法检察监督专家人才库，聘请有丰富经验的高校教授、律师等专家担任法律顾问，包括重大疑难案件咨询论证、出具专家意见等，最大限度地为检察人员提升监督能力提供智力智慧。三是提前谋划行政检察人员动态管理。实践中各级检察机关，尤其是基层检察院，由于编制限制人员有限，且大多由刑事检察部门转任至行政检察条线，缺乏专业行政法知识背景，行政检察业务发展存在"瓶颈"。而部分地区基层检察院中部门仍是民事、行政、公益诉讼三大业务合一，无法兼顾业务做精做专。因此，检察机关应当科学测算行政违法行为监督新增工作量，落实"有专人干"的基本要求，保证从事行政违法行为监督的检察人员力量，不断加强行政检察队伍建设，为行政违法行为检察监督工作的高质量发展提供人才保障。[1]

对此，部分地区检察院开始尝试单列行政检察部门或成立"行政检察办公室"，保障行政检察工作基本人员配备。如浙江省杭州市上城区人民检察院，为认真落实最高人民检察院《关于加强新时代基层检察院建设的意见》关于"各地根据办案量和政法专项编制的具体情况，能设专门业务部的要设专门业务部"的要求，着力打造高素质行政检察办案团队，2022年12月21日，该检察院在全市范围内率先成立专门的行政检察办公室，组建起由两组员额检察官及检察官助理、司法雇员组成的专门办案团队。与此同时，该检察院向当地编制部门、上级检察院汇报，争取设立专门的行政检察部，以全面落实最高人民检察院关于加强新时代基层检察院建设的部署，适应新时代人民群众对行政诉讼公平正义的新需求，提升行政检察专业化水平，真正实现"四大检察"全面协调充分发展。在此基础上，该检察院探索由一名分管检察长统一分管刑事检察和行政检察，以更好开展行政违法行为监督工作与行刑反向衔接工作。[2]

2023年4月6日，北京市通州区检察院抽调全院各部门精干力量，成立行政检察办公室，共有5名员额检察官、4名检察官助理和1名聘任制书记员，专门从事行政检察监督，履行行政裁判结果监督、行政审判活动监督、行政违法行为监督、行政争议实质性化解四项监督职能。同时，为了更好地探索推进行政

---

[1] 参见冯孝科、黄琛：《行政违法行为检察监督的探索与展望》，载《中国检察官》2022年第1期。
[2] 参见最高人民检察院第七检察厅《行政检察工作情况》2023年第5期。

违法行为监督,推动"四大检察"全面协调充分发展,将反向行刑衔接职能融入行政检察履职范围,由行政检察办公室牵头统筹,统一对外开展行政违法行为监督。[1]

六、加强理论研究和案例培育

对于行政违法行为监督的立法完善,理论研究成果的积累非常关键。针对开展行政违法行为检察监督的必要性、重要性及法理基础,目前已有不少学者对此展开深入研究,而理论界从公权力间监督制衡、国家监督体系完善等角度进行的理论诠释,为行政违法行为检察监督夯实了理论基础。行政检察工作在与时俱进发展过程中,需要不断磨合产生各类新问题及新争议,探讨剖析寻觅合情合理合法发展路径,进行深入的理论研究,以备推进后续的立法工作。[2] 除此之外,要加强行政违法行为监督典型案例的培育,将案件做精做细做好。检察机关应当坚持对典型案例的培育贯穿始终,善于挖掘有价值的监督线索,并从案件受理、调查核实到后续检察建议的制发等各个环节对案件加以打磨,不断推进典型案例工作取得新成效,推动行政违法行为监督业务实现更好发展。

进入新发展阶段,面对新形势新任务新要求,深入加强行政违法行为检察监督是防止行政权扩张、提升行政管理效能的必然要求,也是全面深化行政检察监督的新要求。行政违法行为监督需要按照《中共中央关于加强新时代检察机关法律监督工作的意见》指明的方向,积极稳妥延伸行政检察触角,开拓行政检察监督的新模式,坚持一体监督、协同推进,在注重从行政诉讼监督中发现行政违法行为监督线索的同时,需要特别注重行政检察与其他检察监督的融合,形成检察机关对行政违法行为的监督合力,探索兼具整体性、协同性、规范性和有效性等诸多特征于一身的行政违法行为检察监督制度供给,以高质量的法律监督工作提升行政执法的规范性、精准性和可预期性。

---

[1] 参见最高人民检察院第七检察厅《行政检察工作情况》2023 年第 15 期。
[2] 参见王勇:《新时代行政检察的探索与展望》,载《人民检察》2022 年第 15 期。

第六章
行刑反向衔接实践问题研究

行政执法和刑事司法衔接问题一直是实践部门和理论学者关注的重点领域,党的十八届三中全会通过的《中共中央关于全面深化改革若干重大问题的决定》以及党的十八届四中全会通过的《中共中央关于全面推进依法治国若干重大问题的决定》都对完善和健全行政执法和刑事司法的衔接机制提出了明确的要求。而"行刑衔接"机制就是指行政执法与刑事司法之间双向移送案件的制度、流程和方法,实务中也被称为"两法衔接"或者"行刑衔接"。一直以来,"两法衔接"的概念主要解决的矛盾焦点在于实务中出现的"有案不移、有案难移、以罚代刑"等现象,强调的是行政机关将案件移交刑事处理的流程,也就是行刑正向衔接流程;对于行刑反向衔接却鲜有关注。行刑反向衔接制度(以下简称反向衔接)特指在刑事诉讼程序中,对刑事流程终结未被处以刑罚的案件或线索,确有行政违法行为存在并有必要移交行政机关进行行政处罚的逆向机制。2021年,最高人民检察院出台《关于推进行政执法与刑事司法衔接工作的规定》,开始强调检察机关确保不起诉案件中的"罚当其责"和反向衔接程序。2023年,最高人民检察院印发《关于推进行刑双向衔接和行政违法行为监督构建检察监督与行政执法衔接制度的意见》(以下简称《意见》),明确回应了行政执法和刑事司法的联结推进和协同治理的现实需求,并为检察监督和履职提供了有力的政策支撑。反向衔接机制也迎来发展和探索的新肇端,本章旨在结合相关理论,探讨检察机关办理反向衔接案件中的各项实践问题及其反思。

第一节　行刑反向衔接的学理基础

一、行刑反向衔接机制的概念、特征和原则

（一）基本概念

"行政执法与刑事司法衔接"是旨在联系行政执法和刑事司法之间案件线索移送的沟通协作方式[1]。实践中，尤其是在检察实践以及理论研究中，还经常将"行政执法与刑事司法衔接"简称"两法衔接"或"行刑衔接"。[2] "行刑衔接"包含"正向衔接"和"反向衔接"的机制，有学者提出它们正如"硬币的正反面"。而所谓的衔接机制，是指不同部门因为某一事物的联系而建立起来的分工、合作及协作的工作方式和工作关系。[3] 正如前文所述，长期以来，法学理论界与司法实务界对行政执法与刑事司法的正向衔接聚焦已久，讨论甚多，多关注于行政机关将行政执法过程中发现的涉嫌犯罪的线索移送司法机关的协作配合，多强调行刑的正向衔接。反向衔接机制的概念则有广义和狭义的区分。广义上的反向衔接是指对于刑事司法程序中不追究刑事责任或者免予刑事处罚但应当给予行政处罚的违法行为，移交有相应管辖权的行政机关进行处理。[4] 而反向衔接机制则是司法机关将涉嫌行政违法的线索和案件移送行政机关进行处罚或处分的过程，并在该过程中建立起的共同解决问题的行动方法和结构关系。广义上，在刑事程序作出终局性决定的机关均可以对其中涉及的行政违法行为与行政执法部门进行衔接和沟通，提出的主体包括公安机关、监察委员会、人民检察院、人民法院等，参与主体具有多样性。[5] 刑事司法流程中作出终局性决定的主体，承担了和行政机关进行沟通、移送、衔接的职责。而狭义上的反向衔接，现在通常指检察机关在不起诉案件中将行政违法行为移送行政执法机关

---

[1] 参见张红：《行政处罚与刑罚处罚的双向衔接》，载《中国法律评论》2020年第5期。
[2] 练育强：《完善行政执法与刑事司法衔接机制之反思》，法律出版社2017年版，第5页。
[3] 参见蒋兰香：《环境行政执法中刑案移送与司法承接的衔接机制研究》，中国政法大学出版社2020年版，第14页。
[4] 参见杨宽：《检察机关开展行刑反向衔接范围探讨》，载《中国检察官》2024年第11期。
[5] 参见谷春柳：《行刑有效衔接路径研究》，燕山大学2023年硕士学位论文，第7页。

的衔接流程,①也是本章目前主要探讨的反向衔接。作为宪法明确规定的法律监督机关,检察机关行使权力的性质直接影响了其在衔接中监督职责的行使。②

(二)性质特征

检察机关主导的反向衔接机制特征明显,参与衔接的行政机关多元且流程跨越不同法域,主要体现在以下几点。

1. 反向性

反向衔接,顾名思义就是与正向衔接相反的衔接流程,也有学者称其为"回转"③、"倒流"④,旨在将不起诉的案件回流到行政机关,以达到"罚当其错""罚当其责"的目的,优化惩戒体系⑤;也有学者将反向衔接的逆流程归类为"定罪免罚型""线索移送型"⑥等类型。但是从本质上看,反向衔接流程都是在刑事优先原则背景下的案件流转和移送的逆向行为,相关的案件事实已经过刑事流程的认定和审查,证据形式也转化为刑事案件证据,在刑事非法性评价之后再次流转进入行政执法程序,重新评价行政违法性,认定违法事实。

2. 复杂性

我国对行政违法行为构成犯罪应追究刑事责任的情况立法表现为依附性散在型立法。⑦ 行刑正向衔接流程中检察机关需要对接的主体主要是行使侦查权的公安机关等,正向衔接的相关案件和证据通常由侦查机关先行认定和转化,衔接主体和机制也较为明确。根据《行政执法机关移送涉嫌犯罪案件的规定》、《刑事诉讼法》和《行政处罚法》的相关规定,正向衔接中检察机关的监督内容主要集中在行政机关是否及时向司法机关移送犯罪案件,公安机关是否及时立案等方面。⑧ 反向衔接则是检察机关和不起诉案件事实中涉及的行政违法行为主管机关直接对接和沟通,由原先正向衔接中较为单一的衔接主体改为多

---

① 参见杨宽:《检察机关开展行刑反向衔接范围探讨》,载《中国检察官》2024年第11期。
② 参见练育强:《完善行政执法与刑事司法衔接机制之反思》,法律出版社2017年版,第140页。
③ 张原、霍炎豪:《行政执法与刑事司法反向衔接的实质化运行》,载《人民检察》2023年S2期。
④ 杨永华主编:《行政执法和刑事司法衔接的理论与实践》,中国检察出版社2013年版,第179页。
⑤ 参见张原、霍炎豪:《行政执法与刑事司法反向衔接的实质化运行》,载《人民检察》2023年S2期。
⑥ 李勇、丁亚男:《检察环节行刑反向衔接类型化规则建构》,载《中国检察官》2024年第5期。
⑦ 参见杨永华主编:《行政执法和刑事司法衔接的理论与实践》,中国检察出版社2013年版,第36页。
⑧ 参见练育强:《完善行政执法与刑事司法衔接机制之反思》,法律出版社2017年版,第126页。

个不同的主体，可能包含了公安、市场监督、税务、劳动和卫生等多个行政部门。监督职能也从原先的反程序性监督，深入不同行政主体违法行为的监督。推进"行刑反向衔接"中行政违法行为监督，既源于司法实践的需求，也是法律监督职责的内在要求。[1] 相较正向衔接，反向衔接更具有多元性和复杂性的特点。例如，从大量的帮助信息网络犯罪活动罪不起诉案件中可以发现，帮助信息网络犯罪活动罪因其刑法条文构成要件中为信息网络犯罪提供"技术支持""广告推广、支付结算等帮助"的描述，在行政违法领域可以解构成不同的行政违法类型，其行为可能违反的是《网络安全法》，具有侵犯个人信息行为、非法侵入网络扰乱功能秩序的行为、非法设立通信群组传输违法信息等不同行为，也有可能违反《反电信网络诈骗法》规定的出租出售"两卡"、虚拟币洗钱、非法制作提供软件程序等行为。甚至一个行政违法行为同时触犯多个行政区划、多个部门的规定，也被俗称为"多龙治水"。[2]

3. 双重性

从国家整体法律运行体系上看，行政执法程序和刑事司法程序的有效衔接，在事实采纳和证据认定上能够提升国家整体执法效率，但这也只是理论上的应然情况。行政执法行使的是行政权，刑事司法行使的是司法权，二者目的都是保证国家法律法规的实现，但权力性质、程序和依据要求均不相同。[3] 行政和刑事二者跨越了不同的法领域，"行刑衔接"时存在天然的障碍和鸿沟。该情况可以从横向和纵向两个方面来诠释。从横向上看，反向衔接过程中双方主体的组织架构是分立，行政执法和刑事司法过程各部门都有自主的决策权，各方主体权力对等，也直接导致了衔接过程的各行其道。在纵向方面，反向衔接主要是推进案件从刑事领域到行政执法领域，行政违法与刑事犯罪毕竟是两种性质的违法，对违法性标准的认知以及证据审查采纳标准不一，对衔接就很难达成统一的认识。此外，行政执法过程中坚持的行政效率原则，以社会秩序稳定和效率运行为优先考虑目标，而刑事司法活动中则强调的是公正客观，效率则

---

[1] 参见尚帅帅、张薰尹：《"行刑反向衔接"中的行政违法行为监督》，载《中国检察官》2023年第21期。
[2] 参见田恬：《长江流域环境司法与行政执法协作的困境与出路》，载《重庆行政》2024年第2期。
[3] 参见蒋兰香：《环境行政执法中刑案移送与司法承接的衔接机制研究》，中国政法大学出版社2020年版，第20页。

是兼顾的目标,二者的价值追求不尽相同。① 行政处罚和刑事处罚二者在惩戒程度上也不相同。按照行政犯从属性理论,行政犯先由行政机关处罚,在行政处罚无法满足的情况下,升级为刑事处罚措施。② 而反向衔接的错位之处在于,本应程序更为严格、权威性更高的司法机关成为衔接程序的发起者,而行政机关成为衔接程序的最终裁决者。有学者就提出在反向衔接过程中,行政处罚和刑事处罚的同构性趋向,反向衔接机制在刑事处罚之后作出,按照刑事侦查的手段查明证据,并且在不起诉之后为了实现个案的正义而被动进行行政处罚,此时的行政处罚在程序建构中被赋予了更强的司法性。③

4. 非刚性

当下反向衔接制度在检察机关主导下不断推进发展,而检察机关的监督属于非责难的"柔性监督",采用的是"检察意见书+检察建议"的模式。在"行刑衔接"环节,刑事检察部门对行政执法机关以监督办案为根本目标。④ 其主要是对行政执法机关不移送案件的监督。而反向衔接过程既监督办案,也涉及行政违法行为监督。但是,检察机关的监督权仅属于一般监督权,无普遍性和强制性,在无法律明确授权的情况下,难以对行政机关或者相对人产生强制约束力,对反向衔接的程序监督缺乏刚性,也缺乏后续跟进监督的手段。

(三) 基本原则

反向衔接制度的构建,需要依赖于行政执法机关和刑事司法机关的互助协作,但是由于权力属性的差异,在衔接和合作中必须坚持一些共同原则。

1. 罚当其责原则

《意见》中提到与全面依法治国、建设法治中国的新形势新要求相比,"两法衔接"还存在不足之处,不刑不罚、应移未移、应罚未罚问题成为突出短板,也就是体现于"罚不当罪""过罚不当"。因此,对反向衔接的强调,就是体现坚持"罚当其责"的基本原则。《现代汉语词典》中"罚不当罪"的释义是"处罚和所

---

① 参见蒋兰香:《环境行政执法中刑案移送与司法承接的衔接机制研究》,中国政法大学出版社2020年版,第32页。
② 参见李勇、丁亚男:《检察环节行刑反向衔接类型化规则建构》,载《中国检察官》2024年第5期。
③ 参见张孟春、王泽斌:《不仅是一种机制——行刑反向衔接的反思与修正》,载《河北青年管理干部学院学报》2024年第3期。
④ 参见刘艺:《检察机关在行刑反向衔接监督机制中的作用与职责》,载《国家检察官学院学报》2024年第2期。

犯的罪行不相当。指处罚过轻或过重"。反向衔接中要遵守的"罚当其责"原则,包含了处罚必要和轻重适宜两层含义。就处罚必要而言,被不起诉人的同一行为在刑事程序中被认定为免于刑事处罚,但是行为的社会危害性依然存在,被不起诉人没有因自身行为受到惩戒措施,因此司法机关在刑事不起诉的终局决定作出之后,仍然有必要就是否对相关违法行为交付移送行政处罚作出审查和判定。另外一层内涵则是行政处罚比例原则的重要体现。该原则的内涵在于所采取的措施可以实现所追求的目的,且没有给其他关系人或者公众造成更多损害,采取的必要措施与追求的结果之间支出和收益成正比。① 反向衔接同样需要兼顾形式公平和实质公平,"一刀切"地禁止"不刑不罚"或者追求绝对的"或刑或罚"都不可取。②

2. 效率衔接原则

《全面推进依法行政实施纲要》提及依法行政的高效便民原则,效率原则是高效便民原则的核心要求之一。行刑反向衔接制度中,同样需要遵守效率原则。司法机关和行政机关在线索和案件移送过程中,不得无故拖延、推诿或者拒绝履行相关职责,符合衔接要求和标准的,均应当及时处理,确保行政执法和刑事司法行为的及时性和公正性,维护人民群众合法权益。此外,行刑反向衔接还需要遵守一定的时限标准,不得超越法定的执法办案期限。

3. 监督制约原则

行政执法属于行政权,行政权旨在追求行政效率。刑事司法为司法权。行政执法或者行政处罚一般在行政机关内部完成,处理程序设计单一,没有严苛的程序要求。③ 反向衔接程序跨越的是行政和司法两大领域,在此过程中必须要求双方之间的相互监督和制约机制,防止出现有案不移送、应罚未罚的情况。检察机关作为宪法规定的法律监督机关,在反向衔接办案中需贯彻落实监督制约原则,自觉担负起监督行刑反向衔接机制合法高效运行的重要职责。对行政违法案件依法调查处理是"行刑衔接"机制发挥作用最关键部分,在"反向衔

---

① 参见刘权:《比例原则的精确化及其限度——以成本收益分析的引入为视角》,载《法商研究》2021年第4期。
② 参见白秀峰、赵林:《更新监督理念优化行刑双向衔接机制》,载《人民检察》2023年S2期。
③ 参见蒋兰香:《环境行政执法中刑案移送与司法承接的衔接机制研究》,中国政法大学出版社2020年版,第40页。

接"中推进行政违法行为监督,监督行政机关及时接收调查处理行政违法行为,从而实现行政责任与刑事责任衔接的闭环。①《关于加强行政执法与刑事司法衔接工作的意见》也明确了加强对衔接工作的监督的规定。② 有学者提出,面对基层检察机关现存大量相对不起诉轻微犯罪案件的事实,在现行法律制度框架内,探索程序合法性、实用性强的非刑罚处置措施适用模式,准确定性被不起诉人的非刑罚责任,是"简案优质办"要求的内涵,是对不起诉后检察权的良性运行和适度扩张。

4.协调配合原则

反向衔接制度源于"两法衔接"机制,本质上是互不隶属的两个系统的协作和配合,因此协调配合原则是"两法衔接"机制下的必然要求。③《关于加强行政执法与刑事司法衔接工作的意见》规定了协调配合原则:"各地区各有关部门要针对行政执法与刑事司法衔接工作的薄弱环节,建立健全衔接工作机制,促进各有关单位之间的协调配合,形成工作合力。"④特别是在反向衔接机制下,检察机关对不起诉人员审查移送行政违法处罚建议的过程,通常需要面对不同条线、部门的行政机关,案件流转、联席会议、信息共享、联动执法等程序都离不开协调配合原则的贯彻运用。⑤

二、行刑反向衔接机制的理论依托

行政执法和刑事司法的衔接是当前深化行政执法体制改革的重要环节,健全和完善"行刑衔接"机制已经成为非常迫切的国家战略任务。⑥ 正向衔接在不断受到关注的同时,随着轻罪化时代的来临,不起诉案件占比不断提升,反向衔接的作用也越发凸显,反向衔接理论和机制的构建愈发急切。

---

① 参见尚帅帅、张薰尹:《"行刑反向衔接"中的行政违法行为监督》,载《中国检察官》2023年第21期。
② 参见《关于加强行政执法与刑事司法衔接工作的意见》第3条。
③ 参见蒋兰香:《环境行政执法中刑案移送与司法承接的衔接机制研究》,中国政法大学出版社2020年版,第39页。
④ 《关于加强行政执法与刑事司法衔接工作的意见》第8条。
⑤ 参见张辉、史坤:《生态环境行政执法与刑事司法反向衔接制度探析——以不起诉案件反向移送为视角》,载《人民检察》2023年第17期。
⑥ 参见练育强:《完善行政执法与刑事司法衔接机制之反思》,法律出版社2017年版,第14页。

（一）刑法谦抑性理论

刑法谦抑性体现在认为刑法和刑罚本身不宜直接介入每一起法益侵害之中，应当秉持克制而非肆意的特性。只有行政或者民事法律规范不足以给予有效惩戒的时候，才适合科以刑责，继而保证以最低的社会运行成本维护最大的社会公共效益。[①] 刑法的介入通常需要更加充足的理由，如果行为未逾越民事、行政法律规范调整的范围，使用行政手段处理效果更好，那么也可以首先考虑使用行政手段。刑法的谦抑性原则的核心表达就是给予其他法律适度空间。在"两法衔接"领域，行政相对人的行为违法性未达到犯罪程度，只需进行行政处罚，而超过一定的限度，就需要刑法惩戒措施的介入，以维护社会稳定，因此衍生出防止有案不移、以罚代刑的情况。而经过司法机关的侦查、审查起诉、审判等措施，认为不构成犯罪或者可以免于刑事处罚的，刑法的补充性就决定需要退后让予行政执法进行处罚或者处分，并将案件移送相关行政机关。因此，需要完善的反向移送的标准和程序，也就是反向衔接机制。正向衔接和反向衔接本质上都体现了刑法的有限介入，即谦抑性。有学者提出，如果没有完善的反向衔接机制，可能导致行政相对人在被不起诉后处于惩戒的"真空"地带，导致刑事处罚比行政处罚更轻的倒挂。[②]

（二）法秩序统一理论

在"两法衔接"的法理阐述中，肯定离不开法秩序统一理论。法秩序统一理论认为法律是管理社会的有效手段，各部门之间相互配合，共同维护一国法律的稳定。有学者提出法秩序是"以宪法为顶点的各部门法形成一个体系时，统一把握法律规范时，不出现自相矛盾的情形"。法秩序统一原理强调的是整体法秩序的内部协调，要求从法律秩序运行的全局考虑和判断。[③]《中共中央关于全面推进依法治国若干重大问题的决定》要求实现行政处罚和刑事处罚的无缝对接，旨在推动行政法和刑事法在处置上的统一适用和实施，维护体系的秩序和谐，从而避免出现以刑代罚、以罚代刑、有案不移等情形。可以说，法秩序的

[①] 参见张辉、史坤:《生态环境行政执法与刑事司法反向衔接制度探析——以不起诉案件反向移送为视角》，载《人民检察》2023年第17期。

[②] 参见王晓东、罗灿:《完善行政执法与刑事司法反向衔接机制的司法展开——以刑法谦抑性为视角兼论企业合规改革》，载《法律适用》2023年第4期。

[③] 参见李勇、丁亚男:《检察环节行刑反向衔接类型化规则建构》，载《中国检察官》2024年第5期。

统一为体系解释提供了理论基础,反向衔接属于刑法和行政部门法的机制互联,也天然地构筑于法秩序统一的理论框架之下。

(三)权力制约理论

权力制约理论是现代权力制度的基础,孟德斯鸠曾言,"一切有权力的人都容易滥用权力,是万古不变的经验",而社会主体在权力运行的过程中对权力进行监督和制约,以保证权力正常、有序、高效且廉洁地运行。[①] 在"两法衔接"背景下,案件和线索的移送就体现了行政权和司法权的监督和制约。诚然二者分属于不同的权力体系,但是在衔接的过程中不仅需要行政机关和司法机关自身依法、自觉推进,还需要双方的强有力外部监督,以防止衔接机制不畅。[②] 正向衔接制度发轫于行政机关的"独断性"和权力怠惰,导致"有案不移、以刑代罚"现象的出现,缺乏有限的监督制约机制无法保证"行刑衔接"的有序、高效开展。反向衔接机制也是权力制约理论的深刻反映。司法实践中反向衔接开展的障碍,除司法机关认识欠缺和不足之外,相当一部分的原因在于行政机关的抵触和怠于履职。

(四)社会共治理论

社会共治理论是社会学概念,将其引入本章是为了更好地论证社会治理视域下的"两法衔接"层面理论需求。社会治理模式分为自治、共治和层级治理。[③] 社会共治理论不是简单地把相关机构和组织聚合,而是要让各机构形成持续互动机制,从而获得预期的治理效果。2024年《政府工作报告》就提出提升治理效能,完善社会治理体系等内容。社会共治作为治国理政的创新方式,已经成为国家治理的重要理论依据。根据不同违法性行为的违法性程度,有移送行政执法部门处置的现实需求,也有刑事司法机关进行追诉和制裁的必要。需要构建起社会多元治理机制,有分工有合作,共同完成对违法犯罪行为的打击,维护良好社会秩序的运行。

---

① 参见蒋兰香:《环境行政执法中刑案移送与司法承接的衔接机制研究》,中国政法大学出版社2020年版,第28页。
② 参见蒋兰香:《环境行政执法中刑案移送与司法承接的衔接机制研究》,中国政法大学出版社2020年版,第29页。
③ 参见蒋兰香:《环境行政执法中刑案移送与司法承接的衔接机制研究》,中国政法大学出版社2020年版,第27页。

三、反向衔接的价值和功能体现

有学者将行刑反向衔接称作是违法、犯罪治理的"最后一公里"①，二者的有效衔接可以实现执法和司法的优势互补，以"行刑合力"维护社会稳定，实现社会治理的目标。

（一）社会综合治理功能

在国家治理体系中，行政权是主要的治理力量，而司法权是最后的保障手段，这是二者所属权力性质决定的，行政执法和刑事司法的有限衔接和流转，在权力运行和权利保障方面相互配合、相辅相成，共同维护社会稳定和长治久安。正向衔接以顺畅的衔接机制促进强化对违法犯罪行为的打击和威慑，而反向衔接则以精细、严谨的司法程序促进行政机关合法、高效执法，更好地打击违法、犯罪，实现社会共治。反向衔接中检察机关的行政违法行为监督，则更是促进行政机关依法行政的重要举措。

（二）轻罪治理协同路径构建

与日本行政和刑罚采取一元论的主张不同，我国采取违法和犯罪区分的二元违法构成体系。行政执法与刑事司法各自呈现直筒型运行机制。②

认罪认罚制度的全面实施使刑事案件不起诉、缓刑的比例逐渐增加，但不起诉仅意味着犯罪与否的评价，不采取刑罚处罚并不意味着普通违法的豁免。现代社会人们对"公共物品"需求量的大增使政府职能和行政范围大幅扩张，而以惩戒为手段的行政处罚则巩固着人们从出生到死亡无处不在的行政法网。传统的衔接制度往往重"惩罚犯罪，保护人民"而轻"维护公共利益和社会秩序"，重视定罪入刑的衔接而忽视出罪入行的选择；相反，轻罪时代的检察治理则认识到了"从刑到行"的重大意义，将治理的视野扩张至犯罪的"最后一公里"，深入至被破坏的社会关系内部。③

---

① 参见张孟春、王泽斌：《不仅是一种机制——行刑反向衔接的反思与修正》，载《河北青年管理干部学院学报》2024年第3期。
② 参见何荣功：《轻罪立法的实践悖论与法理反思》，载《中外法学》2023年第4期。
③ 参见张孟春、王泽斌：《不仅是一种机制——行刑反向衔接的反思与修正》，载《河北青年管理干部学院学报》2024年第3期。

(三)社会惩戒体系完善

一体化制裁惩戒体系在刑事优先移送规则支配下,反向衔接本来就缺乏外在动能,加上区分标准不清,势必会造成行刑反向衔接环节大量案件的"堵塞"。因此,当前亟须尽快疏通针对危险犯等轻罪的反向衔接的堵点。基于我国现有制度框架,可借助行政检察监督职能推动行刑之间的顺利衔接。这样既可以区分规范适用条件,化解"行刑衔接"中规范重合或者空白时的"淤积点",也可提升行刑一体化制裁惩戒体系的权威性。

当公安机关办理的刑事案件达不到起诉条件或者决定不起诉时,通常只能将违法行为予以出罪,进而造成了一体化制裁体系中行政处罚与刑罚之间的责任失衡问题以及行政处罚与刑事立法权威丧失问题。以危险驾驶罪为例,甚至出现醉酒驾驶机动车所受的刑事处罚还没有一般饮酒后的行政处罚结果重,显然不符合行政处罚与刑罚惩罚力度的程序递进关系。[①]

第二节 行刑反向衔接机制发展脉络

一、反向衔接制度滥觞

对于我国"两法衔接"机制最早的起源,学界有不同的见解。有学者认为,我国"两法衔接"制度最早的萌芽应该是 1957 年最高人民法院作出的《关于行政拘留日期应否折抵刑期等问题的批复》,该批复明确行政拘留应折抵刑期,是在处罚结果上进行的衔接。[②] 1996 年《行政处罚法》第 38 条规定,违法行为构成犯罪的,移送司法机关。有学者提出,从法理意义上讲,1979 年《刑法》中就有反向衔接的规定。1979 年《刑法》第 32 条规定:"对于犯罪情节轻微不需要判处刑罚的,可以免予刑事处分,但可以根据案件的不同情况,予以训诫或者责令具结悔过、赔礼道歉、赔偿损失,或者由主管部门予以行政处分。"1996 年《刑

[①] 参见刘艺:《检察机关在行刑反向衔接监督机制中的作用与职责》,载《国家检察官学院学报》2024 年第 2 期。

[②] 参见练育强:《完善行政执法与刑事司法衔接机制之反思》,法律出版社 2017 年版,第 46 页。

事诉讼法》提出了反向移送的可能性和必要性，为之后"两法衔接"奠定了基础。① 有学者认为，"两法衔接"的提出是基于 2001 年 7 月国务院颁布并施行《行政执法机关移送涉嫌犯罪案件的规定》，初步构建了行政执法和刑事司法的衔接机制，旨在整顿和规范市场经济秩序的系列问题。② 笔者认为，从 1979 年《刑法》出台之时，反向衔接制度已经形成一定的机制雏形，但制度的运行和运用仍处于原则性规定阶段。直到 2001 年"两法衔接"的移送制度开始正式确立，反向衔接才随着正向衔接逐步进入理论和实务界的视野，该阶段属于行刑反向衔接的萌芽和起步阶段。

二、"两法衔接"背景下的反向衔接的探索

早在 20 世纪末期，国家在整顿市场经济秩序过程中暴露了一系列的法律问题，主要集中在行政执法机关对查获的涉嫌犯罪的案件如何移送司法机关缺乏明确的规定。③ 在刑法和刑事诉讼法对反向衔接的规定作了初步探索之后，为解决行政执法部门大量存在的有案不移、以罚代刑的现象，2001 年 7 月国务院颁布并施行《行政执法机关移送涉嫌犯罪案件的规定》以优化和顺畅行刑正向衔接机制，其中第 13 条就规定了"公安机关对发现的违法行为，经审查，没有犯罪事实，或者立案侦查后认为犯罪事实显著轻微，不需要追究刑事责任，但依法应当追究行政责任的，应当及时将案件移送同级行政执法机关，有关行政执法机关应当依法作出处理"。2001 年 12 月，最高人民检察院随即通过了《人民检察院办理行政执法机关移送涉嫌犯罪案件的规定》，其中第 6 条规定了对于需要给予有关责任人员行政处分、行政处罚或者没收违法所得的，可以提出检察意见，移送有关主管部门处理，并通知移送的行政执法机关。2004 年 3 月，最高人民检察院、全国整顿和规范市场经济秩序领导小组办公室、公安部联合出台了《关于加强行政执法机关与公安机关、人民检察院工作联系的意见》，而后

---

① 参见邓翡斐、王春丽：《"两法衔接"背景下反向移送机制的立法探析及完善路径》，载《上海法学研究》2023 年第 7 卷。
② 参见杨永华主编：《行政执法和刑事司法衔接的理论与实践》，中国检察出版社 2013 年版，第 50 页。
③ 参见杨永华主编：《行政执法和刑事司法衔接的理论与实践》，中国检察出版社 2013 年版，第 44 页。

续 2006 年 1 月再次联合监察部(已撤销)出台《关于在行政执法中及时移送涉嫌犯罪案件的意见》,强调执法机关和司法机关要加强协调配合,强化案件移送,以有效实现行政执法和刑事司法的衔接。

2011 年,国务院法制办等部门共同制定了《关于加强行政执法与刑事司法衔接工作的意见》,正式提出反向移送机制,首次明确了参与"两法衔接"工作的主体部门以及相关的职能要求,特别明确了检察机关可以对行政执法机关实行移送监督。2013 年施行的《人民检察院刑事诉讼规则(试行)》第 553 条第 3 款规定:"人民检察院接到控告、举报或者发现行政执法机关不移送涉嫌犯罪案件的,应当向行政执法机关提出检察意见,要求其按照管辖规定向公安机关或者人民检察院移送涉嫌犯罪案件。"2014 年通过的《中共中央关于全面推进依法治国若干重大问题的决定》明确提出"健全行政执法和刑事司法衔接机制,完善案件移送标准和程序,建立行政执法机关、公安机关、检察机关、审判机关信息共享、案情通报、案件移送制度……实现行政处罚和刑事处罚无缝对接"。2015 年出台的中共中央、国务院《关于加快推进生态文明建设的意见》同样提出健全行政执法与刑事司法的衔接机制,直到 2018 年《人民检察院组织法》的修改,检察机关监督行政执法机关违法行为的条文被删除,在一定程度上对检察机关在"两法衔接"领域产生不利影响。在刑事优先原则的固有观念下,这一时期主要以行刑正向衔接的发展为主,司法机关、行政机关对反向衔接的关注度不高,行政处罚的该当性长期以来被忽略。[①]

三、新时期背景下反向衔接新发展

2021 年 1 月,《行政处罚法》通过最新修订,其中第 27 条明确规定了行刑双向衔接机制,即"违法行为涉嫌犯罪的,行政机关应当及时将案件移送司法机关,依法追究刑事责任。对依法不需要追究刑事责任或者免予刑事处罚,但应当给予行政处罚,司法机关应当及时将案件移送有关行政机关"。此外,该条第 2 款还强调了行刑双方的协调配合,案件、证据移送及信息通报等机制的完

[①] 参见张孟春、王泽斌:《不仅是一种机制——行刑反向衔接的反思与修正》,载《河北青年管理干部学院学报》2024 年第 3 期。

善。可以说，这是从实体法层面确定并体现反向衔接的流程。①

2021年6月颁布的《中共中央关于加强新时代检察机关法律监督工作的意见》明确提出健全行政执法和刑事司法衔接机制，健全检察机关对决定不起诉的犯罪嫌疑人依法移送有关主管机关给予行政处罚、政务处分或者其他处分的制度，并提出了全面深化行政检察监督，在履行法律监督职责中发现行政机关违法行使职权或者不行使职权的，可以依照法律规定制发检察建议等督促其纠正。同年9月，最高人民检察院出台《关于推进行政执法与刑事司法衔接工作的规定》，对检察机关反向衔接进行界定和细化，特指对决定不起诉的案件审查是否需要给予行政处罚，并提出检察意见；并对检察意见书内容、涉案财物移送、回复期限和回复监督等作出规定。

2023年7月，最高人民检察院颁布了《意见》，其中明确指出长期以来"反向衔接"重视不足，"不刑不罚、应移未移、应罚未罚成为突出的短板"。该意见开始重申和强调反向衔接的重要作用，并提出优化检察内部分工，反向衔接由行政检察部门牵头，并统筹考虑与行政违法行为监督对接。2024年11月《人民检察院行刑反向衔接工作指引》（以下简称《反向衔接指引》）对反向衔接审查机制和办案流程作出细致规定，其中提及了移送流程、可处罚性审查、非同级或异地提出检察意见、移送回复及跟进监督等内容。可以说，当下反向衔接机制被进一步的强调和重视，进入了高速发展的新阶段。②

第三节　行刑反向衔接实践难点和问题

有学者提出，"行刑衔接"既表示用来衔接原本并行的两套机制的特殊机制，也为两套机制浑然相连的理想状态。而现有体制下，对"行刑衔接"的认识

---

① 参见邓翡斐、王春丽：《"两法衔接"背景下反向移送机制的立法探析及完善路径》，载《上海法学研究》2023年第7卷。
② 参见邓翡斐、王春丽：《"两法衔接"背景下反向移送机制的立法探析及完善路径》，载《上海法学研究》2023年第7卷。

存在"对称性破缺",反向衔接面临的阻力和困难远超正向衔接。① 正如前文所述,反向衔接机制是司法机关将涉嫌行政违法的线索和案件移送行政机关进行处罚、处分的过程,涵盖的是顺序、步骤、时限等各个方面。其焦点问题和正向衔接类似,即聚焦于移不移、移什么、怎么移以及移送之后四个方面。②

一、反向衔接审查要点

(一)处罚法定性审查

反向衔接案件的双重违法性要求在被不起诉人被定罪但不处罚后,其刑事违法性转为行政违法性判断。行政处罚与刑事处罚,本质上都属于公法规定的处罚范畴,从法律属性上来看,可以互相转化、替代、衔接。比如,二者施加的前提都要求违法者主观上有过错,客观上实施了违法犯罪行为。③ 反向衔接需要明确是否有明确的行政处罚依据。④

1.反向衔接中行政法规和刑法存在一定程度的对接缺位。行政违法行为的构成要件参照的是各个部门法以及行政处罚法的相关规定,而刑事犯罪构成要件则是依据刑法总则和分则予以明确。行政法规和刑法在同一行为的构成要件上就存在差异。一是相关描述存在对接差异。例如,我国《刑法》第128条规定,非法持有、私藏枪支、弹药的,处3年以下有期徒刑、拘役或者管制;情节严重的,处3年以上7年以下有期徒刑。而我国《治安管理处罚法》第32条规定,非法携带枪支、弹药或者弩、匕首等国家规定的管制器具的,处5日以下拘留,可以并处500元以下罚款;情节较轻的,处警告或者200元以下罚款。刑法上对构成要件的描述是"持有",而行政处罚上对构成要件的描述是"携带"。最高人民法院《关于审理非法制造、买卖、运输枪支、弹药、爆炸物等刑事案件具体应用法律若干问题的解释》以并列条款对"非法持有"和"非法携带"进行规定。在反向衔接的过程中,非法持有枪支刑事犯罪相对不起诉的个人,其具体的"非法持有"刑事违法行为也许并不能直接套用具有"非法携带"行政违法的

---

① 参见刘艺:《检察机关在行刑反向衔接监督机制中的作用与职责》,载《国家检察官学院学报》2024年第2期。
② 参见练育强:《完善行政执法与刑事司法衔接机制之反思》,法律出版社2017年版,第57页。
③ 参见张杰:《行刑衔接视阈下轻罪出罪路径优化探析》,载《法学论坛》2024年第2期。
④ 参见宋华琳:《药品执法领域的行刑反向衔接》,载《国家检察官学院学报》2024年第2期。

条文。二是犯罪构成要件可能触及不同部门法行为。比如,在帮助信息网络犯罪活动案件中,可以发现帮助信息网络犯罪活动罪因其刑法条文构成要件中"为信息网络犯罪提供技术支持、广告推广、支付结算等帮助"的描述,在行政违法领域可以解构成不同的行政违法类型,其行为可能违反的是《网络安全法》,具有侵犯个人信息行为、非法侵入网络扰乱功能秩序的行为、非法设立通信群组传输违法信息等不同行为,也有可能违反《反电信网络诈骗法》规定的出租出售"两卡"、虚拟币洗钱、非法制作提供软件程序等行为。甚至单一刑事犯罪行为同时触犯了不同的行政法律法规,构成竞合的情形。因此,对于不同罪名、不同行为需要审慎辨析适用行政违法的具体情形。对于行政法规和刑法对接缺位的情况,难免就需要行政检察部门动用调查核实权,对具体的行为要件和证据进行调查核实。三是刑法入罪而相关行政法规缺乏明确的规定。例如非国家工作人员受贿,《刑法》第 163 条对该行为的入罪情形和构成要件做了明确规定。而对于非国家工作人员受贿的行政违法性认定,除了《药品管理法》《旅游法》《保险法》等少数法律的特定领域和情形对收取贿赂、为他人牟取不当利益等做了明确的处罚规定,对大量的非国家工作人员受贿的行为将无法进行行政违法的评价。在主观要件方面,2021 年修订的《行政处罚法》在法律上确立的行政处罚过错推定制度,便是出于行政成本和效率的考量,当事人主动收集的证据足以证明其没有主观过错,行政机关才能不予以行政处罚。①

此外,修改后的《行政处罚法》确立"轻微不罚""初次不罚""无错不罚"的制度。无错不罚是指依据《行政处罚法》第 33 条第 2 款的规定,"当事人有证据足以证明没有主观过错的,不予行政处罚。法律、行政法规另有规定的,从其规定"。该情况多集中在法定不起诉案件和存疑不起诉案件中,对被不起诉人主观违法故意能够明确排除的或者存在疑点的,缺乏行政处罚合法性基础,均应不建议给予处罚。此类不予处罚情形还包括了证据排除或认定违法的证据不足导致的合法性缺失的情形。

2. 反向衔接中行政和刑事领域的处罚时效和管辖权有不同规定。刑事案件的追诉时效通常为 5 年到 20 年不等。根据《行政处罚法》第 36 条的规定,违

---

① 参见张孟春、王泽斌:《不仅是一种机制——行刑反向衔接的反思与修正》,载《河北青年管理干部学院学报》2024 年第 3 期。

法行为在 2 年内未被发现的,不再给予行政处罚,涉及公民生命健康安全、金融安全且有危害后果的,上述期限延长至 5 年;然而,违反治安管理的行为适用《治安管理处罚法》第 22 条的规定,在 6 个月内没有被公安机关发现的,不再处罚。行政处罚时效的起算,需要结合刑事案件发、破案和正向衔接等情况,准确认定违法行为"发现"之日的起算点,关注违法行为是否有连续或者继续的状态。实践中办案机关发现刑事案件线索的期限经常超过两年或者半年的,导致刑事案件在追诉时效之内而行政处罚则超出了处罚时效。我国《刑事诉讼法》的属地管辖规定刑事案件由犯罪地人民法院管辖,被告人居住地管辖更适宜的,可以由被告人居住地管辖,司法实践中也有不少因关联案件而并案处理的情形。《行政处罚法》规定行政处罚由违法行为发生地的行政机关管辖。刑事和行政管辖差异和区分,必然会导致反向衔接异地移送的问题。

3. 反向衔接案件中除了对涉案被不起诉人主体的行政违法审查,还需关注许多不起诉案件相关责任主体需要承担的"关联罚"。"关联罚"是指由一起不起诉案件的被不起诉人相关联违法行为,或者其他关联人员或单位行政违法行为,在反向衔接过程中被发现并需要追责处罚的情形。反向衔接中关联罚的情形,本质上并不是对刑事不起诉案件的追加评价,而是对于其他关联行政违法行为的评价措施。[①] 例如,在赌博罪、开设赌场罪中,对于协助人员或者参与了赌博的人员,在刑事案件中未进行处置的,反向衔接过程中可以一并依照《治安管理处罚法》第 70 条的规定,处拘留、罚款等行政处罚。在骗取医疗保障基金的诈骗案件中,通常会对行为较轻微或具有其他从轻、减轻处罚情节的行为人决定相对不起诉,而对于骗取医疗保障基金的关联医疗机构和相关主体,如果未能尽到合理的审查和监管使用义务,同样需要按照《医疗保障基金使用监督管理条例》进行处罚。还有诸如在帮助信息网络犯罪活动罪行刑反向衔接案例中,对于电信业务经营者、互联网服务提供者、金融服务提供者违反《反电信网络诈骗法》规定,未落实相关规定,未履行登记、核验、检测识别、风险评估等职责的情形,可以再建议行政主管机关根据情节轻重责令暂停相关业务、停业整顿、吊销相关业务许可证或者吊销营业执照,对其直接负责的主管人员和其他

---

① 参见尚帅帅、张薰尹:《"行刑反向衔接"中的行政违法行为监督》,载《中国检察官》2023 年第 21 期。

直接责任人员处以罚款。

(二)处罚必要性审查

行刑反向衔接工作的重点之一就是对是否有处罚的必要作审查也被称为处罚的"必要性"或"需罚性"审查。最高人民检察院《关于推进行政执法与刑事司法衔接工作规定》第8条规定,人民检察院决定不起诉的案件,应当同时审查是否需要对被不起诉人给予行政处罚。2024年7月开班的大检察官研讨班也强调了要规范办理行刑反向衔接案件,坚持实事求是、依法监督、严格把握"必要性"的原则,①其中就包含了严格审视是否有处罚必要的深刻内涵,应是对行政违法行为是否"值得处罚"的实质性评价,指向的是参与社会治理,均衡惩戒体系的价值功能和作用。反向衔接的处罚必要性审查,根据不同的情况可以分为下面几类:

1. 轻微违法型。"轻微不罚"是指依据《行政处罚法》第33条第1款第一句规定,对于"违法行为轻微并及时纠正,没有造成危害后果的,不予行政处罚"。而"初次不罚"是指依据《行政处罚法》第33条第1款第二句规定,对于"初次违法且危害后果轻微并及时改正的,可以不予行政处罚"。② 以上两种情形均是在审查时发现存在轻微违法型行为,而评价为无处罚必要性。其突出的是社会治理的教育矫治功能,可以通过教育等平和手段实现治理目的,尽量避免处罚或者减少处罚。《治安管理处罚法》第19条也规定了对于违反治安管理情节特别轻微的,可以减轻处罚或者不予处罚。此外,对于一些自主投案、有立功表现等的行为人,综合考评其行为性质,达到轻微违法程度的也可以依据减轻、从轻等情节不予处罚。

2. 特殊主体型。根据最高人民法院《关于贯彻宽严相济刑事政策的若干意见》,对于特殊主体和人群,都是以教育、感化和挽救的方针为主。《治安管理处罚法》第21条就规定了违反治安管理行为人有下列情形之一,不予执行行政拘留的处罚:已满14周岁不满16周岁的;已满16周岁不满18周岁,初次违反治安管理的;70周岁以上的;怀孕或者哺乳自己不满1周岁婴儿的。《行政处罚法》也规定未满14周岁的行为人以及精神病人、智力残疾人在不能辨认或者不

---

① 参见《严格把握"可处罚性"原则 做实行刑反向衔接工作》,载最高人民检察院网,https://www.spp.gov.cn/spp/zdgz/202409/t20240911_665843.shtml。

② 参见张璐、王绍莉、杨轩兴:《以提升检察意见质量强化行刑反向衔接的路径》,载《中国检察官》2024年第1期。

能控制自己行为时有违法行为的,不予行政处罚。

3.法益修复型。根据《反向衔接指引》第9条的规定,初次违法且后果轻微并及时改正的;主动消除或者减轻违法行为危害后果的;已经予以训诫或责令具结悔过、赔礼道歉、赔偿损失的;当事人达成刑事和解或者情节轻微并获得被害人谅解的,可以不提出给予处罚的检察意见。足可见,并不是所有相对不起诉案件均都建议给予相应的行政处罚或处分等,而是要结合具体案件的行为性质、客观情节、社会危害性、预防必要性和再犯可能性等综合进行评价和审查。[①]特别是对一些已经修复了社会法益侵害的案件,则要慎重考虑处罚必要性。例如,邻里纠纷引发的故意伤害案件,当事双方已经达成和解,则没有继续移交建议行政处罚的必要。此外,还有一些积极赔偿违法行为侵害对象、积极获得谅解的行为人,如若一律移送建议给予行政处罚,非但起不到教育、惩戒相结合的社会治理效果,反而会进一步激化矛盾,与积极修复法益侵害的表现相抵销,起不到优化治理、综合履职的社会效果、法治效果。

4.重复评价型。在反向衔接案件中,还需要遵循"一事不二罚"原则和比例原则,避免出现重复评价和过度处罚的情形,需与行为的法益侵害性及预防必要性成比例。例如,在刑事和解过程中已经对被害人进行赔偿,被害人也已经接受并表示谅解,就没有必要在宣布不起诉或免除刑罚宣判时再责令被不起诉人、被告人赔偿损失。[②]在案件侦查过程中,已经被刑事拘留的犯罪嫌疑人、被告人,在相对不起诉决定宣布或免除刑罚宣判时就没有必要再建议行政机关给予限制人身自由的处罚。

对于反向衔接案件中处罚必要性的考察,可以加强对行为人刑事程序完毕后的法治教育和矫治考察,探索被不起诉人自愿参加社会公益服务、修复犯罪受损法益等作为是否提出给予行政处罚检察意见的重要参考内容。贯彻宽严相济的刑事政策,促进"处罚"和"治理"并重,依托行政检察职能建立"处罚必要性矫治考察与评估机制"。行政检察部门办理行刑反向衔接案件中,利用并委托第三方机构,如司法局、社区矫正中心等,对行政违法的被不起诉人开展社会公益服务、法治学习、心理疏导等矫治考察与评估,行政检察部门依据考察和

---

① 参见李勇、丁亚男:《检察环节行刑反向衔接类型化规则建构》,载《中国检察官》2024年第5期。
② 参见李勇、丁亚男:《检察环节行刑反向衔接类型化规则建构》,载《中国检察官》2024年第5期。

评估的结果审查是否有必要对被不起诉人提出行政处罚的意见。依托反向衔接处罚必要性审查的职能，充分确保行政违法行为"罚当其责"，积极探索并做好不起诉决定"后半篇文章"，确保行刑反向衔接法律监督质效的不断提升。通过参与社会公益服务、接受法治教育，从"犯罪者"变成"守法者""尊法者"，通过自我改造，有针对性地修复受损的社会关系，同时对身边人也能产生必要的警示教育。借助于参与社区矫治的举措，最终实现"办理一案，教育一片"的良好效果。

（三）可操作性审查

在反向衔接审查过程中，除处罚法定性和处罚必要性的判断外，还需要关注行政执法现实能否落地的问题，这里笔者称其为可操作性审查。因现实执法客观状况导致的无法推进落实反向衔接行政处罚的情形，主要包含三个方面：一是因行政处罚机构而导致的无处罚实现性。以税务稽查部门为例，税务稽查部门实务操作中对于虚开增值税专用发票案件的行政违法立案通常只以公司为立案处罚的对象，而对于个人虚开或者介绍他人虚开的情形则一般不予立案。对于涉及非法集资的违法行为，根据国务院 2021 年 2 月颁布的《防范和处置非法集资条例》，其中法律责任章节规定了由"处置非法集资牵头部门"对不同的违法行为作出处罚，而《防范和处置非法集资条例》第 5 条规定：省、自治区、直辖市人民政府对本行政区域内防范和处置非法集资工作负总责，地方各级人民政府应当建立健全政府统一领导的防范和处置非法集资工作机制。县级以上地方人民政府应当明确防范和处置非法集资工作机制的牵头部门。现实中许多区县一级的政府并未明确该牵头部门，直接导致了非法集资的违法行为虽然有处罚依据，但是缺乏衔接和移送的主管部门。甚至一些行政主管部门会直接以违法行为普遍存在，缺乏处罚必要性为由，拒绝接收移送的线索案件。二是因处罚对象的特殊情况，可以预计的处罚难落地。例如，一些需要给予罚款处罚的反向衔接被不起诉人，由于经济困难或遭受重大变故，并不具有缴纳罚金的客观能力，而且给予行政处罚也可能导致激化社会矛盾等，因此在反向衔接审查过程中同样需要注意处罚建议提出后客观上实现的可能性。三是可能出现"行刑倒挂"的情形。① 在刑事案件不起诉后，对被不起诉人衔接行政处

---

① 参见王晓东、罗灿：《完善行政执法与刑事司法反向衔接机制的司法展开——以刑法谦抑性为视角兼论企业合规改革》，载《法律适用》2023 年第 4 期。

罚程序,可能导致处罚的结果要重于刑事处罚。例如,在食品、药品行政案件领域,根据《食品安全法》《药品管理法》的规定即便是涉案金额较小,危害不大的案件,其行政处罚也可能面临数百万元的罚款,造成"小过重罚"。

二、反向衔接的文书制作和证据转化

(一)检察意见书和检察建议

《意见》中明确了刑事检察部门作出不起诉决定后,审查是否需要对被不起诉人作出行政处罚,需要给予处罚的,向同级行政机关提出检察意见。而检察机关后续对行政主管部门行使职权的行为进行监督,并制发检察建议督促其纠正。检察机关出具的检察意见书和检察建议,其制作依据、内容和作用均不同。[①] 根据《刑事诉讼法》的规定,检察意见书是对刑事诉讼中的被不起诉人需要作出行政处罚、处分或者需要没收违法所得的情形提出建议。而目前反向衔接中仅仅是针对"行政处罚"而言,需要行政处分抑或是党务处分的情况尚未被归入反向衔接的范畴中。而检察建议更多体现为法律监督,内容涉及了社会治理、依法行政等各个领域。实践中出现行政行为是否属于行政处罚不明确导致的检察意见和检察建议混用的情况。[②] 对于刑事程序中被不起诉人违法所得应当没收而尚未没收,在反向衔接的过程是否可以一并由行政检察部门出具检察意见书,该情形仍需要进行明确。目前司法实践中,有的检察意见书中列明了对行政违法行为的从轻、从重或者加重等情节,有的检察意见书中对违法行为的处罚类型和程度进行明确。实践中有行政主管部门认为,相关刑事案件已经因为自首、坦白、退赔等情节作出不起诉决定的,处置程序降格到了行政处罚,如果再次以相同情节认定行政处罚上的减轻、从轻,明显违背了过罚相当的原则;因此反向衔接后需按照行政处罚的最高档进行,不应采纳从轻、减轻等情节的适用。但事实上许多行政处罚设置了高额的处罚金额,如果简单的以高档的行政处罚代替低档的刑事处罚,同样可能导致小错重罚的情况出现。因此在制发检察意见中仅仅引用相关法律条文,在处罚理由和行政机关的要求部分表

[①] 参见尚帅帅、张蕙尹:《"行刑反向衔接"中的行政违法行为监督》,载《中国检察官》2023 年第 21 期。

[②] 参见张璇、王绍莉、杨轩兴:《以提升检察意见质量强化行刑反向衔接的路径》,载《中国检察官》2024 年第 1 期。

述不准确，直接影响后续行政执法机关对检察意见书的处置和对接。① 而检察意见的监督为软性监督的建议权，并不具有强制约束力，行政机关对违法行为的判断和裁量权具有优先性，对于从轻、减轻的适用如存在法律认识的不同，同样会影响行政机关对检察意见书的接受度。执法实践中，不同部门在执法过程中存在不同的裁量标准和适用标准问题，检察机关除参考行政处罚的具体规定之外，还需要考量不同领域的行政处罚裁量基准和执法实践操作等问题。

（二）证据移送和转化问题

《行政处罚法》第 27 条规定，行政处罚实施机关与司法机关之间应当加强协调配合，建立健全案件移送制度，加强证据材料移交、接收衔接，完善案件处理信息通报机制。目前，对于证据的接收和移送也只是较为原则性的规定。在行刑正向衔接的过程中，刑事审判程序中对于行政案件中的相关证据需要进行转化适用，而反向衔接同样面临着刑事证据能否直接由行政机关适用的问题。②

有观点认为，刑事案件证据可以直接用于行政案件。③ 刑事案件的证据标准和证明效力高于行政执法案件，当然可以直接予以适用和采纳。也有观点认为，行政处罚的采集、种类和标准不尽相同，不宜直接予以适用。首先，从证据收集主体来看，《刑事诉讼法》规定，刑事案件收集主体是审判人员、检察人员以及侦查人员，虽然"行政机关在行政执法和查办案件过程中收集的物证、书证、视听资料、电子数据等证据材料，在刑事诉讼中可以作为证据使用"，这仅仅是对于正向衔接方面的规定，而对于反向衔接中刑事证据能否直接作为行政处罚证据使用，并无明确规定。出现上述问题的原因主要是我国目前没有一部专门调整"行刑衔接"的法律，这导致立法分散，带来一系列问题，故亟需进行专门立法予以调整和规制。对于证据如何移送载体的问题，刑事案件不起诉后相关卷宗和证据材料需要移送退回给公安机关。相关刑事案件的证据材料不能移交给行政机关，司法实践中有的是以复印件的形式进行转交，有的是直接将证据材料电子刻盘转化形式移送。其次，《刑事诉讼法》与 2021 年修订的《行政处罚

---

① 参见张璇、王绍莉、杨轩兴：《以提升检察意见质量强化行刑反向衔接的路径》，载《中国检察官》2024 年第 1 期。
② 参见常永栋、姚弘韬：《行刑反向衔接的法律适用和证据转化》，载《人民检察》2024 年第 7 期。
③ 参见常永栋、姚弘韬：《行刑反向衔接的法律适用和证据转化》，载《人民检察》2024 年第 7 期。

法》规定的证据种类不同。《刑事诉讼法》第 50 条规定了 8 种证据种类,其中检查、辨认、侦查实验等笔录是刑事证据特有的种类。2021 年修订的《行政处罚法》第 46 条规定的证据种类中不同于《刑事诉讼法》的主要是现场笔录,其作为行政机关收集的一种特殊的证据,在我国《刑事诉讼法》中很难找到一种完全与之对应的证据名称。除此之外,环保、食品药品、安全生产、知识产权等各领域规范性文件规定的可以转化作为证据使用的证据种类与《刑事诉讼法》规定不完全一致,各领域之间的证据种类规定也并不统一。比如,2019 年发布并实施的《安全生产行政执法与刑事司法衔接工作办法》,其中规定的可转化的证据种类除《刑事诉讼法》列举的 4 种之外,还有检验报告、鉴定意见、勘验笔录、检查笔录等以及经依法批复的事故调查报告。《环境保护行政执法与刑事司法衔接工作办法》对此又作出了不同的规定,其中监测报告是其独有的可转化的证据种类。知识产权案件"行刑衔接"问题越来越突出,但是相关规定中可转化的证据种类也与上述规范不同。我国对于行政机关收集或者制作的能够转化为刑事证据的证据种类规定与《刑事诉讼法》规定是不统一的,而且各领域法律、法规、规章规定也不尽相同。[①] 最后,对于行政和刑事的证据认定标准也不尽相同。[②] 刑事案件中采用的标准是非法证据排除,如"采用刑讯逼供等非法方法收集的犯罪嫌疑人、被告人供述和采用暴力、威胁等非法方法收集的证人证言、被害人陈述,应当予以排除"。《行政处罚法》明确规定了"以非法手段取得的证据,不得作为认定案件事实的根据",但是"非法手段"比较难界定,根据最高人民法院《关于行政诉讼证据若干问题的规定》,"非法手段"应指的是严重违反法定程序收集证据。刑事和行政领域对于非法证据的排除规则并不相同,认定标准的差异也导致反向衔接的困难和障碍。

三、反向衔接管辖和流转障碍

行政执法的立案和刑事司法的立案,通常是根据属地原则来确定管辖,由违法行为和犯罪行为地的相应机关立案查处。移送给谁的问题,就涉及行政违法行为的适格主管部门的审查确定。通常情况下,一行为触犯了行政法规需要

[①] 参见谷春柳:《行刑有效衔接路径研究》,燕山大学 2023 年硕士学位论文,第 15 页。
[②] 参见练育强:《完善行政执法与刑事司法衔接机制之反思》,法律出版社 2017 年版,第 64 页。

予以行政处罚,又触犯刑事法律需要予以刑事处罚,从管辖流转的角度看不存在障碍和问题,只需将检察意见书移送给同级的行政主管部门即可。然而现实中存在诸多移送和对接机制的问题。

(一)执法管辖对接缺位

反向衔接线索应移送给有处罚权的行政主管部门,而现实中侦查机关和行政处罚机关往往并不一致。例如在海关走私案件中,涉检案件和涉知识产权案件,侦查机关为海关缉私局,而行政处罚的主管机关却是海关部门。涉税和市场监督管理的案件,侦查机关是公安机关而行政处罚机关确实税务稽查局和市场监督管理局。行政执法过程中经常出现"多龙治水"的现象。在非法集资类案件中,因法律规定的较为宽泛,实践中无法明确"处置牵头部门",同样导致行政处罚无法实际落地。

对于一些特殊领域,无论是行政违法行为还是刑事犯罪行为,要确定违法行为地或犯罪地都是不容易的,如金融领域、证券期货等虚拟经济、网络经济等方面,法律上对金融领域的行政执法和刑事司法的管辖作了特殊规定。① 以证券领域的犯罪和违法衔接为例,证券领域犯罪行为的立案管辖,根据《最高人民法院、最高人民检察院、公安部关于公安部证券犯罪侦查局直属分局办理经济犯罪案件适用刑事诉讼程序若干问题的通知》,由公安部证券犯罪侦查局直属分局行使《刑事诉讼法》赋予公安机关的刑事侦查权,按管辖区域立案侦查公安部交办的证券领域以及其他领域重大经济犯罪案件。不同省份的案件,分别归属直属的第一、第二、第三分局。行政处罚管辖方面,《中华人民共和国证券法》(以下简称《证券法》)第7条将全国证券市场的集中统一监督管理的职权赋予了国务院证券监督管理机构,即中国证券监督管理委员会,可以根据需要设立派出机构,派出机构按照授权履行监督管理职责。《证券法》第169条明确了证券监督管理机构的职责之一是"依法对证券违法行为进行查处"。《中国证券监督管理委员会派出机构行政处罚试点工作规定》规定,除大案要案、复杂疑难案件以及其他可能对当事人权益造成重大影响的案件仍由证监会机关负责审理外,36家派出机构将按照规定对管辖范围内的自立自办案件进行审理,实施行政处罚。因此,证券领域的行政执法管辖的设定并不是完全按照属地原则来确

---

① 参见练育强:《完善行政执法与刑事司法衔接机制之反思》,法律出版社2017年版,第67页。

定,而是根据案件的复杂程度在证监会与派出机构之间进行管辖分级,然后再根据属地原则在派出机构之间进行立案管辖划分。在涉税刑事案件管辖方面,由税务登记机关所在地县级以上公安机关管辖,或是由开票企业税务登记机关所在地县级以上公安机关管辖。而税务行政违法行为同样具有复杂性。例如,违法行为发生在某地,但是处罚不如在登记所在地有利;有些案件属于基层税务机关管辖,但是案情复杂甚至跨越行政区域,除实施属地管辖的一般原则和级别管辖的划分之外,税务行政处罚还有一些特殊规定,两个以上税务机关都具有管辖权的,需由税务机关协商确定,不能确定取得一致意见的,则由共同上一级税务机关指定管辖。此外,当下税务行政机关开始试行税务稽查的集中管辖,涉税案件行政处罚通常由设立的各税务稽查局统一进行行政处罚,而税务稽查局通常和基层检察院级别并不一致,反向衔接中需要向同级行政主管部门移送线索,因此移送的级别的确定也成为相关涉税反向衔接案件中的衔接障碍。

(二)异地处罚问题障碍

因为刑事和行政管辖的差异,难免出现刑事案件在本地有管辖权,而行政违法行为需要移送异地立案的情形,对检察意见和相关证据的移送以及和行政执法部门的沟通产生了障碍和困难。《反向衔接指引》第18条对异地提出检察建议作出了规定,需要书面征求行政主管机关所在地同级人民检察院的意见,所在地同级人民检察院应当在15个工作日内书面回复是否同意提出检察意见,如果意见不一致则需要层报共同的上级人民检察院决定。被不起诉人经查居住地为异地时,在作出不起诉决定后,公安机关通常会解除取保候审的强制措施。在反向衔接办案期间,被不起诉人已经离开当地或是无法联系上的,不利于后续行政执法机关调查核实证据、作出处罚措施。

(三)线索移送流转滞涩

行政检察部门目前是行刑反向衔接的归口和审查办案部门,案件线索主要源于刑事检察部门对不起诉案件提出的移送线索和处罚意见。刑事检察部门适用认罪认罚从宽和犯罪嫌疑人进行控辩协商,如果在办案期间对其强调后续反向衔接的行政处罚,会影响犯罪嫌疑人对认罪认罚结果的判断,导致对认罪态度的反复。因此,刑事检察部门承办人更加倾向于较少行政处罚对刑事案件办理的影响。例如,在故意伤害案件中,刑事检察部门要促使犯罪嫌疑人和被害人双方和解做出大量工作,犯罪嫌疑人同意赔偿悔改后作出不起诉的决定,刑事检察部门也多倾向于作出不予处罚的意见。行政检察部门在未了解案件及书面审查的情况下,多倾向于被不起诉人仍需承担行政处罚。而根据《反向衔接指引》关于分工和内部移送的规定,刑事检察部门对决定不起诉的案件,一律移送行政检察部门,也就是说,无论刑事检察部门是否建议处罚,其均需要移送行政检察部门进行归口审查,也就导致了刑事检察部门对反向衔接第一道处罚合法性和必要性审查过滤的忽视。刑事检察部门经常未明确处罚时效和处罚依据而出现一律建议给予行政处罚的情况;也出现衔接沟通不畅,未在审查报告中列明一些行政处罚从轻、从重情节的事项,导致内部流转和衔接出现障碍和滞涩的情况。

（四）移送标准和认识差异

由于制发检察意见的判断具有较轻的主观判断成分,实践中不同承办人对同类违法行为存在不同的理解。[1] 以虚开增值税专用发票罪为例,就有对已经补缴税款的被不起诉人是否需要提出行政处罚的争议,而即便检察机关提供处罚的意见,行政机关也会对是否需要再次处罚作出判断,产生不同的认识。该情况也经常导致相同违法情形有不同处理的结果。这也对保证执法司法公正运行,社会效果统一造成一定的影响。也有学者提出了行刑反向衔接过程中存在类型化审查的问题,针对相对不起诉、绝对不起诉、存疑不起诉、附条件不起诉等不同情形审查处罚必要性和合法性问题。

反向衔接目前仍处于拓展起步阶段,行政机关和检察机关对其重要性仍存在认识性不足的问题。检察机关通常认识中依然不将反向衔接的移送和监督问题作为检察机关的主责主业,重视的程度有限。而行政执法机关同样对检察机关的移送线索认识不足,通常抱有抵触和消极的态度。此外,反向衔接对接各个不同的部门,检察机关对各条线行政执法机构的衔接和推进进度不足,不同的机关对反向衔接的积极性和主动性不尽相同,发展并不平衡。[2]

---

[1] 参见王春丽、邓翡斐、沈梦昕:《"行刑"反向衔接的实践难点及对策思考》,载《上海公安学院学报》2024年第2期。

[2] 参见王春丽、邓翡斐、沈梦昕:《"行刑"反向衔接的实践难点及对策思考》,载《上海公安学院学报》2024年第2期。

四、移送后跟进监督问题

（一）回复期限与行政执法办案期限的差异

目前实践中，检察机关在检察意见书中通常要求行政主管部门在收到线索后的两个月内回复处置结果。根据《行政处罚法》第 60 条的规定，行政机关应当自行政处罚案件立案之日起 90 日内作出行政处罚决定。《市场监督管理行政处罚程序规定》第 64 条则规定了适用普通程序办理的案件应当自立案之日起 90 日内作出处理决定。因案情复杂或者其他原因，不能在规定期限内作出处理决定的，经市场监督管理部门负责人批准，可以延长 30 日。案情特别复杂或者有其他特殊情况，经延期仍不能作出处理决定的，应当由市场监督管理部门负责人集体讨论决定是否继续延期，决定继续延期的，应当同时确定延长的合理期限。行政机关常以回复期限短于法定的行政执法办案期限为由，反映无法在两个月内回复，这也造成了后续回复监督的障碍，最新出台的《行刑衔接工作指引》也适时将行政机关的回复时间调整为 90 日。

"行刑衔接"中还涉及案件在不起诉后反向衔接倒流回行政执法机关，此前行政主管部门已经立案并进行先期调查的，相关的日期是否应在办案期限内扣除的问题，以及已经过刑事程序办理的相关期限是否应缩减等问题，目前均无规定予以确认。

（二）缺乏后续监督刚性

反向衔接制度设置的目的是通过移送案件、审查核实及督促纠正等司法活动实现被不起诉人行政责任的承担，并确保行政机关依法履职。"行刑反向衔接"的实现，有赖于检察机关法律监督职责在反向衔接全流程中的落实。[1] 目前对于反向衔接采取的是"检察意见+检察建议"递进式监督，检察意见源于《刑事诉讼法》，之后《人民检察院检察建议工作规定》再次重申，需要对被不起诉人给予行政处罚、处分或者需要没收其违法所得的，检察机关可以提出检察建议。但是对照《人民检察院检察建议工作规定》第 11 条关于检察建议的规定，需要给予有关涉案人员、责任人员或者组织行政处罚、政务处分、行业惩戒的，可以提出检察建议。检察意见和检察建议均属于柔性监督，本质上属于建议权，对

---

[1] 参见尚帅帅、张蕙尹：《"行刑反向衔接"中的行政违法行为监督》，载《中国检察官》2023 年第 21 期。

于行政机关是否采纳检察意见内容无强制监督效力。1982年《宪法》在法律上明确规定了检察机关的性质，即"国家的法律监督机关"，但是《人民检察院组织法》第20条却取消了检察机关实施一般法律监督的职责，并不赋予对行政执法机关的一般监督权。检察机关在发出检察建议的监督督促文书后，行政机关无回应的，同样没有有效反制的手段。

第四节　反向衔接问题分析化解建议

一、存在的问题

（一）相关规定细则尚未完善

2021年《行政处罚法》修订后，第27条增加了关于反向移送的规定，但是没有相应的具体细则进行匹配。缺少相应的操作细则必然导致后续监督和衔接的难度增大。需要指出的是，行刑反向衔接制度目前只有2021年最高人民检察院《关于推进行政执法与刑事司法衔接工作的规定》以及2023年《意见》对检察机关行刑反向衔接提出了较为明确的要求，但是从文件的效力位阶属性上看，对于行政执法机关都缺少约束力，由于立法配套及操作细则的缺失，目前行刑反向移送的案件监督难以做到双向规范。行刑反向衔接缺少统一的立法，缺少有效的顶层设计机制，而针对不同的行政违法行为涉及的行政法规、规范性文件众多且分散。此外，"行刑衔接"的证据转化适用、案件移送规则、后续监督履职等均缺乏明确的法律依据，反向衔接机制的流畅运转还需进一步的制度和法律配套予以实现。因为立法配套相对欠缺，行刑反向衔接操作中也存在随意性大、自由裁量的范围大、检察意见处罚依据不明确等问题。实践中反向移送工作缺乏统一的标准；刑事检察部门对不起诉案件一律移送线索，不考虑行政处罚依据、时效等问题；行政执法机关对反向移送的线索和情况缺乏了解及关注度；有的行政机关在收到检察意见后，处罚标准和尺度不一。行刑反向衔接制度供给上存在欠缺[1]，亟须在法律和

---

[1] 参见张孟春、王泽斌：《不仅是一种机制——行刑反向衔接的反思与修正》，载《河北青年管理干部学院学报》2024年第3期。

细则上予以明确规定，规范处罚种类、从轻、减轻、从重甚至单罚和双罚等情节的适用，防止出现类似情形有轻重不同的处罚结果，不断完善查办标准和证据翔实程度，避免出现模棱两可、随意裁量等情况，为后期顺利移送行政机关扫清规范障碍。

(二)移送衔接机制未能有效衔接

行政执法机关和刑事司法机关之间，天然存在协作和信息沟通的壁垒。行政执法机关对于违法行为的线索移送、规范化文件适用、处罚与否、处罚自由裁量情形、轻重裁量适用等情况具有更强的专业性和指导性。行政执法机关也普遍对于反向衔接制度积极性不高，"行刑衔接"的信息壁垒问题客观存在，已有的行政处罚信息，行政执法流程、尺度和证据标准问题均缺乏顺畅沟通渠道。因为反向衔接中检察机关需要衔接多个部门的行政机关，案件咨询机制、联席会议、信息共享平台等未有统一的衔接配套措施。反向衔接的行政违法行为监督采用的是递进监督。[1] 行政机关天然对检察机关外部法律监督抵触，在跟进监督的过程中必然导致衔接机制的有效运用存在障碍。而随着各项会签机制、合作模式的开展，如何有效沟通行刑两方、开展高效顺畅的协作达到最终共赢、双赢的良好效果，是反向衔接后续重点施力的方向。

(三)反向衔接认识和重视程度不足

从实践情况看，无论司法机关还是行政执法机关，对反向衔接的重要性认识依然不够。[2] 一是有执法、办案任务过重难以顾及的实践现状，对于行政处罚法律认识存在分歧的情况。检察机关先后出台了一系列文件，在各项重点工作部署中强调了"行刑衔接"工作的重要性。就目前该项工作的推进情况来看，除检察机关外，司法行政部门、市场监督管理部门、环保部门等单位参与"行刑衔接"的主动性和积极性较高，其他机关参与的程度则有一定差距，这也导致反向衔接发展不平衡。广义上，侦查阶段和审判阶段的终局性处置，均可以进行反向衔接。而对于免予刑事处罚或者作出无罪判决的案件，承办法官少有反向移

---

[1] 参见尚帅帅、张薰尹：《"行刑反向衔接"中的行政违法行为监督》，载《中国检察官》2023年第21期。

[2] 参见王春丽、邓翡斐、沈梦昕：《"行刑"反向衔接的实践难点及对策思考》，载《上海公安学院学报》2024年第2期。

送行政机关再次予以行政处理。① 公安等侦查机关对于不构成犯罪的案件通常也倾向于结案处置，而较少移送行政处罚。二是检察机关内部对于反向衔接的认知也存在不足，实践中多把检察意见的移送等同于信息或线索的转交，而非案件有机衔接，对于行政机关是否立案、是否依法作出行政处罚也无后续跟踪监督。三是基层检察院因为办案压力而导致反向衔接实质性审查不足，对于相应行政违法行为的监督延伸积极性不足。

二、具体化解完善的建议分析

(一) 强化检察主导下的反向衔接体系

在现有制度框架下，反向衔接面临的阻力与困难远超正向衔接。"行刑衔接"的顺利运行需要主导机制和整体认知的支撑。当下需要通过发挥检察法律监督职能，促进行政执法部门与刑事司法部门对反向衔接的整体认知，建立起由检察主导的整体反向衔接机制，推动"行刑衔接"的健全发展。我国行、刑分设的法律架构模式天然地具有跨法域性，必然要求有统一的监督和督促主体，以促进机制有效、顺畅运行。《行政执法机关移送涉嫌犯罪案件的规定》也赋予了人民检察院在"行刑衔接"工作中一定的监督职能，但是对于反向衔接而言并没有在《人民检察院组织法》等层面赋予一般监督权限，但是检察机关为宪法明确的法律监督机关，也只有检察机关可以在行政执法和刑事司法的整体层面上开展监督，确保衔接工作的真正开展。

此外，需要进一步加强顶层设计，由最高人民检察院出台关于反向衔接更加详细的指引和细则，对反向衔接的职能定位、适用条件、责任主体及衔接程序等内容作出具体明确的规定。

(二) 增强行刑沟通和内外协作

行刑反向衔接的高效运行，离不开刑事司法和行政执法的沟通互联和协调配合。首先，需要加快衔接平台的构建，打通数据壁垒，拓展衔接机制的有效路径。充分利用信息共享平台既能够节约移送成本，也有利于检察机关拓宽案件线索发现渠道，保证检察意见或检察建议的及时性、准确性和针对性。其次，通

---

① 参见王春丽、邓翡斐、沈梦昕：《"行刑"反向衔接的实践难点及对策思考》，载《上海公安学院学报》2024 年第 2 期。

过"府检联动"有效搭建沟通协作平台。明确对不履行信息共享职责的责任追究机制、将移送前通报检察机关作为规定动作的通报前置程序,从而打通案件信息获取渠道,扭转正向衔接中检察机关的被动地位。

"行刑衔接"机制的完善不仅需要善用外部动能,更需要理顺内部势能。应当立足检察机关在行刑双向衔接中的职能,提升对反向衔接重要性的认识,尤其不可与单纯的内部线索移送行为混淆。不断更新监督理念,充分整合"四大检察"监督力量。在开展反向衔接工作中,由行政检察部门牵头负责,统一协调向行政主管机关发送检察意见并进行跟踪督促及跟进监督,以检察意见审查工作为切口,进一步探索涉行政机关监督线索的归口办理和分流机制,找准行政检察和刑事、民事、公益诉讼检察的介入点和着力点,构建一体化监督工作格局。

(三)深化数字赋能提升衔接质效

充分利用内外数据,创建法律监督模型。逐步打通行政执法和刑事司法之间的数据沟通渠道,破除数据壁垒。依托数字检察将行刑双向衔接工作引入快速发展新路径。例如,搭建数据平台,归纳整合行政违法行为构成要件的指引模块,优化提升反向衔接文书质效。依靠数字检察挖掘类案监督线索。反向衔接领域的批量案件监督要挖掘、运用数字资源,应提前研判不起诉案件的规模、分布领域、涉及罪名和数量,形成整体的行为画像,而后再针对交通肇事、危险驾驶、盗窃等重点罪名,通过科学建模与类型化监督思路,将检察技术与检察业务深度融合。数字化赋能法律监督是破解传统监督办案方式被动性、碎片化等问题的"金钥匙"。通过大数据赋能,反向衔接和行政违法行为监督的亦能实现从个案监督到类案监督的转变,期待通过梳理、研判共性问题,促进一个行业、一个领域问题的集中解决,达到办理一案、治理一片的履职效果。

三、反向衔接机制创新和监督延伸

"反向衔接"机制是对"行刑衔接"强化履职的有力配合,反向衔接机制的提出本身也是立法考量和权衡的结果,其意义在于提高法治权威,优化法律惩戒体系,维护法统一性。从个案能动履职,强化反向衔接能动合法性审查角度出发,探析"反向移送"案件审查的制度化路径延伸;从合法性重点因素审查到可处罚性类型化审查,总结和创新路径探索;从制度化审查难点出发,推动反向衔接的沟通协调及衔接路径的优化。应抓住审查路径的关键点，变更履职思路，将行政违法行为监督的视角融入检察意见制发环节，以做好行政处罚行为定性、行政处罚的合法性和必要性审查工作，提升检察意见的质量，持续推动行刑反向衔接工作的开展。

加大典型案例培育力度，积极发挥典型案例的示范、引领作用。围绕提升反向衔接高质效办案、实现高质量发展、完善反向衔接机制下的行政检察监督体系、行政违法行为监督等重大课题，结合检察实践开展理论研究，推进行政检察工作创新发展。依托"检察护企""检护民生"等工作，比如加强对与营商环境密切相关的市场监管、税收管理、经营许可等领域的监督，加大对食品药品、劳动保障、交通运输等关系群众切身利益领域的监督力度，切实强化民生司法保障。健全依职权监督案件线索发现机制，强化对行政审判活动违法案件的类案监督，推进类案监督向综合治理延伸。

第七章
检察公益诉讼调查核实权的理论与实践

法治建设不断推进的当下,检察公益诉讼作为维护国家利益和社会公共利益的重要制度,发挥着日益关键的作用。检察公益诉讼调查核实权作为该制度的核心要素,是检察机关履行检察公益诉讼监督职能、查清案件事实的先决条件,调查核实方式有其自身特色。但在司法实践中,检察公益诉讼调查核实权存在法律规定不完善、缺乏强制保障手段、办案人员综合调查能力不足等问题,需要不断完善法律法规规范,推动建立配套保障措施,加强公益诉讼队伍建设,提升公益诉讼检察人员综合调查能力,更好地守护国家和社会公共利益。

第一节 检察公益诉讼调查核实权的理论与实践内涵

一、调查核实权的含义与发展历程

(一)检察公益诉讼制度的法律沿革

党的十八届四中全会通过的《中共中央关于全面推进依法治国若干重大问题的决定》明确要求"探索建立检察机关提起公益诉讼制度"。2017年6月,十二届全国人大常委会第二十八次会议通过了《关于修改〈中华人民共和国民事诉讼法〉和〈中华人民共和国行政诉讼法〉的决定》,以立法形式确立了检察机关提起公益诉讼制度。2018年10月26日,全国人民代表大会常务委员会修订通过了《人民检察院组织法》,2019年4月23日,十三届全国人大常委会第十次会议修订通过了《检察官法》,将开展公益诉讼工作列为检察官的职责。

(二)检察公益诉讼调查核实权的发展

检察公益诉讼中的调查核实权,是指检察机关在履行检察公益诉讼监督职能、办理公益诉讼案件过程中,针对公益受损情况、行政机关履职情况、当事人违法行为及其与造成损害之间的因果关系等具体情况,从线索排查阶段开始,依法进行证据调查、核实案情的权力。其具体是指检察机关依法进行的询问、查询、调取相关证据材料、查阅案卷、咨询专业人员、勘验、委托鉴定等措施。[①]

1. 中央层面位阶的法律规范

从中央层面位阶的法律规范的表述来看,目前中央层面的立法没有直接明文规定检察机关享有调查核实权,仅仅规定了检察机关可以采用多种调查核实方式针对损害社会公共利益、国家利益的行为调查收集证据,并且中央层面位阶的规范中对于调查核实的表述并不一致。这主要表现在:(1)《人民检察院组织法》《人民检察院行政诉讼监督规则》《人民检察院民事诉讼监督规则》《民事诉讼法》都采用了"调查核实"的表述。例如,《民事诉讼法》第221条规定:"人民检察院因履行法律监督职责提出检察建议或者抗诉的需要,可以向当事人或案外人调查核实相关情况"。(2)《人民检察院公益诉讼办案规则》部分条款和最高人民法院、最高人民检察院《关于检察公益诉讼案件适用法律若干问题的解释》则采用了"调查收集证据"的表述。例如,《人民检察院公益诉讼办案规则》第32条规定:"人民检察院办理公益诉讼案件,应当依法、客观、全面调查收集证据。"第35条规定:"人民检察院办理公益诉讼案件,可以采取以下方式开展调查和收集证据:(一)查阅、调取、复制有关执法、诉讼卷宗材料等;(二)询问行政机关工作人员、违法行为人以及行政相对人、利害关系人、证人等;……冻结财产等强制性措施。"最高人民法院、最高人民检察院《关于检察公益诉讼案件适用法律若干问题的解释》第6条规定:"人民检察院办理公益诉讼案件,可以向有关行政机关以及其他组织、公民调查收集证据材料;有关行政机关以及其他组织、公民应当配合;需要采取证据保全措施的,依照民事诉讼法、行政诉讼法相关规定办理。"(3)《人民检察院公益诉讼办案规则》第101条采用了"调查取证"的表述方式,其第101条规定:"人民检察院可以采取提供法律咨询、向人民法院提交支持起诉意见书、协助调查取证、出席法庭等方式支持

---

① 参见冯海龙:《公益诉讼调查核实权的研究》,载《西部法制报》2019年12月14日,第5版。

起诉。"

中央层面位阶的法律规范对检察机关调查核实权的规定是一种软强制力,没有规定调查核实权的强制性效力。从《人民检察院公益诉讼办案规则》到《人民检察院行政诉讼监督规则》《人民检察院民事诉讼监督规则》,均规定检察机关调查核实不得采用限制人身自由和查封、冻结、扣押财产等强制性措施。这便从根本上否决了检察机关在办理公益诉讼案件时调查核实权的强制性效力。

《人民检察院公益诉讼办案规则》关于调查核实的细化规定虽然在一定程度上指导了检察机关在公益诉讼领域的司法实践,但随着检察公益诉讼办案领域和类型的不断发展,中央层面位阶的法律规范的局限性逐步显现,也正是这一点不断推动着地方各省市根据自身实际和公益诉讼办案领域的要求对检察公益诉讼调查核实权进行一定的探索与创新。

2.各地方层级规范的创新与实践

从各省级人大常委会关于调查核实的表述来看,基于中央层面的法律规范表述不一致,各地方规范对调查核实权的表述也不尽相同,但不同于中央层面的法律规范,多部省级地方性法规对调查权进行理论明文规定。例如,上海市、辽宁省、黑龙江省、河北省、海南省、内蒙古自治区、宁夏回族自治区、新疆维吾尔自治区等出台的加强检察公益诉讼专项决定中都规定了"调查权"或者"调查核实权"。

除了概念表述上的突破,地方层级的规范也对调查核实的具体类型与效力方面进行了一定的探索创新。一是规定了涉案财产查询,《人民检察院公益诉讼办案规则》第35条第2款规定:"人民检察院开展调查和收集证据不得采取限制人身自由或者查封、扣押、冻结财产等强制性措施。"实践中检察机关基于办案需要时常会遇到向银行等金融机构查询有关个人和单位的财产情况的情形,对于金融机构不配合的情况,检察机关束手无策,这不利于检察机关行使调查核实权。目前,四川省、江苏省、江西省、广东省在加强公益诉讼专项规定中都直接列明检察机关有权查询有关单位和个人的涉案财产,以此来避免上述情况的发生,为检察机关行使调查核实权提供了制度保障。二是规定了现场处置权。尽管《人民检察院公益诉讼办案规则》规定了人民检察院在调查收集证据时不得采取限制人身自由等强制性措施,但当公益诉讼检察人员在进行调查时遭遇拒不配合、暴力威胁、破坏抢夺调查设备等紧急情形时,部分地方公益诉讼专项规定明确规定了检察机关有现场处置的权力,从具体的处置行为来看也列举规定司法警察可以实施包括制止、控制、强行带离现场等具体措施,或者规定以暴力、威胁或者其他方法干预、阻碍检察人员调查的,应当依法承担法律责任。上述现场处置权对检察机关在调查收集证据时遭遇紧急情况通过直接授予检察机关现场处置权力的方式进行了一定的保障,同时也未跳脱出《人民检察院公益诉讼办案规则》关于检察机关不得采取限制人身自由等强制性措施的范畴,对各地检察机关公益诉讼办案具有借鉴意义。三是规定了约谈、谈话等措施。该种措施常见于行政机关进行行政监管时所采取的措施,检察机关在进行调查收集证据时采取约谈、谈话等措施同样能取得被调查人对案件的重视程度,达到调查收集证据的目的。目前,云南省、陕西省、浙江省、上海市等加强公益诉讼专项规定均规定了约谈、谈话等措施,尽管各规定在约谈、谈话措施的应用场景、适用对象方面略有不同,但都体现了运用约谈、谈话进行调查核实的努力与探索,值得肯定。四是规定了商请、聘请。二者都是检察机关在办案过程中基于专业性、需鉴定等问题请求其他人员予以协助的手段。只不过二者的适用对象有所不同,商请的对象指的是其他机关人员,聘请的对象是其他专业机构。例如,上海建立的特邀检察官助理制度就是运用商请、聘请的调查方式充分借助外脑办案,让专业的人做专业的事,以此来保证调查收集证据的权威性和标准性,为后续办案扎实基础,推动案件的高质效发展。

综上所述,目前各地方检察机关加强公益诉讼的专项决定在调查核实权概念及具体调查措施方面进行了一定的探索和有益实践,对助推检察公益诉讼发展,发挥检察公益诉讼在保护国家利益、社会公共利益方面的独特优势起到了积极作用,体现了各地方发展检察公益诉讼、满足人民对美好生活的追求的决心。同时值得注意的是,虽然地方性法规并未超脱检察机关不得采取限制人身自由或查封、扣押、冻结财产的强制性措施的范畴,但目前地方层级规范中对调查措施的探索以及所使用的调查权概念是从检察机关法律监督职权中推导出来并在职权意义层面使用的概念,地方先于中央立法对于检察机关的调查核实权进行规定缺乏法理依据,同时地方性法规也不能突破立法法的限制,不能直接规定限制财产或人身自由的强制性措施,对于各地检察机关来讲如何把握弱强制措施的界限存在较大难度,弱强制措施缺乏统一的合法标准。此外,一些地方性法规的举措存在侵犯公民、其他组织等私权主体权益的风险,还有一些地方性法规对于调查核实方式的创新也面临合法性风险,这些创新举措无论今后是否会被纳入立法之中,当下都面临合法性风险的疑问。在从下到上的检察公益诉讼制度发展中,目前的司法实践都亟须中央立法给予地方更多的制度供给和支持。随着检察公益诉讼立法提上日程,实践和理论的交替上升,我们相信地方性法规无法可依、无根之木的局面会得到极大的缓解。

2018年3月,最高人民检察院内设机构印发的《检察机关民事公益诉讼案件办案指南(试行)》《检察机关行政公益诉讼案件办案指南(试行)》规定,检察机关的调查可以采取以下方式:查阅、摘抄、复制有关行政执法卷宗材料;询问违法行为人、证人等;收集书证、物证、视听资料、电子证据等;咨询专业人员、相关部门或者行业协会等对专门问题的意见;委托鉴定、评估、审计;勘验、检查物证、现场;其他必要的调查方式。办案指南对询问、证据收集、咨询等调查手段作了详细的规定,但其效力仅为检察机关的内部规范性文件,不具有对外的强制性效力。2021年7月1日起施行的《人民检察院公益诉讼办案规则》,以最高人民检察院司法解释的形式将检察公益诉讼调查核实权的具体方式确立下来,为检察机关办理公益诉讼案件提供司法保障。

截至2024年,检察公益诉讼制度施行已有7年多的时间,解决了一批老百姓关注的生态环境和资源保护、食品药品安全、国有土地出让、国有财产保护以及英烈保护等社会问题,保障了国家利益和社会公共利益。但在履行检察公益职能、发挥调查核实作用的过程中,调查核实权的运用仍然存在部分难点需要继续探索并完善。

二、调查核实权的实践地位

(一)调查核实是检察机关履行法律监督职能的支点和重要方式

关于检察机关的性质和定位,我国《宪法》第134条明确规定:"中华人民共和国人民检察院是国家的法律监督机关。"基于此,2018年全国人大常委会修订的《人民检察院组织法》将"提起公益诉讼"纳入检察机关履职范围,所以检察机关提起公益诉讼是产生于法律监督机关的定位。而检察公益诉讼无论是提出检察建议还是提起公益诉讼所依靠的还是调查核实的结果,国家利益和社会公共利益是否受到损害、行政机关有无违法行使职权或不作为、当事人有无违法行为都要依赖检察机关调查核实的证据,因此检察公益诉讼调查核实权是检察机关在公益诉讼领域充分履行法律监督职能的基础和重要手段方式。

(二)调查核实对司法办案的积极指导作用

调查核实是办理公益案件的核心,检察公益诉讼的主责主业是通过办案维护公益,而办案的核心是通过调查核实,厘清案件线索的真实性、可查性。只有充分地调查核实,才能查清国家利益或社会公共利益是否受损、受损情况是否严重、行政机关是否履职、履职是否充分、当事人是否存在违法行为、与公益受损之间是否存在因果关系等具体事实。否则,公益诉讼诉前检察建议就难以奏效,案件诉请就难以得到法院的支持,公益就难以得到有效保护。在公益诉讼案件中,调查核实权无疑是有效推进诉讼流程以及保证诉讼效果的核心要件,高质量地行使检察公益诉讼调查核实权为公益诉讼程序顺利启动和终结保驾护航。一方面,提交"被告的行为已经损害社会公共利益的初步证明材料"是检察机关提起公益诉讼的条件之一。如果没有掌握足够的证据,检察机关便无法满足公益诉讼更严格的起诉条件,公益侵权行为自然也不会叩响法院的大门。另一方面,检察公益诉讼调查核实权的行使效果直接影响着检察机关提起公益诉讼的胜负结果。调查核实工作完成质量越高,证明材料的真实性越强,违法事实越清晰,就越能支撑检察机关的诉讼主张,还能最大限度地避免因证据不足、证据有误等需重新进行调查而耽误诉讼进程的现象发生。

(三)调查核实是维护司法公正的内在要求

检察机关运用调查核实权推动检察公益诉讼程序流程的发展,并通过检察建议或者提起诉讼等方式维护社会公共利益和司法公正。在公益诉讼中,检察机关作为公共利益的代表,处于公益诉讼起诉人的特殊地位,应当被赋予一定的调查核实权,这是当事人举证的必然要求,是法院正确及时裁判的基础,也是实现检察院法律监督权的主要手段,有利于维持诉讼结构的平衡,更好地保护国家利益和社会公共利益,维护司法公正。[①] 不难看出,在我国检察公益诉讼中,调查核实不再处于辅助地位,调查核实权的有效运用将影响案件的后续发展,是立案还是结案,是制发公益诉讼诉前检察建议还是进入诉讼程序等,对于推动检察公益诉讼办案流程和维护司法公正具有重要价值。

[①] 参见熊文钊、赵莹莹:《检察机关公益诉讼调查核实制度的优化》,载《人民检察》2019年第8期。

三、调查核实权的理论依据

（一）调查核实权的权力属性

调查核实权是"监督权"还是"取证权"？基于对检察公益诉讼调查核实权的权力来源和权属性质的认识不同，检察公益诉讼调查核实权被分为"调查核实权是监督权"和"调查核实权是取证权"两种不同观点。"调查核实权是取证权"的观点认为，民事诉讼法和行政诉讼法均规定，诉讼当事人法律地位平等，要将保障诉讼当事人平等地行使诉讼权利作为基本原则。检察机关为了维护公共利益，虽然以公益诉讼起诉人的身份参与民事诉讼和行政诉讼，但其并未脱离民事诉讼和行政诉讼法律规范的框架，仍要遵循民事诉讼法和行政诉讼法的基本原则，因此作为公益诉讼起诉人的检察机关并不享有优越于被告的诉讼权利，此时检察机关也就难以要求被告配合检察机关的调查取证行为，检察机关更不应采取查封、冻结、扣押等具有限制人身、财产自由的强制性调查核实手段。"调查核实权是监督权"的观点认为，调查核实权是检察机关法律监督权派生的一项手段性权力。检察机关作为国家法律监督机关，是检察机关的本质特征，调查核实权是检察机关履行公益诉讼职责的具象化。检察机关在办理公益诉讼案件过程中为了维护国家利益和社会公共利益而进行的调查核实，既是对案件证据材料的收集过程，同时也是对国家利益或社会公共利益受损害状态或行政机关不作为、违法行使职权等各种法律实施状态进行监督的过程。从调查核实权的法律制度发展历程视角来看，调查核实权自始就具有法律监督属性。调查核实权在我国立法沿革中不是无源之水、无本之木，在诞生初期就蕴藏着法律监督的因子。2012年《民事诉讼法》第210条规定："人民检察院因履行法律监督职责提出检察建议或者抗诉的需要，可以向当事人或者案外人调查核实有关情况。"2018年《人民检察院组织法》第21条规定，"人民检察院行使本法第二十条规定的法律监督职权，可以进行调查核实"。由此可见，检察机关的调查核实权始终具有法律监督属性。2021年《中共中央关于加强新时代检察机关法律监督工作的意见》也明确将"积极稳妥推进公益诉讼检察"作为"全面提升法律监督质量和效果"的重要举措。因此，检察公益诉讼调查核实权，并非当事人诉讼权利中的调查取证权利，而是带有公益保护性质的法律监督权。

笔者同意"调查核实权是监督权"的观点，因为如果检察公益诉讼调查核实权是检察机关作为公益诉讼起诉人的调查取证权,那么,检察机关行使调查核实权就应该以"诉"为导向,其唯一目的就是提起诉讼并争取获得胜诉。但实际上,检察机关作为国家法律监督机关,在调查核实之后,根据调查核实的具体情况,可能有终结案件、提出检察建议、提起公益诉讼等不同的发展方向,检察机关行使调查核实权收集证据只是一方面,在调查核实过程中基于保护国家利益和社会公共利益的目的对各种法律行为进行监督也是检察公益诉讼调查核实权的应有之义。可见,将检察公益诉讼调查核实权看作是源于公益诉讼权利的附带权利,调查核实权仅仅是调查取证权的理解过于狭隘,这不利于检察公益诉讼调查核实权的发展,更不利于检察公益诉讼对国家利益和社会公共利益的有效保护。

(二)举证责任和证明标准问题

调查权与举证责任、证明标准息息相关,但目前无论是《行政诉讼法》还是《民事诉讼法》均没有对检察公益诉讼的举证责任进行明确,《人民检察院公益诉讼办案规则》第71条和第86条分别对行政公益诉讼和民事公益诉讼应当调查的事项进行了明确,侧面表述了检察公益诉讼举证责任的基本内容,明确检察机关所承担的初步证明责任。但中央层面的规范对于检察公益诉讼的举证责任一直没有明确,导致地方性规范对于举证责任鲜有提及,检察公益诉讼在举证责任领域处于无法可依的状态,亟须检察公益诉讼立法对举证责任的问题继续明确。关于举证责任目前理论界的共识就是检察公益诉讼调查权与举证责任之间成正比。基于论证视角的不同,一种观点认为,检察公益诉讼的举证责任应当与调查核实权相协调,如果提高检察机关证明责任,相应地也要提高调查核实权的强制力。若不赋予检察机关调查核实权的强制力,那么就不应该过分强调检察机关的举证责任。尽管检察公益诉讼调查核实权的举证责任在案件办理的不同阶段应当有所区别,如在立案阶段和起诉阶段所承担的举证责任肯定有所差异,但总体而言仍需遵循"谁主张,谁举证"的举证责任原则。另一种观点认为,调查核实权服务于举证责任,从目的主义出发,应当根据不同案件举证责任的不同对调查核实权的强制效力进行约束调节。

检察公益诉讼调查核实权的行使程度取决于不同办案阶段、不同诉讼类型证明标准的高低。从办案阶段看,根据调查任务的不同,可以分为立案前线索研判、立案后调查核实、提起诉讼前的调查核实和提起公益诉讼后的监督调查四个阶段。立案前线索研判要对线索进行评估,尚未启动正式办案程序,应当限缩调查核实权的使用。立案后的调查核实无论是查明公益受损事实还是证实行政机关履职情况、整改情况,都需要检察机关充分运用调查核实方式,确保形成完整的证据链和逻辑自洽证明待证事实。从案件类型看,在行政公益诉讼案件中的研判和立案阶段,检察机关只需调查核实能否启动监督程序即可,此时检察机关证明标准不要求很高,而法庭审判的诉后阶段,因为行政诉讼法没有规定证明标准的问题,检察公益诉讼调查权的行使程度通常以证明标准的确立为前提,所以在这一阶段中检察机关的调查核实要求进一步提高。对于民事诉讼而言,同样在立案阶段检察机关的证明标准较低,而在法庭审判的诉后阶段,民事诉讼法针对不同的情形规定了不同的证明标准,如排除合理怀疑标准、高度盖然性标准等。在司法实务中,盲目使用同一证明标准的现象普遍存在,已经造成了两类公益诉讼案件的数量失衡,这既是中央层面的规范没有将规则理顺的结果,也表明检察公益诉讼证明标准针对不同的诉讼类型应当有所区别和调整,调查核实权也应当随之进行变化,如此方能更大地发挥检察公益诉讼的监督效能,推动案件办理的高质效。

第二节 检察公益诉讼调查核实权方式

一、公益诉讼调查核实方式的种类

《人民检察院公益诉讼办案规则》第35条规定,人民检察院办理公益诉讼案件,可以采取以下方式开展调查和收集证据:(1)查阅、调取、复制有关执法、诉讼卷宗材料等;(2)询问行政机关工作人员、违法行为人以及行政相对人、利害关系人、证人等;(3)向有关单位和个人收集书证、物证、视听资料、电子数据等证据;(4)咨询专业人员、相关部门或者行业协会等对专门问题的意见;(5)委托鉴定、评估、审计、检验、检测、翻译;(6)勘验物证、现场;(7)其他必要的调查方式。

为了适应现代化发展需求,《人民检察院公益诉讼办案规则》第36条还创新性地规定了在调查收集证据过程中,检察人员可以依照有关规定使用执法记录仪、自动检测仪等办案设备和无人机航拍、卫星遥感等技术手段。

二、调查核实方式在实践中的运用

目前,检察公益诉讼的案件范围主要包括生态环境与资源保护领域、食品药品安全领域、国有财产保护领域、国有土地使用权出让领域、英雄烈士保护领域、未成年人保护领域、军人地位和权益保障领域、安全生产领域、个人信息保护领域、妇女权益保障领域、无障碍环境建设领域等,还有城市公共安全、金融秩序、优秀历史建筑保护、文物保护等一些"等外"领域。不同领域的案件、不同种类的违法形态,需要运用不同的调查方式,查明案件事实。例如,针对生态环境与资源保护领域及食品药品安全领域,委托鉴定、检验检疫使用频率较高;在国有财产保护及国有土地使用权出让领域,查阅、复制、询问的方式较多。随着社会发展,违法犯罪形态多样,公益诉讼"等外"领域逐渐拓展,生态环境与资源保护领域、公共安全领域会逐渐更多地尝试无人机、卫星遥感等高科技调查手段,更加全面地收集固定犯罪证据,更好地适应现代化、专业化、科技化办案需求。

三、与传统"三大检察"调查方式的区别

《人民检察院刑事诉讼规则》第169条规定,进行调查核实,可以采取询问、查询、勘验、检查、鉴定、调取证据材料等不限制被调查对象人身、财产权利的措施。《人民检察院行政诉讼监督规则》第60条规定,人民检察院可以采取以下调查核实措施:(1)查询、调取、复制相关证据材料;(2)询问当事人、有关知情人员或者其他相关人员;(3)咨询专业人员、相关部门或者行业协会等对专门问题的意见;(4)委托鉴定、评估、审计;(5)勘验物证、现场;(6)查明案件事实所需要采取的其他措施。检察人员应当保守国家秘密和工作秘密,对调查核实中知悉的商业秘密和个人隐私予以保密。《人民检察院民事诉讼监督规则》第63条规定,人民检察院可以采取以下调查核实措施:(1)查询、调取、复制相关证据材料;(2)询问当事人或者案外人;(3)咨询专业人员、相关部门或者行业协会等对专门问题的意见;(4)委托鉴定、评估、审计;(5)勘验物证、现场;(6)查明案件事实所需要采取的其他措施。

通过对比上述法条可以发现,"四大检察"在调查核实内容规定上看似相差

无几,但是在实际运用过程中,检察公益诉讼作为一项新的检察职能,由于履职办案过程的特殊性,其调查核实权的实施也会与以往的刑事、民事及行政检察业务有所区别。一是起始阶段不同。检察公益诉讼调查核实从线索的发现、收集、研判环节即着手,对线索的真实性与可查性进行确认,类似于刑事检察的公安侦查阶段,并贯穿于公益诉讼线索、立案、诉前及起诉的全过程。二是履行方式不同。民事与行政检察主要以审核申诉人提供的案件材料及法院判决等书面材料为主,具有被动性,检察公益诉讼则是主动出击,通过走访现场、调查勘验等方式,自行开展证据的收集、固定和核实。即便是刑事附带民事公益诉讼案件,公安阶段收集的证据与公益诉讼案件证据的办理标准亦不完全一致,比如食品药品安全案件中惩罚性赔偿金额仍需另行调查确定。三是具体方式不同。除传统调查方式外,公益诉讼在实际办案中还可尝试采用无人机、卫星遥感等高科技手段,相比于传统"三大检察"业务,科技化调查方式亦是未来发展趋势。四是侧重点不同。调查是在事实不明的情况下,收集、寻找证据,确定事实及可能性;核实是在手头上已有相关事实或者证据材料的情况下,通过核对、核查,以确定其真实与否。民事与行政检察侧重对存在于案件中的存有疑问的材料进行审核、查对,去伪存真。而检察公益诉讼则更侧重于挖掘、调查和确定案件事实,是从无到有的过程。

第三节 调查核实权实践中的运用与思考

一、调查核实权的实践运用

在行政检察公益诉讼案件中,无论是询问当事人还是向行政机关查阅、调取或者复制材料等调查核实方式,都是案件办理中必不可少的助力。近期,全国发生多起小区火灾事件,造成财产损失乃至人员伤亡,引发社会广泛关注。鉴于维护公共消防安全和社会公共利益,笔者所在的T检察院积极开展小区消防安全专项行动,对辖区内小区进行筛查,办理多起居民小区住宅楼楼道堆物占用、堵塞消防通道的案件,及时消除火灾隐患,切实保障辖区消防安全。在涉及小区住宅消防安全的案件中,检察办案人员先后多次实地走访,运用拍摄现场照片、视频等调查核实方式,固定社会公共利益受损证据,并通过询问小区居民,制作询问笔录,了解行政机关不作为情况,强力佐证办案。同样,在民事公益诉讼案件(以下以刑事附带民事公益诉讼举例)中,调查核实也有着指导办案的价值。笔者在T检察院办理刑事附带民事公益诉讼案件时,发现该类案件的办理不仅借助刑事案件的取证力量,更需要公益诉讼自身调查核实的有力支撑。例如,在一起非法捕捞水产品侵害社会公共利益案中,公安机关在侦查阶段根据当事人的口供及当地行政机关出具的捕捞水产品区域的水域情况说明,认定该水域系内陆公共自然开放性水域,当事人实施电捕鱼行为,构成非法捕捞水产品罪移送检察机关审查起诉。作为破坏国家资源保护领域的案件,公益诉讼部门及时以刑事附带民事公益诉讼方式跟进,检察人员在该案中发现当事人曾经在笔录中补充过该地区水域系封闭式池塘,池塘内的水流与外界河道不相连,渔业资源无法做到互通有无。如果公益诉讼团队按照传统的调查方式来操作,询问当事人或者向公安、行政机关核实书证、物证,可能会对案件细节造成疏忽。公益诉讼检察人员果断采用勘察现场和无人机航拍的调查核实方式,前往案发地核实情况,最终证实了当事人的辩解理由是客观真实的,既运用调查核实还原了案件的本来面貌,也使公益诉讼案件不因操之过急而失之东隅。通过灵活使用调查核实,进一步说明办理公益诉讼案件是不能关起门来仅凭询问、查阅核实材料来守护公益的,需要检察人员借助法律赋予的调查核实权,采取合法必要的调查方式办理侵害国家利益和社会公共利益的案件,真正实现法律效果和社会效果的有机统一。

二、在实践探索中遇到的困惑

从 2017 年试点至今,公益诉讼探索的脚步从未停歇,几乎每一起案件都能看到调查核实的身影,随着调查核实权在实践中的不断运用,一些困惑也接踵而至。

(一)法律规定不充分

近年来,为转变检察机关长期以来业务工作中过于侧重刑事检察业务的局面,检察机关提出了"四大检察"即刑事、民事、行政、公益诉讼检察均衡发展的理念。从法律规定来看,前三类业务实际上都有独立的诉讼制度——刑事、民事和行政三大诉讼法进行调整,而检察公益诉讼起步最晚且没有独立法典调整,而是被纳入民事、行政诉讼法调整的范围。目前,检察公益诉讼调查核实权的行使依赖于《检察机关民事公益诉讼案件办案指南(试行)》、《检察机关行政公益诉讼案件办案指南(试行)》、《人民检察院公益诉讼办案规则》及2018年施行的最高人民法院、最高人民检察院《关于检察公益诉讼案件适用法律若干问题的解释》等内部办案规则,上述这些均是检察机关为更加顺利地开展调查核实工作提供指引和依据而单方面制定的内部规范,效力层级偏低,对外约束力不足。并且,针对调查核实权的条文均较为宽泛和模糊,虽然对调查措施、调查范围作了明确规定,但在调查核实程序规制方面,如调查核实的内部审批启动机制、调查对象抵触行为的制裁惩戒、调查对象异议申诉救济渠道、调查结果的审查运用机制等方面缺乏程序性规定,致使权力运行的主观随意性较大,权力行使的预期效果难免会大打折扣。

(二)较为依赖被调查对象的配合

从最高人民检察院2021年7月施行的《人民检察院公益诉讼办案规则》中,我们发现公益诉讼调查核实是没有强制性的,第35条明确规定禁止人民检察院在公益诉讼调查核实方式上采取限制人身自由或者查封、扣押、冻结财产等强制性措施。这就表明检察机关在办案中虽然被赋予了调查核实权,也被赋予了可以采用的调查核实方式,但是没有强制措施保障的调查核实方式,在对外操作上只能采取较为柔和的方式处理案件,有时被调查对象如果故意找理由拖延或者拒绝配合公益诉讼调查,由于现有法律法规未赋予检察机关应对该局面的强制保障措施,公益诉讼调查可能会陷入后续无法展开的困境。不过《人民检察院公益诉讼办案规则》在第45条规定中对特定被调查对象作了补充规定,行政机关及其工作人员拒绝或者妨碍人民检察院调查收集证据的,人民检察院可以向同级人大常委会报告,向同级纪检监察机关通报,或者通过上级人民检察院向其上级主管机关通报。也就是说,在公益诉讼案件调查过程中,如果出现行政机关或者其工作人员拒不配合的情况,检察机关可以采取一定保障措施来约束他们,保证调查工作不受影响,此项措施在行政公益诉讼案件中具有一定的积极作用。但在民事公益诉讼中,由于目前处于私益角色的个人和组织对公益诉讼的整体认可度仍然较低,实践中此类被调查对象对协助配合调查核实的意愿并不强烈,甚至会出现抵触的情绪,公益诉讼调查只能依赖于其配合。笔者从检察院办理刑事附带民事公益诉讼案件中发现,当事人对公益诉讼的配合往往是受到刑事案件的影响，认为如果拒不配合可能会对刑事案件判罚产生影响，而在刑事判决后或者相对不起诉决定后，当事人因为刑事案件处理结果已经明确，对于公益诉讼的调查核实以及赔偿侵权责任的配合态度就会明显发生改变。此外，在《人民检察院公益诉讼办案规则》出台前，全国部分地区省级人大常委会相继出台了相关支持加强检察公益诉讼专项工作的决定。比如，上海市人大常委会在2020年6月公布了《关于加强检察公益诉讼工作的决定》，其中第5条对检察机关调查核实权给予了充分的保障和支持，明确了有关单位和个人应当配合检察机关调查取证工作，对于拒不履行协助调查义务或者阻挠调查核实的，检察机关可以约谈或者建议相关机关或部门处理。从保障调查核实方式顺利展开角度来说，人大决定的相关内容比《人民检察院公益诉讼办案规则》更具威慑力，但从法律效力上来说，地方人大决定仅仅只能在该地区实施。因此，破解调查核实依赖配合的难题，需要完善可以适用于全国范围的强制性手段。

(三)配套机制不完善

这主要体现在：一是办案人员经验欠缺。在办案队伍方面，长期以来检察机关偏重刑事检察工作，以致民事行政员额检察官数量少、办案人员的调查核实经验欠缺，同时受自侦部门转隶的影响，检察机关具有侦查经验的人员也相对不足，导致现有办案人员尚无法完全胜任技术性较强的污染环境、食品药品安全等检察公益诉讼领域的调查核实工作。[①] 目前，很大一部分公益诉讼检察人员并没有接受过专业技术培训，对水污染程度、文物价值、珍稀动物识别等了解程度不高，在现场勘验等调查核实环节更是缺乏收集证据的敏锐性和规范性，难以把握主动权，办案的专业性略显薄弱。《人民检察院公益诉讼办案规则》第35条列举了7项调查方式，为办理民事、行政公益诉讼案件指明了方向，但在司法实践中，检察机关在这7项调查方式中，运用频率最高的仍然是询问违法行为人、证人、现场调查以及到查阅、调取、复制有关执法、诉讼卷宗材料等简便调查方式。笔者在T检察院办理生态环境与资源保护领域刑事附带民事公益诉讼案件中，就发现为了能更好固定生态环境与资源保护类案件的损害证

[①] 参见李佳丽：《检察公益诉讼调查核实权的实践反思与制度重塑》，载《重庆交通大学学报(社会科学版)》2023年第1期。

据，往往需要运用到无人机、长焦镜头、现场勘查设备等调查器材，检察人员难以胜任，一般均需依靠专业技术人员来处理复杂的取证工作。还有部分中心城区以办理行政公益诉讼案件为主的基层检察院，由于区域环境因素限制，较少有案件需要运用上述专业调查核实的技术手段，办案人员在实际工作中更难接触此类技术。二是专项办案经费欠缺。公益侵权行为涉及领域广泛，公益诉讼办案涉及生态环境与资源保护、食品药品安全、公共安全等专业领域，对于公益损害范围及量化结果，需要专业的、有资质的鉴定机构出具鉴定意见，来形成客观有效的证据。若只通过复制卷宗、询问相关人员的传统方式调查核实，难免会因缺乏损害评估、鉴定意见等关键证据，影响公益诉讼案件办理效果。但是，对于咨询专业人员意见、委托损害结果鉴定、损害价值量化评估、审计等较为复杂或者需要高额费用的调查核实手段，检察机关缺乏公益诉讼专项资金供给，难以有效解决高昂鉴定费的难题，在现实办案中运用频率较少。并且案件承办人员往往对鉴定机构的资质、鉴定方法、鉴定程序都了解甚少，在没有与鉴定机构建立起稳固的联络机制前，容易产生鉴定周期长、鉴定费用高、鉴定经费来源缺乏等难题，亟须充足的资金供给。三是各部门工作合力还未形成。一方面，检察机关内部各部门之间的工作配合制度欠缺，检察公益诉讼调查核实工作有时也需要刑检部门等兄弟部门帮助。另一方面，检察机关与行政机关、社会组织等主体的工作互助机制仍有待建立。例如，针对水环境污染案件，公益诉讼部门与生态环境部门、水务部门等具有专业鉴定资质的行政机关之间尚未形成委托鉴定的常态化机制，由此产生鉴定费用的承担主体尚未明确，当检察机关缺少鉴定经费时，也没有可以向何主体以何种形式暂时借款以应对及时鉴定需求的规定等。

第四节　检察公益诉讼调查核实权的完善路径

公益诉讼作为"四大检察"业务之一，是法律赋予检察机关一项新的法律监督职能，无论是法律规定、队伍的人员数量、办案经验还是相关配套机制与传统"三大检察"业务相比，都存在一定的差距，直接影响了调查核实工作的顺利展开，而检察机关能否在公益诉讼办案过程中将调查核实权运用到位将直接影响公益诉讼案件的办理。笔者认为，应当通过完善立法、赋予调查核实权以强制力、优化配套机制等，充分发挥调查核实权的积极作用，促进检察公益诉讼工作良性发展。

一、以法治化为目标，加强调查核实权法律规制

公益诉讼开展调查核实，必须有法可依、有规可循。在 2021 年 7 月最高人民检察院出台《人民检察院公益诉讼办案规则》前，全国检察机关开展公益诉讼调查核实主要的法律依据是《人民检察院组织法》第 20 条的规定，该法律虽然概括规定了检察机关拥有调查核实权，但未对公益诉讼调查核实的方式作进一步规定。虽然最高人民检察院就公益诉讼工作发布办案指南，赋予检察机关复制、查阅、勘验现场和咨询专业人员等调查核实手段，一度成为检察机关在办案过程中的工作指引，但是办案指南从法律层级上来说属于内部指导性文件，又是检察机关单方制定的内部办案指引，立法层级和外部约束性不足。因此，《人民检察院公益诉讼办案规则》的出台，从司法解释层面对检察机关的公益诉讼调查核实方式加以明确规定。《人民检察院公益诉讼办案规则》第 35 条更是细化列举了检察机关具体能够采用的调查核实方式种类，真正使公益诉讼检察人员在对外案件办理过程中，能够有法可依、有规可循。不过，《人民检察院公益诉讼办案规则》明确了检察机关不能采取限制人身自由或查封、扣押、冻结财产等强制性措施，且对拒绝配合公益诉讼调查的人员的处理方式上，也仅限于对行政机关及其工作人员如果拒绝配合，检察机关可以向人大或者纪检监察或者上级行政机关通报，并未完全解决司法实践中因对象不配合而导致调查核实权难以有效发挥的难题。随着全国检察机关办理公益诉讼案件数量不断增多、案件影响力不断扩大，推动检察公益诉讼单独立法成为全国检察机关司法实践中急需的制度供给。从当前的立法司法实践不难看出，我国检察公益诉讼制度走的是实践引领的道路，即司法实践走在制度和理论前面，通过司法实践遇到的问题来不断推动理论和制度的发展，在检察公益诉讼全面铺开以来，经过 7 年多的发展成效已经为制度基于内生逻辑的良性发展厚植了根基。明确检察公益诉讼调查核实的权力属性，经过未来制定一部独立的检察公益诉讼立法亦是办案所需，强制性程度、保障措施、调查核实权的配置与举证责任划分都需要检察公益诉讼立法来给予回应，为检察机关调查核实权的高质效运用提供价值和制度引领,将检察公益诉讼自身的调查核实权体系加以巩固,提升检察机关开展调查核实的正当性、权威性和严肃性。

在调查主体方面,应该有两个或两个以上的检察人员进行调查,其中至少有一人为检察官。根据案件实际,如需司法警察参与协助调查,因涉及警械武器的使用,应提前办理用警审批手续,具体可参照《人民检察院司法警察条例》《人民检察院司法警察执行职务规则》等实施。在调查过程中,应在检察官的指挥下,依法履行职责。

在审批程序方面,一般情况下,应当选择对相对人利益影响最小的调查措施,在保证证据合法有效的前提下,若采取录音、录像、复制等措施能够实现调查核实目的的,则不能采取强制措施,具体调查方式由检察官自己决定。在紧急情况下,若不及时采取措施可能导致证据灭失、人员伤亡难以恢复的,则可以采取即时强制,包括对人的暂时性管束和对物的暂时性扣押、限制使用等。为防止权力滥用,进行即时强制应当逐级经本院分管检察长审批,确因特殊原因无法事先审批的,应先口头报告并在执行结束后立即补办审批手续。完成调查取证后即时强制自动取消,审批流程材料存档备查。

在调查方式方面,从诉讼成本和司法效能的角度考虑,为保证调查快捷有效,应构筑多元化的调查方式,具体包括检察机关自行调查核实、利用当事人诉讼自认、委托第三方调查核实以及申请人民法院调查核实。上述调查方式各有特色,不同类型不同领域的案件在不同的办案程序中使用的侧重点也不尽相同。例如,在行政公益诉讼诉前磋商阶段,行政机关已经及时积极整改,检察机关则无须继续深入调查,自行调查核实即可。而进入诉讼阶段,对证据要求明显提高,则需要适时委托第三方或法院调查,保证案件顺利进行。总的来说,应当构建以检察机关自行调查核实为主,充分利用当事人诉讼自认、委托第三方调查核实以及申请人民法院调查核实为辅的调查核实方式。

在法律后果方面,按照"有权利必有救济"原则,对检察公益诉讼调查核实相对人应提供相应的救济措施。检察机关在实施调查核实权时,应履行告知义务,将调查内容、法律依据、救济措施等告知相对人。相对人若认为检察机关不当行使调查核实权的,可以在规定期限内向作出调查核实决定的检察机关提出异议,对异议处理决定不服的,可向上一级人民检察院申请复议一次,复议期间不停止调查核实。确因不当行使调查核实权受到损害的,当事人可以根据《国家赔偿法》获得相应赔偿。①

二、以专业化为标准，加强公益诉讼团队建设

从 2017 年公益诉讼起步，到 2018 年至 2023 年正式发展的六年间，全国检察机关在公益诉讼办案数量上与日俱增，公益保护领域也在不断探索拓展。最高人民检察院在 2024 年 3 月 9 日发布的《公益诉讼检察工作白皮书（2023）》统计数据显示，2023 年，全国检察机关共立案办理公益诉讼案件 189,885 件，其中，民事公益诉讼 22,109 件，行政公益诉讼 167,776 件。② 这些成果和数字与公益诉讼检察人员积极开展调查工作密不可分，也证明了一个独立的专业化办案团队对检察公益诉讼事业助力的重要性和必要性，让调查核实工作真正在实践中活起来，而不是停留在一纸空文上。

（一）要在公益诉讼团队建制上做文章

基层检察院在办理公益诉讼案件时，较多的是采用与民事、行政检察共用检察人员的工作模式，即民行公益诉讼不分家，有的检察人员可能会身兼"三大检察"业务，真正专人专办公益诉讼的模式相对较少，这也造成了公益诉讼办案力量的薄弱与无奈。以上海市为例，2021 年，在上海市人民检察院的统筹安排下，上海各检察机关陆续成立了公益检察室，团队开始建章立制，迈出了专业化的重要一步。各区检察院也借助这一历史机遇，对公益诉讼办案力量进行调整，有尽力保留的：将公益诉讼试点以来一直从事该项工作的办案人员，全部从原先民行公益诉讼大部门中剥离出来；也有招募新生的：将其他业务科室中有志于从事公益诉讼事业的或者新进公务员中所学专业与公益诉讼相关联的人才，补充到公益检察室中，丰富了队伍结构。公益诉讼团队要通过招录、培养等方式，坚持长期、长效建队思路，真正形成生态环境与资源保护、食品药品安全、城市公共安全等公益领域的专业化检察队伍。

（二）要在公益诉讼团队素养上下功夫

随着公益检察室的成立，作为一个全新的业务团队，有的检察院组建了"80

---

① 参见庞庆龙、韦仁伟：《赋权与规制双重视角下检察公益诉讼调查核实权问题研究》，载《广西社会科学》2022 年第 12 期。

② 参见《公益诉讼检察工作白皮书（2023）》，载最高人民检察院网，https://www.spp.gov.cn/xwfbh/wsfbh/202403/t20240309_648329.shtml。

后""90后"等青年干警作为团队的核心力量;有的检察院采用了老中青三个年龄段的组成结构,以老带新、综合发展。无论是哪一种团队设立模式,大家对公益诉讼如何开展调查核实,怎样用好调查方式这一办案利器,都是在"摸着石头过河",不断积累办案经验和提升业务素养。正所谓"没有金刚钻,别揽瓷器活",加强专业培训和知识学习,是我们正确对待公益诉讼检察业务应有的态度,要充分抓住检察系统内组织的专业培训,无论是最高人民检察院的解读授课,还是省级检察院的条线培训,都是我们积累专业素养的契机。当然,团队素养提升不是一朝一夕能够完成的,在司法实践中,公益诉讼案件办理对检察人员的知识全面性提出了更高的要求,除了熟练掌握公益诉讼有关的法律法规,更多的是要对公益诉讼办案领域涉及的民事、行政法律法规熟悉了解,可以适时邀请高校专家、公益诉讼涉案领域相关的行业精英来给办案人员做专项培训,让检察人员了解行政机关的职能和执法方式,为公益检察室精准、高效监督行政机关违法履职或怠于履职提供助力。同时,在开展调查核实工作中,办案人员还要尝试学习高科技技术,运用技术手段破解调查难题,比如生态环境与资源保护领域案件,涉及河道污染或者矿产资源破坏等情况,要学会使用快速检验检测装备或者无人机勘察现场等方式。可以说,新生的公益诉讼团队,不仅是一个全面掌握法律内涵的人才队伍,更是一种与社会广泛接触懂得技术的多元化办案力量。

三、以职业化为要求,推动完善配套保障措施

公益诉讼开展调查核实,必须加强配套保障措施。古人云,"兵马未动,粮草先行",公益诉讼有了法律规范和专业化团队的支撑,办案配套保障措施也要及时强化,在人力、物力、财力上做到充分重视、不流于形式、落在实处。配套保障措施应当围绕内外部配合协作和硬件技术支撑来展开。一是充分利用检察机关内外部联动和协作配合。公益诉讼办案不是一个部门的单兵作战,无论是线索来源、调查核实还是起诉审查等环节都需要与本单位公诉、控告申诉、刑事执行检察等部门协作配合,发挥检察机关内部一盘棋优势,根据办案需求跨部门合作,提升调查核实方式获取的证据质量,确保案件调查全面翔实、合法有效。同时,基层检察院在采取调查核实方式收集案件证据遇到难题时,可以通过检察一体化机制,寻求上级检察机关的指导协作。这种上下级的协调联动能

提升调查核实的刚性和效果，既发挥了上级检察机关在案件办理过程中的指导支持作用，也能防范被调查单位或企业在办案中的拒不配合、设置阻碍，涉案证据可能存在被转移或灭失，导致调查核实工作无法有效开展。省级检察院也可以招录、聘请一批各行业专家，成立公益诉讼专家智慧库，为辖区内各层级检察机关部门办案提供专业意见，在一定程度上帮助检察机关弥补专业缺陷。二是持续加强公益诉讼团队技术保障措施。在部分生态环境与资源保护的案件中，公益诉讼团队在调查核实过程中，采取委托鉴定等调查方式时会遇到有资质的鉴定机构较少、鉴定费用较高等情况，如果没有充足的公益诉讼调查经费保障，有些个案就很难量化国家利益和社会公共利益的受侵害程度。这需要检察机关与公益诉讼案件领域相关的专业鉴定机构进行沟通，尝试建立起案件鉴定、评估等长效管理合作机制，根据不同类型的案件明确收费标准，在财政经费允许的范围内发挥调查核实的积极作用。例如，上海市和安徽省检察机关正积极探索与鉴定机构建立检察公益诉讼案件"先鉴定、检验，后付费"的工作机制，检察机关可以在总结先进经验后与省级人大常委会沟通，尝试以地方立法的形式将不预先收费这一做法制度化、规范化。此外，《人民检察院公益诉讼办案规则》第36条第2款规定："在调查收集证据过程中，检察人员可以依照有关规定使用执法记录仪、自动检测仪等办案设备和无人机航拍、卫星遥感等技术手段。"这强调了在当前信息化、数据化、科技化的时代背景下，公益诉讼调查核实方式也要与时俱进，除了传统的录音笔、照相机、摄像机等录音录像办案设备，还应当以智慧检察为依托，提高调查核实方式的科技含量。基层检察院可以根据辖区特点（如中心城区设有禁飞区域、郊区河道水域较多）和办案需求，为公益诉讼检察室添置执法记录仪、多功能快检箱、无人机、GPS定位、夜视仪等技术设备，既能真实有效记录调查核实案件证据的全过程，也能提升公益诉讼调查核实的专业性。三是完善检察公益诉讼调查经费保障。在检察公益诉讼调查核实工作中，司法鉴定专家的聘请费、委托专业机构的鉴定费、收集和固定证据的费用等必不可少，建议增设省级统一的公益诉讼专项资金，并制定资金管理办法，以规范调查核实和鉴定工作的资金使用。资金可以源于公益诉讼案件中被告的赔偿金、社会公益组织的捐赠、国家财政补贴等，由基层检察院向省级检察院提交书面申请，根据案件实际需要直接拨付，并对专款专用的公益诉讼专项资金进行严格监督与限制，不得随意调取或挪作他用，确保资金充分发挥保障效能。

第五节 结　　语

公益诉讼作为法律赋予检察机关新的法律职能,前途是光明的,必将在检察事业发展中添上浓墨重彩的一笔。从试行至今,我国检察公益诉讼制度飞速发展,与刑事检察、民事检察、行政检察这三项传统检察业务相比,公益诉讼检察起步的时间晚,发展的速度快。现阶段由于立法的制定、实践的探索,公益诉讼调查核实并不能完全尽如人意,可能会走一些弯路,但任何调查核实方式的运用都不可能一朝一夕就尽善尽美。哈耶克在《自由秩序原理》一书中曾提出,法律制度作为一种框架,重点应是成功延续的实践,通过积累性的发展逐步形成,而非一开始的构成。[1] 公益诉讼调查核实权也需要检察人员在办案中持续积累和不断探索,进一步完善检察公益诉讼立法,这个空间的未来留给公益诉讼检察团队去探索完善,使调查核实权更具可操作性和合理性。

---

[1] 参见韩树军、卢晶、刘世强:《检察公益诉讼调查核实权的运行与保障机制探究》,载《华北水利水电大学学报(社会科学版)》2021年第2期。

第八章
民事检察支持起诉工作机制完善

民事支持起诉制度是检察机关履行法律监督职能的重要延伸。国家义务与公民权利理论体系下的民事支持起诉定位，决定了支持起诉不仅具有维护特殊群体合法权益的作用还具有推动国家治理能力现代化的价值。《"十四五"时期检察工作发展规划》，强调检察机关要做强民事检察，培育权力监督与权利救济相结合的民事检察思想，也要求完善民事支持起诉制度。本章拟从民事支持起诉的理论、实践出发，提出建构与完善检察机关支持起诉制度的路径建议。

第一节 民事支持起诉制度概述

一、检察机关民事支持起诉的基本内涵

支持起诉即人民检察院对损害国家利益和社会公共利益及弱势群体利益的行为，支持受损害单位或个人向人民法院起诉并参与诉讼的活动。当国家、集体、社会公共利益及弱势群体的民事权利遭受侵害，有诉权的当事人因诉讼能力欠缺等原因未提起诉讼时，检察机关可支持受侵害的单位、集体或个人向人民法院提起民事诉讼。

民事支持起诉制度是我国民事诉讼法中的一项重要制度。我国《民事诉讼法》第15条规定："机关、社会团体、企业事业单位对损害国家、集体或者个人民事权益的行为，可以支持受损害的单位或者个人向人民法院起诉。"这一条款被视为民事支持起诉制度的直接法律基础。

民事支持起诉制度在我国的法律体系中由来已久。近年来,随着社会经济的发展和法治建设的推进,特别是最高人民检察院对民事支持起诉工作的重视和推动,这一制度开始焕发新的生机。2021年,最高人民检察院发布首批民事支持起诉指导性案例,为检察机关办理民事支持起诉案件提供了明确的法律指引和操作规范。2022年,最高人民检察院第六检察厅又出台了《民事检察部门支持起诉工作指引》,进一步细化支持起诉的程序和要求。这些举措表明,国家层面对民事支持起诉制度的重视程度不断提升,相关的法律和制度也在逐步完善。

依据上述《民事诉讼法》第15条的规定,检察机关已经进行了广泛的实践探索,并取得了积极的成果。然而,关于民事检察支持起诉的问题仍然存在不少争议。为了解决这些争议,需对民事支持起诉制度进行改革和优化,这对于检察机关全面执行其"四大检察"职能、参与社会治理亦具有关键性的作用。

二、检察机关民事支持起诉的法理基础

回溯法律体系,在法系考察概念上,支持起诉制度来源于苏联的国家干预主义,指法院和检察院直接依职权干预民事诉讼,在国外的相关法律规定中有所体现。苏联推行的是国家干预主义法治理念,法律规定检察长有权在保护国家和人民利益的前提下,随时介入民事案件。这一规定到俄罗斯时期发生了一定的变化,主要体现为对检察长提起民事诉讼案件范围的限制,将其限定为保护公共利益及因客观原因而致使个人无法起诉的场合。此外,程序法上不允许检察官干预法庭的审判,检察官的观点和结论只作为法院判决的参考资料。

法国作为检察机关民事起诉制度的发源地,其司法体系以公共利益为核心,检察机关在此框架下扮演着重要角色。在法国的法律体系中,检察机关被赋予了维护国家法律秩序和道德标准的重要使命,它们有责任捍卫国家和社会的公共利益。当这些利益受到损害时,检察机关有权力介入相关诉讼。此外,检察机关还承担着保护社会整体利益的职责,这在婚姻和家庭法律领域尤为明显,它们被授权参与到这些领域的诉讼中。根据现代法国民事诉讼法的规定,检察机关不仅能够以主要当事人的身份行使民事诉讼权,还可以以辅助当事人的身份参与民事诉讼,进一步强化了其在司法过程中的作用。

在德国,受私益原则的制约,检察机关在民事诉讼中的作用有所降低。德国的民事诉讼法对检察官介入民事诉讼的情形进行了限定，仅在诸如婚姻无效、申请禁治产和雇佣劳动等特定案件中，检察官才被赋予起诉权。法律还特别规定，在婚姻无效和禁治产案件中，检察官不仅拥有起诉权，还有权参与诉讼过程。尽管如此，德国检察机关在民事诉讼中的权力有所降低，其在维护公共利益方面的民事诉讼权也有所减少，部分职能已经转向通过行政手段来实现，比如成立专门的公益保护机构或增加公益律师来增强当事人的诉讼能力。

相较之下，中国的民事检察支持起诉制度在司法实践中展现出不同的特点。与德国等国家相比，中国的立法规定较为原则化，除《民事诉讼法》第15条外，缺少具体的实施细则，对检察机关支持起诉的具体范围和方式也未明确。然而，即便在这种立法背景下，检察机关依然积极探索并形成了一套民事检察支持起诉的模式，这对中国民事检察支持起诉制度的完善和发展具有积极的启示作用。最高人民检察院2021年11月发布的第31批指导性案例，展现了中国民事检察支持起诉的实践模式和现状。这些案例涵盖了智力残疾人、老年人、进城务工人员、受家暴妇女等特殊群体，这些群体通常诉讼能力较弱，难以独立提起诉讼来维护自己的合法权益。通过检察机关的支持起诉，这些群体的合法权益得到了有效保护，体现了司法的人文关怀和对弱势群体的关注。

民事诉讼是平等主体之间的诉讼，诉讼当事人有平等的诉讼权利。这一原则与检察机关介入民事诉讼的支持起诉制度有先天的冲突和违和感。检察机关作为公权力的代表，其介入民事诉讼的支持起诉是否会导致诉讼双方地位失衡，是争议的核心问题。民事诉讼的基本原则是当事人主义，即当事人自主决定是否提起诉讼、诉讼的内容以及诉讼的进程。这一原则保证了当事人的诉讼权利和诉讼地位的平等。然而，检察机关支持起诉的介入，可能被视为对这一原则的干预，特别是在涉及弱势群体或公共利益的案件中，检察机关的介入是否会影响案件的公正性和当事人的自主权，是需要深入探讨的问题。

但同时，在法理基础上，检察机关支持民事起诉的正当性亦可以从多方面进行阐述。首先，从法治国家发展的趋势来看，国家义务和公民权利已经成为法治国家与公民关系的基础，而民事支持起诉正是检察机关依法履行法律监督职能，行使民事检察监督权的应有途径。在"国家义务与公民权利"逻辑架构下，支持起诉职能是检察机关的一项义务，更体现了新时代检察机关以人民为中心的能动司法理念，以及检察机关在推动国家治理体系和治理能力现代化进程中所肩负的政治责任、法治责任和检察责任。其次，从形式正义步入实质正义，"法律面前人人平等"系基本法律原则，在民事诉讼法领域体现为当事人应当具有平等的诉讼地位。《民事诉讼法》第8条规定了民事诉讼权利平等原则，其内涵包括当事人诉讼地位、诉讼权利义务、法院裁判等多方面平等。但实践中，经常存在当事人一方为弱势群体的情况，他们可能缺乏法律知识，不了解可以通过诉讼方式维权，可能缺少收集证据、启动诉讼程序的能力，可能在心理上存在畏惧、厌讼心理，可能缺少诉讼的经济实力等。对于这类群体，仅强调诉讼地位平等只是一种形式正义，甚至可能导致结果不平等。正确的做法是对弱势群体进行政策倾斜，弥补其短板，协助其获得平等诉讼地位。检察机关支持起诉的介入，旨在弥补这种不平等，通过提供法律支持，帮助弱势群体实现其合法权益，以尽可能达成诉讼双方实质意义上的诉权平等，维护实质正义。最后，从社会公益的角度入手，检察机关的职责之一是维护国家和社会公共利益。在涉及重大公共利益或弱势群体权益的民事案件中，检察机关的介入不仅是为了个体权益的保护，更是为了维护社会的整体公平和正义。通过支持起诉，检察机关能够有效地监督和制约可能存在的权力滥用或程序不公，确保司法的公正和权威。

综上所述，检察机关支持起诉的法理基础既包括对民事诉讼基本原则的补充和完善，也体现了国家义务与公民权利、诉权平等与实质正义、社会公共利益维护等多重法理逻辑。在实践中，检察机关通过支持起诉，有效地保护了弱势群体的合法权益，规范了诉讼程序，促进了社会和谐与法治建设。

三、检察机关民事支持起诉的必要性

（一）保护特殊群体合法权益是民事支持起诉制度的应然追求

民事支持起诉制度的核心目标是保护弱势群体的合法权益。弱势群体包括但不限于未成年人、残障人士、老年人、农民工等，他们在诉讼中往往处于不利地位，难以有效行使自己的诉讼权利。

首先，检察机关通过支持起诉，为这些弱势群体提供法律咨询，帮助他们克服经济、法律知识不足等障碍，从实质上保障其合法权益。特别是在农民工讨薪、消费者权益保护、环境保护等领域，检察机关的支持起诉在推行普及对弱势群体的司法保护上发挥了重要作用，有利于充分发挥中国特色社会主义制度优

越性，以能动履职不断夯实稳固党执政的政治根基，并增强人民群众的获得感、幸福感、安全感。

其次，检察机关的介入可以有效弥补弱势群体在诉讼能力上的不足，从形式上确保他们在诉讼中的地位平等。例如，在一起涉及残障人士权益保护的案件中①，检察机关通过支持起诉，帮助当事人获取了必要的证据，并顺利完成了诉讼，最终获得了法院的公正裁判。这种介入不仅为弱势群体提供了实际的帮助，而且在全社会宣示了对弱势群体权益的重视和保护，提升了社会的法治意识，与民事支持起诉制度中检察机关保护弱势群体合法权益的根本目的相契合。

（二）民事支持起诉制度是检察机关新时代法律监督职能的合理延伸

民事支持起诉不仅是对弱势群体的帮助，更是检察机关法律监督职能的体现。通过支持起诉，检察机关能够更好地履行其保护公共利益和社会正义的职责，推动司法公正的实现。《人民检察院组织法》第2条规定："人民检察院是国家的法律监督机关。人民检察院通过行使检察权，追诉犯罪，维护国家安全和社会秩序，维护个人和组织的合法权益，维护国家利益和社会公共利益，保障法律正确实施，维护社会公平正义，维护国家法制统一、尊严和权威，保障中国特色社会主义建设的顺利进行。"支持起诉作为检察机关履行法律监督的一项基本职能，符合宪法、法律规定，体现了检察机关履行法律监督职能的本质内涵，是检察机关行使法律监督权的根本体现和必要延伸。

检察机关通过支持起诉，可以有效监督和制约诉讼过程中的不公正现象，确保法律的正确实施。例如，在涉及环境污染的案件中，检察机关通过支持起诉，促使法院对违法企业进行严厉处罚，并督促相关部门加强环境监管，可以有效保护公共利益。这种监督和制约有助于维护司法的公正性和权威性，提升公众对司法公正的信任。

此外，民事支持起诉制度还体现了检察机关能动履职的理念。通过积极介入民事诉讼，检察机关能够及时发现和解决诉讼中的问题，推动案件的公正处理。这种能动履职的做法不仅提高了办案效率，还增强了社会的法治意识和信任感。

---

① 参见范跃红、婺检：《支持起诉　维护残疾老年人权益》，载《检察日报》2024年3月20日，第5版。

（三）民事支持起诉制度是助推中国式法治现代化的有效路径

民事支持起诉制度的实施，对于推动中国式法治现代化具有重要意义。通过支持起诉，检察机关不仅能够维护个体的合法权益，直接回应群众的司法需求，解决群众关心的热点难点问题，增强群众的获得感和幸福感，更能在制度层面推动法治建设的深入发展。

随着经济社会的快速发展，各种矛盾纠纷日益突出，要求检察机关不能机械办案，而是要深入考量问题背后的价值导向，积极践行能动检察理念，运用多种手段把矛盾纠纷化解在基层、解决在一线，助力推进国家治理体系和治理能力现代化。检察机关以支持起诉为契机，综合运用多种方式参与矛盾化解，既是延伸职能参与社会治理的现实需要，也是推动中国式法治现代化不可或缺的一环。而且，针对个案办理中发现的行政监管、社会治理等深层次问题，及时提出问题指向明确、对策建议精准的检察建议，督促相关行政主管部门依法履行职责，通过以"我管"促"都管"，以制度建设破解共性问题，推动实现综合治理，为我国社会治理提供优良司法产品。

一言以蔽之，检察机关支持起诉的正当性和必要性在于其能够有效保护弱势群体的合法权益，体现法律监督职能的延伸，并助推中国式法治现代化的发展。通过不断完善和深化这一制度，检察机关可以更好地履行其法律监督职责，维护社会的公平正义，推动法治社会的建设。

第二节　检察机关开展民事支持起诉的基层实践与困境

一、检察机关民事支持起诉的实践现状

2024年5月，应勇检察长在《求是》杂志上发表《为大局服务　为人民司法　为法治担当》一文强调，"支持起诉是维护特定群体合法权益的重要途径。对权益受损但因经济困难或法律知识欠缺，无力起诉的农民工、残疾人、老年人等，加大支持起诉力度，让公民依法享有诉权、有效行使诉权"。近年来，各地检察机关在最高人民检察院的坚强领导下，支持起诉工作顺利推进并取得重大突破。

从 2019 年至 2023 年全国检察机关受理支持起诉案件的数量来看,支持起诉案件量不断攀升,且呈现出激增态势。2019 年,全国检察机关受理民事支持起诉案件 18,510 件,支持起诉 15,419 件。2020 年,全国检察机关受理民事支持起诉案件 32,546 件,支持起诉 24,355 件。[①] 2021 年,全国检察机关共支持起诉 4.4 万件,同比上升 80.9%。[②] 2022 年,全国检察机关共办理支持起诉案件 8.9 万件[③],同比上升 102.3%。2023 年,全国检察机关受理民事支持起诉案件 10.14 万件,支持起诉 7.73 万件。[④] 仅 5 年时间,2023 年的案件受理量已达到 2019 年的 5.5 倍,可见增长速度之快。具体数据如图 8-1 所示。

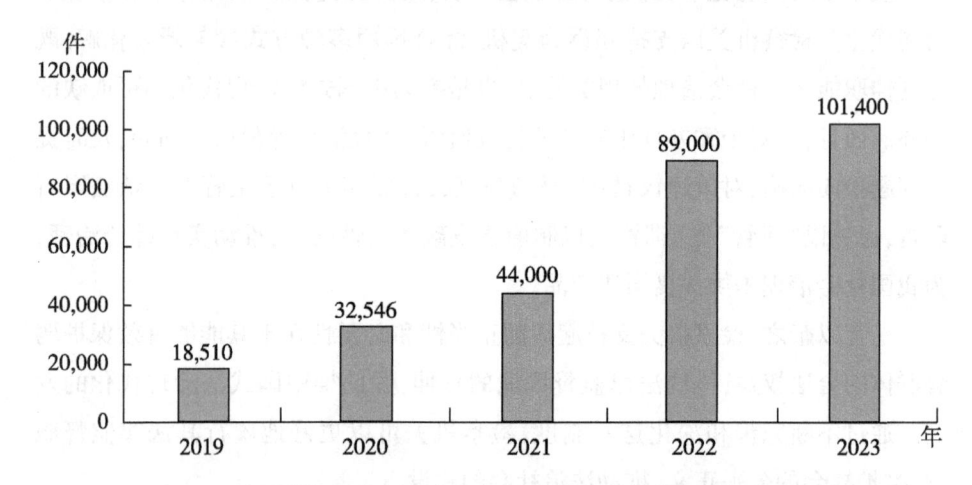

图 8-1 全国检察机关 2019 年至 2023 年受理支持起诉案件数量统计

再以上海市为例,上海市民事支持起诉工作总体起步较晚,2019 年,全市受理民事支持起诉案件总数仅 1 件;2020 年为 19 件;2021 年增长到 133 件;2022 年为 441 件;2023 年受理数量 2283 件,为 2022 年办案总数的 5.2 倍,2020 年的 120.2 倍。据统计,2024 年 1—6 月,上海市已受理的支持起诉数

---

① 参见《2021 年 1 月至 9 月,全国检察机关支持起诉民事案件 29303 件》,载最高人民检察院官方微博 2021 年 12 月 23 日,https://weibo.com/5053469079/4717517077743409。
② 参见《2021 年检察机关依法支持起诉 4.4 万件,同比上升 80.9%》,载最高人民检察院网,https://www.spp.gov.cn/spp/ttzgjgzbg/202203/t20220308_548049.shtml。
③ 参见《2022 年全国检察机关主要办案数据》,载最高人民检察院网,https://www.spp.gov.cn/xwfbh/wsfbt/202303/t20230307_606553.shtml#1。
④ 参见《民事检察工作白皮书(2023)》,载最高人民检察院网,https://www.spp.gov.cn/xwfbh/202403/t20240309_648177.shtml。

量已达 1498 件,已超过 2023 年同期案件受理量,目前来看,下半年仍有增长趋势。

因此,无论是上海还是全国的数据,都体现了当前民事支持起诉已然成为民事检察监督新的增长点这一客观事实。

二、当前支持起诉制度仍存在的问题及原因

(一) 线索来源渠道不畅

以长宁区人民检察院为例,近几年所办理的支持起诉案件,主要基于和劳动仲裁委员会、工会、法院等相关职能单位签订的合作机制获取线索,而当事人直接向检察机关提交申请书,寻求法律救济的案件量比较少,一些兄弟单位也反映过同类问题。经过走访调研及与当事人的沟通,我们发现公众对于检察机关的支持起诉职能了解并不多。检察机关在公众视野中的宣传度和显示度不高可能是支持起诉线索来源受限的原因之一,加强并拓展与合作单位间的机制运行也是我们在今后工作中需要努力的方向。

(二) 支持起诉的对象比较集中

以 2019 年至 2023 年全国检察机关受理支持起诉案件的对象为例,2019 年至 2023 年,全国检察机关依法支持起诉 16 万多件,支持农民工起诉案件 10.8 万余件,[1]占比近 67.5%。其中,2021 年,全国检察机关支持农民工起诉案件 2.9 万件,占比 65.91%,同比上升 80.7%。[2] 2022 年,支持农民工起诉案件 4.2 万件[3],占比 47.19%。2023 年,支持农民工起诉案件 5.08 万件[4],占比 65.72%。2024 年第一季度,全国检察机关支持起诉 7400 余件,其中涉及农民工的 6300 余件,占比 85.1%。

---

[1] 参见《依法支持农民工起诉 10.8 万余件、纠正虚假诉讼案件约 4 万件……这场发布会聚焦做强新时代民事检察》,载最高人民检察院官方微博 2022 年 3 月 8 日,https://weibo.com/5053469079/4744690983503144。

[2] 参见《2021 年检察机关依法支持起诉 4.4 万件,同比上升 80.9%》,载最高人民检察院官方微博 2022 年 3 月 8 日,https://weibo.com/5053469079/4744690983503144。

[3] 参见《2022 年全国检察机关主要办案数据》,载最高人民检察院官方微博 2022 年 3 月 8 日,https://weibo.com/5053469079/4744690983503144。

[4] 参见王冬:《最高检发布〈民事检察工作白皮书(2023)〉》,载最高人民检察院官方微博 2022 年 3 月 8 日,https://weibo.com/5053469079/4744690983503144。

由上述数据可见，农民工是当前全国检察机关民事支持起诉案件中的主要支持对象，几乎已经超过受理总数的一半。农民工欠薪问题确实属于急需治理的社会"痛点"，最高人民检察院曾多次下发文件部署助力农民工讨薪相关工作。例如，早在2017年12月，最高人民检察院民事行政检察厅就下发《关于充分发挥民事行政检察监督职能协助解决农民工讨薪问题的通知》，部署在全国检察机关开展为期两个月的协助解决农民工讨薪专项监督活动。2021年12月，最高人民检察院印发《关于充分发挥检察职能作用，依法助力解决拖欠农民工工资问题的通知》，指出要更好履行民事、行政检察职能，支持解决农民工讨薪问题等。

农民工欠薪问题确实是当下涌现的比较突出的社会矛盾，当然该问题作为我国特定发展阶段的产物，随着城镇化的进程和社会治理能力的现代化，将会逐步消解。而诸如妇女、残疾人等弱势群体的权益保护问题亦应是当下值得我们特别关注的领域，尤其是随着老龄化的加剧，老年人的权益保护将会成为社会重要热点，加强对老年人的支持起诉工作更是不容忽视，检察机关对其他领域的特殊群体权益保护投入的关注度有待进一步提高。

(三) 支持起诉的法律依据与规范标准供给不足

如前文所述，《民事诉讼法》第15条几乎为当前开展民事支持起诉工作的唯一法律依据，最高人民检察院虽制定和印发了《民事检察部门支持起诉工作指引》，为各地工作开展作出进一步的指引，但该指引仅有24条，规定亦不尽完善，且其效力层级不高，对外难以得到普遍认可和适用。随着支持起诉工作实践的不断深入，法律规范供给不足的矛盾越发凸显。

1. 支持起诉的案件范围界定不清晰。《民事检察部门支持起诉工作指引》对于支持起诉的案件类型未进行单独界定，而是通过列举加兜底的形式将支持起诉的案件类型予以规范。其第9条规定，有下列情形之一的，当事人可以申请支持起诉：(1) 请求劳动报酬、社会保险待遇等；(2) 因年老、疾病、缺乏劳动能力等不能独立生活或生活困难，请求给付扶养费、赡养费的；(3) 残疾人的人身权利、财产权利或其他合法权益遭受侵害，提起诉讼确有困难的；(4) 因遭受人身损害，提起诉讼确有困难的；(5) 确有支持起诉必要的其他情形。该条前4项通过明确列举出案件类型的方式为实践中支持起诉工作的开展作出指引，而第5项兜底条款又为支持起诉的案件类型留下往外拓展的空间，但何为该处的

"确有支持起诉必要"以及"支持起诉"的定义到底如何界定并没有进一步作出解释。从目前实践中的做法来看,因支持起诉工作仍处于探索阶段,多数地区检察机关对案件类型的探索与拓展比较大胆、宽泛。例如,将支持起诉拓展到支持仲裁阶段;抑或将支持起诉的"诉"拓展到包含认定无、限制民事行为能力人,申请人身安全保护令等非诉程序;还有不少案件中双方当事人均为公司,检察机关对其中一方进行支持起诉。此种尝试充分体现了检察机关在支持起诉工作开展中所秉持的一种大力支持、大胆实践的态度和导向。但这个拓展是否该有边缘的限制,实践中究竟应该如何把握拓展的限度,需要相关法律予以明确。

2.支持起诉的对象未作明确阐述。《民事检察部门支持起诉工作指引》第2条对支持起诉进行了概括定义:"民事权益受到侵害的当事人,经有关行政机关、社会组织等依法履职后合法权益仍未能得到维护,具有起诉维权意愿,但因诉讼能力较弱提起诉讼确有困难或惧于各种原因不敢起诉的,人民检察院可以支持起诉",即将支持起诉的对象明确为"民事权益受到侵害的当事人",但该"当事人"为个人还是公司并未进一步作出说明。从《民事检察部门支持起诉工作指引》第9条前4项所明确列名的主体来看,一般我们将其推断为如农民工、残疾人、老人、妇女等弱势群体,也即以存在困难的自然人主体为主。但在实践中,我们发现有的检察机关认为除可以支持弱势的自然人个体外,在建筑工程施工合同纠纷、买卖合同纠纷、知识产权纠纷等商事案件中,双方当事人虽然都是公司,但作为诉讼能力较弱的或者规模较小的一方当事人也可以作为支持起诉的对象,如上海市徐汇区办理的全市首例检察机关支持起诉助力小微企业涅槃重生案件等。

3.支持起诉的程序不统一。对于支持起诉程序的启动,仅《民事检察部门支持起诉工作指引》第13条和第21条分别对支持起诉的前置程序和庭审程序进行了概括规定,申请人应当提交哪些材料,检察机关选择何种方式进行支持起诉、支持起诉工作中有哪些注意事项等方面没有明确规定。同时,检察机关如果没有履行前置程序直接进行支持起诉的效力如何?检察机关参加庭审活动的地位如何?实践中有的检察机关仅出具《支持起诉意见书》,有的出庭支持起诉还出具了《调查笔录》。此外,就法院判决书而言,其格式也不统一。大多数判决书仅开头诉讼情况部分列名检察机关进行支持起诉,对支持起诉的理由没有摘录；有的判决书在原告诉讼请求摘录后，将《支持起诉意见书》作为原告理由的一部分简单摘录；有的判决书将《支持起诉意见书》在证据部分列名和摘录。

4.检察机关的职责范围不明确。在办理的民事支持起诉案件中，多数当事人因自身困难或法律意识的欠缺，加之对检察机关的信赖，几乎将整个案件托付于检察机关处理，从政策法规咨询、证据调查收集、被告财产线索查询到诉讼文书制作、起诉流程推进等，几乎由检察机关包办，大部分当事人都没有请律师或申请法律援助。检察机关职能定位不够清晰，需要介入的环节过多，导致在办案中承担的工作量过大，尤其是在证据收集和文书写作方面，检察机关偏离其应有的职责定位不利于民事支持起诉工作的持续稳定发展。

（四）办案效果参差不齐

所谓"诉"，即因双方存在矛盾，无法通过私力和平救济手段解决纠纷，而寻求的一种公力救济方法，故其根本目的在于定分止争。而支持起诉作为公权力机关提前介入私法领域支持一方通过法律手段解决问题的制度，其终极目标也应在于定分止争，出具一份《支持起诉决定书》不应成为我们办案的唯一目的。

从当前检察机关支持起诉案件的办案深度来看，不同地区、不同案件、不同承办人所展现的办案效果参差不齐。例如，从办案效果来看，有的承办人以出具《支持起诉决定书》为办案最终目的，直接结案了事，就案办案的情况较多；有的承办人除出具相关文书外，努力帮助当事人解决问题，如在有和解可能的情况下努力促成双方达成和解，申请人存在经济困难的情况下，帮助申请司法补助等；有的承办人在前者基础上，还就案件中发现的问题深入分析查找根源，针对发现的相关单位履职不充分的问题，制发社会治理类检察建议，防止类似问题重复出现。从介入时间节点来看，有的承办人仅对诉讼和诉前准备阶段投入精力较多，但对于矛盾早期的预防阶段和诉讼之后的执行阶段未予关注。

（五）支持起诉与相关工作机制的衔接与保障不通畅

《民事检察部门支持起诉工作指引》对于支持起诉案件中法律援助、检调对接等相关制度已有所描述，实践中各地也有不少探索。比如，针对与法律援助制度的衔接，有的地方规定法律援助机构对于符合支持起诉条件的案件，应及时告知受援人向检察机关申请支持起诉。也有一些地方在制度的衔接中会遇到很多障碍,如与相关单位的线索移送及沟通协作不通畅,或者因规定不明确操作上存在壁垒等。除此之外,虽然各地都在推进相关工作,但在衔接中的具体条件、程序、效果等亦存在不同标准和不同做法等。

上述问题既展现出当前民事检察支持起诉工作发展的勃勃生机,同时也暴露出发展初期所不可避免的一些困难与障碍。一方面,部分地区在思想上的认识度和重视度还不够,导致办案质量参差不齐;另一方面,相关法律制度的不断完善也是当前实践的迫切呼声,上级机关亦需要根据基层的办案现状,及时给予指导和规范,通过进一步优化考核制度,出台相关指引或发布典型案例等,对支持起诉案件的办理作出正确引导,防止过分扩张或其他不规范情形的发生。

第三节 检察机关民事支持起诉制度的构建与完善

要进一步提升支持起诉制度的实际效果,需要在立法、操作规范、部门协作等方面不断改进和完善。

一、民事支持起诉的基本原则

(一)尊重处分权原则

尊重处分权原则在我国民事诉讼法中具有深厚的基础,体现了当事人在诉讼中的主体地位。民事诉讼的核心是解决当事人之间的争议,支持起诉实质上是补强处在弱势一方的当事人的能力,使双方处于公平的地位,所以这并不是检察机关独立行使权力的方式,而是依靠当事人的权力进行协助。因此,尊重当事人的处分权是保障诉讼公正和效率的关键。

在民事支持起诉中,尊重处分权意味着检察机关在介入诉讼时,不能随意替代或干涉当事人的诉讼行为。支持起诉应遵循适度干预原则,确保检察权的正当性和合法性,明确案件的受理条件,遵循必要性和有限性原则。因此,检察机关不能仅仅因为案件涉及社会公益就随意介入,而应当在当事人确有困难无法有效行使诉讼权利时,基于其请求或依职权适度介入。尊重处分权还要求检察机关在支持起诉过程中,充分理解并尊重当事人的诉讼策略和意愿,避免过度干预。保障诉讼的平衡性与公正性。这既包括尊重当事人对诉权的行使,也包括尊重其对诉讼结果的期待。

在实际操作中，尊重处分权原则的贯彻体现在支持起诉启动的条件、审查内容以及支持方式等几个方面。对于当事人主动寻求支持的案件，检察机关应及时响应，为当事人提供必要的法律援助和咨询。对于当事人虽未直接申请，但明显存在诉讼困难的案件，检察机关在遵循法定程序的前提下，可以依职权启动支持起诉程序，但需在确保程序公正的前提下，谨慎行使调查核实权，避免对当事人权利的不当干涉。只有在尊重并保护当事人处分权的前提下，支持起诉才能真正实现其保障当事人合法权益、维护社会公益的目标。通过明确尊重处分权原则的内涵和外延，我们可以确保支持起诉制度的适度介入，避免对司法程序的过度干预，从而维护司法公正与程序的平衡。

(二)谦抑性原则

谦抑性原则作为民事支持起诉制度的另一重要基石，体现了检察机关在维护司法公正时的自我约束与自我定位。这一原则是司法能动主义与司法克制之间的一种平衡，它要求检察机关在行使支持起诉职能时，必须以必要且有限的介入为前提，有条件地开展调查核实，除却有必要出庭外，以不出庭为原则，避免对当事人诉讼权利的过度干预，以及对法院审判独立的潜在威胁。我国民事检察支持起诉的立法原则性强，缺乏具体规定，实践中各地探索形成了一定的模式，但这种模式的形成往往伴随对谦抑性原则的考量和实践。因此，明确并遵循谦抑性原则，是确保支持起诉制度健康、有序发展的关键。

在实践中，谦抑性原则主要体现在支持起诉的启动条件、调查核实的范围与方式，以及出庭支持起诉的频率和形式等方面。检察机关在民事支持起诉中的调查取证应当以保障诉权实现为目标，围绕民事诉讼立案条件进行，避免过度介入。这种适度介入的精神既体现了对当事人诉讼权利的尊重，也保障了审判程序的独立性和公正性。

在民事支持起诉的程序设计上，谦抑性原则起着指导作用。检察机关应尽可能在诉前阶段提供法律咨询、证据收集等支持，除非确有必要，否则应尽量避免出庭支持起诉，以免影响法院的中立裁判。民事检察支持起诉体现了维护实质公平正义，通过帮助弱势群体参与诉讼，促进司法公正，避免实质不平等，但这并不意味着要过度介入，反而是要在谦抑性原则的指导下，实现支持起诉的精准化。

谦抑性原则是确保民事支持起诉制度在维护司法公正与尊重当事人权利之间找到一个平衡点的指南针。遵循这一原则，既能防止检察机关过度介入民事诉讼，又能确保其在必要时有效地行使支持起诉职能，为当事人提供恰当的法律援助，尤其是在弱势群体受到侵害的案件中，保证其获得公正的司法救济。通过在支持起诉的各个环节贯彻谦抑性原则，我们能够构建一个既能维护司法公正又尊重当事人主体地位的民事支持起诉制度。

（三）尊重审判独立原则

尊重审判独立原则确保了人民法院在审理案件中的主导地位，防止检察权的过度介入。这一原则源自司法权的独立性，即法院在审理案件时应独立判断，不受任何外来干涉，包括来自检察机关的影响。在民事支持起诉中，尊重审判独立原则表现为检察机关在支持起诉时，必须遵循诉讼程序的规则，不得随意改变法院的审理程序。尊重审判独立原则要求检察机关在支持起诉时，不能替代法院的审判职能，也不能随意改变法院的裁判。这意味着检察机关在支持起诉过程中，即便是基于维护社会公益的考量，也必须尊重法院的独立判断，不干涉其在事实认定和法律适用上的决定。

尊重审判独立原则体现在支持起诉的各个环节。首先，检察机关在启动支持起诉时，应考虑法院是否已经充分行使了审判职权，只有在确有必要的时候，才介入诉讼；其次，检察机关在调查核实阶段，应遵循法定程序，避免对法院的独立审判造成不必要的压力；最后，即便出庭支持起诉，也要遵循法庭规则，确保支持意见的表达不影响法院的公正裁判。

此外，尊重审判独立原则也要求检察机关在支持起诉的结案方式上给予法院充分的尊重。例如，民事检察和解、支持起诉、不予支持起诉、撤诉、终结审查以及跟进监督，每一项措施的实施都应以法院的最终决定为基准。若法院在判决中已经充分保障了当事人的权益，检察机关应尊重这一判决，避免对已决事项进行二次审查。

遵循尊重审判独立原则，是民事支持起诉制度在保障社会公正、维护当事人权益与确保司法机关独立行使职权之间找到平衡的关键。通过明确这一原则，我们可以确保支持起诉制度既能发挥其应有的作用，又不会对法院的独立审判构成威胁，从而维护司法公正和程序的平衡，为当事人提供公正、高效的司法救济。

二、明确民事支持起诉的主体范围

从相关法律规定和司法实践经验来看，支持起诉所针对的对象主要为"弱势群体"，可以认为，扶弱济困是检察机关民事支持起诉工作的重要价值追求，民事支持起诉工作是弘扬社会主义核心价值观的重要载体。

关键的问题是"弱势群体"的范围究竟应该如何界定。从社会的发展规律来看，弱势群体的内涵界定并非一成不变，而是随着社会的变迁而不断变化。例如，残疾人、农民工等由于生理和社会原因，缺乏诉讼能力，往往不知、不能或不敢通过诉讼渠道维护其合法权益，一般被社会公众认为属于普遍意义上的弱者。但随着经济社会的快速发展，一些消费者、劳动者甚至集体组织在纠纷中，因对方在专业知识和诉讼能力上具有显著优势，原告和被告之间"力量"对比悬殊，此类当事人作为实质意义上的弱者，也需要予以合理救济。因此，对于弱势群体范围的把握，不宜采用列举式的方法将其详尽涵盖，但也不能仅以一概念将其一笔带过。总体而言，鉴于支持起诉原则的目的，支持起诉应符合的基本条件是，民事权益受害人因特殊困难或障碍，无法提起诉讼以获得救济，如未成年人、老年人、残疾人、妇女等。相关法律规定可以解释的方式将其标准更加细化，从而使实践中所支持的对象能在法律法规涵射范围之内，结合个案进行综合考量，既符合法律规定的一般原则，又不至于过于死板僵硬，使该项制度随着社会的发展不断发挥其应有的作用。

此外，还有一点笔者想要表达的是，支持起诉案件所针对的"弱势群体"应严格将其限定为民事个人主体，而不应该将其过分扩大至公司主体。民事案件和商事案件的主体不同，其案件的处理原则亦不相同。商事案件中双方主体均为企业，都具备一定的商事能力和诉讼能力，其从事商业活动理应承担一定的商业风险。公司在面临纠纷时，其承担风险的能力显著与个人不同。民事案件强调双方当事人地位平等，民事支持起诉案件应遵循谦抑性原则，公权力不应过分干涉私权利。因此，笔者不建议将支持起诉案件范围过分扩大至公司之间的商事纠纷，从而偏离支持起诉的本质意义。

三、规范民事支持起诉的受理程序

规范民事支持起诉的受理程序，能够确保案件来源的正当性。在受理阶段,检察机关应设置明确、公开的申请渠道,确保当事人能够便捷地提交支持起诉的申请。此外,对申请进行初步审查是必不可少的,这包括对申请人资格、案件性质、社会影响等因素的判断。在审查过程中,应遵循尊重当事人处分权原则,确保申请人的诉讼意愿得到充分尊重,只有在当事人确实存在诉讼困难,如经济条件、法律知识、行动能力等方面的局限时,才考虑启动支持起诉程序。同时,尊重审判独立原则要求检察机关在审查时,不预先判断案件的实体问题,仅关注是否符合支持起诉的程序条件。

四、规范民事支持起诉的审查程序

在民事支持起诉的制度构建中,程序设计是确保制度有效运行的关键。依照能动司法检察理念,民事支持起诉程序应当以当事人的实际需求为导向,尊重当事人处分权,遵循谦抑性原则,并始终尊重审判独立。我国民事支持起诉制度虽有明确的法律依据,但在实际操作中,程序的规范性与可操作性仍有待提高。因此,设计一个既遵循法律规定,又能有效解决实际问题的程序体系至关重要。

通过初步审查后,进入实质审查阶段,此时,检察机关应当组织专业的审查团队,运用法律专业知识,对案件进行深入分析,判断是否符合支持起诉的条件。特别是关注那些涉及社会公共利益和弱势群体权益的案件,这是支持起诉制度的重要应用场景,也是能动司法检察理念的体现。在审查过程中,应避免对案件实体问题的预判,仅关注支持起诉的程序性要素,确保尊重审判独立原则。

审查结束后,若决定支持起诉,检察机关应明确支持起诉的方式,如提供法律咨询、调查取证、出庭支持起诉等,可以协助当事人调查,向当事人提供法律咨询,向当事人提供收集诉讼证据的线索和相关建议,在当事人向有关单位取证时提供帮助等。对涉及国家利益、社会公共利益的案件,检察机关可以行使调查核实权收集相关材料,但收集取得的材料不得交与当事人,可以提交法院并向法院作出说明。此外,对于涉众型案件,如侵犯多数特定消费者合法权益案件,检察机关亦可以行使调查核实权,就当事人起诉的合法性和正当性调取相关证据材料,并向法院作出说明。

最后,还要以"支持起诉意见书"等形式,清晰阐述支持起诉的理由和建议,同时要确保支持起诉的适度性，不干扰法院的独立审判。在遵循谦抑性原则的同时，要根据案件特点灵活运用民事检察和解、支持起诉、不予支持起诉、撤诉、终结审查以及跟进监督等结案方式，以实现程序的多元化和适应性。

在支持起诉的实施过程中，既要保护当事人合法权益，又要尊重法院的裁判权。出庭支持起诉时，检察机关应避免以诉讼主角身份出现，通常以提供专业意见、辅助法庭查明事实为主。同时，出庭支持起诉的频率和形式需谨慎控制，以避免对审判独立造成影响。遵循尊重审判独立原则，能够确保支持起诉制度在保障当事人权益的同时，维护司法公正。

民事支持起诉的程序设计应以当事人为中心，通过明确的申请标准、严谨的审查机制，以及灵活且适度的支持起诉方式，实现对司法资源的合理利用，维护程序的公正性。检察机关在此过程中是以一个辅助引导者的身份参与全过程，并非完全包办。通过完善合理的程序，民事支持起诉制度不仅能有效保障弱势群体的合法权益，还能促进社会公平与和谐，为我国民事司法体系的完善提供有力支持。

五、丰富办案中民事支持起诉的结案方式

（一）民事检察和解

民事检察和解强调通过调解达成双方的和解协议，解决纠纷。在这一过程中，检察机关可以提供法律咨询和建议，帮助当事人达成公正、合理的协议。民事检察和解一般比诉讼程序更加快捷，不仅有助于减少诉讼成本，还能够快速化解矛盾，避免对抗性，促进社会和谐。实践中，承办人应强化责任意识和为人民服务意识，提升办案质量，以解决纠纷矛盾为目标，尽力促成和解，提升人民司法感受度、满意度。

（二）支持起诉

对于申请人满足支持起诉要件同时双方又无法达成和解的案件，要及时制作《支持起诉意见书》。支持起诉是检察机关在法院审理过程中，对当事人提供法律支持的行为，也是对申请人提供的最有力的司法帮助。但是，出庭支持起诉时，检察官通常不会替代当事人，而是为法院提供专业意见，辅助其事实认定和法律适用，尊重法院的裁判权。

(三)不予支持起诉

不予支持起诉则是在审查后,认为当事人诉讼请求不符合支持起诉条件,或者存在其他不适宜支持起诉的情形时,检察机关决定不介入诉讼。在这种情况下,检察机关应当向当事人说明理由,建议其寻求其他法律途径解决问题。通过不予支持起诉,可以防止滥用司法资源,对当事人起到教育和规范作用。

(四)撤诉

撤诉是当事人在诉讼过程中主动请求终止诉讼的行为,支持起诉的检察机关在当事人撤诉时,应尊重其决定。但同时,可根据实际情况,对撤诉的合理性进行审查,防止不当撤诉侵犯他人权益。在跟进监督阶段,检察机关也可以对支持起诉撤诉案件的后续进展进行监督,确保裁判得以执行,当事人权益得到保障。

(五)终结审查

终结审查适用于案件因各种原因无法继续进行,如当事人死亡、丧失诉讼行为能力,案件关键证据灭失等,此时,检察机关应终结对案件的支持起诉,同时确保当事人的权益在其他法律程序中得到保障。

(六)跟进监督

跟进监督是支持起诉的延伸,它关注的是裁判执行和当事人权益的维护。在案件结案后,检察机关可以对执行过程进行监督,对执行结果进行评估,确保裁判的公正性得以体现,尤其在涉及弱势群体和公共利益的案件中,跟进监督的作用更为重要,它体现了民事支持起诉在维护社会公正上的持续性责任,是进一步提升支持起诉案件质效的有效方式。

这些方式的设计旨在提供灵活的解决方案,以适应不同案件的复杂性和当事人的需求。在实际操作中,选择合适的结案方式,既体现了对当事人处分权的尊重,也体现了对司法资源的有效利用,是民事支持起诉制度实现其价值和功能的重要途径。

六、民事支持起诉制度与相关制度的衔接

民事支持起诉制度与法律援助、检调对接、公益诉讼等其他法律制度的衔接共同构建了一个协同增效的法律体系。这种衔接旨在提高工作效率,确保司法救济的可达性，特别是对于弱势群体而言，通过制度间的有效合作，其合法权益可以得到更好的保障。

法律援助制度为经济困难的当事人提供法律咨询、代理等服务，与支持起诉制度在援助对象和目的上存在高度契合。在实际操作中，检察机关在支持起诉时可与法律援助机构紧密合作，为当事人提供多元化的法律援助形式，如法律咨询、诉讼代理等，确保当事人在诉讼中得到充分的法律支持，避免因经济困难而无法有效行使诉权。同时，法律援助机构可以为检察机关提供案件线索，促进支持起诉的启动。

检调对接制度则强调调解在解决民事纠纷中的作用，与支持起诉制度在促进和解上可以形成互补。民事支持起诉应基于平衡理念，与诉讼程序的其他环节如调解、监督、执行等有效协调。在具体操作中，检察机关可以通过支持起诉推动诉调对接，利用调解降低诉讼成本，提高纠纷解决效率，同时也可以通过参与调解过程，确保当事人在和解中的权益得到保障。

公益诉讼制度与支持起诉在维护公共利益方面有共通之处，但前者主要针对公益受损而无直接利害关系的主体。检察机关在支持起诉中发现符合公益诉讼条件的案件，应与公益诉讼部门及时沟通，尽可能实现资源的优化配置。通过与公益诉讼制度的衔接，检察机关可以更广泛地参与到公共利益的保护中，形成对民事司法的全方位支持。

立法层面应进一步明确支持起诉与其他制度的衔接规定，通过法律解释或司法解释，统一支持起诉的启动条件、受案范围和协调机制，以消除实践中存在的模糊性和不一致性，确保制度运行的顺畅。

七、民事支持起诉的扩张适用

民事支持起诉的扩张适用在实践中呈现出多样性和复杂性，体现了其在应对新型诉讼需求和复杂社会问题时的生长性和灵活性。以下是几个具有代表性的案例，展示了支持起诉在不同领域和案件类型中的扩张适用。

在环保公益诉讼中，支持起诉已经成为保护环境权益的重要手段。例如，在化工厂污染水源案中，环保组织因不具备直接起诉资格，检察院通过支持起诉，促使法院对化工厂的环境污染行为进行审理，从而有效地维护了公共环境权益。这彰显了支持起诉在环保领域弥补私益诉讼局限，强化公益保护的功能。

在消费者权益保护中，支持起诉为弱势消费者提供了有力支持。网络购物欺诈在日常生活中并不少见，消费者因个体力量有限无法单独起诉侵权商家，检察院介入后，为消费者提供法律援助，并在法庭上提出有力的观点，最终帮助消费者获得赔偿。这表明支持起诉在消费者权益保护中，既保障了弱势群体的合法权益，也促进了市场秩序的规范。

支持起诉在处理新型案件和复杂问题时体现出了其制度的生长性。例如，在个人信息保护愈发重要的今天，检察院对涉及侵犯个人信息的案件进行支持起诉，推动了新型权益保护的法治化进程。这种对新领域、新问题的介入，反映了支持起诉制度对于社会变迁的适应性和前瞻性。

然而，这些实例也反映出支持起诉在实际操作中的挑战，如在权限界定、与法院配合、与社会力量的协同等方面，仍需通过立法和实践的互动进一步完善。合作机制的建立，如与社会组织、专业机构的合作，将有助于提高支持起诉的效率和效果。

民事支持起诉的扩张适用实例在实践中充分展现了其在维护公共利益和弱势群体权益中的作用，同时也揭示了其在应对复杂社会问题时的适应性和灵活性。随着法治社会的深化和公众法律意识的提高，支持起诉制度将在实践中不断探索和完善，以更好地服务社会需求，推动法治进程。

八、民事支持起诉功能的延伸

支持起诉制度在民事司法中的功能，随着社会需求的多元化和司法理念的进步，正逐步从传统的维护当事人权益、促进社会公益，向更宽广的领域延伸，以实现公正与效率的双重目标。支持起诉既体现了检察机关履行法律监督职责，也是践行以人民为中心的司法理念的生动实践，同时对于推动中国式法治现代化具有重要意义。

在支持起诉的实践中，功能的延伸主要体现在以下几个方面：

第一，支持起诉在弱势群体保护中的作用日益突出，如农民工权益保护、妇女权益保护、未成年人权益保护等。冷传莉等在《民事检察支持起诉与弱势群体保护研究——以贵州省检察机关开展民事支持起诉工作为例》中指出，贵州省的民事支持起诉工作在农民工讨薪领域取得了显著成效，但其他弱势群体的保护尚存在不足，说明支持起诉在弱势群体保护领域还有很大的发展空间。

第二，支持起诉与多元化纠纷解决机制的融合，如诉调对接、行政调解、人民调解等，共同构建了立体化、多元化的纠纷解决体系。检察机关通过支持起诉推动诉调对接，利用调解降低诉讼成本，提高纠纷解决效率，同时确保当事人在和解中的权益得到保障，体现了诉讼程序的经济性和公正性。此外，支持起诉还与公益诉讼制度有效结合，共同维护公共利益，形成对民事司法的全方位支持。

第三，支持起诉制度在促进司法公正和提升社会治理效能方面也发挥着重要作用。通过支持起诉，检察机关可以监督和支持法院的公正司法，防止受到外部干预，确保审判独立。同时，支持起诉制度还可以与社会治理机制相结合，比如通过参与社区矫正、社区服务等方式，延伸检察职能，帮助修复被损害的社会关系，预防和减少社会冲突。

但需要注意的是，支持起诉功能的延伸并不意味着要替代其他法律制度，而是通过与法律援助、检调对接、公益诉讼等制度的有效衔接，形成一个无缝对接、协同增效的法律服务体系。这种协同不仅可以提高司法效率，还能够为当事人提供更全面、更便捷的法律服务，实现司法公正与社会和谐的双重目标。

为了进一步推动支持起诉功能的延伸，立法和司法实践中应继续探索和完善相关制度。这包括明确支持起诉与其他制度的衔接规定，统一支持起诉的启动条件、受案范围和协调机制，以及建立信息共享和案件转介机制。同时，强化与法律援助、调解、公益诉讼等部门的协作，提高工作人员的专业素养，确保制度的有效运行。在队伍建设方面，基层检察院需要进一步加强，解决人员配备不足和中坚力量不稳的问题，以应对日益复杂多元的案件需求。

支持起诉制度的功能延伸是司法理念与社会需求共同推动的必然结果。通过与相关制度的衔接和功能的拓展，支持起诉在保障当事人权益、维护社会公正、促进司法公正和提升社会治理效能等方面将发挥更大的作用，为实现公正与和谐的法治社会提供有力支持。

随着社会问题的复杂化和公众对公正司法的期望提升，支持起诉制度将更加注重案件的精准分类和方式的精准定位，以提高支持起诉的效率与效果。在立法层面，应进一步明确支持起诉的权限与操作规范，赋予检察院在支持起诉中的适当角色，同时鼓励地方立法和司法解释的创新，以应对不断变化的社会需求。

综上所述,民事支持起诉的扩张适用是一个持续演进的过程,它在应对社会变迁和新型挑战中体现出制度的生长性和适应性。通过深入研究和支持起诉的实践探索,我们可以期待这一制度在未来的法治建设中,将继续扮演守护公共利益和弱势群体权益的重要角色,为社会治理创新和法治社会建设注入新的活力。

# 第九章
个人信息保护领域检察公益诉讼研究

在信息洪流席卷的时代,个人信息安全已然成为极为重要的公共资源,关系人民群众的切身利益。在此背景下,检察公益诉讼制度更符合大数据时代下个人信息保护的特殊要求与现实需要,构建个人信息保护公益诉讼制度可以更全面、更有效地保护个人信息安全。本章拟旨在深入探讨个人信息保护领域检察公益诉讼的理论与实践,揭示其在我国法治进程中的价值与挑战,以期为构建更加完善的个人信息保护体系提供有益借鉴。

第一节 个人信息保护与检察公益诉讼的基本内涵

一、个人信息法律属性及其保护背景

(一)个人信息的法律属性

随着现阶段互联网空间进一步扩张,每时每刻都有海量信息数据生成、传输、扩散,且在复杂多变的网络空间中,对个人信息的收集、使用和处理使个人信息也在广泛且快速传播,个人信息已无可避免地成为极为重要的公共资源,关系人民群众的切身利益。但实践中网络空间个人信息数据的收集、处理流程却存在各种漏洞,个人信息非常容易遭受各种侵害,造成泄露,侵犯公民隐私,甚至被犯罪分子用以牟利,侵犯公民人身和财产权利。因此,有必要对个人信息的概念与范围进行明晰与界定,这既是我们对个人信息进行保护的起点,也是法律适用的要求。

《民法典》第1034条第2款规定："个人信息是以电子或者其他方式记录的能够单独或者与其他信息结合识别特定自然人的各种信息，包括自然人的姓名、出生日期、身份证件号码、生物识别信息、住址、电话号码、电子邮箱、健康信息、行踪信息等。"《个人信息保护法》第4条第1款规定："个人信息是以电子或者其他方式记录的与已识别或者可识别的自然人有关的各种信息，不包括匿名化处理后的信息。"可以看出，上述两部法律对于个人信息的定义从文字表述看，虽有不同，但二者界定的个人信息范围基本是相同的，且实质相同，即个人信息应当与特定化的自然人相关，体现出它的"可识别性"。[1]

(二)个人信息与个人隐私的区别与联系

从《民法典》针对个人隐私的规定来看，个人隐私属于一种"私人生活安宁""私密空间""私密活动""私密信息"等概念的综合，即保护个人私密生活不被他人干预的权利。[2] 可见，个人隐私不仅包括"私密信息"这一内容，还包含"私密空间"与"私密活动"，在此定义上，对"私密空间"和"私密活动"的侵犯不属于对于个人信息的侵犯。而个人信息与个人隐私二者又存在交叉之处，如《民法典》中明确提到，私密信息属于个人信息，适用隐私权保护的相关规定，在无法适用或没有规定时，就需要按照个人信息对其进行保护。可见，"私密信息"既属于"个人隐私"的范围，也属于"个人信息"的范围，属于二者之间重合的部分。此外，不属于私密信息的信息类型也属于个人信息的范围，如人脸信息、个人车辆信息等经常展示于人前的信息类型，这些类型的信息属于个人信息与个人隐私相区别的部分。

(三)对个人信息进行保护的背景

第一，个人信息在社会生活的各个方面都有泄露的风险。随着时代发展和云储存技术进步，原本属于隐私的个人信息数据在网络空间可保存性和可复制性的技术下，极易被盗取用以侵犯个人信息权利。比如，在淘宝、京东、拼多多这些第三方大型购物网站，店铺登记过的会员信息、商品购买记录中载明的个人收货地址、联系手机号等数量就极其庞大；除此之外，在移动互联网大环境

---

[1] 参见程啸：《个人信息保护法理解与适用》，中国法制出版社2021年版，第61页。
[2] 参见谢远扬：《信息论视角下个人信息的价值——兼对隐私权保护模式的检讨》，载《清华法学》2015年第3期。

下,我们使用、登录互联网的每一步几乎都会被记录,都存在被泄露利用的可能,且因信息的流通环节多、隐蔽性强,不易被发现,被侵害后个人举证证明难。

第二,现阶段法律存在不足之处导致为个人信息的盗取提供了"便利"。个人信息易被侵犯的一个原因就是现今法律对侵犯个人信息的行为惩罚多集中在行政、民事领域,解决方式多是让侵权人赔偿道歉。此外,很多人对自己的个人信息保护意识不足,面对自己的信息被泄露也不去主动维护自己的权利。且司法实践中绝大多数所办理的侵犯个人信息案件中涉案数据不足以入刑,即使入刑对其的惩罚相对于获利来说也较轻,加之侵犯个人信息案件发现难、取证难,导致行为人侥幸心理、利益诱惑占了上风,在违法犯罪的边缘徘徊,甚至导致被害人家破人亡惨剧。比如,自 21 世纪以来,跨境电信诈骗案层出不穷,针对我国公民实施诈骗跨境案件中犯罪嫌疑人大部分来自国内,涉及人员众多,呈现出集团化经营态势,电诈分子通过虚拟网络电话联系被害人,利用其套路化的话术,如冒充公检法等,诱骗被害人转账。在对这些案件进行反思过程中我们发现,电诈分子掌握的被害人信息非常全面,且诈骗行为和巨大的数额常常使人们忽视了被害人个人信息数据的由来。

第三,大数据时代下数据容量大、传输速度快、多样化,且相关数据处理、运算能力在技术进步的时代背景下得到了极大的提高,相应地,对于个人信息的边界判断也面临难题,判断一条信息在未脱敏的条件下究竟是个人信息还是其他信息也存在模糊地段,这对个人信息保护提出了新要求。

二、检察公益诉讼的基本内涵

(一)公共利益的定义

关于公共利益的内涵,马克思所理解的公共利益是指组成社会的全部个体现实存在的相互依存关系;英国功利主义学家边沁、美国法律经济学家波斯纳则认为,公共利益就是社会中所有人的个人利益的总和。以上所述属于公共利益的广义解释。通说认为,在公益诉讼语境下,公共利益是狭义的,是指不特定多数人的利益,是关乎人类长远发展的,并具有根本性和整体性的利益。[1] 具体而言,公共利益的范围和内涵具有多元性和开放性。随着时代的变迁,社会公

---

[1] 参见胡鸿高:《论公共利益的法律界定——从要素解释的路径》,载《中国法学》2008 年第 4 期。

共性问题复杂演化,以及社会价值观念的变化,公共利益的内涵也处于动态发展的状态,具有独特的时代属性。此外,公共利益有丰富的表现形式和价值层次,如物质利益层面的自然生态资源,抽象利益层面的社会信息秩序、英雄烈士的名誉。根据我国关于公益诉讼的相关规定,公益诉讼所保护的公共利益的范围包括食品药品安全、国有财产保护、国有土地使用权出让和生态资源保护;此外,还有英雄烈士荣誉维护、未成年人保护以及个人信息保护等其他领域逐渐成为公益诉讼新兴领域。

(二)检察公益诉讼含义

检察公益诉讼是检察机关为了保护国家利益和社会公共利益,依法向法院提起的诉讼,包括民事公益诉讼、行政公益诉讼以及刑事附带民事公益诉讼。党的十八届四中全会明确提出探索建立检察机关提起公益诉讼制度,经过2015年至2017年两年试点工作,2017年修改的《民事诉讼法》《行政诉讼法》正式在法律层面确立检察公益诉讼制度。随之最高人民法院和最高人民检察院于2018年联合发布《关于检察公益诉讼案件适用法律若干问题的解释》。2021年《人民检察院公益诉讼办案规则》开始正式施行。我国提炼了试点和实践的经验,规范细化了检察公益诉讼的程序,高效建立了中国特色社会主义检察公益诉讼制度,并同步改革完善现有法律规范和制度,构建相应的规范体系。检察公益诉讼制度的建立是提升我国治理体系和治理能力现代化的重要举措。

检察公益诉讼的特征之一在于检察机关提起的诉讼请求具有公益性。检察公益诉讼担负着维护国家利益和社会公共利益的制度功能,与社会公众的整体利益紧密相连,而不仅仅是将特定个人的权益进行简单相加。在维护公共利益的同时,个人利益同样会得到相应保障。自检察公益诉讼制度确立以来,检察机关致力于保护公共利益,依法依规提起公益诉讼,形成了良好的效果。

检察公益诉讼还具有事前预防和事后救济相结合的特点,而私益诉讼一般仅具有事后救济作用。根据相关法律规定,提起公益诉讼并不要求损害事实的现实发生,当存在损害社会公共利益重大风险时,就可以对不法行为提起公益诉讼。这是因为公益诉讼所保护的法益一旦受损,往往难以弥补甚至不可逆。比如,生态环境资源遭受污染和破坏后,依靠经济补偿或替代性修复都难以将生态环境恢复原状;个人隐私等个人信息一旦被泄露,往往也难以弥补其对被侵害个人精神造成的伤害。因此,公益诉讼对重大风险的事前预防尤为重要,发挥检察公益诉讼的预防作用才能有效防止公共利益遭受不法侵害。

第二节　开展个人信息保护检察公益诉讼的制度优势

一、现有立法及政策支撑

党的十八大以来，党中央高度重视网络空间法治建设，对个人信息保护立法工作作出专门部署。习近平总书记多次强调，要坚持网络安全为人民、网络安全靠人民，保障个人信息安全，维护公民在网络空间的合法权益。近年来，与个人信息保护及检察公益诉讼有关的立法及监管文件相应出台，进一步明确了检察机关在个人信息保护领域提起公益诉讼制度的规则。

2017年6月27日，十二届全国人大常委会第二十八次会议审议通过《关于修改〈中华人民共和国民事诉讼法〉和〈中华人民共和国行政诉讼法〉的决定》，正式建立检察机关提起公益诉讼制度，为检察机关更好发挥公益保护作用提供法律保障。为进一步规范人民检察院提起公益诉讼制度，2018年3月，最高人民法院、最高人民检察院《关于检察公益诉讼案件适用法律若干问题的解释》正式发布并施行，在民事公益诉讼和行政公益诉讼的基础上，增加了刑事附带民事公益诉讼这一新的案件类别。2021年7月1日，《人民检察院公益诉讼办案规则》正式实施，进一步规范人民检察院履行公益诉讼检察职责。

2021年8月20日，十三届全国人大常委会第三十次会议审议通过《个人信息保护法》，并自2021年11月1日起施行。该法第70条规定："个人信息处理者违反本法规定处理个人信息，侵害众多个人的权益的，人民检察院、法律规定的消费者组织和由国家网信部门确定的组织可以依法向人民法院提起诉讼。"其明确授权检察机关可以提起个人信息保护领域公益诉讼，为检察机关依法办理该领域公益诉讼案件提供了有力支撑。随后，最高人民检察院下发《关于贯彻执行个人信息保护法推进个人信息保护公益诉讼检察工作的通知》，明确将个人信息保护作为检察公益诉讼新领域办案重点，积极回应民生关切。党的二十大报告专门强调"完善公益诉讼制度"，并将"加强个人信息保护"作为提高公共安全治理水平的重要内容进行部署。

可见,我国个人信息保护公益诉讼制度不仅有《民事诉讼法》《行政诉讼法》等一般公益诉讼制度立法,也有个人信息保护公益诉讼制度的特殊领域立法作为支撑。

二、司法实践提供经验基础

个人信息保护领域检察公益诉讼立案数如图9-1所示。

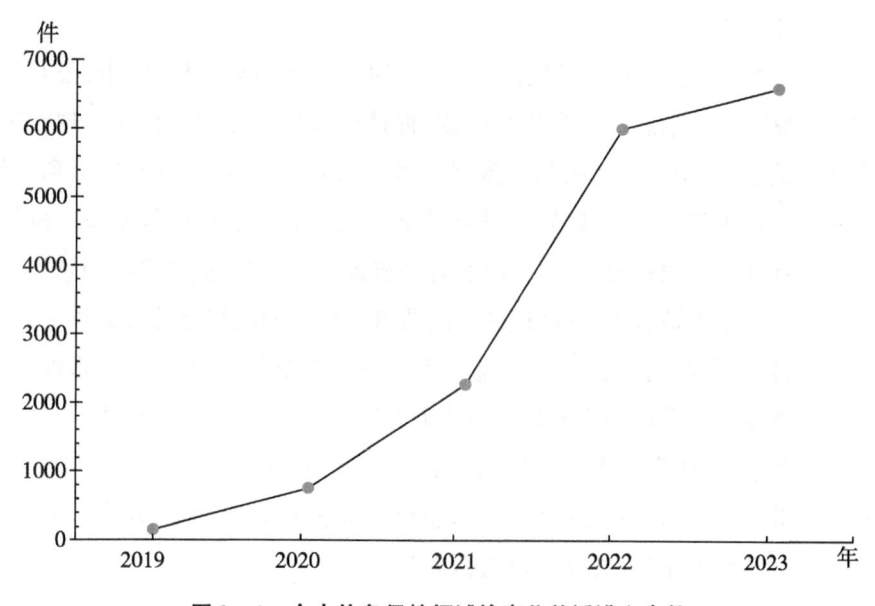

图9-1 个人信息保护领域检察公益诉讼立案数

最高人民检察院官网数据显示,2019年至2023年,检察机关共立案办理个人信息保护领域公益诉讼案件15,773件,其中,2019年立案147件,2020年立案750件,2021年立案2276件,2022年立案6000余件,2023年立案6600件。可以看出,我国个人信息保护领域公益诉讼案件量逐年递增。尤其是2021年11月1日《个人信息保护法》正式实施以后,全国检察机关加大办案力度,聚焦重点行业、重点领域、特定群体办理个人信息保护领域公益诉讼案件,通过办案成效凸显检察公益诉讼在个人信息保护领域治理的独特制度价值。从案件诉讼类型上区分,个人信息保护检察公益诉讼分为个人信息保护民事公益诉讼(含刑事附带民事公益诉讼)和个人信息保护行政公益诉讼。

(一)个人信息保护民事公益诉讼

《个人信息保护法》第70条规定:"个人信息处理者违反本法规定处理个人信息,侵害众多个人的权益的,人民检察院、法律规定的消费者组织和由国家网信部门确定的组织可以依法向人民法院提起诉讼。"该法条确立了个人信息保护领域民事公益诉讼制度。该制度有别于传统的民事私益救济,也不同于行政及刑事惩治打击方面的功能设置,其更侧重于受损公益的修复。[1]

1. 强化私益救济

虽然《个人信息保护法》《民法典》等法律对违法违规收集、使用、公开、加工、传输、储存个人信息等行为进行限制,促使个人信息处理者合法合规收集、使用个人信息,但是在互联网与大数据技术的新时代,人们在日常生活和工作中越来越依赖于智能设备和技术,从而造成了服务提供者的优势地位。例如,网络运营商在提供服务时,会请求消费者授权提供个人信息,如果不同意授权,则无法进一步享受该服务,这就迫使了消费者不得不向网络运营方提供个人信息。然而,随着科技的进步,个人信息侵害往往具有隐蔽性,普通用户难以发现侵权行为的发生。普通用户就算发现其个人信息权益受到侵害,往往也会因为证据收集难度大、诉讼成本高等原因而放弃维权,导致个人信息保护难以落到实处。在此情形下,检察机关作为诉讼主体提起公益诉讼,能有效弥补私益诉讼主体之间地位不平等的情况,强化私法保护。

2. 填补公法保护的局限性

一方面,立法层面的空白和漏洞势必导致某些个人信息处理行为缺少行政机关监管,又或是某些侵权行为并非行政机关的不作为导致,此时就需要依赖民事公益诉讼实现救济;另一方面,刑事法律责任的谦抑性理念要求侵权行为必须造成严重的后果,进而限制了刑法保护的范围。在司法实践中,许多大规模侵害个人信息的损害后果并不严重,难以达到启动公法保护的标准。即使达到了入罪标准,根据《刑法》的有关规定,侵犯公民个人信息罪承担的刑事责任是罚金、拘役和有期徒刑,罚金应当上缴国库。因此,通过刑事诉讼程序较难实现对个人信息权益受侵害的救济。而引入民事检察公益诉讼,可以通过提出赔

---

[1] 参见胡婷婷、安静静:《个人信息保护检察公益诉讼的探索与发展》,载《人民检察》2023年第10期。

偿损失甚至是惩罚性赔偿等诉讼请求,让侵权行为人承担民事侵权责任。所以,相较于公法保护,民事检察公益诉讼在经济层面给予侵权人更大的惩戒,体现了其在赔偿救济上的突出优势。

3.弥补消费公益诉讼的不足

在司法实践中,由消费者组织提起个人信息保护公益诉讼已有不少案例,其目的在于保护消费者权益,而消费者个人信息权益是其中一项。但是,消费公益诉讼的适用范围和保护对象具有局限性。首先,根据《消费者权益保护法》第2条的规定,其保护范围限定在购买、使用商品或者接受服务以满足生活消费需要的消费者内。在新兴产业不断发展的今天,侵害个人信息的领域也逐步扩展到教育、医疗、科研等各个领域,此情形下非消费者的权益无法得到有效保护。其次,消费者公益诉讼惩罚性赔偿规则的适用,要求市场行为中发生的侵权行为造成侵权损害的后果,但是生活中,许多网络运营商打着免费提供服务的旗号违规收集、使用、存储用户的个人信息,对消费者权益造成的实际损害尚不明显,那么消费者领域的惩罚性赔偿制度就无法适用,公益诉讼的预防性作用也就难以得到发挥。

(二)个人信息保护行政公益诉讼

在现代监管治理体系下,几乎所有行业或产业领域都有各自的行政监督管理部门。个人信息保护领域也不例外,早期的《网络安全法》《电子商务法》《儿童个人信息网络保护规定》等法律规范,就是从涉及个人信息处理的不同领域赋予不同行政机关监督管理职责。2021年实施的《个人信息保护法》更是对个人信息处理规则作出了更为细致的规定,明确了个人信息监管机构的监管职责。基于法律、行政法规和国家有关规定履行个人信息保护职责的行政机关,如网信、工信、公安、市场监管等行政主管部门,能从事前、事中、事后等个人信息保护的各个阶段提供更加全面系统的保护路径,其对于行业治理也更具专业性、权威性和效率性。因此,相较于民事公益诉讼事后救济的特点,行政公益诉讼在源头治理和风险预防方面具有独特优势。此外,在数字化治理的时代背景下,行政机关在履职过程中会进行大量个人信息处理活动,有时候,行政主体也可能成为个人信息的主要侵权主体之一。

据此,个人信息保护领域行政公益诉讼案件类型大体可分为两类:第一类是针对负有行业监管职责的行政机关不作为或履职不到位的情况开展监督。从目前最高人民检察院发布的检察机关个人信息保护公益诉讼典型案例来看，个人信息保护行政公益诉讼主要涉及快递、房地产、健身房、医疗机构、校外培训机构、旅游景区等行业个人信息整治。例如，江苏省无锡市人民检察院针对校外培训机构非法获取学生个人信息用于营销招生、侵害学生合法权益的行为，向无锡市教育局制发检察建议，督促其加强对校外培训机构的监管和学生个人信息的保护。湖南省长沙市望城区人民检察院针对医疗卫生机构过度收集个人生物识别信息、未落实网络安全等级保护制度等问题，督促区卫健委、区公安分局依法全面履职、协调联动，消除公民个人信息泄露风险，切实维护社会公共利益。第二类是针对行政机关作为个人信息侵权主体的监督。例如，江西省乐安县人民检察院针对乐安县农业农村局在履行政府信息公开职能时未对公民个人信息内容进行去标识化处理的情况，乐安县检察院通过制发检察建议督促行政机关进行整改，实现保护公民个人信息安全和依法公开政府信息职能的"双赢多赢共赢"。

第三节 个人信息保护检察公益诉讼制度问题提出

一、民事公益诉讼起诉主体不明及诉讼顺位不清

（一）民事公益诉讼起诉主体不明

《个人信息保护法》第70条明确提起的个人信息保护公益诉讼的主体包括人民检察院、法律规定的消费者组织和由国家网信部门确定的组织。就法律规定的消费者组织而言，这里的"法律"应当限定为狭义的法律，即消费者组织为《消费者权益保护法》第47条规定的"中国消费者协会以及在省、自治区、直辖市设立的消费者协会"。但该类诉讼仅限于消费者权益保护领域，如前文所述，当受侵害对象不包括消费者时，"法律规定的消费者组织"即被排除在起诉主体之外。从起诉主体的级别来看，其被限定在了中国消费者协会以及在省、自治区、直辖市设立的消费者协会，其他级别的消费者协会并未被赋予起诉资格。

就国家网信部门确定的组织而言,将其纳入个人信息保护诉讼主体是立法的一大亮点,通过社会组织保护公共利益具有优势。一方面,相较于公权监管,通过社会组织维护众多个人信息权益成本更低;另一方面,相较于私人维权,其又更加集中有力。但是,目前国家网信部门仍未公示具体的组织名单,也未明确判断标准,从而导致部分社会组织因担心不具备起诉主体资格被驳回而不提起诉讼的情况。

(二)起诉主体顺位有待厘清

针对起诉主体诉权顺位的问题,学术界一直存在不同的观点,主要是对《个人信息保护法》第70条与《民事诉讼法》第58条关系的认识存在分歧。《个人信息保护法》第70条从表述上看将检察机关置于其他诉讼主体之前,而《民事诉讼法》第58条规定了检察机关在法律规定的机关和组织不提起诉讼的情况下,才可以向人民法院提起诉讼。有学者认为《个人信息保护法》第70条将人民检察院置于其他公益诉讼主体之前,根据特别法优于一般法的原则,检察机关应处于第一顺位,由其发挥个人信息保护公益诉讼的带头作用。[1] 也有学者认为,《个人信息保护法》从内容上看主要是对个人信息保护公益诉讼的起诉主体范围作出规定,而不涉及起诉顺位的问题。应当严格遵循检察机关的谦抑性原则,适用民事诉讼法的规定,检察机关应当履行诉前公告程序,在其他适格主体不起诉的情况下提起诉讼。[2]

从司法实践看,诉前公告程序仍是检察机关提起个人信息保护领域公益诉讼的必经程序。但是实践中诉前公告程序并没有发挥其应有的作用,很少有法律规定的机关和组织作出积极的回应,仅在少量的消费者领域个人信息案件中,由消费者组织依法提起了公益诉讼,"空转"现象仍普遍存在。这也显现出立法上亟须明确起诉主体的范围和顺位,从而引导个人信息保护公益诉讼工作的顺利开展。

---

[1] 参见张陈果:《个人信息保护民事公益诉讼的程序逻辑与规范解释——兼论个人信息保护的"消费者化"》,载《国家检察官学院学报》2021年第6期。

[2] 参见傅贤国:《论个人信息保护民事公益诉讼之起诉主体——兼论〈个人信息保护法〉第70条之不足及完善》,载《河北法学》2023年第2期。

二、损害赔偿和惩罚性赔偿适用不明确

最高人民检察院发布的个人信息保护检察公益诉讼典型案例(部分)如表9-1所示。

表9-1 个人信息保护检察公益诉讼典型案例(部分)

案件名称	诉讼请求类型
浙江省杭州市余杭区人民检察院诉某网络科技有限公司侵害公民个人信息民事公益诉讼案	删除个人信息;公开赔礼道歉
河北省保定市人民检察院诉李某侵害消费者个人信息和权益民事公益诉讼案	支付3倍惩罚性赔偿金;删除个人信息;公开赔礼道歉
上海市宝山区人民检察院诉H科技有限公司、韩某某等人侵犯公民个人信息刑事附带民事公益诉讼案	删除信息;公开赔礼道歉;支付公益损害赔偿金
贵州省安顺市西秀区人民检察院诉熊某某等人侵犯公民个人信息刑事附带民事公益诉讼案	删除信息;支付公益损害赔偿金;公开赔礼道歉
广东省广宁县人民检察院诉谭某某等人侵犯公民个人信息刑事附带民事公益诉讼案	删除信息;公开赔礼道歉;委托电信部门向被侵权人发送风险提示短信
宁夏回族自治区青铜峡市人民检察院诉张某某等人侵犯公民个人信息刑事附带民事公益诉讼案	删除个人信息;支付公益损害赔偿金;公开赔礼道歉
上海市浦东新区人民检察院诉张某侵犯公民个人信息刑事附带民事公益诉讼案	删除个人信息;支付公益损害赔偿金;公开赔礼道歉
广东省深圳市宝安区人民检察院诉付某等人侵犯公民个人信息刑事附带民事公益诉讼案	支付公益损害赔偿金

以最高人民检察院发布的两批个人信息保护检察公益诉讼典型案例为分析样本,我们可以看出,目前个人信息保护领域民事公益诉讼案件的诉讼请求主要集中在赔礼道歉和赔偿损失,更侧重于填补损害,而未达到预期的惩戒效果,主要原因是法律对损害赔偿和惩罚性赔偿使用尚不明确。

(一)损害赔偿标准认定不明

《个人信息保护法》第69条第2款借鉴《民法典》第1182条规定了个人信息处理者的损害赔偿责任,即按照个人因此受到的损失或者个人信息处理者因此获得的利益确定;个人因此受到的损失和个人信息处理者因此获得的利益难以确定的,根据实际情况确定赔偿数额。该条款作为兜底性条款,在实践中存在适用难点。

首先，个人信息主体受到的损失难以查明。在互联网时代背景下，网络侵犯公民个人信息的信息主体较为分散，单独看每一条个人信息其价值可忽略不计，只有汇聚成大量的信息集合体后才能凸显其财产价值。但是现实中有大部分个人信息侵权行为主要针对信息主体的绝对权，其造成的损失难以量化。例如，某房产中介非法收集公民个人信息进行电话推销，其侵权后果主要表现为对不特定公民个人安宁生活的困扰，造成的财产性损失难以认定。同时，信息经过多次流转、处理，会不断加剧个人信息泄露的风险，其每一次流通过程中加重的损害后果也难以确定。

其次，按照侵权人的获利确定赔偿数额存在局限性。该计算方法显然无法适用于侵权人没有获利的情况。没有实际获利并不代表公共利益没有受到侵害，仅通过赔礼道歉、删除信息等方式承担民事责任而一概排除损害赔偿是不合理的，既起不到威慑作用，也不利于对受侵害信息主体合法权益的救济。同时，获利数额并不一定与公益损害后果相对等。例如，在郭某侵犯公民个人信息罪刑事附带民事公益诉讼案中，郭某出售数以十万计的个人信息，但违法所得仅 2000 元。[①] 该案中，如果单纯以获利数额作为赔偿金数额，显然与实际造成的损害后果不相符合，达不到填补损害的效果。

最后，"受到的损失和……获得的利益难以确定的，根据实际情况确定赔偿数额"，实践中操作难度较大。个人信息侵权造成的公益损失需要由专业的鉴定机构进行鉴定，但目前个人信息领域的司法鉴定尚处于空白，没有权威机构对个人信息侵权行为造成的损害后果予以科学评估，赔偿数额难以确定。

（二）惩罚性赔偿适用不明

正如前文所述，单纯依靠传统的侵权责任已难以弥补互联网时代背景下的信息侵权行为所造成的损害后果。因此，有学者提出适用惩罚性赔偿制度，既能起到震慑作用，同时也突出了公益诉讼制度的预防性作用，从而有效打击个人信息侵权行为。同时，司法实践中也已有案例适用惩罚性赔偿的诉讼请求并获得法院的支持。例如，在最高人民检察院 2021 年 4 月发布的检察机关个人信息保护公益诉讼典型案例 8"河北省保定市人民检察院诉李某侵害消费者个人信息和权益民事公益诉讼案"中，检察机关针对非法获取消费者个人信息并

---

① 参见陕西省西安市长安区人民法院刑事附带民事判决书，(2021) 陕 0116 刑初 977 号。

进行消费欺诈的行为提出3倍惩罚性赔偿的诉讼请求获得了法院的支持。因此,学者认为个人信息保护领域适用惩罚性赔偿制度具有可行性。然而,也有学者指出惩罚性赔偿制度可能导致对侵权行为人惩罚过度的情况[1],且《民法典》第179条明确了惩罚性赔偿的适用应以法律规定为前提,但个人信息保护专门领域尚无法律明文规定可以适用惩罚性赔偿制度。其实,从"河北省保定市人民检察院诉李某侵害消费者个人信息和权益民事公益诉讼案"中我们也能看出,该案的惩罚性赔偿是基于《消费者权益保护法》提出,而并非个人信息保护领域的专门立法。然而,并非所有的个人信息受侵害者都是消费者,完全依靠《消费者权益保护法》提出惩罚性赔偿,无法对个人信息起到全面的保护效果。

三、调查取证、侵权证明面临困境

(一)线索收集、获取难

检察机关启动个人信息保护检察公益诉讼程序的第一步就是收集、获取案件线索,但由于互联网空间下侵害个人信息的行为具有隐蔽性和技术专业性,对案件线索的挖掘、发现极大制约了公益诉讼程序的启动。比如,部分个人信息侵权案件在检察机关发现前,案件线索因双方私下和解而被隐匿,仅靠检察机关自身的力量指控获取线索的难度较大。此外,现有大部分个人信息保护公益诉讼案件线索来源于刑事案件,检察机关因此多提起刑事附带民事公益诉讼。但刑罚作为国家最严厉的制裁手段,是法益保护的最后一道防线,具有谦抑性,不到万不得已不可启动。且如果过度依赖从侵害公民个人信息刑事案件中发掘公益诉讼的线索,不利于最大限度保障公共利益。虽然现行的《人民检察院公益诉讼办案规则》拓宽了检察机关办理公益诉讼案件的线索来源,利用了人民群众与社会组织的力量,丰富了检察机关"履行职责"的含义,但是不同于环境污染侵权、消费权益侵权等传统侵权形态,权利主体往往难以察觉到其个人信息受到侵害,通过被侵害个体控告或举报增加案件线索的作用极为有限。

---

[1] 参见孙鹏、杨在会:《个人信息侵权惩罚性赔偿制度之构建》,载《北方法学》2022年第5期。

(二)证据调取调查难

1.立法规定不完善,调查核实缺乏刚性。尽管最高人民检察院出台了《关于检察公益诉讼案件适用法律若干问题的解释》和《人民检察院公益诉讼办案规则》等,规定了检察机关的调查取证权,明确了相关主体的配合义务,但是上述规定缺乏刚性,如果被调查主体不配合,检察机关也无强制手段督促其配合,很难保证调查核实工作的展开。

2.个人信息主体多元化。从政府机关到私营企业,从事业单位到社会团体,能够收集、掌握公民个人信息的主体多元且广泛,主体多元导致利益导向多元,致使非法获取、过度收集、公然贩卖个人信息的违法行为在一定程度上存在,使得相关个人信息很容易被修改或删除,呈现出高度的不稳定性。

3.违法犯罪手段与证据类型的多样化。大数据时代下个人信息侵权行为与互联网、算法等高科技紧密联系,且涉及范围具有无边界性,通常跨越了多个区域。加上相关证据一般都是以电子数据形式存在,当收集到证据后,还可能需要从大量冗余数据中寻找涉案证据。如何对获取的数据进行解码、提取以及固化为案件的证据材料,需要专业的技术调查手段,这给检察机关办案带来了极大挑战。此外,涉及侵犯个人信息的互联网企业往往实力雄厚,社会影响广泛,其在个人信息技术领域不仅优势明显,而且普通员工也具备一定的相关信息处理能力,加之其一般也设有法务团队。上述种种因素无疑都在加大检察人员的调查取证压力。

四、公共利益认定标准不明确

《个人信息保护法》第70条规定可以提起公益诉讼的情形是众多个人的权益受损,但由于个人信息保护检察公益诉讼制度正式确立的时间尚短,相关具体程序机制和配套规定尚不健全,判断标准不明确。个人信息保护检察公益诉讼的诉讼事由可以划分为行为要素和结果要素,前者是指违反相关法律收集或处理个人信息的行为,后者是指侵害众多个人权益。[1] 关于结果要素的"众多个人"的具体数量、个人信息公共利益受损的认定标准较为模糊,导致法院受理案

---

[1] 参见许身健、张涛:《个人信息保护检察公益诉讼的法理基础与制度完善》,载《法学论坛》2023年第1期。

件与裁判时缺少统一的认定标准与规范。加之个人信息权益及相应公共利益的损害多为非物质损害,即表现为生活安宁、精神状态受到不良影响,市场经济及社会秩序被破坏等。当未造成实质的人身和财产损失时,能否提起公益诉讼未有定论。

除此之外,在诉讼环节还存在说理过于简单的问题,即检察机关的诉求与法院裁判说理对个人信息公共利益的含义与认定较为简略。从实践来看,目前已审结案件大部分是刑事附带民事公益诉讼,公益诉讼请求的事实与理由多与公诉指控事实一致,检察机关未对被告人犯罪行为对个人信息公共利益的具体损害展开详细说明,笼统概述为"侵害了众多不特定对象的公民个人信息安全"。被告也常以未对社会公共利益造成损害为由进行辩护,但法院裁判未对该辩护意见予以充分回应,回避了"个人信息公共利益"的概念界定与受损认定的问题,通常根据刑事罪名的成立倒推公益侵权的成立。随着个人信息保护公益诉讼的不断适用与发展,解决个人信息公共利益受损的构成要求与认定标准越来越重要,缺乏明确的、统一的标准可能会形成不公裁判,法院裁判说理过于简单不利于被告人服判息诉以及形成裁判指引。探索具备可操作性、可识别性的信息公益认定标准是实现个人信息公益保护的必然要求。

第四节 个人信息保护检察公益诉讼制度路径完善

一、厘清民事公益诉讼起诉主体资格和主体顺位

(一)适当放宽消费者组织的范围和级别

正如前文所述,现有法律对"消费者组织"作出了明确的规定,适用范围被限定在与消费相关的侵害个人信息的行为。而起诉主体的级别被限定在省、自治区、直辖市设立的消费者协会。这种双重限制势必导致消费者组织诉讼权受到限制。因此,笔者认为可以从起诉主体的范围和级别两个方面适当放宽消费者组织的资格要求。一方面,可以通过法律赋权的方式将消费者协会以外的,依法成立的对商品和服务进行社会监督的保护消费者合法权益的社会组织纳入公益诉讼起诉主体,积极发挥这类组织保护消费者合法权益的职能。目前,

已有地方立法对起诉主体的范围予以拓展。例如,2022年1月1日起实施的《深圳经济特区数据条例》第98条第1款将民事公益诉讼起诉主体范围规定为"法律、法规规定的组织",该范围明显大于《个人信息保护法》第70条中的"法律规定的消费者组织"。另一方面,关于起诉主体的级别,有学者指出,现行立法将有权提起诉讼的消费者协会限定为省级以上的做法"显然过于严格"[1],应对现行的《消费者权益保护法》第47条进行修改,取消对消费者协会的级别要求,允许各级消费者权益保护委员会针对侵犯众多消费者个人信息的行为提起民事公益诉讼。

(二)明确国家网信部门确定的组织的具体范围和认定标准

明确网信部门确定的组织需要解决两个问题:一是由谁来行使确定权,即是否保留网信部门对起诉主体的确定权;二是确定谁可以纳入起诉主体的范围,即网信部门确定起诉主体的具体范围和认定标准。

针对第一个问题,学界一直存在不同观点。有学者认为,应当取消国家网信部门对民事公益诉讼起诉主体的确定权,这样能促使更多社会组织作为适格主体提起诉讼,调动社会组织保护公众个人信息安全的积极性。[2] 有学者则认为,应当以现行法律为依据,继续保留国家网信部门的确定权,由其制定具体的范围和标准,并定期公布和更新组织名单。[3]

针对第二个问题,有学者指出可以借鉴现有的法律规定及国外集体诉讼中对起诉主体的相关规定,[4]如我国《环境保护法》第58条的规定[5],以及欧盟《通用数据保护条例》(General Data Protection Regulation,GDPR)第80条第1款对

---

[1] 余彦:《驱动视角下消费民事公益诉讼的主体安排及其激励机制》,载《江西师范大学学报(哲学社会科学版)》2018年第5期。

[2] 高志宏:《隐私、个人信息、数据三元分治的法理逻辑与优化路径》,载《法制与社会发展》2022年第2期。

[3] 张新宝、赖成宇:《个人信息保护公益诉讼制度的理解与适用》,载《国家检察官学院学报》2021年第5期。

[4] 杨雅妮:《论个人信息保护民事公益诉讼起诉主体的范围与顺位》,载《中州学刊》2024年第1期。

[5] 《环境保护法》第58条规定:"对污染环境、破坏生态,损害社会公共利益的行为,符合下列条件的社会组织可以向人民法院提起诉讼:(一)依法在设区的市级以上人民政府民政部门登记;(二)专门从事环境保护公益活动连续五年以上且无违法记录。符合前款规定的社会组织向人民法院提起诉讼,人民法院应当依法受理。提起诉讼的社会组织不得通过诉讼牟取经济利益。"

数据主体代表的规定,即依法设立以公益诉讼为宗旨,并且在数据保护领域开展工作的非营利性组织、机构,在数据主体委托后可以提起诉讼。

综上所述,可以看出它们对于社会组织的确定具有共通性:一是其目的均是满足社会公共利益的需要,具有非营利性;二是其具备一定的规模、专业性,是能承担一定风险的社会组织。因此,有权提起个人信息保护公益诉讼的社会组织可以设置条件为:(1)依法在设区的市级以上人民政府民政部门登记;(2)专门从事个人信息保护公益活动连续5年以上且无违法记录。

(三)厘清起诉主体顺位

为有序开展个人信息保护领域民事公益诉讼,需要在立法层面厘清起诉主体的顺位。针对《个人信息保护法》第70条与《民事诉讼法》第58条存在法条之间适用不明确的问题,笔者认为可以建立"检察机关为主,社会组织为辅"的诉讼主体框架。理由如下:一是从司法实践层面来说,个人信息侵权愈演愈烈,使得个人信息保护领域法律监管治理极为迫切。在司法实践中,消费者组织提起的民事公益诉讼数量并不多,个人信息保护领域案件量更是稀少。而检察机关作为法律监督机关,负有保护国家利益和社会公共利益的重要职责,在个人信息保护领域公益诉讼已积累了充足的办案经验,能更好地应对当前形势。二是检察机关拥有较为充足的人力和物力,其在线索挖掘、证据调查、综合治理上更具有专业性,能更有效、更高质量地保护信息主体的信息权益。一方面,检察机关能综合多种线索来源,通过刑事案件办理、媒体报道、群众举报、异地检察院线索移送等多种途径收集案件线索。另一方面,检察机关能灵活运用多种调查手段,通过调取卷宗、实地勘验、专家论证等方式收集证据材料。同时,检察机关在办理民事公益诉讼案件过程中能及时向相关行政机关移送线索,从而实现综合治理。三是在司法实践中,诉前公告程序"空转"的现象较为普遍,赋予检察机关第一顺位的起诉资格,公告不作为个人信息保护领域民事公益诉讼的必经程序,在一定程度上能节约司法成本,提高诉讼效率,及时修复受损的公益。当然,检察机关和其他社会组织的起诉顺位并不是对立排斥的关系,随着司法实践的发展,当其他诉讼主体积累了一定的实践经验后,检察机关可以以支持起诉的方式,助力其他诉讼主体更好发挥司法救济效果。

二、完善诉讼请求相关制度

(一)探索多元化的诉讼请求

在司法实践中,法院常常会依据原告提出的诉讼请求去探寻与之相关的实体权利和程序法律规定,其在一定程度上决定了法院审理案件的走向。在个人信息保护民事公益诉讼案件中,诉讼请求主要为消除危险、赔礼道歉及赔偿损失。基于个人信息保护民事公益诉讼之诉讼请求的公益特质,为了能更好凸显公益诉讼价值,维护国家和社会公共利益,除上述常见的民事侵权责任类型外,我们可以积极探索多元化的、更具针对性的诉讼请求类型。实践中已有一些案例值得我们学习、借鉴。例如重庆市消费者权益保护委员会、重庆扬敃企业营销策划有限公司民事公益诉讼案,[①]该案是重庆首例由检察机关支持提起的消费民事公益诉讼,同时也是全国消费民事公益诉讼案件中首次将以行为补偿损失作为诉讼请求的案件,要求重庆扬敃企业营销策划有限公司在1年内,策划、制作、发布其原创的消费领域公益诉讼宣传活动4次以上。广东省首例涉人脸识别个人信息保护民事公益诉讼案件中,法院判决被告通过参加与个人信息保护相关的警示教育、公益宣传、志愿服务等方式进行行为补偿,以弥补和修复其行为对社会公共利益造成的损害,消除不法行为造成的不良影响。[②] 广东省惠州市惠阳区一起个人信息保护刑事附带民事公益诉讼案件中,法院判决被告向被侵权人发送风险提示短信,一方面表达了诚挚的歉意,另一方面告知被侵权人因同伙在逃,权利人仍有遭受电信诈骗等违法犯罪侵害的危险,提醒被侵权人强化防诈骗意识,谨防被骗。[③] 在新疆受理侵犯公民个人信息刑事附带民事公益诉讼案件中,法院判决被告禁止在缓刑考验期内从事电信领域工作。通过从业禁止的方式实现对违法行为的预防性功能。[④]

(二)明确损害赔偿的认定标准

让侵权人承担损害赔偿责任,可以有效发挥公益诉讼的填补损害和事后惩

[①] 参见重庆市第一中级人民法院民事调解书,(2021)渝01民初308号。
[②] 参见《广东首例涉人脸识别个人信息保护民事公益诉讼案例宣判》,载最高人民检察院网,https://www.spp.gov.cn/spp/zdgz/202207/t20220713_563649.shtml。
[③] 参见广东省韶关市中级人民法院刑事附带民事判决书,(2021)粤02刑终2373号。
[④] 参见《新疆首例侵犯个人信息公益诉讼宣判》,载中国法院网,https://www.chinacourt.org/article/detail/2022/02/id/6521392.shtml。

戒的功能,维护个人信息主体的合法权益。因此,应及时明确适用标准,实现其法律效果。针对司法实践中无法认定具体损害和难以确定获利的难题,笔者认为可以建立动态的法定损害赔偿制度。对于法定损害赔偿金的数额确定,应综合考虑侵权行为人的主观状态、侵权方式、受侵害个人信息的数量、范围、重要程度,被侵权人的经济损失,侵权人的获利状况,对侵权行为调查取证的合理费用以及侵权人的经济和生活状况等各项因素,分类分级确定数额。这样即使某一项因素难以认定,如侵权人的获利数额难以计算,也不能否定损害赔偿的存在。动态的法定损害赔偿制度需要进一步明确检察机关的自由裁量权,这也与《个人信息保护法》第69条"个人因此受到的损失和个人信息处理者因此获得的利益难以确定的,根据实际情况确定赔偿数额"的兜底规定相契合。另外,要加快建设权威的个人信息领域损害鉴定评估机构,由专业人员对个人信息损害后果进行鉴定评估,出具具有法律效力的鉴定意见书,帮助司法机关更合理公正地确定侵权行为人的损害赔偿金。

(三)积极探索惩罚性赔偿制度

司法实践存在损害赔偿数额的计算方式合理性不足的问题,且惩罚性赔偿配套制度不完善导致缺乏足够的威慑力。个人信息公益损害后果包括实质的经济损失,也包括抽象的秩序利益,且主要体现在生活安宁和信息秩序的破坏。秩序利益的损害具有抽象性,难以用金钱衡量,而经济损失大多呈现出间接性,也难以确定具体数额。《个人信息保护法》第69条规定,个人信息侵权的损害赔偿数额计算方式为:先按照信息主体因侵权行为而受到的损失或信息处理者获得的违法利益确定赔偿数额;当上述损失或违法利益难以确定时,则根据实际情况确定赔偿数额。这主要是填补性的损害赔偿,当实际损害的深度和广度与损害赔偿数额明显不对等时,填补性损害赔偿既无法对受损公益实现维护,也无法对潜在的侵害行为产生足够的威慑。引入惩罚性损害赔偿需要谨慎设置具体的适用条件,准确把握其对严重侵害个人信息行为的惩罚、遏制与预防的功能定位,充分结合侵权人主观过错程度、违法次数和持续时间、涉案信息类型及敏感程度、受害人数、损害类型、经营状况、获利情况、财产状况、行政处罚和刑事处罚等因素综合考虑是否提出惩罚性赔偿诉讼请求。

就惩罚性损害赔偿具体数额确定的问题,立法应规定明确可操作的适用规则,如参照《消费者权益保护法》第55条的规定,明确赔偿数额的范围按"损失的二倍以下"弹性确定。

三、健全调查取证机制

(一) 强化调查核实权刚性

在公益诉讼检察中,检察机关具有较强的调查主动性与调查需求,承担着繁重的调查任务,需要对是否存在损害个人信息公益的行为进行调查取证,缺少刚性的调查核实权难以发现隐蔽的侵害行为。司法实践中呈现出柔性调查取证对公益诉讼运行与适用的限制,如《人民检察院公益诉讼办案规则》规定检察机关应围绕公共利益受损事实、行政机关监管职责的内容与怠于履行的事实、怠于履行职责与公益受损的管理性等问题开展行政公益诉讼案件的调查;围绕违法行为人的基本情况、侵害行为、公益受损的类型以及具体数额、违法行为与损害后果的因果关系、违法行为人主观过错以及相关免责事由等内容展开民事公益诉讼的调查。虽然目前司法数据显示检察机关在个人信息保护检察公益诉讼中胜诉率高,但这不意味着检察机关在办案过程不存在调查困难。目前检察机关单独提起民事公益诉讼的比例相对较低,这正反映了检察机关脱离刑事案件中强制性的调查手段后的办案乏力。虽然司法解释规定了有关行政机关、其他组织与公民应当配合检察机关办理公益诉讼案件,但未规定不予配合所应承担的责任,即约束性保障不足。缺乏必要约束性的配合义务容易成为一纸空文而流于形式,具有适当强制性的调查核实权是检察机关办理个人信息公益诉讼的必要职权保障。

根据强制性调查手段的强度与对相对人的影响,制定具体的行使实体条件与程序条件,规范与约束检察机关对强制性调查手段的行使。比如,规定检察机关应首先争取取得调查对象的主动配合,当穷尽已有柔性调查手段,无法取得调查对象的配合与协作,或者仍无法获取相关证据时,检察机关才能行使强制性调查手段。此外,还应具体规定行使强制性调查手段所应履行的程序,如向检察机关负责人书面申请、制定《查封通知书》等告知文件以及听取被调查人的意见等。还可以作出以下限制:调查取证过程不得侵犯被调查公民的人身自由、隐私权以及被调查企业的商业秘密等合法权益、不得利用国家机关的权威地位对调查对象进行恐吓与胁迫等。最后,在增强调查核实权保障性措施的刚性上,可以规定不予配合与提供证据的被调查主体应承担相应责任。

从地方省级人大出台的支持检察公益诉讼工作有关决定的内容来看，关于调查核实权的保障措施具体有三种：一是检察院对拒绝配合的人员有处分建议权；二是司法警察在特定情形下有紧急处置权和警械武器使用权；三是公安机关对妨害检察公务行为有及时查处义务。还可以发挥社会征信体系作用，探索建立检察公益诉讼的社会征信体系，将恶意拒绝配合或者干扰调查的被调查主体纳入失信名单，赋权检察机关向相关单位公布名单及失信行为，由相关单位进行信用惩戒。

（二）提高检察机关自身办案能力与技术水平

个人信息保护公益诉讼案件具有技术性，办案人员的工作能力与专业水平影响着调查取证的效果。一方面，通过引进信息技术领域专业人才、加强对办案人员的培训等方式强化队伍建设，合法利用人工智能、区块链等大数据技术进行调查、取证、存证，以技术性办案应对技术性违法犯罪行为。例如，就电子证据本身来说，其具有虚拟性、易篡改性等特性，在没有其他证据佐证的情况下，此类证据难以被有效使用。区块链技术具有不易篡改性、可追溯性等特点，可以加强电子数据的真实性和关联性。另一方面，还可以充分运用听证机制。2020 年，最高人民检察院印发了《人民检察院审查案件听证工作规定》，检察机关可以开展听证与磋商，结合人大代表、专家学者以及社会公众的力量，促进调查工作的进行。

个人信息保护民事公益诉讼需要汇聚各方力量，需要各国家机关和社会团体的支持、参与和出力。我国各机关、事业单位和社会团体在我国社会治理和社会活动中有着充足的实力和社会影响力。这些主体承担不同职能，践行不同的工作宗旨，进行着各式各样的活动，站位立场不同，看问题的视角也相应有差别。个人信息保护民事公益诉讼是关系社会治理的司法重要活动，因此也契合着职能机关以及每一个社会团体的社会责任和社会职能。未来可充分汇聚人大、政协、其他机关和社会团体，有助于强化办案力量；综合它们的建议和意见，有助于形成合法、公正的判断。全国人大和各级人大有着监督职能和一定的立法职能，从监督者和代表群众的角度可以针对个人信息保护民事公益诉讼中的相关问题发表自己的意见，为进行各项活动提供自己职责范围内的力量。

（三）扩大多元主体参与范围

个人信息侵害波及范围广，谁都不能独善其身，对于个人信息侵害问题各主体同样有发言权。各主体参与进来,不仅能够综合各方力量和意见,还能够让它们起到很好的引领和表率作用。为个人信息保护作出应有的贡献,肩负起应有的责任。此外,公共利益涉及每一位个体,且个人信息关乎每一个人的信息安全,让公民参与个人信息公益诉讼能够有效激发公民的积极性和参与感,维护个人利益。党的十八届五中全会提出,要完善"党委领导、政府主导、社会协同、公众参与、法治保障"的社会治理体制。公众参与司法活动尤其是公益诉讼是完善社会治理体制的重要途径或方法之一。公益诉讼天然具备包容大众参与的属性。积极引导公众参与民事公益诉讼,方便听取民众声音,吸纳民众意见,有助于维护公共利益;与此同时,参与到诉讼中来将切实提高公民法治素养、提升参与能力,反作用于完善社会治理格局,提升法治建设水平。

此外,网络时代,数据的利用与保护犹如两辆马车并驾齐驱。如果对数据的保护超出必要限度或对数据利用过分地限制,则会挫伤技术研究与创新者的积极性。因此,强调个人信息权益保护的同时也要兼顾社会发展的需要,为相关主体留出空间。互联网时代下,大规模的信息收集、处理和储存并非易事,通常需要计算机和数据处理技术的应用,这对于普通人当然力所不及,企业往往是被作为重点的治理对象。私人侵犯其他众多个人信息的,从行为上来讲多偏向简单、直接,就是通常的信息买卖牟利,行为本身不复杂。例如,在行政领域,国家鼓励行业自治,发挥平台自治,多元化形式促进个人信息治理工作。这既符合互联网行业特点,也符合未来社会治理的趋势。正如社会上任何一个被管理的人,同时也是潜在管理别人的人。互联网企业要积极参与个人信息民事公益诉讼,发出自己的声音,贡献自己的力量,为协调和平衡个人信息保护与利用提供自己的见解。

四、明确个人信息公益受损的认定标准

公共利益的含义与界定标准一直具有不确定性,而个人信息保护公益诉讼实践中,同样存在个人信息公益(个人信息所承载的公共利益)受损认定标准不明的问题。这既影响了受案范围的确定,又影响了法院对具体诉讼请求的裁判。个人信息兼具个人私益属性和社会公共属性,运用公益诉讼途径维护个人信息权益的前提是侵害个人信息的行为危及或有损社会公共利益。因此,明确个人信息公益受侵害的标准,是科学界定个人信息公益诉讼范围的关键。笔者认为，明确个人信息公益受侵害的事实，即判断"众多个人的权益受损"，可从以下几个方面进行明确。

（一）从"定性"的角度出发对个人信息分类分级

我国《数据安全法》第21条明确规定要建立数据分类分级保护制度，分类依据是"数据在经济社会发展中的重要程度"，以及"一旦遭到篡改、破坏、泄露或者非法获取、非法利用，对国家安全、公共利益或者个人、组织合法权益造成的危害程度"。在个人信息公益受损判断中，可以参照该分类标准，根据个人信息的流通性及对公民合法权益、社会公共利益和国家安全的危害程度，将个人信息分为以下几类：(1) 一般通用信息，即具有日常生活通用性的个人信息，流通性较大，如姓名、民族、国籍、联系方式等；(2) 必要受控信息，指受到流通限制的个人信息，遭到泄露或滥用可能有损个人尊严和财产安全，如银行账户、交易信息、财产及征信信息、通信记录和行踪轨迹、住宿信息等；(3) 重要敏感信息，即一般禁止流通的、涉及公民的敏感隐私和国家安全的个人信息，如个人基因、其他生物特征信息等。

（二）从"定量"的角度确定"涉众性"的标准

《个人信息保护法》规定的是"侵害众多个人的权益的"，但在个人信息保护公益诉讼中，对被侵害的信息主体进行量化是极其困难的，不仅涉及具体特定的信息主体，还可能包括其他潜在的不特定的信息主体，因此可以将量化对象从受害人数转化为信息数量。侵犯公民个人信息刑事案件对"情节严重"的认定，根据不同类型的信息设置了不同数量的门槛，如针对一般信息的犯罪需要达到5000条才构成"情节严重"，而针对行踪轨迹信息、通信内容、征信信息和财产信息等特殊信息的则只需要达到50条就构成"情节严重"。个人信息公益损害的认定标准也可以根据个人信息的类型与性质规定相应的数量要求。当然，个人信息的量化只是用于辅助判断个人信息公益受损，不应规定得过于硬性与机械，还可以结合个人信息被传播的次数、浏览量或下载次数等其他明显定量特征的信息进行认定。损害个人信息权益向损害社会公共利益转化，需要满足不特定人的要求，即侵害可能具有普遍性和典型意义。

（三）从"损害形态"的角度明确个人信息公益受损形态

个人信息公益受损形态应包括具体损害后果和抽象损害风险。除泄露或非法买卖个人信息之外,对个人信息的过度分析与滥用也侵害了信息主体的权益。在这种情况下,侵害行为可能尚未造成现实的实质损害结果,但也会对不特定多数人的个人信息权益产生潜在的侵害风险。我国《民法典》和《个人信息保护法》等相关法律均要求个人信息处理活动应遵循合法、正当、必要原则,对于超过必要限度处理个人信息导致个人信息权益、社会秩序处于潜在风险之中的行为,公益诉讼应发挥其预防风险的功能。此外,损害后果不应限于人身损失和财产损失。由于个人信息权益具有人格属性,个人信息权益受损不仅仅体现为财产损害,更多的是生活环境和精神安宁遭到破坏。个人信息公益并非受侵害信息主体个人利益的简单相加,还包括使大多数人免于个人信息被侵害而陷入不安宁状态和遭受财产损失的抽象利益。[①] 在现有个人信息保护检察诉讼中,在未造成具体人身或财产损害的情况下,部分检察机关提出赔偿损失的诉讼请求并得到了法院的支持。允许在未造成实质具体损害的情况下提起公益诉讼,是保护个人信息权益与公共利益的必要选择。

五、健全个人信息公益损害赔偿金管理制度

损害赔偿金的规范管理与科学使用是个人信息公益得以恢复与保障的重要条件。检察机关胜诉后,如果赔偿义务履行不到位或赔偿金使用不到位,无法实现对个人信息公益和个人信息权益的有效救济,也与设立公益诉讼的初衷相违背。个人信息保护检察民事公益诉讼制度作为一项新生制度,从裁判结果来看取得了良好的效果,但诉后对损害赔偿金的管理和使用较为混乱,健全个人信息公益损害赔偿金管理制度势在必行。具体可以采取以下措施。

(一)制定管理办法完善顶层设计

目前存在赔偿金归属与管理模式不统一的问题的原因在于相关规范指引的缺位,需要尽快完善顶层设计,制定个人信息公益损害赔偿金的管理办法。为了加快推进生态文明建设,规范生态环境损害赔偿资金管理,2020年,财政部、自然资源部与生态环境部等多个部门发布了《生态环境损害赔偿资金管理办法(试行)》,对管理主体、使用方法以及相关责任进行了细化规定。在个人信

---

① 参见王杏飞、陈娟:《个人信息检察公益诉讼重大理论与实务问题研究》,载《广西社会科学》2022年第2期。

息公益领域,也需要具体的办法规定为实践适用提供明确指引,以规范个人信息公益损害赔偿金统一、科学的管理与使用。

(二)规范统一损害赔偿金的管理与使用模式

在个人信息保护检察公益诉讼制度探索初期,关于赔偿金归属与管理的实践做法不统一,有的上缴国库,有的缴至检察机关的指定账户,管理模式较为混乱,且赔偿金与其他资金混同容易导致赔偿金无法做到专款专用。笔者认为,可以将赔偿金统一纳入专项账户,设立个人信息公益赔偿金专项基金管理委员会进行管理,并建立统一监管、规范有序的基金管理制度,使赔偿金的管理与使用更具有规范性、协调性和科学性,确保对个人信息公益的及时维护。该基金委员会的管理人员应具有多元性,如吸收网信办、工信部等相关行政部门工作人员,消费者权益保护委员会等社会组织人员以及社会学者和专家等。损害赔偿金的使用范围和程序应得到规范与明晰,如可以使用于个人或者社会公益组织举报和案件审理过程中产生的费用、对举报者的奖励激励等;还可以探索实现公益救济向私益诉讼赔偿的转化,即对相对确定的受害主体在一定程度与范围内进行赔偿。具体使用程序可以根据具体使用方式和情况进行规定,如其他主体在举报或起诉过程中产生的费用,应由其他主体主动申请并提交相关证明,再由基金委员会管理人员进行审批。

第十章
检察职能在涉外法治中的探索

2020年11月,习近平总书记在中央全面依法治国工作会议上强调,"坚持统筹推进国内法治和涉外法治""加快涉外法治工作战略布局,协调推进国内治理和国际治理,更好维护国家主权、安全、发展利益"。[①] 党的二十大报告强调,"加强重点领域、新兴领域、涉外领域立法,统筹推进国内法治和涉外法治,以良法促进发展、保障善治"。

作为我国宪法规定的法律监督机关,检察机关应当充分履行检察职能,积极投身并深入推进涉外法治建设,这是新时代新征程中以检察工作自身高质量发展服务保障经济社会高质量发展,维护国家主权、安全、发展利益的客观需要和必然要求。在参与和推进涉外法治建设进程中,检察机关发挥职能作用具有重要的意义:首先,从政治上来看,加强检察机关涉外法治工作,能够有效应对外部严峻风险挑战。检察机关是政治性极强的业务机关,同时也是业务性极强的政治机关。检察机关要不断加强涉外法治工作,有效应对挑战、防范风险,有力有效反制,牢牢把握对外斗争的战略主动权,坚决维护国家政治安全。其次,从法治上来看,加强检察机关涉外法治工作,能够进一步优化国际营商环境,有效维护中国企业和公民海外合法利益和安全。我国作为世界贸易大国,人员、商品、资金、服务流动频繁,涉外刑事案件数量上升较快,刑事司法协助案件不断增长。检察机关需要通过能动履职,助力实现高水平对外开放,为营造市场化、法治化、国际化一流营商环境提供高水平的涉外法治保障。最后,从检察工作方面来看,加强检察机关涉外法治工作,能够推动检察工作高质量发展。检

---

① 肖永平:《加快推进涉外法治体系和能力建设》,载《人民日报》2024年3月29日,第9版。

察机关涉外法治工作是检察工作的重要组成部分,坚决执行党中央关于外事工作和涉外法治建设的各项决策和部署,坚持前瞻性思维、全局性规划、战略性布局和整体性推进,坚持遵循统筹国内法治与涉外法治的原则,都能推动检察工作高质量发展,为实现检察工作的现代化和服务中国式现代化贡献更多的力量。

第一节 基层检察机关涉外法治履职的基本情况与服务成效——以长宁区人民检察院为例

长宁区是上海国际化程度最高的城区之一,呈现出外国领事馆多、外国经贸机构和外资企业多、外籍人士多的"三多"特点:(1)外交机构方面,辖区内共驻扎了法国、日本、韩国等27家外国驻沪领事机构和200多栋外交官官邸,分别占全市总数1/3和1/2左右。(2)外资企业及经贸机构方面,辖区内集聚近6500家外资企业、1500多家外国企业常驻代表机构和85家跨国公司地区总部,并汇集了一批国际性教育、卫生服务机构。(3)外籍人口方面,根据2020年公开数据,全区登记境外人口约8.8万人,约占上海境外人口总数1/5,虹桥街道更是成为全市外籍人口最多的街镇之一,拥有上海外籍人口集中居住的代表性区域——古北社区。

过去,坐拥虹桥机场和虹桥开发区的长宁区是上海联通长三角、面向海内外的重要门户,是上海改革开放的重要窗口。随着虹桥国际开放枢纽的设立,虹桥国际商务区已经成为中企"走出去"和外企"引进来"的重要平台。作为虹桥国际商务区唯一的中心城区,长宁区推进"最虹桥"引领行动,优化产业发展布局,不仅吸引了80余家大型跨国企业地区总部落户"东虹桥",更着力打造"虹桥之源"在线新经济生态园,目前已集聚6000余家数字经济企业,其中不乏大型跨境电商平台。

上海市长宁区人民检察院(以下简称长宁区院)根据自身区情,围绕长宁区经济发展特点,认真思考和实践涉外法治工作,围绕服务保障上海"五个中心"建设,强化涉外检察履职实践探索,加强国际执法司法合作,形成涉外法治工作的"长宁方案",努力为检察工作现代化、为上海在推进中国式现代化中充分发挥龙头带动和示范引领作用贡献智慧和力量。

一、严格规范程序，首创涉外办案"四步法"

长宁区院在办理涉外刑事案件的过程中，准确把握好涉外案件事实关、证据关、法律关，树立大局意识，积极主动服务国家大局，严格规范执法。一是严格执行《人民检察院办理涉外案件领事通知、领事探视等事项的若干规定》等办案规定，严格贯彻落实市检察院有关办理涉外案件的具体要求，严格遵循涉外案件请示报告制度。对于外国人犯罪案件，一律在提起公诉后的两个工作日内将起诉意见书、起诉书报市检察院对口业务部门备案。二是及时制定符合区域发展特点的规范性文件并指定对应部门和责任人，形成办案合力，如针对涉外刑事案件中较为集中的利用互联网犯罪，长宁区院结合办案实践专门制定《深化服务保障"互联网＋生活性服务业"发展检察行动方案》。三是在涉外刑事案件办理过程中，以国家利益优先为第一要义，严格依法批准或者决定是否逮捕涉案的犯罪嫌疑人。例如，对于国内犯罪分子打着爱国的旗号"薅某国人羊毛"并以"申请退款但实际又未退货"的手段骗取某国知名购物网站货物的系列案件，依法严厉打击但同时又严格区分主从犯。对于败坏国家形象且涉案金额特别巨大的首要分子，坚决出重拳打击；对于仅起辅助作用且涉案时间较短的一般操作人员，依法不予批捕。

长宁区院积极探索优化相关案件办理流程，在2012年《刑事诉讼法》生效、外国犯罪案件管辖权下放至基层办理之初，基于辖区外国人犯罪案件数量在全市位居前列，首创外国人犯罪办理"四步法"，在全市获得推广。第一步是启动1项专办流程。制作外国人犯罪案件办理流程图，建立由接受过专项培训的主诉检察官领衔的案件专办小组且检察长把关的办案模式，巩固外国人犯罪案件专办机制的程序和人员保障。明确由有经验的检察官专门办理涉外刑事案件，并要求涉外刑事案件均由承办检察官提出意见，部门负责人把关后向分管检察长专门汇报。专办组集中办理了超全市1/3的外国人犯罪案件，迅速提升类案办理质效。第二步是贯彻2条沟通原则。在与领事官员沟通中，不得交流案情或者发表案件处理倾向性意见；在与翻译人员交流中，主动做到"两讲两不讲"，即"讲法律、讲事实；不讲证据内容、不讲案情定性"。第三步是履行3个受理职责。受理第一时间，将起诉意见书上报市检察院。对于重大复杂或敏感的外国人犯罪案件、涉台案件,均提前和分院业务处沟通并向市检察院业务处报备,及时接受督导;准确核实犯罪嫌疑人国籍,排除其他特殊身份;通过文书及笔录审查加强侦查监督,督促检查是否已通知所在国领事馆,是否已聘请翻译等。第四步是确保4个重点落实,即权利义务告知、事实证据审查、违法犯罪说理及法律文书规范。比如,逐条告知、逐句翻译诉讼权利义务并充分听取意见记录在案;结合法律、文化等差异,加强讯问中的释法说理,重点关注因文化差异而引起的特殊辩解。

二、涉外未成年人保护方面

1986年6月,长宁区院设立全国首个"少年起诉组",拉开中国未成年人检察制度的序幕。此后,长宁区院未检部门从办理未成年人犯罪案件延伸到侵害未成年人案件,逐步确立"捕诉监防教"一体化工作模式。作为全国未成年人检察制度的发源地,一直以来,长宁区院高度重视未成年人保护工作,在有效保护未成年人合法权益、提升未成年人保护意识等方面持续创新工作方式方法;同时,注重链接多方资源,通过"走出去+请进来""线上+线下"等多样形式全方位呵护未成年人健康成长。在日常涉未成年人办案和履职过程中,通过"国内+涉外"方式依法维护涉外当事人合法权益:一是设计双语权利义务告知书。在全国具有重大影响的某亲子园一案办理过程中,长宁区院专门制作了针对外籍幼儿以及监护人的英文版权利义务告知书,确保外籍被害人及当事人能充分了解中国法律和行使诉讼权利。二是开展双语法治宣传。针对在办案中发现的部分国际学校不受教育部门管理、安全教育相对薄弱的问题,适时开展双语宣传,如面向外籍未成年人及监护人发布双语版暑假安全指南,就未成年人出游、娱乐、居家安全等进行全方位提醒,增强外籍未成年人安全意识。

三、知识产权保护方面

长宁区院办理的涉外刑事案件中,案件所涉及的罪名相对集中在知识产权类犯罪。鉴于此特点,长宁区院着力完善知识产权综合保护体系,针对长宁区跨国企业总部密集、正在着力打造国际贸易新平台的区域特点,建立健全涉外刑事案件长效机制,拓展完善"3+X+1"检察服务保障新格局,通过东、中、西3个片区实现"检察工作站"全覆盖、X个"服务点"和1个"网络检察空间站"辐射带动,多维延伸,不断提升涉外知识产权类案件专业化办案水平。

首先,以检察综合履职全方位保护国际知名企业知识产权。依托长宁区楼宇、园区阵地网络,系统构建检察服务格局。建立"东虹桥"检察工作站,侧重涉外知识产权全生命周期、全链条检察监督和服务保障,加大对高精尖、前沿产业等重点领域新型知识产权司法保护力度。全方位、多角度、全流程向企业提供宣传、预防、打击知识产权犯罪的检察服务产品。

其次,不断完善侦查监督工作机制,积极引导公安机关做好涉外刑事案件调查取证工作。检察机关坚持依法平等保护理念,积极开展对涉外知识产权犯罪案件立案监督、侦查监督。针对涉外侵犯商业秘密案件等新类型案件,及时提前介入规范引导侦查活动,协同侦查机关夯实案件证据基础。针对可能存在的公安机关向涉外当事人取证、制作笔录不规范等侦查瑕疵问题以及缺少翻译参与讯问、询问等侵犯外国犯罪嫌疑人或被害人合法权益的情形,强化对侦查行为的监督。同时,针对多发问题或苗头性问题,向涉案企业制发综合类检察建议。

在长宁区院涉及知识产权案件能动履职的过程中,先后办理多起全市首例和影响力较大的案件。

例如,苏州海某某电子科技有限公司、张某慧等人侵犯德国罗伯特·博世有限公司(以下简称博世公司,全球500强企业)商业秘密案。该案系一起公司"内鬼"与外部人员勾结侵犯企业商业秘密知识产权权益的刑事案件,涉案金额161万余元,造成博世公司损失96万余元。检察机关在办案中运用检察一体化、特邀检察官助理等工作机制和制度,有力反驳行为人的不合理辩解;依法追诉涉案单位,做到打击侵犯商业秘密犯罪不留死角;通过检察监督和综合履职帮助企业修补制度缺漏,修复受损社会关系,融入了"检察护企"专项行动,帮助企业追赃挽损。博世(中国)投资有限公司总裁在习近平总书记召开的企业和专家座谈会上把该案予以分享,博世公司全球高级副总裁、知识产权部负责人皮特·斯伟杰科夫斯基专程赴长宁区院致谢并赠送匾额。该案例被《人民日报》《检察日报》等媒体宣传报道。

又如,严某强等29人假冒注册商标案,系全市首例正品改包认定商标犯罪案。该案中,公司通过在该市多区开设线下门店和在抖音平台开设抖音店铺招揽客户,根据客户需求,拆解原有皮包,通过对原皮进行切割后添加仿冒五金件等方式，改制成在售新款皮包，并根据改制难度，收取2000元至4000元不等费用。截至案发，该公司通过上述手法，非法制造假冒LV品牌商标皮包经营数额共计人民币150万余元。该案与传统假冒注册商标犯罪相比手段新颖，在罪与非罪上存在的争议较大，给案件定性带来了一定的难度，同时涉案公司人员较多，如何妥善处理整起案件也是对新时代检察机关的重要考验。长宁区院依法开展行刑反向衔接等综合履职工作，依托与区市场监督管理局之间建立的线索移送机制，对相关线索进行移送并制发《检察意见书》，形成同防同治监督合力，切实构建知识产权协同保护大格局。该案例入选上海市人民检察院检察委员会通报典型案例（2024年第6批，总第8批）和上海检察机关知识产权检察综合履职典型案例，被正义网、《文汇报》、《上海法治报》等媒体宣传报道。

第二节　涉外法治案件履职过程中的挑战与风险

一、刑事案件办理上的难度陡增

1. 侦查难度增大。近年来，依托互联网实施的犯罪行为数量大幅上升，其中，许多犯罪分子将网络服务器设置于第三国或者犯罪分子本身在境外，因此网络犯罪具有了涉外的属性，产生了具有国际性的连结点。越来越多新形式的涉外网络犯罪行为出现，如外国公民或我国公民在境外利用外国或者我国的网络服务器对我国公民实施诈骗、我国公民在境外及境内利用网络实施针对他国国民的相关犯罪行为等。近年来，跨国网络犯罪呈现多发的态势，比如民众熟知的缅北电信网络诈骗园区电信诈骗案件，以及开设赌场、互联网色情犯罪等常见境外网络犯罪，都极大损害了公民的人身和财产权益。而网络犯罪这种即时性、跨地域、涉及面较广的特点给公安机关抓捕、取证等侦查工作带来重重障碍。例如，目前从境外抓捕回流的网络犯罪团伙成员中，以底层操作员工为主，还有大量的管理层、犯罪集团首要分子利用网络隐身，未能抓获归案。同时，这类跨国犯罪的国际司法协助也存在一定的困难。

2. 传统刑事管辖权原则受到挑战。就涉外网络犯罪管辖而言，首先存在涉内和涉外的问题。涉外网络犯罪管辖首先要解决跨境网络犯罪中我国是否有管辖权的问题,在"有"的基础上,下一步是讨论涉内管辖权该如何具体分配。网络犯罪案件中,由于网络打破了传统管辖的物理连结点根基,传统刑事管辖规定无法适应网络犯罪的特性。其根本原因在于网络犯罪具有的隐蔽性、即时性和跨区域性特点,面临着传统刑事管辖权理论中的"被告住所地""主要犯罪地"的适用以及指定管辖等问题。以常见的网络诈骗案为例,犯罪嫌疑人 A 在甲地负责编写计算机程序或软件,犯罪嫌疑人 B 在乙地运用程序或软件实施网络诈骗,犯罪嫌疑人 C 在丙地分配犯罪收益后掩饰、隐瞒犯罪所得转移赃款,这时就会出现甲、乙、丙三地的管辖争议。大部分案件可能受害人都无从查证,但是一旦受害人报案查证,可能使甲、乙、丙三地以外 n 个地区的受害人同时受骗,由此产生"3 + n"个地区的司法机关均有管辖权的现象,并可能由此引发管辖权冲突。

上述模型主要针对国内管辖问题,如果叠加跨境网络犯罪因素,其管辖权问题更加复杂。目前,涉外类跨国网络犯罪的公约类规范虽然数量不少,但是缺乏一个统一性的全球网络犯罪治理公约。美欧将《布达佩斯网络犯罪公约》作为全球标准的主张与中俄期待在联合国框架下谈判制定全球打击网络犯罪公约的理念存在激烈冲突。① 国内立法除了现行《刑事诉讼法》规定,针对网络犯罪案件,目前主要包括最高人民法院出台的《关于适用〈中华人民共和国刑事诉讼法〉的解释》、公安部出台的《公安机关办理刑事案件程序规定》以及《最高人民法院、最高人民检察院、公安部关于办理电信网络诈骗等刑事案件适用法律若干问题的意见》(法发〔2016〕32 号)、《最高人民法院、最高人民检察院关于办理非法利用信息网络、帮助信息网络犯罪活动等刑事案件适用法律若干问题的解释》(法释〔2019〕15 号)、《最高人民法院、最高人民检察院、公安部关于办理电信网络诈骗等刑事案件适用法律若干问题的意见(二)》(法发〔2021〕22 号)、《最高人民法院、最高人民检察院、公安部关于办理信息网络犯罪案件适用刑事诉讼程序若干问题的意见》(法发〔2022〕23 号)。面对目前网络犯罪呈现出的地域广、与犯罪行为连结点不断增多的现实,上述规定都对原来规定的"犯罪地"进行了不同程度的扩大解释,虽然提供了更多的管辖权连结点,但同时管辖权冲突的情况也出现的更加频繁。

---

① 赵天水:《涉外网络犯罪刑事管辖权探析》,载《江苏警官学院学报》2023 年第 3 期。

二、中国企业"走出去"所面临的法律挑战

检察机关在涉外法治工作中肩负着服务高质量发展和高水平对外开放的重要使命。高质量发展是全面建设社会主义现代化国家的首要任务，也是新时代的硬道理。推进高水平对外开放，是实现高质量发展的内在要求。法治与开放相辅相成，高水平对外开放必然要求高水平的涉外法治保障。[①] 随着越来越多的中国企业走出国门，相关的涉外法律纠纷日益增多。检察机关必须充分发挥法治的力量，服务和支持中国企业"走出去"，有效维护我国海外企业的合法权益，助力夯实高水平对外开放的法治根基。[②]

近年来，中国企业"走出去"的步伐不断加快，这一战略既有助于企业开拓新的增长空间，提升国际竞争力，也是中国全面建设社会主义现代化国家的重要举措。根据商务部的最新数据，2024年1—8月，中国对外非金融类直接投资达到940.9亿美元，同比增长12.4%。[③] 在"一带一路"共建国家的非金融类直接投资增长显著，进一步巩固了中国在全球产业链和供应链中的地位。然而，在对外直接投资不断增长的背后，中国企业"走出去"依旧会面临以下法律风险。

（一）东道国法律变更风险

鉴于中国海外投资的主要目的地多为发展中国家及最不发达国家，这些地区普遍面临经济基础脆弱、政治体系动荡、法治建设滞后等挑战，这些问题直接引发了法律框架的频繁变动。例如，在非洲某些国家，由于政局不稳，外资政策可能随政府更迭而发生显著变化。为了维护自身利益，东道国政府可能会通过修订或出台新的法律法规来调整对外资的态度，包括实施更为严格的资本进入限制措施。[④]

此外，这些国家的法律体系往往不够健全，具体表现为与外资管理相关的

[①] 参见童建明：《全面履行法律监督职责 推进检察机关涉外法治工作高质量发展》，载《民主与法制》2024年第15期。

[②] 参见阮丹生、曹华、张宏峰：《检察职能与涉外法治建设》，载《人民检察》2023年第9期。

[③] 参见《前8个月中国对外非金融类直接投资同比增长12.4%》，载中国新闻网，https://www.chinanews.com.cn/cj/2024/09-26/10293039.shtml。

[④] 参见何志鹏、崔鹏：《涉外法治：应对海外投资法律风险的良方》，载《国际经济法学刊》2022年第3期。

法律条文缺失、对外国投资者权益保障机制的欠缺。以缅甸为例,该国在经历政治转型期间,其外资相关法律经历了多次修订,但由于缺乏一致性和稳定性,外国投资者面临较大的法律风险。① 在实际操作中,还会遇到行政程序缺乏透明度、法治观念淡薄、各部门间政策矛盾、司法系统存在腐败以及地方保护主义盛行等问题。② 例如,在一些南美国家,由于司法系统的腐败和效率低下,外国投资者在遭遇合同纠纷时往往难以获得公正裁决,这严重影响了他们的商业决策和投资信心。这些因素共同作用,造成了法律环境的高度不确定性和难以预见性,极大提升了企业在理解和遵循东道国市场准入与运营规范上的复杂程度。③

(二)知识产权风险

随着中国企业对外投资的足迹遍布全球超过80%的国家和地区,不同投资目的地之间在政治环境、法律体系、创新能力及知识产权发展水平上的巨大差异,为中国企业在全球范围内有效保护知识产权带来了前所未有的挑战,并显著增加了知识产权争议的风险。例如,在一些发展中国家和地区,由于当地知识产权法律体系尚不完善,执法力度不足,中国企业可能面临更高的商标侵权或专利盗用风险。④ 而在技术密集型行业集中的发达国家和地区,如美国和欧洲,虽然知识产权保护制度相对健全,但复杂的法律程序和高昂的诉讼成本也为企业维权设置了障碍。

投资东道国科技创新能力较低,知识产权持有量有限,加之法律体系不完善,知识产权保护水平偏低,管理和执法状况欠佳,这些外部条件为中国企业在海外市场的知识产权保护带来了严峻挑战。同时,部分中国企业自身的创新意识不足,对知识产权的重要性认识不够,维权意识与能力相对较弱,进一步加剧了知识产权被侵权的风险。这些内外部因素的叠加,使中国企业在拓展海外市场时面临较高的知识产权侵权风险和隐患,尤其是商标被恶意抢注的现象尤为

---

① 参见卢光盛、金珍:《缅甸政治经济转型背景下的中国对缅投资》,载《南亚研究》2013年第3期。
② 参见金仁淑、孙玥:《我国企业对"一带一路"沿线投资面临的法律风险及对策研究》,载《国际贸易》2019年第9期。
③ 参见徐卫东、闫泓汀:《"一带一路"倡议下的海外投资法律风险对策》,载《东北亚论坛》2018年第4期。
④ 参见马春晖、王振宇:《中企海外投资中知识产权风险防范和应对》,载《中国外资》2021年第24期。

突出。① 例如,"洋河"曾在泰国市场上与其商标被抢注方进行了长时间的法律斗争,最终虽成功夺回商标,但在此过程中耗费了巨大的财力和人力成本。② 此类案例凸显了在中国企业"走出去"过程中加强知识产权保护的重要性。

同时,中国企业还经常面临被指控侵犯知识产权的风险。中国企业的海外投资活动跨越了不同的国家和地区,这些地方拥有各自独特的法律制度和知识产权保护体系。然而,目前许多中国企业,特别是中小企业,对知识产权的认识相对淡薄,未能充分了解目标国家在知识产权领域的法律法规,且涉外知识产权专业人才短缺,导致频繁出现知识产权纠纷案件。特别是在美国等国家,中国企业频繁遭遇知识产权行政执法调查。

一个典型的例子是美国的"337调查",它源自美国1930年《关税法》第337条(以下简称"337条款")。根据该条款,任何以任何形式进入美国市场的外国产品,如果侵犯了美国本土产业现有的或正在建立中的合法有效的专利权、注册商标、版权或外观设计、专有技术等,均可能被视为违反"337条款"。美国国际贸易委员会(International Trade Commission,ITC)有权对此类行为进行调查。实际上,大多数ITC的调查集中在专利侵权方面。③ "337条款"主要聚焦于对侵犯专利、商标等知识产权的不公平贸易行为进行打击与规制。这意味着当美国公司认为外国进口商品侵犯了其专利、商标等知识产权时,可以向ITC提起诉讼。如果起诉符合条件,ITC将启动调查,一旦认定侵权行为成立,ITC可以下令禁止该产品进入美国市场,从而彻底切断该产品的销售渠道。④ 随着美国对外贸易政策逐渐从自由化转向保护主义,"337条款"已成为限制外国制造商向美国出口涉嫌侵犯知识产权的产品的重要法律工具和单边制裁手段。统计显示,中国是遭受美国"337调查"次数最多的国家之一。这背后的一个重要原因是中国近年来的迅速崛起,特别是向美国出口的高科技产品数量不断增加,引起了美国的关注并采取了相应的限制措施。由于中国企业在知识产权保护

---

① 参见宁立志、叶紫薇:《商标恶意抢注法律适用研究》,载《法学评论》2022年第2期。
② 参见王合锋、薛友飞:《中国商标海外被频抢注的原因和应对策略——从"洋河"商标泰国抢注异议案说起》,载《中华商标》2017年第6期。
③ 参见朱雪忠、徐晨倩:《大国竞争下的美国涉华337调查与中国应对之策》,载《科学学研究》2021年第5期。
④ 参见金桢烨:《美国涉华非关税贸易壁垒分析及应对措施——以337调查为例》,载《产业创新研究》2022年第23期。

意识上的不足,面对"337调查"等执法行动时,中国企业往往因为缺乏足够的了解而选择不应诉或无法有效应对,从而在国际市场上处于不利地位。①

(三)国家安全审查风险

随着中国科技企业在全球市场竞争力的不断增强,美国、欧洲、加拿大、澳大利亚等发达经济体对中国科技和产业影响力的担忧日益加深,担心中国影响力渗透到世界经济和政治领域。为遏制中国企业的崛起,这些经济体正通过市场手段实施限制措施,其中国家安全审查制度成为限制外资企业投资的最常见方式。由于国家安全概念本身的模糊性,国家安全审查作为外资监管工具,正被欧美国家广泛滥用,其适用范围远远超出国家安全的应有范畴。据统计,近年来约2/3的外资政策直接或间接地涉及国家安全考量,几乎全部由发达国家实施,显示出对中国企业并购的高度防范心态。②

例如,美国《外国投资风险评估现代化法案》(Foreign Investment Risk Review Modernization Act,FIRRMA)授权美国外国投资委员会(Committee on Foreign Investment in the United States,CFIUS)对特定国家采取歧视性待遇,明确将中国列为"特别关注国家",重点审查中美竞争领域的投资活动。这一举措不仅加剧了中美之间的经贸摩擦,还对全球投资环境产生了负面影响。同样,加拿大政府③和欧盟也将贸易和投资问题高度政治化,频繁违背市场经济原则,对中国企业实施歧视性政策。这些国家的外资监管政策呈现出明显的国别歧视特征,严重损害了中国企业的合法权益,增加了其在海外投资的不确定性和风险。④

自中美贸易摩擦加剧以来,众多国家和地区纷纷以"国家安全"为理由,对中国企业的投资和竞争实施限制,形成了一种围堵态势。例如,欧洲多国对华为实施了5G设备禁令,美国连续否决了中国企业提出的多项收购交易;德国限制中远海运公司投资汉堡港码头的持股比例等。作为一项重要的政策工具,国

---

① 参见司彦斌、刘浩英:《中国企业"走出去"面临的知识产权挑战与应对策略》,载《中国对外贸易》2017年第10期。

② 参见张皎、李传龙、李彤:《美欧外资国家安全审查机制立法趋势:从与安全有关的投资措施到与投资有关的安全措施?》,载《国际法研究》2020年第3期。

③ 参见黄可而:《加拿大外资国家安全审查制度演进及其启示》,载《国际商务研究》2024年第1期。

④ 参见刘禹、莫漫漫、颜苏:《中国企业海外投资面临的国家安全审查风险与应对》,载《中国软科学》2024年第1期。

家安全审查构成了各国外资监管体系的核心部分,尤其在那些关乎国家利益、核心技术、数据信息安全及专业知识等关键领域的投资活动中被广泛应用,如金融服务、电信通信、生物技术与农业等领域。① 然而,由于"国家安全"的定义和界限相对模糊,东道国的国家安全审查机构拥有相当大的自由裁量权,足以决定一项外商投资的命运。西方国家对中国频繁使用国家安全审查,其目的显然超越了单纯的安全考虑,更多地体现了保护主义色彩,对中国企业"走出去"造成了显著的负面影响。②

(四)环境保护风险

受到中国经济结构的影响,能源矿产和基础设施建设是中国企业海外投资的重点领域。③ 中国海外投资存量中,制造业、建筑业、交通运输、采矿业以及电力、燃气及水的生产和供应业等对环境影响较大的产业仍然位列对外投资占比最大的十大产业中。这反映出中国对外投资依然具有明显的资源导向型特点。④ 与此同时,基础设施建设也是中国企业海外投资的重点。特别是随着"一带一路"倡议的深入实施,基础设施的互联互通激发了大量中国企业投资沿线基础设施建设的热情。无论是能源还是基础设施类投资,共同的特点都是前期投入成本高、项目工程量大、回收周期长、社会关注度高,对生态环境的影响显著,客观上使中国企业的"出海之路"面临着环境保护难题和由此带来的环境法律风险隐患。

中国企业在海外投资中不了解、不关注东道国环境保护法律法规。在投资前期,中国企业对投资项目及东道国的环境背景、投资背景、法律政策情况的调查研究和可行性分析不足,仅仅受到东道国资源或投资利润的吸引,就草率做出投资决定。在投资过程中,中国企业不关注东道国环境法律政策、东道国对于环境保护和企业社会责任的倡导、民间舆论的走向等。

一些企业将企业社会责任报告视为形式主义的任务,只是为了满足东道国

---

① 参见苏丽娜、张乐:《美国外资国家安全审查机制的政治异化及其法律因应》,载《国际贸易》2022年第3期。

② 参见廖凡:《欧盟外资安全审查制度的新发展及我国的应对》,载《法商研究》2019年第4期。

③ 参见肖蓓:《中国企业投资"一带一路"沿线国家的生态环境风险及法律对策研究》,载《国际论坛》2019年第4期。

④ 参见韩秀丽:《中国海外投资中的环境保护问题》,载《国际问题研究》2013年第5期。

的要求或国际标准,而非真正从企业长远发展的角度出发,将其作为提升自身管理水平和社会责任意识的有效工具。这种态度不仅不利于企业树立负责任的企业公民形象,还可能加剧与东道国社会的隔阂,增加投资项目的环境和社会风险。①

此外,中国企业在海外投资过程中忽视正面环保宣传,不注重维护与东道国媒体、当地居民、社区、行业协会、政治压力集团、东道国环保组织和国际公益组织等利益相关者的关系,这也是中国企业易遭受多个主体或不同组织以环境为由的抵制的原因。②

环境问题不仅给企业自身经营带来不利影响,还会给国家带来不小的舆论压力。特别是随着"一带一路"倡议的深入实施和我国国际影响力的不断提升,一些国家在复杂心态的驱动下,不断渲染我国企业海外投资中的环境问题,将其上升到国家层面,将中国企业的海外投资恶意揣测为对东道国的资源掠夺,引起东道国政府和民众的警惕和质疑,甚至引发国家间的信任危机。③

(五)数据跨境流动风险

随着贸易全球化进程的推进以及技术手段的不断提升,数据已成为一种重要的资源与生产资料,跨境数据流动成为连接全球经济活动的关键环节。然而,数据不同于传统商品,因其内容的高度敏感性而具有极高的商业价值。这种敏感信息的存在决定了数据在传输过程中的安全保障尤为重要。因此,在数据传输领域,特别是在数据的跨境流通过程中,如何在保障数据安全与实现数据自由流动之间找到平衡点,成为监管者面临的基本挑战。对中国企业而言,"走出去"过程中确保数据安全和跨境数据流动的合规性显得尤为重要。④

欧盟于2018年出台的《通用数据保护条例》(GDPR)因其严格的保护标准和广泛的适用范围,成为全球数据保护领域的一个标杆。GDPR第3条第1款明确规定:"本条例适用于在欧盟境内设有机构的数据控制者或处理者,在该机

---

① 参见王雁南、李自杰、张般若:《"一带一路"下跨国企业社会责任的影响因素及机制》,载《经济问题》2020年第10期。

② 参见祝宁波:《中国企业海外投资的法律风险与法律风险管理探索》,载《华东理工大学学报(社会科学版)》2013年第3期。

③ 孙佑海:《绿色"一带一路"环境法规制研究》,载《中国法学》2017年第6期。

④ 参见刘志广:《跨境数据流动监管域外经验与中国进路》,载《工业信息安全》2023年第3期。

构开展活动的范围内对个人数据的处理行为,无论该行为是否发生在欧盟境内。"这意味着只要数据控制者在欧盟境内存在"真实有效的联系",即使数据处理行为发生在欧盟以外,也将受 GDPR 的约束。根据欧盟数据保护委员会提供的指南,建立生产线、数据中心、聘请员工等均被视为构成"真实有效的联系"。这一规定扩大了传统属人主义的管辖标准,使任何与欧盟存在稳定经济联系并在业务范围内从事数据处理活动的实体,无论是否直接参与数据处理,都需要遵守 GDPR 的规定。[1]

GDPR 第 5 章第 44—50 条详细规定了个人数据跨境流动的具体规则。这些条款不仅确立了数据跨境流动的基本原则,还对数据传输的过程进行了规范。GDPR 对违法行为设定了高额罚款机制,近年来实际执行的罚金数额也在不断增加,这对计划或正在进行海外投资的中国企业构成了重大挑战。根据 GDPR,数据控制者或处理者必须全面符合各项具体要求,才能将个人数据从欧盟转移至第三国或国际组织,同样的考虑也适用于从第三国或国际组织向其他国家或组织的数据转移。[2] 这意味着中国企业必须认真评估并确保其跨境数据流动活动符合欧盟的数据保护标准,以避免潜在的法律风险和经济损失。

(六)公司治理和海外反腐败执法风险

中国一些企业在"走出去"过程中,存在对公司治理管理不严、对反海外商业贿赂和腐败查证不到位的情况,甚至有些企业错误地认为海外行贿有助于增强竞争力,将行贿拿到项目视为为了国家利益。这种短视行为不仅有损中国企业的竞争力和国际形象,还严重破坏了国际商业环境的公平性。[3] 对中方企业在海外商业行贿行为处理得不及时、力度不足,未将法律手段作为常规手段,实际上变相纵容了行贿行为,反过来助长了中国企业在海外行贿的不良风气,动摇了中国企业的整体信誉,无益于海外商业贿赂的打击。

与此同时,美国利用其《反海外腐败法》(Foreign Corrupt Practices Act,FCPA)实施"长臂管辖"和执法,使中国企业"走出去"面临公司治理和海外反

---

[1] 参见孔庆江、于华溢:《数据立法域外适用现象及中国因应策略》,载《法学杂志》2020 年第 8 期。

[2] 参见叶开儒:《数据跨境流动规制中的"长臂管辖"——对欧盟 GDPR 的原旨主义考察》,载《法学评论》2020 年第 1 期。

[3] 参见罗杰:《"一带一路"国际经济合作背景下商业贿赂问题研究》,载《国际经济合作》2017 年第 11 期。

腐败的双重风险。FCPA 是全球最具影响力的针对海外商业贿赂行为的立法之一。美国司法部和法院对"公共机构"权力行使者的范围做出了较宽泛的界定，甚至将外国国有企业或主权财富基金的低级别员工也纳入其中。此外，FCPA 的管辖权范围极为广泛，不仅规定了十分宽泛的属人管辖权，即只要公司及其任何子公司、关联公司与美国有任何实质性的联系，就应当受到美国法院的管辖，还规定了更广泛的属地管辖权，即行为主体在美国境内，或虽未在美国境内但利用了美国的邮件和支付结算等手段，也将由美国管辖。这导致一些中国企业即使没有直接在美国从事商业活动，也可能面临潜在的 FCPA 调查或诉讼风险。[1]

由于 FCPA 的管辖权极为宽泛，加之中国企业逐步加大海外投资规模，近年来中国企业已成为美国执法机构查处海外腐败问题时重点关注的对象。[2] 这不仅反映了中国企业应对法律事务经验不足、企业守规经营意识薄弱的问题，更揭示出美国试图将 FCPA 用作法律壁垒来遏制中国企业发展和国家发展的意图。目前，FCPA 执法有针对中国企业加大惩处力度的趋势。频繁的 FCPA 调查使中国企业面临巨大的经济损失风险。企业一旦被卷入 FCPA 调查，不仅可能承担高昂的法律费用和巨额罚款等，还可能面临业务和市场份额的损失、并购机遇丧失的风险。

三、外企"引进来"面临的法律挑战

持续建设更高水平开放型经济新体制，推进市场化、法治化、国际化营商环境建设，要求加快制度开放，营造兼容并包的国际化营商环境，依法保护外资企业合法权益，扩大吸引外商投资。法治是最好的营商环境，检察机关严格履职、一体履职、综合履职，服务一流涉外法治化营商环境建设，为平等、透明、公平的法治化营商环境提供坚实的检察服务保障。检察机关在依法履职中发现以下几类问题。

---

[1] 参见赵骏、吕成龙：《〈反海外腐败法〉管辖权扩张的启示——兼论渐进主义视域下的中国路径》，载《浙江大学学报（人文社会科学版）》2013 年第 2 期。

[2] 参见刘岳川、胡伟：《中国企业面临的海外反腐败执法风险及其应对——以美国〈反海外腐败法〉为例》，载《探索与争鸣》2017 年第 8 期。

（一）外企知识产权司法保护机制仍存不足

我国始终坚持对内外资企业的知识产权一视同仁、同等保护。知识产权保护问题一直是外资企业来华经营关注的重点领域。以上海实践为例，虽然上海市在外企知识产权保护领域已展开多重举措，发布《上海知识产权检察白皮书中英双语版》《商业秘密主要法律规范指引》《企业知识产权法律保护指引手册》等推动构建涉外检察范式，然而实践中，外资企业知识产权保护领域仍存在一些问题。

1. 权利人应对不及时

知识产权为外企重要经营资源，往往设立直属总公司经营管理，与技术部门、经营部门紧密联系的专门知识产权管理部门统一管理经授权后的知识产权工作，处于管理层的核心位置。① 知识产权管理部门介入保护知识产权的时间点往往较晚，一般在发生侵权案件之后，难以挽回重大损失。此外，外企知识产权权利人通常发现侵权线索后反应迟钝，很少能及时采取行动固定证据，为捍卫自身合法权益埋下隐患。

2. 商业秘密内部管理和保密制度不健全

《反不正当竞争法》第9条定义商业秘密为不为公众所知悉、具有商业价值并经权利人采取相应保密措施的技术信息、经营信息等商业信息。保护外企商业秘密和核心技术是外企在竞争激烈市场中迸发持续活力的关键所在。然而在实践中，各种类型的企业均面临着不同程度的商业秘密保护难题。

一方面，保密合同执行不到位。企业与掌握企业核心技术与商业秘密的人员、企业友好合作伙伴签订保密合同往往流于形式，在签字后不严格执行合同条款，由于员工流动量大，在职人员或者前员工为谋取不正当利益，透露商业秘密给外部人员的情况频出。例如，在前述博世公司商业秘密案中，两位被告人曾任博世集团制动助力系统部门工程总监、高级工程经理，对技术秘密负有保密义务，但是离职后合谋通过非法手段将有关技术秘密带至其他公司，侵害博世集团合法权益，形成不正当竞争。

另一方面，企业文化建设缺位。企业文化是影响商业秘密保护的一大重要因素。外企由于企业性质特点，与上级领导拥有绝对控制权和强力监管权的民

---

① 参见于涛：《国外企业知识产权管理模式分析》，载《电子知识产权》2003年第6期。

企不同,也与接受党、国家和人民广泛监督的国企、央企和政府机关不同,主张人性化与结果主义导向,缺乏保护企业商业秘密的积极引导,导致员工保密意识不强,不了解违反保密责任的严重性以及泄露商业秘密后应承担的法律责任。

(二)公司内部廉洁风险防控力度较轻

外资企业多具备"三权分立、尊重契约、充分授权、关注结果、变通空间小、企业员工整体素质和自主意识普遍较强"的共性。[1] 其内部公司治理结构虽然完善,但由于外资企业对于我国司法体制及法律法规较为陌生等因素影响,外资企业面对内部腐败问题,常常怠于利用法律途径维护自己的正当权益。

以外企内部人员(通常是高管)构成职务侵占罪为例,我国现行《刑法》第271条第1款明确规定职务侵占罪是指公司、企业或者其他单位的工作人员,利用职务上的便利,将本单位财物非法占为己有。外企员工作为非国家工作人员,利用主管、管理、经营职务便利非法占有公司财物,构成职务侵占行为,在层层通报至总部过程中,往往出现两种情况。第一种情况是尊重契约精神,更关注结果,崇尚人性化管理的外企对惩治职务犯罪行为流于表面,不执行或者执行有限,封锁消息不了了之;第二种情况是外企为了维护企业良好形象与外在声誉,宁愿选择息事宁人,对于该问题低调处理,最终降低犯罪成本,提高容错率,难以有效打击犯罪行为。

第三节 基层检察机关办理涉外案件的展望

作为新时代检察人,必须坚定站稳人民立场,立足检察职能,聚焦检察机关主责主业,提供更多更优质更实在的涉外法治服务产品,适应新时代涉外法治工作提出的更高要求。

一、刑事检察方面

(一)构建打击跨国网络犯罪的国际协作机制

为了有力地对抗涉外网络犯罪,我们必须构建一个国际协助机制。在一个

---

[1] 参见陆征:《如何化解国企与外企文化差异的不利影响》,载《中国石化》2021年第6期。

网络空间主权平等和互不干涉的时代背景下,没有任何一个国家能够独立地通过国际合作来解决管辖权的冲突。从目前来看,我国涉外刑事诉讼程序还缺乏一个系统的刑事司法协助。因此,中国有必要建立一个能够适应其自身需求的国际合作机制。目前,主权国家与地区之间关于网络犯罪的刑事司法协助的根基在于两个国际公约:2001年的《布达佩斯网络犯罪公约》和2000年的《联合国打击跨国有组织犯罪公约》。围绕这两个主要的国际公约,许多国家与国家、国家与地区之间也根据自身的实际情况缔结各种公约,以此形成了一个覆盖大面积的针对互联网犯罪的国际司法协助网际关系。签署国际条约的有利之处就在于可以令各国在互联网犯罪案件的管辖中适当地妥协,消除因为各国法系和思想的不同而产生的差异,以此达到提高司法效率,公平公正解决互联网犯罪案件的管辖矛盾的目的。同时,统一各国打击网络犯罪的路径,缓解因司法环境不同而导致冲突的境况。此外,还应完善引渡条款制度。截至2023年,我国共与86个国家签署双边司法协助条约。这些条约对于打击我国国内及国际犯罪,完善刑事案件管辖制度具有重要意义。国际司法协助的条款和方式因为世界上各国的法律制度不同而有所差异,因此签订双边与多边协议可以友好协商为基础,摒弃各国之间的规则差异,对犯罪的管辖进行让渡,使多方加强合作的深度及效率,以交流消除国家与国家之间、国家与地区之间的制度差异,以此更好地配合国际司法协助理念,解决互联网犯罪案件的管辖问题。从现实来看,东盟和中国的合作就体现出了良好的合作态势:在过去的几年中,中国公安与东盟各国的执法部门进行了多次合作,共同打击网络赌博的行为,从而确立了稳固的合作伙伴关系。中国与东盟正继续深入探讨如何建立一个常态化的合作机制来打击网络赌博和网络诈骗,并在此过程中协调网络犯罪的管辖权冲突。

(二)探索完善缺席审判与违法所得没收程序

缺席审判程序是指被告人未出席法庭情形下法庭对被告人涉嫌犯罪的案件进行的审判。与缺席审判对应的是对席审判。[①] 在刑事诉讼中,被告人出席法庭是被告人的一项基本权利。2018年修改《刑事诉讼法》时,在第五编"特别程序"中专门增加一章,以7个条文完整地规定了刑事诉讼中的缺席审判程序。

[①] 参见易延友:《刑事诉讼法:规则 原理 应用》(第5版),法律出版社2019年版,第642页。

国际上有相当一部分国家不允许缺席审判,将缺席审判当作程序不公的一个因素,并在引渡和实施其他司法协助时对曾经被缺席审判的人员的引渡施加了一定的条件。因此,我国《刑事诉讼法》在确立缺席审判制度时,一方面尽可能保证被缺席审判被告人的基本诉讼权利,另一方面也针对国际上对被缺席审判人员引渡所附加的条件进行了充分考虑并设置了相应条款。根据《刑事诉讼法》第291条第1款的规定①,对于被告人在境外的案件,缺席审判适用的案件范围包括贪污贿赂案件、国家安全犯罪案件以及恐怖活动犯罪案件。这些案件适用缺席审判程序的客观条件是犯罪嫌疑人、被告人在境外;主观条件是犯罪事实已经查清,证据确实、充分,依法应当追究刑事责任。对于贪污贿赂犯罪案件,只需要同时满足以上客观条件及主观条件即可缺席审判。但对于严重危害国家安全犯罪案件以及恐怖活动犯罪案件,还需要满足一个程序性条件:需要及时审判,并经最高人民检察院核准。

《刑事诉讼法》第298条第1款规定了刑事被追诉人逃亡案件违法所得没收程序,明确犯罪嫌疑人、被告人违法所得没收程序的适用必须同时满足三个条件:一是涉嫌的犯罪为贪污贿赂犯罪、恐怖活动犯罪等重大犯罪案件;二是犯罪嫌疑人、被告人逃匿,通缉一年后仍不能到案,或者犯罪嫌疑人、被告人已经死亡;三是依照刑法规定应当追缴其违法所得。

我国建立的缺席审判制度和违法所得没收程序和涉外法治密不可分。缺席审判制度和违法所得没收程序的设计适应了反腐败追赃工作的需要。往往有部分案件犯罪嫌疑人、被告人逃匿到境外,因此具有涉外的因素。2014年,中央反腐败协调小组提议建立缺席审判制度,主要目的是加大反腐败境外追逃工作的力度,丰富境外追逃的手段,为国际追逃工作提供法律武器:"从法律上对外逃犯罪分子作出否定性评价,有利于彰显法律权威,形成对腐败犯罪分子的威慑。"②而违法所得程序也是为了和《联合国反腐败公约》相衔接,该公约第54

---

① 《刑事诉讼法》第291条第1款规定:"对于贪污贿赂犯罪案件,以及需要及时进行审判,经最高人民检察院核准的严重危害国家安全犯罪、恐怖活动犯罪案件,犯罪嫌疑人、被告人在境外,监察机关、公安机关移送起诉,人民检察院认为犯罪事实已经查清,证据确实、充分,依法应当追究刑事责任的,可以向人民法院提起公诉。人民法院进行审查后,对于起诉书中有明确的指控犯罪事实,符合缺席审判程序适用条件的,应当决定开庭审判。"

② 王爱立主编:《中华人民共和国刑事诉讼法修改条文解读》,中国法制出版社2018年版,第187页。

条第 1 款第 3 项规定,"考虑采取必要的措施,以便在因为犯罪人死亡、潜逃或者缺席而无法对其起诉的情形或者其他有关情形下,能够不经过刑事定罪而没收这类财产"。两项制度的适用对象高度重合,从犯罪类型上看,贪污贿赂、危害国家安全和恐怖活动的跨境追赃既可以适用缺席审判程序,也可以适用违法所得没收程序。

因此,这两种程序从应用现状来看实际适用率不高。从未来这两项制度的展望来看,缺席审判制度与违法所得没收程序的定位应当更加清晰,分工应当更加精细,既考虑追赃追逃和国际刑事司法协作的政策需要,也应当对案件自身证据证明情况进行法律上的考量。缺席审判更侧重于被告人权利保障和程序性质,而违法所得没收更侧重于赃款赃物的追赃手段,应当充分考虑反腐败追赃追逃的紧迫性以及国际刑事司法合作的实际情况。在某些特定情境中,为了满足外国司法体系的需求并尽可能地达到既定目标,司法部门需要展现出某种程度的克制或妥协,这与在从外国引渡犯罪嫌疑人或犯罪者时经常出现的限制追诉和量刑的承诺是相似的。鉴于大部分国家不同意对外逃人员的缺席裁决,因此在进行缺席审判时,可能会在引渡或追回财产时被拒绝。在这种情况下,即使犯罪事实已经满足了定罪的证明标准,也应该保持克制,暂时选择通过非法所得的没收程序来追回财产。此外,在选择程序时,还需深入考虑各种具体的政策实施状况。例如,在文书送达的问题上,违法所得的没收程序允许通过公告的方式送达文书,而缺席审判程序则不允许公告送达,而是必须完成实际送达。这也构成了目前逃避型缺席审判罕见启动的一个关键因素。缺席审判文件的送达不仅关乎外交事务,如使领馆之间的沟通和协调,还涉及我国与其他国家在司法援助方面的合作状况。这些问题都是在决定是否应用缺席审判或违法所得没收程序时必须仔细考虑的因素。在实践应用中,检察机关可根据案件中证据达到的证明标准选择适用相应的程序。在我国,违法所得的没收程序建立得更早,当时还没有设立缺席审判,但又迫切需要处理外逃追赃案件,以挽回国家财产,解决被追诉人无法进入案件僵局的情况。在这种基础上,对无罪推定原则进行了适当的减损,这更多地体现了提高诉讼效率和方便追回国家财产的目的。因此,采用了较低的证明标准和公告送达的送达方式。对缺席审判的程序设定了更加严格的启动条件和证明标准,严格而审慎地执行程序,并且赋予了被告人强制辩护权和异议权等救济权利,这甚至超过了普通刑事诉讼对被告人的保护程度。在缺席审判的情况下,法庭有责任为那些没有辩护人的被告人指定律师。即便被告人在缺席审判中被判有罪,但在返回案件后,他们仍有权质疑缺席审判程序。此外,他们的异议权不受任何条件限制,因此法院有责任重新进行审理,并对原先的判决进行否定。因此,考虑到无罪推定的原则、正当程序的要求以及对被告人有利的原则,缺席审判程序被认为是一个更优的程序选择。

二、民事检察方面

未来民事领域的涉外属性会越发强大,对于民事检察的发展也将提出更高的涉外要求。在涉外商事纠纷中,目前选择境外仲裁机构多、选择国内仲裁机构少,选择国外法院多、选择国内法院少。为了提高涉外商事纠纷解决机制的竞争力,我国正努力进一步推进国际商事法庭建设,提高涉外司法审判质效和法律服务水平,吸引国内外企业协商选择我国法院诉讼,涉外民事检察在未来也是重要的蓝海。

未来检察机关为更好行使涉外民事法律裁判的监督,需要深化国际法理论研究,并且重点加强国际条约和司法判例数据库建设,完善国际条约的解释工作,加强域外法查明机制,探索支持起诉制度。

(一)国际条约和司法判例数据库建设

加强国际法的研究和运用,首先需要明确国际法的法律渊源。《国际法院规约》第38条第1款列举了主要的国际法渊源,包括国际条约、国际习惯、一般法律原则以及司法判例和权威学说等。从国际法的渊源看,最重要的当数国际条约和司法判例。基于条约必须信守原则,国际条约对成员国具有拘束力,成员国必须诚信地履行条约义务。同时,无论是国际组织还是实行判例法的国家,都非常重视司法判例的运用。实际上,即便在成文法国家,司法判例的重要性也与日俱增。为系统整合国际条约和司法判例资源,需要加强相关数据库建设。据统计,我国现已签订25,000多项双边条约,加入了600多项国际公约(含公约修正案)。[1] 根据外交部公布的信息,中华人民共和国条约数据库已于

---

[1] 参见黄惠康:《准确把握"涉外法治"概念内涵 统筹推进国内法治和涉外法治》,载《武大国际法评论》2022年第1期。

2019年1月1日上线,该数据库收录了新中国成立以来对外缔结的重要双边、多边条约。关于数据库建设,需要进一步完善以下方面:一是提高国际条约的完备性。现有条约数据库的完备性有待提高,除全面收录我国签订的双边条约和加入的国际公约外,对于我国尚未加入的重要国际公约,因可能在实践中参考适用,故有必要予以收录。同时,除国际条约外,我国在"一带一路"建设过程中签订的各种软法规范和标准指引,也有必要予以收录。二是提高国际条约中文本作准性。从国际条约的国内适用看,国内法院对相关条约的解释应以作准或正式中文本为依据,但有些条约的中文本作准性存在问题。鉴于此,有必要系统审核、校正国际条约的中文本,避免实践中出现不必要的误解。三是收录国际司法机构的司法判例。作为国际法的重要渊源,国际司法机构和相关国家已经制作各类司法判例数据库。我国可根据实际需要,除收录相关司法判例的外文本外,制作作准的中文译本或者中文裁判要旨。

(二)条约解释机制

条约解释是准确理解和适用国际条约的基础。《维也纳条约法公约》第31条规定了条约解释的基本规则,这一规则得到了国际社会的普遍认可。最高人民法院《关于人民法院为"一带一路"建设提供司法服务和保障的若干意见》规定,严格依照《维也纳条约法公约》的规定,根据条约用语通常所具有的含义按其上下文并参照条约的目的及宗旨进行善意解释,增强案件审判中国际条约和惯例适用的统一性、稳定性和可预见性。同时,国际条约在国内适用时,还涉及条约解释与国内法解释的衔接问题。对此,最高人民法院《关于审理国际贸易行政案件若干问题的规定》规定,人民法院审理国际贸易行政案件所适用的法律、行政法规的具体条文存在两种以上的合理解释,其中有一种解释与中华人民共和国缔结或者参加的国际条约的有关规定相一致的,应当选择与国际条约的有关规定相一致的解释,但中华人民共和国声明保留的条款除外。根据这一要求,如果选择与国际条约的有关规定相一致的解释,首先就需要对条约规定进行解释,明确条约规定的具体含义,然后再对相关国内法规定作出与之一致的解释。[①] 作为条约解释的先决性问题,需要深入研究国际条约在国内的适用

---

① 参见张乃根:《试析条约解释规则在我国法院的适用》,载《国际法学刊》2023年第1期。

机制,制定关于审理案件适用国际条约和国际惯例的规定。① 我国目前缔结和加入的部分条约和公约,主要通过转化为国内立法的方式加以适用,这在知识产权保护领域具有一定的代表性。鉴于此,在适用与国际条约和公约相关的国内法时,就涉及对有关条约和公约条款的解释,通过运用条约解释规则②,准确把握相关条款的含义,进而解决国内法理解与适用的争议问题。为规范国内司法机构对条约的解释和适用,有必要在原则性适用《维也纳条约法公约》相关解释规则的基础上,制定国内法适用条约的解释规则,实现国际法和国内法的有效衔接。

(三)域外法查明机制

《法治中国建设规划(2020—2025年)》提出,建立健全域外法律查明机制。域外法的查明是解决涉外民事关系适用法律依据的重要机制。《涉外民事关系法律适用法》确定了域外法查明的基本制度安排。最高人民法院现已设立域外法查明统一平台。为规范域外法查明与适用工作,需要充分利用和进一步完善最高人民法院域外法查明统一平台,尽快发布域外法查明和适用司法解释,准确查明和适用域外法解决案件实体争议。③ 从国际法的法律渊源看,《国际法院规约》将国际习惯作为重要的渊源之一。在国际法领域,习惯国际法与条约作为独立的渊源,彼此之间互相影响,共同塑造国际法治秩序。各国的外交行为、指示和官方举措,以及其他政府行为和官方政策声明,都属于国际惯例的范畴,并对习惯国际法的形成和变化产生影响。鉴于此,除关注国际条约等成文规范外,有必要加强对比较法域外规范的研究,作为涉外法治建设的重要参考。为加强"一带一路"的法治保障,全国律师协会组织编写了《"一带一路"沿线国家法律环境国别报告》,该报告所介绍的"一带一路"沿线国家的基本法律制度和法律环境,具有较高的参考价值。相应地,在完善国际条约和司法判例数据库过程中,也可考虑同步收录比较法的法律规范和重大司法判例。

---

① 参见陶凯元:《深入学习贯彻习近平法治思想　全面推进涉外商事海事审判工作　为高质量共建"一带一路"提供有力司法服务和保障》,载《民主与法制周刊》2022年第18期。
② 参见陶凯元:《深入学习贯彻习近平法治思想　全面推进涉外商事海事审判工作　为高质量共建"一带一路"提供有力司法服务和保障》,载《民主与法制周刊》2022年第18期。
③ 参见陶凯元:《深入学习贯彻习近平法治思想　全面推进涉外商事海事审判工作　为高质量共建"一带一路"提供有力司法服务和保障》,载《民主与法制周刊》2022年第18期。

(四)探索支持起诉践行反外国制裁工作

中国在应对外国制裁的过程中,已经出台了一系列法律法规,如《反外国制裁法》和《阻断外国法律与措施不当域外适用办法》,以构建全面的反制裁法律体系。然而,现行立法在明确检察机关的角色方面仍有不足。检察机关应当在反外国制裁工作中发挥更加积极的作用,特别是通过民事支持起诉的方式,为受到外国制裁影响的中国主体提供法律援助。[①]

《反外国制裁法》第12条赋予了受到外国歧视性限制措施侵害的我国公民和组织向法院起诉的司法救济权。这一条款从侵权行为的角度出发,明确执行和协助执行歧视性限制措施的行为具有民法上侵权行为的基本特征。因此,我国法院应当依托《民法典》审理《反外国制裁法》中的侵权之诉。从侵权责任的角度来看,这些行为构成了含有帮助行为的共同侵权行为,其中外国公主体是实行人,外国境内的私主体是帮助人,二者需承担相应的责任。对于被侵害的我国公民或组织,其受损害的合法权益包括财产或人身自由权益,因此他们应当具有损害赔偿请求权。但实际操作中,这些主体往往面临巨大的法律和经济障碍。[②]

《民事诉讼法》第15条规定,机关、社会团体、企业事业单位对损害国家、集体或者个人民事权益的行为,可以支持受损害的单位或者个人向人民法院起诉。一直以来,民事检察支持起诉的对象主要集中在未成年人、老年人、残疾人、消费者、进城务工人员、遭受家庭暴力及被虐待遗弃的受害人等传统意义上的弱势群体。这些群体在社会生活中往往处于不利地位,容易受到侵害,因此需要国家机关给予特别保护和支持。[③]

然而,在全球化背景下,尤其是在跨国商事案件中,情况变得更加复杂。这类案件不仅涉及两个商事主体之间的纠纷,更深层次地反映了不同国家之间的经济利益博弈。当一国政府或其代表机构对另一国的企业实施制裁时,即使是实力雄厚的大型企业,也可能因为无法对抗强大的政治和经济压力而陷入困境,成为实际上的"弱势群体"。此外,跨国商事还涉及复杂的外国法律查明工作,这对于中国企业来说无疑增加了额外的挑战。

[①] 参见郭烁:《检察机关参与:反外国制裁工作的另一种进路》,载《政治与法律》2023年第10期。

[②] 参见廖诗评:《国内法域外适用及其应对——以美国法域外适用措施为例》,载《环球法律评论》2019年第3期。

[③] 参见陈刚:《支持起诉原则的法理及实践意义再认识》,载《法学研究》2015年第5期。

在这种情况下,检察机关的能动履职显得尤为重要。作为国家的法律监督机关,检察机关拥有专业的涉外法治人才队伍,具备较高的涉外法治素养,能够提供专业的法律知识和丰富的实践经验,完全有能力在尊重民事诉讼规律的前提下,探索将民事支持起诉制度应用于反外国制裁案件中。这样做不仅有助于维护中国企业的合法权益,提升其在国际竞争中的地位,还能为中国在国际经济交往中的国际博弈提供有力支持。同时,这也是响应人民群众日益增长的司法需求,通过实际行动解决实际问题,体现了法治国家建设的内在要求。这不仅有利于保护中国企业的海外利益,还有助于构建更加公正合理的国际经济秩序,促进全球经济的健康稳定发展。帮助受害者准备诉讼材料,通过民事支持起诉,检察机关能够有效弥补受制裁主体在法律和经济方面的不足,维护国家利益和社会公共利益。[1]

三、公益诉讼检察方面

2022年修改后的《反垄断法》第60条第2款明确规定,经营者实施垄断行为,损害社会公共利益的,设区的市级以上人民检察院可以依法向人民法院提起民事公益诉讼。该条款意味着检察机关被赋予提起民事公益诉讼的权利,弥补了传统反垄断公共执行实施的不足之处,通过诉讼的手段使被告承担民事责任以达到保护社会公共利益的目的,体现的是手段价值和目标价值的一致性;[2]同时加强反垄断司法力量,强化反垄断社会公共利益的民事保护。检察机关与反垄断法之间的紧密关联由来已久。1890年美国《谢尔曼法》与1914年美国《克莱顿法》明确赋予联邦检察官提起反垄断公益诉讼的权利,象征着美国反垄断公益诉讼制度的正式形成。[3]检察机关作为国家法律监督机关,依法对地方行政执法机关的执法活动进行法律监督,提起反垄断公益诉讼不受行政部门的干涉能够以客观中立的身份保护消费者合法权益。此外,修正草案中对于检察机关的表述为"人民检察院",而后最终通过的《反垄断法》被修改为"设区的市级以上人民检察院",该范围的限缩是由于反垄断诉讼具有较强的专业性,检察

---

[1] 参见王玄玮、谭赟:《民事支持起诉制度的实施及完善建议》,载《北京政法职业学院学报》2024年第3期。

[2] 参见林之梁:《检察机关反垄断民事公益诉讼的价值定位》,载《社会科学家》2023年第10期。

[3] 参见钮杨:《论反垄断民事诉讼》,对外经济贸易大学2017年博士学位论文,第155页。

机关相较于社会团体、组织、个人在信息收集、技术优化、资金投入、诉讼资源等方面具备较大优势，提高检察机关级别是为了保证检察机关证据收集分析、认定垄断行为的专业能力，足以证明检察机关是提起反垄断公益诉讼适格主体，然而在提起民事公益诉讼的具体程序上仍需要进行完善和细化。

一方面，完善反垄断民事公益诉讼的前置程序与衔接机制。参照检察机关提起行政公益诉讼的诉前程序的相关规定，如2015年最高人民检察院公布的《检察机关提起公益诉讼改革试点方案》中明确，在提起行政公益诉讼之前，检察机关应当先行向相关行政机关提出检察建议，督促其纠正违法行政行为或者依法履行职责。当反垄断执法机构对于严重侵害公共利益的行为不作为或者未开展行政执法行为时，可以启动反垄断民事公益诉讼。由于反垄断民事诉讼与行政执法在根本上都是为了保护公共利益，检察机关也可以通过检察建议督促反垄断机构严格履行职责，或者消费者组织可以提出反垄断调查建议，如专业人士向国家反垄断局和国家市场监督管理总局提交调查涉嫌垄断行为的建议信。① 此外，设置行政执法机构没有启动行政执法程序的合理期限30天，期限届满，检察机关可以向人民法院提起反垄断公益诉讼。

另一方面，形成检察机关调解或和解诉讼外纠纷解决机制。检察机关作为公益代表人理论上享有在民事公益诉讼之前的调解及和解实施权，虽然现行法律和司法解释没有明确规定，但应当履行一定的公示程序，如属于和解程序的，不作实体上审查，和解自动失效。② 检察机关通过调解或和解的方式解决公共利益纠纷能够提前预防或者及时弥补公共利益损害带来的损失，节省诉讼资源与成本，不开启后续民事公益诉讼的裁判与执行程序。此外，检察机关与社会组织不同，提起民事公益诉讼是为了维护社会长治久安，不存在通过诉讼谋利的可能性，所以不能与限制公益组织的公益性纠纷管理权一概而论。

反垄断检察民事公益诉讼制度探索目前在我国理论基础并不深厚，实践经验也很少，希望在未来检察机关的司法实践之中能够总结相关经验，推动制度的进一步发展与优化。

---

① 参见张素伦：《反垄断民事公益诉讼相关程序的冲突与协调》，载《河南社会科学》2022年第10期。
② 参见陈文华：《我国检察机关提起民事公益诉讼的实务评析与程序设计》，载《法学杂志》2010年第12期。

第十一章
数字检察赋能法律监督高质效发展研究

党的十九大以来,我国社会发展进入新时代,社会主要矛盾发生转变。作为参与社会治理的重要力量,检察机关面临新问题、新形势和新挑战。党中央对检察机关法律监督工作也指出了问题,提出了意见。对标新时代党和人民对检察履职的更高期望,检察机关深化改革,提出数字检察战略,旨在赋能法律监督高质效,解决现实问题,以检察工作现代化支撑和服务中国式现代化。数字检察是一个新概念,在推进应用实践的同时对其进行理论研究尤为重要,厘清法律监督、数字检察概念,检视目前法律监督的短板,分析数字检察与法律监督的关系,探索深入推进数字检察的路径等,能够更好指导实践,为法律监督提质增效。

第一节 法律监督概述

研究检察工作,首先要关注几个问题,如法律监督概念,法律监督与检察机关、检察权的关系问题。

一、法律监督概念的来源

"法律监督"是1950年1月,时任最高人民检察署副检察长李六如在《检察制度纲要》中,基于对苏联检察机关的性质的理解而提出的新概念。他认为,苏联检察机关是法律监督机关,是基于检察机关行使广泛的法律监督职能以及检察机关实行垂直领导体制,能够抵抗政府机关的不当干扰。虽然"法律监督"这个词源于苏联检察机关的性质理解,但是苏联法律中并没有这个术语。可以说,"法律监督"是中国法制史上的一个创造。1953年11月,党中央批准了中央政法党组关于检察机关的建议,即"检察署是法律监督机关,它检察所有国民包括国家工作人员的违法犯罪案件,并代表国家向法院提出公诉",[1]但是,1954年《宪法》和《人民检察院组织法》并没有将人民检察院表述成国家的法律监督机关。直到1979年《人民检察院组织法》在法律层面确立人民检察院是国家的法律监督机关,1982年《宪法》在宪法层面确认检察机关的法律监督性质。

二、法律监督的内涵

在众多的法学论著及法学基础理论教材中,大多把法律监督一分为二,从广义和狭义两方面进行理解。例如,从狭义上说,是指有关国家机关依照法定权限和法定程序对法律实施监督;从广义上说,则是指所有国家机关、社会组织或公民依法对法律的实施进行监督,它包括国家机关的监督和社会力量的监督,这两方面监督的有机结合,构成法律实施的监督体系。"法律监督有广义、狭义两种解释。狭义的法律监督指有关国家机关依法定职权和程序对立法、执法、司法等法制运作过程的合法性进行的监察、制控和督导;广义的法律监督是指一切国家机关、政治或社会组织和公民对法的全部运作过程的合法性所进行的监察、制控和督导。"[2]该定义中,监督主体是特定的国家机关,客体包含立法、执法、司法行为。有学者认为,法律监督不是包罗万象的无所不能的权力制约体系,不能把任何保障和制约公共权力运行的措施都纳入法律监督的框架。从一般的抽象的意义上讲,法律监督是指运用法律规定的手段,依照法律规定的程序,针对特定的对象进行的、能够产生法定效力的监督措施。在我国,法律监督是指人民检察院通过运用法律赋予的职务犯罪的侦查权、公诉权和诉讼监督权,追诉犯罪和纠正法律适用中的违法行为,以保障国家法律在全国范围内的统一正确实施的专门性活动。[3] 有学者认为,法律监督是由法定的机关对遵守和执行法律的情况实行的国家监督。[4] 该定义强调国家性,把监督的范围限定

---

[1] 《王桂五论检察》,中国检察出版社2008年版,第389页。
[2] 张文显主编:《法理学》(第2版),高等教育出版社2004年版,第285页。
[3] 参见向泽选、武晓晨、骆磊:《法律监督与刑事诉讼救济论》,北京大学出版社2005年版,第4页。
[4] 参见王桂五主编:《中华人民共和国检察制度研究》,中国检察出版社2008年版,第167页。

在对法律的遵守和执行情况。有学者认为,法律监督是指运用国家权力,依照法定程序,检查、督促和纠正法律实施过程中严重违法的情况以维护国家法制统一和法律正确实施的一项专门工作。① 这个观点的其中一层含义是法律监督是对法律实施过程中严重违反法律的情况进行监督。

"法律监督"是中国法律中的一个专门术语。对法律监督的理解,也必须在中国法律的语境中寻求合理的解释。② 在我国法制中,法律监督并不是泛指各种监督,不能理解为包含所有监督的含义。特别是在《宪法》中,虽然其多次使用了"监督"一词,但只有在规定检察机关的性质时使用了"法律监督"。从"法律监督"一词产生的历史背景以及出现的具体语境可见,法律监督不同于一般监督,它是与检察机关绑定的监督概念。在我国,法律监督是检察机关的法律监督。

《宪法》第134条规定:"中华人民共和国人民检察院是国家的法律监督机关。"《人民检察院组织法》第2条第1款首先规定,人民检察院是国家的法律监督机关;第2款规定,人民检察院作为国家的法律监督机关,其行权方式和行权目的是通过行使检察权,追诉犯罪,维护国家安全和社会秩序,维护个人和组织的合法权益,维护国家利益和社会公共利益,保障法律正确实施,维护社会公平正义,维护国家法制统一、尊严和权威,保障中国特色社会主义建设的顺利进行。《人民检察院组织法》第20条规定了具体的职权内容。上述规定说明,在我国,法律监督是检察机关的性质定位,检察机关行使的职权概括为检察权,检察权是一种法律监督权,检察机关的各项具体权能统一于法律监督,具体包含对司法工作人员职务犯罪的侦查权、批捕权、公诉权、诉讼监督权等。

随着社会发展和检察实践的不断探索,检察机关法律监督的内涵已经超出了以往解释的范围。党的十八届四中全会部署探索建立检察机关提起公益诉讼制度。2017年,十二届全国人大常委会第二十八次会议通过《关于修改〈中华人民共和国民事诉讼法〉和〈中华人民共和国行政诉讼法〉的决定》,正式建立检察机关提起公益诉讼制度。2018年,十三届全国人大常委会第六次会议修订通过《人民检察院组织法》,其中第20条第4项规定了人民检察院行使职权之一,即依照法律规定提起公益诉讼。2019年,十三届全国人大常委会第十次会议修订通过

---

① 参见张智辉:《检察权研究》,中国检察出版社2007年版,第66页。
② 参见许海峰主编:《法律监督的理论与实证研究》,法律出版社2004年版,第2页。

《检察官法》，其中第 7 条第 1 款第 3 项明确了检察官的公益诉讼职责。此外，还有其他法律及司法解释对检察公益诉讼制度进行了规范性规定。所以，党的十九大以来，为适应新时代法治中国建设的新要求，检察机关在职能重塑、机构重组中，形成了刑事检察、民事检察、行政检察、公益诉讼检察"四大检察"法律监督新格局。检察机关职能中增加了公益诉讼职能，法律监督的内涵更加丰富。

第二节　我国检察机关履行法律监督的成效

我国检察机关依据宪法和法律赋予的法律监督职权，积极履职，成效斐然。

一、充分发挥打击犯罪的职能作用，维护国家安全与社会和谐稳定

针对国家安全面临的新形势、刑事犯罪的新情况和社会矛盾的新特点，检察机关认真贯彻宽严相济的刑事政策，依法履行批准逮捕、提起公诉等职责，依法惩治危害国家安全犯罪、妨害社会管理秩序犯罪、侵犯公民人身权利犯罪，妥善化解矛盾纠纷，有力地维护了国家安全，促进社会和谐，社会治安秩序持续向好，人民群众收获实实在在的安全感。例如 2018 年，党中央开启扫黑除恶专项行动，经过 3 年，专项斗争取得了胜利，实现了预期目标。检察机关加强与公安机关、法院的配合、制约，依法办理了云南孙某果涉黑案、湖南操场藏尸案等一系列存续时间久、危害后果严重的黑恶案件；遵循法治原则依法精准认定，追加认定黑恶定性案件 5700 余件。[①] 近几年，美国权威民调机构盖洛普发布的全球法律与秩序报告显示，根据居民对当地警察的信心、对自身安全的感受以及盗窃、人身伤害或抢劫案件发生率等指标综合评价，中国在近几年的排名稳居世界前列，国际社会普遍认为中国是世界上最安全的国家之一。

检察机关在依法履行审查起诉、审查逮捕等法律监督本职工作中，探索建立认罪认罚从宽制度。经过试点，2018 年《刑事诉讼法》第 15 条规定："犯罪嫌疑人、被告人自愿如实供述自己的罪行，承认指控的犯罪事实，愿意接受处罚的，可以依法从宽处理。"认罪认罚从宽制度在法律上得到确认。实践中，检察

---

① 参见《专项斗争取得胜利　扫黑除恶常态化如何推进》，载《检察日报》2021 年 3 月 31 日，第 1 版。

机关依法落实认罪认罚从宽制度,超过90%的犯罪嫌疑人在检察环节认罪认罚,2022年的一审服判率为97%,①2023年的一审服判率为96.8%,②节约司法资源,促进社会内生稳定。

二、融入社会治理,共筑长治久安

检察机关是推进国家治理体系和治理能力现代化的重要参与者和保障力量。依法办案是检察机关服务社会治理现代化的最直接手段。从个案办理到类案监督再溯源促标本兼治,是法治中国建设更高要求。③

根据《人民检察院组织法》第21条的规定,检察机关可以通过提出检察建议的方式行使法律监督职权。各级检察机关对于在履职过程中发现的违法犯罪隐患、制度漏洞以及其他妨碍社会治理的苗头性、倾向性问题,在源头治理上下功夫,提出解决深层次问题的检察建议,取得了很好的治理效果。2018年,最高人民检察院针对校园安全管理规定执行不严格、教职员工队伍管理不到位,以及儿童和学生法治教育、预防性侵害教育缺位等问题,向教育部发出检察建议书。这是历史上首次以最高人民检察院名义发出的检察建议书,故称为"一号检察建议"。教育部收到"一号检察建议"后迅速发出了《关于进一步加强中小学(幼儿园)预防性侵害学生工作的通知》,要求各地教育行政部门和学校深入开展预防性侵安全教育、切实加强教职员工队伍管理、严格执行校园安全管理规定、不断完善预防性侵协同机制、持续强化学校安全督导检查。各地检察机关、教育行政部门和学校协同推动最高人民检察院的检察建议落地,合理推进社会治理。截至2023年12月,最高人民检察院已经先后累计制发11份检察建议,其内容覆盖防治校园性侵、规范民事公告送达、加强金融行业行政监管、加强窨井盖管理、防治虚假诉讼、治理网络空间、强化寄递安全监管、助推安全生产等不同领域。制发检察建议是检察机关参与、促进社会治理的重要抓手,为促进社会治理作出应有贡献。

---

① 参见《最高人民检察院工作报告》,载最高人民检察院网,https://www.spp.gov.cn/spp/gzbg/202303/t20230317_608767.shtml。
② 参见《最高人民检察院工作报告》,载最高人民检察院网,https://www.spp.gov.cn/spp/gzbg/202403/t20240315_649603.shtml。
③ 参见《最高人民检察院工作报告》,载最高人民检察院网,https://www.spp.gov.cn/spp/gzbg/202303/t20230317_608767.shtml。

三、强化民事检察、行政检察监督,推动解决执法司法领域问题

民事检察是人民检察院对人民法院的民事诉讼活动进行法律监督、保障民事法律统一正确实施的重要手段。近年来,检察机关扎实推进民事生效裁判监督、审判活动监督、执行活动监督、支持起诉、虚假诉讼监督等各项工作。民事生效裁判监督案件办案数量上升,提出监督意见数量总体平稳,逐步实现有效监督。民事审判活动监督力度加大。民事执行活动监督办案效率高,检察建议采纳率保持高位。加大民事支持起诉力度,依法保障公民享有实质意义上的平等诉权。全国各级检察机关积极参加根治欠薪专项行动,保障被拖欠农民工工资优先、及时、足额支付。稳妥拓展民事支持起诉案件领域,将支持起诉的范围由劳动者维权向未成年人保护、老年人诉请支付赡养费、受家暴妇女维权等更多领域拓展。强化对残疾人、老年人、未成年人和妇女等特定群体的司法保护力度。最高人民检察院发布"维护弱势群体合法权益民事执行检察监督典型案例",选取8件涉妇女、未成年人、残疾人等特定群体案件,展现做实司法公正"最后一公里"的检察情怀。

行政检察肩负着促进审判机关依法审判和推进行政机关依法履职的双重责任,承载着解决行政争议、保护行政相对人合法权益的神圣使命。行政检察既包括传统的"诉讼内"监督,即对行政诉讼案件的受理、审理、裁判、执行的全过程监督,又积极向行政执法与刑事司法反向衔接以及行政违法行为监督、强制隔离戒毒监督等"诉讼外"监督拓展,同时将行政争议实质性化解、促进社会治理等贯穿监督办案始终。近年来,行政检察监督职能全面发展,诉讼内监督进一步强化,诉讼外监督实现新突破。行政生效裁判监督力度加大,质效向好。2023年办理行政生效判决、裁定、调解书监督案件同比上升33.1%,较2018年上升1.7倍。行政审判活动监督更有实效。2018年至2022年,受理行政审判活动案件年均增加89.6%。行政执行活动监督发展迅速。行政争议实质性化解持续深化做实。针对司法实践中一些行政案件程序已结但讼争未解的"程序空转行""案结事不了"等问题,2023年共促进案涉行政争议实质性化解22,310件,同比上升26%。行刑反向衔接和行政违法行为监督稳健有力。[①]

[①] 参见《行政检察工作白皮书(2023)》,载最高人民检察院网,http://www.spp.gov.cn/xwfbh/202403/t20240309_648229.shtml。

四、发挥公益诉讼检察监督作用,维护社会公共利益

检察公益诉讼是一项年轻的制度,焕发着蓬勃生机。近几年,公益诉讼检察法定办案领域已从民事诉讼法、行政诉讼法确定的生态环境和资源保护、食品药品安全等4个领域,持续扩展到"4+10"。公益诉讼办案规模和质量总体呈现稳健发展良好态势。例如,陕西省检察院部署开展关中地区大气污染防治专项监督,推动整治燃煤、工业、机动车、扬尘等污染。山东省东平县检察院针对黄河滩区乱建乱占违法养殖等损害公益行为,督促多部门协同履职,推动解决历时15年占地150余亩的滩涂违法养殖历史遗留问题。黑龙江省检察机关部署开展全省校园场馆安全公益诉讼专项监督,对全省3343所中小学3903个校园场馆进行排查,制发检察建议88件,督促行政机关消除安全隐患并形成校园安全管理长效机制。[①]

党的十九届四中全会提出拓展公益诉讼案件范围。检察机关认真贯彻落实会议精神,加大对新领域探索的力度,在安全生产、无障碍环境建设、扶贫赡养、国防军事、文物和文化遗产保护、网络空间治理等人民群众普遍关注领域进一步深化探索,办理了大量典型案例,取得显著成效,全方位维护国家利益和社会公共利益。

第三节 我国检察机关法律监督的"短板"

党的十九大报告提出,中国特色社会主义进入新时代,我国社会主要矛盾已经转化为人民日益增长的美好生活需要和不平衡不充分的发展之间的矛盾。2021年,党中央印发《中共中央关于加强新时代检察机关法律监督工作的意见》,鲜明指出"进入新发展阶段,与人民群众在民主、法治、公平、正义、安全、环境等方面的新需求相比,法律执行和实施仍是亟需补齐的短板,检察机关法律监督职能作用发挥还不够充分",并提出"以高度的政治自觉依法履行刑事、民事、行政和公益诉讼等检察职能,实现各项检察工作全面协调充分发展,推动检察机关法

[①] 参见《公益诉讼检察工作白皮书(2023)》,载最高人民检察院网,http://www.spp.gov.cn/xwfbh/202403/t20240309_648329.shtml。

律监督与其他各类监督有机贯通、相互协调"等工作意见。人民群众在民主、法治、公平、正义、安全、环境等方面的需求，已经从"有没有"转向为"好不好"。

目前，检察机关行使法律监督还存在短板，需要深化与完善履职方式才能推进国家治理现代化，才能满足社会公众的需求。法律监督的"短板"主要体现在以下几个方面。

一、能动性不足

检察机关的法律监督线索主要来自诉讼程序和当事人举报申诉，总体属于"别人送什么检察办什么"，监督线索发现难、来源渠道窄、获取不及时，导致法律监督工作总体处于被动状态、等靠状态，监督的主动性、能动性不足。[①] 检察机关缺少主动发现监督线索的机制和措施。例如，社区矫正检察法律监督工作薄弱，目前检察机关主要依靠社区矫正机构反馈社区矫正措施落实情况及矫正对象的表现情况进而履行监督职责，或者到社区矫正机构使用他们的监测系统查看矫正对象情况，是事后监督，主动发现交付执行、监督管理、收监执行、脱管漏管等重点环节上的问题的概率较小。究其原因，存在线索发现办法单一，信息收集滞后，社区矫正参与机构没有建立信息交互平台等。某地检察机关在开展社区矫正巡回检察时，发现多名社区矫正对象在社区矫正期间发生交通违法情况，其中一名对象因醉酒驾驶机动车被公安机关以涉嫌危险驾驶罪立案侦查，后又无证驾驶机动车，但公安机关未对该对象采取刑事强制措施，也没有将该对象通报给社区矫正机构，社区矫正机构未能及时掌握该对象重新犯罪、重大违法等情况，检察机关也无法及时掌握矫正对象违反法律法规或监督管理规定的情况。社区矫正工作的内容之一就是矫正罪犯犯罪心理和行为恶习。检察机关在社区矫正中扮演着不可或缺的角色，但是法律监督质效不明显。为适应经济社会发展所带来的社会需求，检察机关迫切需要通过新的方式、新的面貌和新的途径来拓展和巩固其法律监督职能。以县级为最基层的检察机关对遍布全国各乡镇、社区的社区矫正工作监督鞭长莫及、捉襟见肘。[②] 此外，随着

[①] 参见贾宇：《论数字检察》，载《中国法学》2023年第1期。
[②] 参见余建法、朱晓琴：《基层检察室社区矫正法律监督问题研究》，载《克拉玛依学刊》2015年第2期。

数字化时代的到来，人类社会的生产生活方式发生了巨大变化，犯罪形式也随之发生变化。犯罪活动出现从实体社会向虚拟社会、从线下向线上、从国内向跨国犯罪的形态变化，日益呈现出网络化、组织化、专业化、隐蔽化特征。[①] 传统的办案思维和方法很难快速明确复杂的法律事实。随着检察公益诉讼领域的拓展，传统的手段很难履行好法律监督职责。线索是公益诉讼检察工作的起点，但是目前公益诉讼线索少、质量不高的问题突出，检察机关如何利用公益诉讼案件线索保证公益诉讼案件成案是新时期检察机关办好公益诉讼案件的新难题，在这个形势下，仅靠公益检察部门的检察干警实地走访收集线索是不现实的。

二、系统性不足

其一，检察机关的监督局限于个案监督、卷宗监督，甚至同一部门内部的类案监督鲜有成果，办案人员各自为战。例如，长期以来，民事检察以个案监督为主，即"发现一件，解决一件"，这种监督方式虽然能够实现个案公正，但不能解决民事诉讼中存在的共性问题以及深层次社会问题。[②] 检察机关进行类案监督，透过表象找准解决问题的方法，预防同类问题再次发生，更好地实现公平正义，为社会治理提供检察保障意义重大。

其二，"四大检察"协同充分发展不足。新时代，刑事检察、民事检察、行政检察、公益诉讼检察"四大检察"是检察机关法律监督的主体框架。长期以来，刑事检察可谓一枝独秀。民事、行政检察法律监督工作薄弱。民事诉讼和行政诉讼是刑事诉讼以外的两大诉讼类型，涉及民众诉诸司法权利的保障和实现问题，其办案质效具有国家法治的指标性意义。特别是民事诉讼与社会经济、民生和民众的日常生活密切相关，如果检察机关监督缺位，司法权过大，难以让民众通过司法获得正义，不利于经济发展，也不利于民众私权保护与实现。[③] 因此，提升民事、行政检察职能，"四大检察"均衡发展具有重要意义。

[①] 参见高景峰：《法律监督数字化智能化的改革图景》，载《中国刑事法杂志》2022年第5期。

[②] 参见吕昆玉：《以类案监督推动民事检察提质增效》，载最高人民检察院网，https://www.spp.gov.cn/llyj/202402/t20240228_645385.shtml。

[③] 参见张建伟：《充分履行法律监督职责"四大检察"协同精进》，载最高人民检察院网，https://www.spp.gov.cn/llyj/202403/t20240323_650165.shtml。

三、治理效果不足

受监督方式、监督手段、监督渠道、监督能力等多方面的掣肘，法律监督工作在发现和纠正深层次问题上不够有力，在促进执法司法制约监督中不够有为。[1] 社会治理检察建议是检察机关参与社会治理的重要抓手。但是，基层检察机关通过制发社会治理检察建议促进社会治理的效果并不显著。这主要表现为检察机关将治罪和治理相结合的能力不足，无法发现司法办案中反映出的产业行业发展面临的共性治理问题，进而通过检察建议等方式，助推行业治理、系统治理，为行业规范发展提供良好法治环境；检察建议的质量有待提高，建议的可行性不足，建议内容雷同等。问题的内在原因是基层检察机关内部协作机制及工作方式不完善，检察机关内部尚未形成案件线索移送机制及检察建议制发合力，各业务部门之间沟通不足，线索发现渠道较为单一，导致针对个案涉案主体制发的建议数量多，推动行业整治、相关部门建章立制的检察建议少；社会治理检察建议涉及专业问题多，在基层检察人力物力有限的情况下，检察官很难有效获取相关信息，导致检察建议质量不高。外在原因是基层治理主体协作不足，社会治理检察建议的制发对象涉及多个基层治理主体，大量相关工作数据、执法信息等掌握在不同职能部门手中，社会治理检察建议实现办复离不开其他治理主体的协作与支持。[2] 目前多地已将检察建议工作纳入当地法治建设或平安建设考核，检察机关应作出高质量的检察建议，争取其他职能部门协同推动社会治理，提升治理水平和效果。

第四节　数字检察的提出

习近平总书记对政法工作作出重要指示，要以政法工作现代化支撑和服务中国式现代化。检察机关作为政法机关一员，应当忠实履行宪法和法律赋予的法律监督职责，高质效履职，以更优业绩更好支撑和服务中国式现代化。

---

[1] 参见贾宇：《论数字检察》，载《中国法学》2023年第1期。
[2] 参见徐智平：《大数据赋能社会治理检察建议工作的基层探索》，载《中国检察官》2024年第7期。

一、数字检察的背景

近年来,数字经济发展迅速,不仅改变我们的生活方式和交往方式,还影响我们的行为和思考方式。大数据、云计算、人工智能等新兴数字技术跻身全球科技创新第一梯队,数字技术加速发展引领未来,如何聚力创新实现更高质量发展,成为必须回答的时代课题。《中华人民共和国国民经济和社会发展第十四个五年规划和2035年远景目标纲要》设专篇对"加快数字化发展　建设数字中国"作出部署。党的二十大报告正式提出"中国式现代化",深刻指出加快建设数字中国。中共中央、国务院印发的《数字中国建设整体布局规划》指出,建设数字中国是数字时代推进中国式现代化的重要引擎,是构筑国家竞争新优势的有力支撑。

2022年6月29日,全国检察机关数字检察工作会议召开,会议深入学习贯彻习近平法治思想和习近平总书记关于数字中国建设的一系列重要指示精神,深入落实《中共中央关于加强新时代检察机关法律监督工作的意见》,对加快数字检察建设,以"数字革命"驱动新时代法律监督提质增效,更好以检察工作高质量发展服务经济社会高质量发展作出部署。会议要求紧紧围绕经济社会高质量发展、法律监督的深层次需求,把虽活跃但总体还沉睡着的各类数据唤醒,让它们按内在规律链动起来,进而实现关联分析、深度挖掘,为强化法律监督提供前所未有的线索、依据。[①] 2022年11月,最高人民检察院作出加快推进数字检察的部署,并成立最高人民检察院数字检察工作领导小组办公室,办公室围绕数据获取和使用、监督模型的培育和推广、类案线索管理和反馈等开展工作。2023年1月,全国检察长会议要求各级检察机关要把数字检察工作作为前瞻性、基础性工作来抓,以数字革命赋能法律监督。2023年10月,全国检察机关数字检察工作推进会总结分析全国数字检察工作会议以来数字检察工作情况和当前面临的形势任务,对数字检察工作深入发展进行部署推进,要求持久推进数字检察建设走深走实。

事实上,在最高人民检察院提出数字检察战略之前,地方检察机关已经开

---

① 参见邱春艳:《全国检察机关数字检察工作会议召开》,载最高人民检察院网,http://www.spp.gov.cn/spp/tt/202206/t20220629_561480.shtml。

始了大数据赋能检察监督的探索。数字检察改革实际上发端于地方检察机关对大数据和人工智能技术的探索过程,其后再由最高人民检察院加以总结和引导,是一种自下而上的自发改革。① 2017年6月,最高人民检察院印发《检察大数据行动指南(2017—2020年)》,明确提出"智慧检务"建设战略。这份文件的诞生,为检察机关推进大数据战略指明了方向,也加速了各地检察机关探索数字检察的步伐。数字检察是在2019年"智慧检务"工程、2020年"智慧检察"建设成果上的迭代深化,更加强调数字意识、数字思维、数字认知、数字文化,更加强调改革的一体化、全方位和制度重塑,是理念、机制、领域的新发展新提升。

数字检察是数字中国的重要组成部分,是检察机关服务推进中国式现代化的战略体现。在最高人民检察院的部署下,各地检察机关加强数字检察建设,促进数字技术和检察工作深度融合,推动数字检察更好赋能高质量发展、高效能治理、高品质生活。

二、数字检察的概念

什么是数字检察?目前没有统一的定义。有专家认为,数字检察是指以数字化、智能化方式实施我国宪法确立的法律监督活动,集中表现为依法能动归集、碰撞、挖掘数据,建立法律监督数字模型及配套系统,完善机器学习机制,探索智慧监督方式,发现与推动破解执法司法权力运行及社会治理中的深层次问题,保障法律正确实施。② 有专家认为,数字检察是检察机关通过数字化、智能化技术,在履行司法办案职能过程中,通过对业务规则进行梳理分析,建立法律监督模型及配套系统,发现类案线索后移送相关部门对相关违法犯罪进行查处,对相关民事行政案件进行纠正,对侵犯公益行为进行监督,对社会治理机制进行系统性完善的法律监督新模式。③ 以上海市为例,上海市人民检察院从数字检察的本体、数字检察的核心要素、数字检察的运行体系给出了数字检察的定位:从数字检察的本体看,应当是检察工作的全方位数字化转型,应基于源自法律监督这一根本职责的各项检察职能,推进包括涵盖"四大检察"履职的党

---

① 参见卞建林:《论数字检察改革》,载《华东政法大学学报》2023年第5期。
② 参见高景峰:《法律监督数字化智能化的改革图景》,载《中国刑事法杂志》2022年第5期。
③ 参见翁跃强、申云天:《数字检察工作中的十个关系》,载《人民检察》2023年第1期。

务、业务、政务、队伍等在内的检察工作全方位、立体式数字化转型;数字检察的核心是数据;从数字检察的运行体系看,应当是整体性转变和革命性重塑。概括而言,数字检察是数字时代数据要素驱动的检察履职方式、运行体系的系统性、革命性重塑。① 应勇检察长强调数字检察是数字中国的重要组成部分,是数字中国在检察机关的具体体现,其根本是赋能检察机关法律监督,促进检察办案更加公正、检察管理更加科学、检察服务更加精准,推进检察工作现代化,推进数字检察战略,重心是立好数字检察的"四梁八柱",形成"业务主导、数据整合、技术支撑、重在应用"的工作机制,充分发挥数据要素效能,以数字检察辅助监督办案、优化检务管理、助力检察为民,促进检察机关依法一体履职、综合履职。通过以上专家对数字检察的概念的阐述以及实务中检察机关对数字检察的定位可知,数字检察就是利用数字技术辅助检察履职。

数字检察不是简单的检察工作信息化和数字检务,是信息化发展的重要延伸,是变革。不同时期的技术更新为检察机关提升业务水平提供了帮助,如案卷扫描上传到系统,承办人能方便浏览案卷、快速摘录证据材料,节约了办案时间。但是这样的帮助是有限的,没办法解决法律监督的盲区。它们具有相同点,就是将科技和检察结合服务检察工作,也有很大区别,检察工作信息化、数字检务主要服务于检务工作,数字检察更集中于法律监督工作,通过数据归集、整理、碰撞、挖掘以及法律监督模型和配套系统的总结、开发、训练和使用,以类案监督的方式发挥作用,且贯穿检察机关"四大检察、十大业务"。②

三、数字检察的作用

数字检察工作是站在历史和时代前沿,加强检察机关法律监督工作战略性、全局性、长远性的重要举措。数字检察能把数字效能和法治效能紧密结合,激发法律监督内生动力,进而形成更大的社会治理效能。江苏、浙江等地是数字经济先发省份和互联网产业高地,数字化建设具有先行优势。从2018年开始浙江省检察机关探索实践大数据检察监督,自主研发了民事裁判智慧监督系统、智慧检察监督平台、财产刑执行一体化监督系统、社区矫正智慧检察系统等

---

① 参见上海市人民检察院:《上海数字检察建设规划(2023—2025年)》。
② 参见卞建林:《论数字检察改革》,载《华东政法大学学报》2023年第5期。

一批数字检察品牌,探索出一条"个案办理—类案监督—系统治理"的数字检察之路,为全国检察机关提供了很好的示范。这些实践生动回答了数字检察赋能法律监督的作用。

(一)增强检察主动性

随着新一代信息技术的发展,以大数据处理为基础进行分析和决策的时代已经到来。数据应用进入快速发展阶段。数字检察就是信息技术在检察领域的应用。大数据中包含着大量有价值的数据,如各类违法犯罪活动、执法不公司法不廉、社会治理漏洞等问题线索。检察机关依托数字检察对大数据进行管理、应用,从海量数据中挖掘出仅靠个案难以发现的监督信息和类案线索,从个案提炼规则,深度挖掘有价值的检察数据,能弥补监督线索发现难、监督工作被动性等不足。

在司法实践中,一些被执行人恶意转移财产,导致胜诉方"赢了官司拿不到钱",人民群众反映强烈,司法打击困难重重。苏州检察机关研发了债权转让虚假诉讼逃避执行监督模型,通过深入分析,还原了老赖隐匿财产逃避执行的全过程,运用大数据将链条上的信息点串联起来,让虚假诉讼无处藏身。先从中国裁判文书网获取民事裁判文书,从执行信息公开网获取民事执行信息,形成基础数据库,然后聚焦"行为""人物""时间"三大要素,构建研判规则。首先,通过检索"债权转让"关键词,在民事裁判文书中筛选出涉及"债权转让"的文书,形成目标案件数据库。其次,关联"人物",判断"债权转让人"是否系"被执行人"。最后,碰撞"时间",判断"债权转让时间"是否在"被执行时间"之后。围绕被执行时间,模型内置了 5 个时间节点,分别与债权转让时间碰撞,推出债权转让时间在被执行时间节点之后的线索,并赋予不同的风险等级。通过要素之间的"关联与碰撞",批量精准推送线索。通过分析和检索,重点通过"四大异常"进行线索画像,这"四大异常"分别是基础债权债务关系异常、对价异常、身份关系异常和代理人异常。而异常情况越多,风险度就越高,从而为接下来的调查核实、监督履职打下基础、指明方向。债权转让虚假诉讼逃避执行监督模型已在苏州全市推广应用,成效显著,截至 2023 年 10 月,苏州市检察机关已提出再审检察建议 6 件,促使当事人主动履行债务 700 余万元,已有 9 名涉嫌拒不执行判决、裁定罪被告人被追究刑事责任,推动公安机关立案侦查虚假诉讼案 1

件 3 人。①

浙江省绍兴市人民检察院研发的车辆保险诈骗模型，将同一原告或原告代理人密集起诉、财产保险合同纠纷等作为关键词对 52 万余份裁判文书进行检索，梳理排序全市涉车辆财产保险合同纠纷案件，发现多人提起诉讼的频率畸高，于是对涉及该多人的 200 余份民事裁判文书进行二次分析研判，发现这些文书存在原告是通过受让保险理赔权获得起诉资格，绝大多数事故车未经过保险公司四年定损、汽修厂和评估机构高度集中等共同点，经对相关材料的汇总整理、原告身份关系的调查，发现汽修厂存在诈骗嫌疑，后将近 60 条可能涉嫌犯罪的虚假保险理赔线索移送给公安机关并建议立案侦查。

浙江省德清县人民检察院开展的社区矫正对象无证驾驶收监执行类案监督，在解析社区矫正对象无证驾驶收监执行的个案时提取交通肇事罪、危险驾驶罪、驾驶证被吊销、驾驶机动车等要素特征，批量发现了社区矫正对象无证驾驶的类案监督线索。浙江省湖州市吴兴区人民检察院针对毒品案件交易对象交叉混杂、身份隐匿等特点，集中采集、录入贩毒、吸毒等涉毒人员的身份、社交账号、交易账号、上下家关系等信息，搭建涉毒人员信息数据库，通过获取吸毒人员行政处罚数据、强制隔离戒毒人员数据等，建立并不断补充涉毒人员的数据信息，编制涉毒人员的关系网。通过数据库对涉毒被监管人员"数字画像"，梳理毒品犯罪监督线索，监督到案并作出生效判决多件，效果显著。

据报道，截至 2023 年 1 月，北京市检察机关建设运用大数据法律监督模型 75 项，数字检察对监督线索发现和监督案件办理的贡献率分别达到 27.1% 和 33.6%。② 这种新型的监督手段对于提早发现犯罪、有效指控犯罪、及时惩治犯罪等发挥了突出作用。实践证明，通过数字赋能，检察机关主动监督的积极性被调动，法律监督线索明显增多，且监督线索的质量有一定保障。

（二）推动"四大检察"融合

为适应新时代检察职能调整，满足人民群众多元司法需求，按照"贯通协调"的要求，检察机关亟须克服各业务条线履行办案监督职责时"单打独斗、各

---

① 参见蒋莉：《全国一等奖！苏州这个大数据法律监督模型向全国汇报展示》，载微信公众号"苏州检察发布"2023 年 10 月 16 日，https://www.sohu.com/a/728833857_1211068321。

② 《数据解读：北京检察工作报告》，载北京市人民政府网，https://www.beijing.gov.cn/gongkai/shuju/sjjd/202301/t20230117_2902460.html。

自为战"的问题，推动"四大检察"职能中各要素、各部分间的耦合关联，实现相融互通、激发内生动力。随着法律监督工作向纵深发展，"四大检察"之间也产生了很多交叉和重合。数字检察为"四大检察"融合履职提供了方法支持，推动实现检察工作的横向一体化，依托刑事检察职能，监督公安机关查处相关犯罪；依托民事检察职能，对民事纠纷案件进行监督；依托行政检察职能，向相关单位制发检察建议纠正违法。

例如上文提及的车辆保险诈骗类案监督模型，是检察机关民事检察部门最先启动民事检察监督，发现异常点，经大数据梳理确定涉嫌犯罪的线索，移送给公安机关侦查。当中，检察机关既履行了民事检察监督职能，对涉嫌虚假诉讼的车辆财产保险合同纠纷案进行监督，提出再审 10 余件获得法院裁定，又履行了刑事检察监督职能，提前介入侦查，以事故车辆为突破口，围绕车辆维修理赔各环节，有针对性地引导公安机关调查取证，最终提起公诉 40 余人，均获得法院判决。①

又如浙江省义乌市人民检察院的知识产权"行刑衔接"类案监督，知识产权权利人反映向行政执法机关举报侵犯知识产权案件线索移送公安机关后案件没有处理结果的情况，检察机关通过大碰撞分析涉知识产权行政处罚、移送案件、立案侦查、审查起诉等要素，发现知识产权以罚代刑、不罚不刑等行政检察类案监督线索，以及应立不立、应撤不撤、久侦不决等刑事检察类案监督线索，于是开展立案监督、撤案监督和纠正违法监督并引导侦查，并向行政执法机关制发检察建议，促进依法行政。建设"知识产权保护一件事"多跨场景，形成一体保护长效机制，促进类案监督、系统治理。

这些案例生动反映了数字赋能检察融合监督，对于提高法律监督能力和水平，提高民事、行政检察在"四大检察"案件中的占比，提升检察履职整体效能，发挥了重要作用。

（三）助力社会治理

检察机关的性质决定了助力社会治理是数字检察改革的深层次目标。《中共中央关于加强新时代检察机关法律监督工作的意见》提出，人民检察院是国家的法律监督机关，是保障国家法律统一正确实施的司法机关，是保护国家利

---

① 参见贾宇主编：《大数据法律监督办案指引》，中国检察出版社 2022 年版，第 46 页。

益和社会公共利益的重要力量,是国家监督体系的重要组成部分。检察机关通过数字手段提高法律监督效能,及时发现个案和类案背后的违法犯罪隐患、管理监管漏洞、风险预警和防控不到位等问题,有效防止事故发生,通过数据应用,挖掘批量类案监督线索,追根溯源执法司法深层次问题,推动解决社会管理漏洞。

例如,杭州一基层检察院在化解一起行政争议案中发现存在通过冒用他人身份信息、虚构注册地址、伪造租赁合同等方式虚假注册登记公司的情况,且部分公司涉及电信网络诈骗刑事犯罪。通过对该案特性的分析,对检察业务应用系统中涉及虚假注册登记公司的刑事案件进行数据摸排,梳理异常企业200余家,发现工商注册监管漏洞,从而有效推动市场监管部门开展"空壳公司"专项治理,堵塞监管漏洞。[1]

又如,杭州市滨江区检察院研发的非正常专利申请数字模型2.0版于2023年3月上线。通过大数据比对,该院发现,一些不良专利代理机构与申请企业相互串通,形成了由专利中介组织提供PS公章、抄袭专利、重复提交、补贴分成、专利倒卖等一条龙服务的黑灰产业链条。对此,该院开展保护知识产权实质创新融合式法律监督,一个月后,一家专利代理机构被立案侦查。此举进一步净化了专利行业生态,优化了营商环境。[2]

如上文中提及的车辆保险诈骗模型,检察机关以案件为基础,联合原中国银行保险监督管理委员会出台《关于在惩治预防虚假保险理赔类案件中加强配合协作的若干意见》,实现司法机关和监管部门、保险公司之间的数据贯通,开展专业预警分析和评估,建立黑名单制度,健全保险行业反欺诈体系,促进行业长效治理。

以往,检察机关的普遍做法是在个案中发现监管漏洞制发一份检察建议,治理效果是不显著的。数字检察触发了类案监督的按钮,透过对多个具体案件的研究,发现、总结共性问题,然后提出针对性建议,更容易引起涉案单位和职能部门的重视,起到治理一片的效果。

---

[1] 参见贾宇主编:《大数据法律监督办案指引》,中国检察出版社2022年版,第21页。

[2] 参见范跃红、方利利:《从大海捞针变成精准出击 浙江杭州:数字检察驱动法律监督高质效发展》,载《检察日报》2023年6月11日,第2版。

第五节 推进数字检察赋能法律监督的障碍与路径

数字检察战略已经取得了一定的成效,数字检察赋能法律监督的作用在各地逐步显现,但数字检察的建设和应用是一项长期工程,且目前总体尚处于起步阶段,面临着许多现实困境,需要寻找有效路径,以期数字检察更好为法律监督提质增效。

一、现实困境

(一)数据问题

1. 数据信息壁垒

数据是数字检察的基础,数字检察赋能法律监督需要对数据进行共享、整合、计算、应用等处理。没有数据,数字检察如同无源之水、无本之木,势必影响数字检察赋能法律监督的效果。

数字检察赋能法律监督高质效,不仅需要内部数据,还需要外部数据。目前检察业务应用系统在全国四级检察机关中被运用,但是并没有享受到同一个应用系统的优越性。实务中,大多数检察人员只能查阅本人系统内的案件情况,对于本部门、本院的案件情况没有权限查阅,超越地域范围更不能触及。实践中,常发生要求侦查机关提供嫌疑人的前科判决书,但要长达多日才能提供甚至无法提供的情况,检察人员为提高办案效率,只能自己主动联系法院或检察院,但即便是检法、检检机关之间调取判决书也很少能立即收到。仅是调取判决书这样简单的事项也存在障碍,调取外部数据的难度可想而知。开展数字检察工作,很大一部分数据需要向外部获取。除检察数据外,政务、社会等多方面的数据都需要从外部获取。出于安全、责任、沟通协作机制不健全等方面的原因,其他公权力机关会不大愿意共享数据。另外,技术不成熟是造成数据信息壁垒出现的客观原因,包括共享数据渠道不畅,数据筛查、关联技术不智能等。据预测,非结构化数据占据所有各种数据的70%甚至80%以上,非结构化数据的利用是大数据价值挖掘的难点和重点。针对要解决的问题,如何快速地定位、有针对性地挖掘到有价值的数据,成为大数据的核心技术要求之一。①

2. 数据安全风险

近年来,检察机关积极拓宽数据来源,获取数据信息。例如,湖北省检察机关积极探索区块链等技术在数据领域的应用,已实现与湖北省政务大数据能力平台、政法业务协同等平台的对接,汇集检察、政务等各类数据约15亿条。② 又如,2023年以来,广东省英德市检察院推进大数据法律监督应用模型46个,为检察数据平台集纳数据355万条。③ 可见,数字检察建设中,有庞大的数据在流动。检察机关数字检察工作发展势头强劲,大数据法律监督平台中的数字模型不断上新并推广应用。如果在数据共享过程中出现安全问题,一旦处理不当,必然造成严重后果。

大数据具有5V技术特征,即volume(大量性)、velocity(高速性)、variety(多样性)、value(低价值密度性)、veracity(真实性)。④ 数字检察为检察机关法律监督工作开辟了新的领域,由于大数据技术本身具有关联性强和数据价值密度低特点,检察机关监督过程中对司法数据往往不加区分海量收集,极大增加了数据安全风险。⑤ 检察机关在数字检察建设与应用中,与公安机关、法院、银行、企事业单位、社会组织等部门之间进行数据共享,当中的数据信息不乏涉公民个人信息或隐私,且其中的部分技术工作是交给第三方科技公司负责,数据信息面临暴露风险,一旦泄露、滥用,不仅容易危及公民人身、财产安全,还可能导致公民人格权受损。例如,某市人民检察院研发的车辆保险诈骗类案监督模型,除来源于公检法的平台上的数据外,还有来自车管所、保险公司、金融机构的数据。在比对数据时,将各大保险公司出险数据导入,针对一些要素进行筛选后发现异常现象。某市人民检察院研发的"数字画像"毒品类案监督模型,从公安机关、司法局等单位获取该市吸毒人员名单、强制隔离戒毒人员名单,搭建吸毒、戒毒人员数据库,提炼涉毒人员身份信息、社交账号信息、金融账号信息、

---

① 参见张敏主编:《数据法学》,中国政法大学出版社2023年版,第13页。
② 参见董凡超:《"沉睡"数据摇身一变成办案"利器"》,载《法治日报》2023年11月2日,第6版。
③ 参见《数字赋能!盘点英德市检察院"数字检察"十大工作亮点》,载搜狐网2024年1月16日,ttps://www.sohu.com/a/752289126_100116740。
④ 参见张敏主编:《数据法学》,中国政法大学出版社2023年版,第12页。
⑤ 参见揭萍、孙雨晨、王攀:《数字检察中的数据安全:风险、困境与保护》,载《中国检察官》2022年第23期。

上下家关系信息等构建本地毒品数字画像数据库，用于身份比对。这些模型均使用了个人信息，从个人角度看，使用这些数据极大削弱了个人对数据的知情同意权。

(二) 系统化问题

目前，各地检察机关深入推进数字检察工作，如火如荼研发搭建法律监督模型，模型数量奇多。例如，截至2023年9月，青海省检察机关已构建大数据法律监督模型121个；①2023年，深圳市检察机关建立法律监督模型84个；②2024年，南宁市全市检察机关建立大数据法律监督模型63个；③截至2024年5月，上海三级检察院共创建了157个法律监督模型。④从基层检察院到上级检察院都在研发模型，但也有检察机关没有参与此项工作的情况。这就出现了多头研发重复建设、坐等靠要、游离办案模型空转等发展不均衡、应用不充分、成效不突出问题。这与大数据法律监督模型赋能法律监督提质增效的目标是背离的。

(三) 理念问题

数字检察建设取得了一些成效，赋能法律监督的作用显现，但是部分检察人员从传统的检察工作理念更新到数字检察工作理念还需要一段时间。究其原因，主要在于：数字检察是检察工作方式的重大变革，部分检察人员对数字检察的认识和理解不全面，认为数字检察仅仅是信息化、智能化建设及法律监督模型，对数字的理念、思维尚未成型，对数据不愿用、不会用、不善用；数字检察需要检察人员具备大数据运用能力，需要依托个案办理，在充分了解案件各种细节的基础上，找出办案规律，再根据办案规律搭建模型，运用大数据验证、发现存在的问题，进而根据不同情况开展法律监督工作。⑤一些检察人员认为这是多出来的工作，不愿意花心力去做。数字检察建设，关键靠人。如果检察人员在理念上就拒绝接受数字检察，没有认识到数字检察对法律监督的积极作

---

① 参见韩萍、徐鹏：《揪出黑恶势力犯罪的"漏网之鱼"》，载《法治日报》2023年8月23日，第4版。
② 参见《深入开展数字专项监督　建立法律监督模型84个》，载《南方都市报》2024年2月1日。
③ 参见《大数据破解检察监督盲点》，广西壮族自治区人民检察院网，http://www.gx.jcy.gov.cn/gsrzz/202409/202411/t20241113_6722255.shtml。
④ 参见夏天：《上海市检察机关全流程全息在线办案总门户正式启动年底将基本实现检察业务"一网通办"》，载《上海法治报》2024年5月27日。
⑤ 参见赵鹏、秦玉洁：《答好数字检察"三问"》，载《检察日报》2023年6月28日，第12版。

用,并主动将数字检察融入业务办理,那么数字检察工作将举步维艰。

(四)技术问题

一是内部困境。检察机关内部人员大多数仅具备法学专业知识,数字检察工作技术含量高、操作性强,不仅需要检察人员具有检察业务工作经验,还需要精通大数据算法、人工智能等陌生领域的知识。两个领域的专业跨度较大,让任意一部门工作人员创建大数据法律监督模型都是非常困难的。数字检察工作,在审查线索、监督成案之前需要经过分析要素、调取数据、搭建模型、筛查线索等环节,需要检察人员投入大量的时间和精力,现实中就发生了业务部门与技术部门互相推诿,数字检察工作无法推进的情况。

二是外部困境。数字检察需要多个部门或地区之间的协作,但在实际工作中,由于缺乏有效的协作机制和平台,很难进行有效的信息共享和合作。比如作为基层院,仅靠一家之力难以建立跨部门、跨系统的大数据中心。

二、路径探索

(一)打通数据壁垒,提高数据质量

一是用足用好检察内部数据。全国检察机关统一业务应用系统、12309检察服务中心等检察机关内部平台上蕴藏着丰富有价值的数据,不仅能为数字检察提供大量数据,而且比较容易解决数据合法性问题。例如上文提到的调取判决书困难问题,如果打通全国四级检察机关检察业务应用系统区域樊篱,建立共享的法律文书库或者通过线上移送调取法律文书函,那么这个问题就迎刃而解了。虽然这只是个小问题,但很多时候恰是这些小问题影响检察人员的积极性,影响办案效率。因此,要"眼睛向内",用足用好内部数据,深度挖掘检察数据价值,打通区域之间的樊篱,充分激活和利用更多"沉睡"数据。此外,要重视数据质量,准确采集数据,否则会影响监督成效。以检察机关的办案系统为例,如果填录不规范、不及时,那么用以监督的基础数据就会不精准。

二是打通外部数据壁垒。在确保数据信息安全的前提下,主动与相关行政机关、执法司法机关沟通协调,稳步获取电子政务等社会公共数据的使用权限,全面推进政法信息、府检数据共享共用,实现案件线索的精准收集与高效分析,提升监督效果。

(二)做好人才队伍、技术保障

要牢牢把握"人才是第一资源"这一科学论述,固好检察人才培养这一根本,要有"见苗浇水"的人才培养意识,把人才作为推进检察事业的关键因素,努力造就专业化、精英化人才和拔尖创新人才,建设规模宏大、结构合理、素质较高的人才队伍,激发人才对检察事业可持续发展、长远发展的作用。[1] 做好数字检察人才培养和储备,引导检察人员加强数字检察理论研究,通过交叉培养、联合培养、融合教育的方式,储备具有法学、计算机、统计学等专业背景的复合型人才。通过教学练战一体培训机制,以赛促学推动检察人员树立大数据思维,提升以数字检察推动法律监督的履职能力。[2] 对检察人员进行数据分析系统和工具的培训,提高对司法数据信息的分析、挖掘和利用的能力,使其在具备法律专业知识的同时增强大数据思维以及对科学技术的综合运用能力。建立具备数据和法学专业的复合型人才的引进聘用机制,吸引数字检察人才加入检察机关。把数字检察工作成效、数字检察理论研究工作纳入考核、评优体系,推进数字检察人才养成。除重视复合型人才的培养外,检察机关在信息化建设方面要向数字检察方向倾斜,发挥信息技术在数据采集、存储、治理、挖掘、应用、安全方面的贡献度,将最新技术融入数字检察。[3]

(三)更新工作理念

数字检察是一项复杂、长期的工程,需要坚定的信念才能推进这项工作深入开展。因此,要树牢数字检察工作理念。从领导班子到普通干警要学习数字检察文件,领悟数字检察工作精神,要开展数字检察工作启蒙。加强对数字检察典型案例的培育推广,宣传数字检察建模经验,通过案例学习、经验推广,推动检察人员转变监督理念,提升监督能力。向数字检察工作推进靠前的检察机关学习先进工作经验,组织数字检察研讨会,拓宽数字检察工作思路。组织数字检察法律监督模型竞赛,鼓励干警就办案、工作中发现的司法规律或者监管漏洞创新研发模型,以赛促学、以学促干。坚持技术部门牵头、业务部门为主、

---

[1] 参见崔庆林:《以更实举措、更优机制锻造新时代数字检察人才》,载最高人民检察院网,https://www.spp.gov.cn/llyj/202310/t20231012_630326.shtml。

[2] 参见席大伟、芝春燕:《优化数字检察赋能基层法律监督路径》,载最高人民检察院网,https://www.spp.gov.cn/spp/llyj/202404/t20240426_652962.shtmll。

[3] 参见郑成方:《数字检察的实践展开》,载《人民检察》2023年第8期。

综合部门配合做好数字检察工作保障。

(四)加强数据安全保护

数据安全防护是发挥数据价值的基础,《数据安全法》要求在数据处理活动中,尤其是对重要数据的处理,更加注重对数据安全的保护义务。数字检察建设过程中,检察机关一方面向第三方获取数据,另一方面会将检察数据与第三方共享。检察机关对数据的收集、使用要于法有据,要在数字检察工作中关注数据在收集、存储、使用、共享、开放等过程中面临的安全问题,防范数据挖掘过程中可能发生的风险,维护国家安全、公共利益、公民和组织的合法权益。具体到如何加强数据安全保护,可以从以下两方面着手:一是在检察机关内部设立数据安全监管部门,明确内部管理体系、角色分工职责。特别是在委托第三方技术公司开发法律监督模型、信息运用系统时,要做好保密约定,加强监管。二是确定全流程数据安全使用规则。在获取数据时要履行审批手续,明确数据范围和使用用途;在使用数据时要根据数据级别采取对应的监管措施,按照确定的范围、用途运用数据;在事后处置方面,对于不履行数据保护义务的,或者危害到公民、组织或国家的,应依法给予处分、追究相应主体的相关责任。

(五)推进检察一体化

检察一体化模式下,要求检察机关及办案人员破除部门思维、提高站位,树立上下一体、职能融合、密切协作的理念。[1] 因此,推行检察一体化机制,能够聚合检察资源,形成履职合力,提升法律监督效能。这既是数字检察工作的目标之一,也是推进数字检察工作路径之一,所以要形成"上下统一、横向协作、内部整合、总体统筹"的检察一体化模式。在开展数字检察中,由基层检察机关收集并向上级检察机关移送数字检察线索,由上级检察机关抽调辖区内数字检察人才,成立数字检察工作小组,统筹建立法律监督模型,选择合适的基层检察院试点运行。通过统一研发和标准化建设来提高工作整体质效,通过建立信息共享机制、定期召开交流会议等方式促进沟通协作。这不仅能破解基层检察机关人才和技术不足的问题,还能集中精力开展数字检察工作,提升工作质量。此外,法律监督模型是实施数字检察战略的重要突破口,要坚持"重在应用"的方针开

---

[1] 参见程芳芳:《检察一体化视野下数字检察工作的深化路径》,载北仑区人民检察院网,https://www.ningbobl.zjjcy.gov.cn/art/2023/12/26/art_1229661447_2847.html。

展模型研发工作,重视模型的推广与运用。在检察一体化模式下,由上级检察机关把握应用导向的标准,能够避免不具普适性的模型产出,避免浪费。

数字检察赋能法律监督的过程,既是检察机关发现法律监督"短板"的过程,也是数字检察工作深入推进并提升法律监督效能的过程。随着人们对数字检察的深入理解以及配套制度的完善,可以期待法律监督工作将在数字技术的助力下加快实现高质效。

第十二章
新型派驻检察监督研究

派驻检察是人民检察院对监管场所进行法律监督的基本方式，是刑事执行检察工作的基础，其重要性毋庸置疑。在刑事执行检察部门成立前，派驻检察就是当时的监所检察部门的主要业务。在刑事执行检察部门建立后，其职能较此前监所检察部门有很大扩展，而当时的派驻检察工作也存在一定的问题和"瓶颈"，因此检察机关开始进行巡回检察试点，撤回部分监管场所的派出检察室，改为巡回检察。经过试点后发现，派驻检察以其亲历性、便利性、及时性等优势，在促进刑事执行活动公平公正方面有着无可取代的作用。因此，检察机关提出了"派驻+巡回"的检察机制。

党的二十大报告强调要"加强检察机关法律监督工作"，同时对全面依法治国，推进法治中国建设作了专门部署。《中共中央关于加强新时代检察机关法律监督工作的意见》指出要健全对监狱、看守所等监管场所派驻检察与巡回检察相结合的工作机制，促进严格依法监管，增强罪犯改造成效。《2023—2027年检察改革工作规划》第19条要求刑执部门要把巡回检察与派驻检察结合起来，强化刑事执行检察力度和效果，保障被羁押人、服刑人员合法权益，维护监管秩序。应勇检察长因此指出："要加强和规范派驻检察室建设"，"派驻是基础，巡回是'利剑'，两方面都要加强"，"'派驻+巡回'检察机制要进一步深化"。[1]最高人民检察院第五检察厅也发出《关于加强派驻监管场所检察工作的意见》，对推进派驻检察工作规范、充实人员力量及轮岗交流等方面进行指导。在司法改革大背景下，探索建立派驻检察和巡回检察相结合的新型派驻检察模式已经

---

[1] 在大检察官研讨班上的讲话（2023年7月19日）。

成为刑事执行检察部门的一大重点工作任务。

第一节 探索新型派驻检察模式的基本理念

党的二十大正式提出了"以中国式现代化全面推进中华民族伟大复兴"的新时代新征程任务使命。检察工作现代化是中国式现代化的有机组成部分，派驻检察工作现代化又是检察工作现代化的有机组成部分。践行检察工作"四个现代化"要求，推进派驻检察工作现代化全面发展，也是全体刑事执行检察干警的神圣使命。探索新型派驻检察模式也必须将检察工作"四个现代化"作为基本理念。

一、坚持习近平法治思想，推进新型派驻检察监督理念现代化

法律监督理念现代化是检察工作现代化的先导。检察机关是国家的法律监督机关，坚持党的领导是检察机关监督理念的唯一标准。从事派驻检察工作，必须时时刻刻把坚持党的领导作为所有工作的前提，把习近平新时代中国特色社会主义思想作为所有工作的指引。要从国家整体安全观出发，在派驻检察工作中坚持贯彻习近平新时代中国特色社会主义思想，坚持以习近平法治思想为指引，必须增强"四个意识"，坚持和捍卫"两个确立"、坚决做到"两个维护"，以检察履职维护和捍卫党的全面领导，时刻教育派驻检察干警学习领悟习近平法治思想，并以此指导自己的工作实践。在新时代，面对刑事执行领域的司法理念逐步由一元向多元演变，惩办向惩教过渡的形势要求，构筑在传统价值基础之上的派驻监管场所监督理念和模式难以满足和适应当前刑事执行检察监督工作与刑罚执行实践现实需要。这种形势迫切要求检察机关从习近平新时代中国特色社会主义思想和习近平法治思想中汲取营养，不断更新法律监督理念，适应刑事执行新形势的要求。

在新形势下，派驻检察工作应坚持三个检察现代化理念。

1. "政治性与业务性相统一"理念。检察机关既是政治性很强的业务机关，又是业务性很强的政治机关。派驻检察工作作为检察机关的法律监督工作的一部分，要坚持政治和派驻检察业务深度融合的理念，积极投入服务大局、保障民

生工作,针对性提出更多服务大局的务实举措,在派驻检察工作环节体现以习近平同志为核心的党中央对上海的总体定位。上海市委强调要把市场化作为鲜明主线,把法治化作为基础保障,把国际化作为重要标准,扎实抓好优化营商环境各项工作的落地落实。检察机关必须结合派驻检察工作实际抓好贯彻落实,在派驻检察中为在押民营企业家因企业经营、偿还拖欠职工工资等合理合法对外通信提供依法保障。在在押人员的财产刑执行工作中,切实落实涉金融领域案件追赃挽损工作,让人民群众切身感受到中国共产党的好、感受到公平正义就在身边、感受到中国特色社会主义检察制度的优越性。

2. "强化法律监督"的理念。法律监督是检察机关的宗旨和使命,是刑事执行检察部门的主责主业。要敢于监督、善于监督,避免为了追求考核数据而矮化检察法律监督,杜绝因顾虑被监督单位不采纳就不进行法律监督,不能通过"等、靠、要"来推动法律监督,也不能为了提高回复采纳率就对没有实质纠正的或者屡纠屡犯的问题"睁一只眼闭一只眼",更不能因为被监督单位拖延就不了了之。必须坚持检察法律监督的初衷,对应当监督纠正的必须加强力度切实督促,通过积极能动履职,提升监督内生动力。必须意识到一味退让无法赢得被监督单位的尊重,对被监督单位故意拖延或者被监督单位不配合监督的,可以通过法律监督报告来反映情况,必要时,要主动向上一级检察院、同级党委汇报,请求支持。

3. "双赢、多赢、共赢"理念。派驻检察部门要做到跳出检察看检察,跳出派驻检察的小圈子看大局看问题。要坚持以法律监督为抓手更好地服务区域法治发展,助力法治政府、法治社会建设的宗旨,秉持忠诚履职的站位,处理好积极履职和稳妥履职之间的矛盾,反复与被监督单位沟通、交心,力求在坚持以人民为中心、司法为民的理念上获得共鸣,通过监督和被监督的反复博弈,通过"双赢、多赢、共赢"理念深入人心,改变监督工作大环境,全面提升监督质效。例如,在派驻检察中面对久押不决问题,要全面梳理立案后公安机关久侦不结,诉后法院久办未结的案件,通过挂案清理、督促办理等方式开展监督,从尽早纠正执法司法差错、对人民负责的角度来争取被监督单位的认同,从避免负面舆情和外部质疑角度争取被监督单位共识,共同推进问题解决,让在押人员通过派驻检察工作感受到党的温暖、检察的温度。

二、以刑事执行检察一体化改革为抓手，推动派驻检察法律监督体系现代化

法律监督体系现代化是检察工作现代化的重点。以往，由于我国尚未就刑事执行工作建立完整统一的法律体系，刑事执行相关的规定散见于刑法、刑事诉讼法等众多法律规范中，实践中缺乏具体细节的要求，而且涉及刑事执行的法律法规中均存在内容彼此交叉重复的情况，一定程度上容易产生冲突，同时刑事执行检察业务素有"点多、线长、面广、事杂"的特点，职能边界不够明晰，对派驻检察工作的顺利开展存在一定难度。党的十八大以来，以检察机关内设机构改革为契机，刑事执行检察部门从原来单纯进行看守所、监狱、劳教场所驻所检察的监所检察部门扩大为涵盖看守所检察、监狱检察、社区矫正检察、强制医疗检察、指定居所监视居住检察、财产刑执行检察等全方位刑事执行活动检察的刑事执行检察部门。近年来，上海检察机关刑事执行检察条线在检察机关内设机构改革成果的基础上，建立健全三级院检察一体化制度。刑事执行检察部门驻巡融合，建立新型派驻检察机制成为刑事执行法律监督体系现代化当前的最大任务。

推行检察一体化体系，根本目的在于聚合检察资源，形成履职合力，提升法律监督效能，因此要从纵、横和内外三个方面构筑一体化体系。

1. 建立健全检察机关上下级"纵"的统一指挥体系。任何一项工作，如果由各检察院或检察机关各条线部门分头推进，则会让沟通成本倍增，也会出现各地适用不一、流程不规范的情况。而由上级检察院通过顶层设计，一体规划，就能实现高效沟通、统一标准。上海市是直辖市，上海市三级检察院物理空间距离近，市分院统一指导积累的经验丰富，三级院间日常沟通协调、业务指导更方便，临时调度办案力量也容易，具备推进检察一体化的多方面优势。在纵向一体化构架中，市检察院是领导机关，重点在于顶层设计、科学谋划、综合协调、考评考核、督察督办等。分院既是重大案件办理机关、司法机关工作人员职务犯罪案件的办案主体以及看守所、社区矫正巡回检察的监督主体，又是业务指导机关，要发挥承上启下作用的关键职责。基层检察院是主体，要发挥履职办案主力军作用，重点是落实好上级决策部署。从工作实践来看，派驻检察工作情况复杂、任务艰巨，许多时候特别是发现司法机关工作人员职务犯罪案件线索工作中，单靠某一个检察院或者检察院某一个部门的力量必定无法完成如此重

任。可以根据最高人民检察院《关于加强检察机关对司法工作人员相关职务犯罪立案侦查工作的指导意见》,市检察院、分院等上级检察院重点注重宏观指导,适时组织全市检察院集中查办某些领域和环节的重点案件,并通过加强类案指导,建好用好侦查案例库,不断总结司法工作人员相关职务犯罪特点和规律,丰富完善犯罪"样态"分析材料和侦查取证指引,还可以通过加强个案督导,结合案件领办、参办、督办,及时采取下沉式、点对点等方式,三级检察院共同研究线索发现、案件侦查思路和措施,有效突破案件。通过纵向一体化体系,实现多层次统筹,充分整合、发挥内部监督资源优势,通过不同层级检察机关在检察权行使过程中的接续接力,有效提升整体监督效能。

2.建立同级检察院之间和检察机关各内设机构之间"横"的业务配合体系。同级检察院、检察机关各内设部门应该是一个整体,而不是各自履行自己业务范畴内的监督职能,简单叠加形成的"拼盘"。要主动打破部门之间的业务壁垒,推动横向一体化的业务配合体系实质运转,努力克服"条块分割""各自为战"的传统思维,建立"有机贯通、相互协调"的工作格局。首先,要实现线索移交常态化。建立部门间协助核查机制,对某一部门在检察过程中发现重大监督事项共同进行强化协助调查核实,提升发现和挖掘刑事、民事、行政诉讼与公益诉讼监督活动中职务犯罪线索的能力水平,将职务犯罪线索摸排等活动与检察建议、纠正违法紧密结合起来,以侦查刚性推进检察工作整体协调发展。探索案件线索统一归口管理机制,由案管部门研判线索价值,按照职能移送流转,跟踪线索办理进展和办理结果,形成内部横向一体协作闭环。其次,要实现资源配备高效化。根据检察长的统一领导,同一检察机关各部门的检察人员可以打破部门界限,组成临时办案组织办理案件,借助其他检察机关内设部门的办案力量和专业技术人才,为派驻检察部门的法律监督工作提供人力支持和智力支持。同时,还能通过不同部门之间的经验交流与案件研议,共同破解法律监督中遇到的难题,分享法律监督中积累的经验,形成监督合力。最后,要实现协同办理规范化。构建跨区委托调查核实、线索移送的工作机制,协助控申部门办理涉及看守所在押人员的信访积案化解。

3.建立检察机关和其他执法司法部门"内外协同"的制约配合体系。目前部分地区检察监督工作中普遍存在被监督违法类型"其他"占比最高的情况,说明针对法律法规列明的严重违法情形监督偏少,大部分监督还是非典型的低层次的执法司法瑕疵问题，实践中还是屡纠屡犯，缺乏堵漏建制的长效解决。派驻检察部门要秉持源头治理思维来彰显法律监督效果，坚持"双赢、多赢、共赢"监督理念，探索"寓监督于配合、寓配合于监督"的新监督协作配合关系，按照《中共中央关于加强新时代检察机关法律监督工作的意见》的要求，针对日常监督、巡回检察、职务犯罪侦查工作中发现的个案、类案以及突出问题，综合分析原因，深入调研，与政法兄弟单位、行政执法机关聚焦执法司法痛点难点堵点，会同被监督单位共同研究溯源治理类案问题，制发检察建议，促进公安、法院、司法行政等单位更好依法履职，推动深层次问题的解决，使检察建议在更高层次、更宽领域、更大范围发挥作用，确保刑事执行顺利进行、刑事被执行人员的合法权利得到保障。

三、落实"派驻+巡回"监督模式，推动刑事执行检察监督机制现代化

法律监督机制现代化是检察工作现代化的关键。机制现代化的首要问题是搞清解决建立什么机制，怎么建立机制的问题。党的十八大以来，检察机关携手司法行政机关创设巡回检察制度，推行"派驻+巡回"监督模式，是从顶层设计上完善制度机制，对于加强法律监督、促进司法公正和法治进步具有长远意义。因此，建立驻巡融合机制是派驻检察部门当前的首要任务。

要建立驻巡融合机制，可从以下几个方面入手：首先，要坚持派驻检察工作不动摇，夯实派驻检察基础，提高履职能力。制定派驻监狱、看守所检察职责范围指引，规范派驻检察职责，明确相应司法责任。有计划、按步骤持续推进落实轮岗交流制度，优化派驻检察人员结构、提高能力素质。不能一味强调巡回检察，就把派驻检察丢在一边。要坚持派驻与巡回检察融合发展，让派驻检察成为"不走的巡回检察组"，让派驻检察发挥"前哨""探头"等支撑作用，为巡回检察全面提供监管场所相关情况，做好巡回检察的保障、联络等工作，协调监管场所配合和支持。在巡回检察结束后，由派驻检察人员跟踪、督促监管场所落实相关整改意见。其次，要在以往试点和探索基础上，继续推进开展对监狱、看守所、社区矫正机构巡回检察，着力提升巡回检察质效。并根据以往巡回工作经验，汇编巡回检察常用法律法规、办案文书、工作机制和常用做法，制发监狱、看守所、社区矫正巡回检察工作手册，规范统一工作规范制度。通过巡回检察对派驻检察履职情况进行检查，督促派驻检察切实发挥基础性作用。最后，要保

证平衡派驻检察与巡回检察,派驻检察是中国独有的刑事执行检察模式,巡回检察是党的十八大后的一项司法创新。要意识到派驻检察与巡回检察是《人民检察院组织法》规定的对监管场所实行监督的两种方式,要融合发展,而不是非此即彼、此消彼长,在构建驻巡融合机制过程中,不能一强调巡回检察,就把派驻检察抛在一边,更不能一强调派驻是基础,就对巡回敷衍应付走过场,又回到过去"熟人熟事"单纯派驻检察的老路上,要按照最高人民检察院的要求,充分发挥"驻"的便利和"巡"的优势,认识到"派驻是阵地、巡回是利剑",认真落实《人民检察院巡回检察工作规定》,充分发挥派驻检察和巡回检察各自的优势,落实"派驻＋巡回"监督模式,建立驻巡融合机制,努力推动刑事执行检察监督机制现代化。

四、提高派驻检察人员监督能力,推进派驻检察监督能力现代化

法律监督能力现代化是检察工作现代化的基础。要推动刑事执行检察能力现代化,必须提高派驻检察人员的监督能力。推进派驻检察监督能力现代化,首先就要搞清两个问题:一是派驻检察人员需要什么类型的监督能力;二是如何培养派驻检察人员的监督能力。

除具备最基本的刑事执行检察法律知识和业务能力外,派驻检察人员还需要多种特殊的监督能力。一是熟练掌握除派驻检察监督法律业务之外的法律知识的能力,如在看守所、监狱在押人员约见检察官谈话,接待在押人员家属,在检察开放日接待群众来访中,除刑事执行方面的问题外,在押人员及其家属、群众还会经常提问涉及具体刑事罪名、案外行政和民事法律问题,这就需要刑事执行检察人员具备各类法律知识。二是驾驭各门类各学科的综合知识的能力。现代社会纷繁复杂,派驻检察中遇到的各种复杂问题需要派驻检察人员掌握除法律知识以外的各门类各学科的综合知识。例如,办理被监管人暂予监外执行提请审查、被监管人死亡检察等工作时,就需要掌握"法律＋医学"的综合性知识,派驻检察人员缺乏医学知识,造成他们在相关工作中过分依赖鉴定意见,产生唯"鉴定意见"的重大弊端。又如,对于在押人员因被关押在羁押场所产生心理问题,需要派驻检察人员了解掌握心理学方面的知识,对在押人员进行心理疏导,避免发生自伤自残和恶意扰乱监管秩序。三是构建大数据模型的能力。大数据不仅是一个平台或者工具,更是一种思维方式、思维方法、思维逻辑。要将派驻检察法律监督的工作方式和海量数据亲密结合起来,需要派驻检察人员掌握构建大数据模型的能力,能通过自行设计大数据模型处理海量数据,发现被监管人减刑、假释、暂予监外执行等刑事变更执行相同情况不同处理、新旧法适用不同、罚金刑判决超出法定范围等采取传统的人工比对需要大量精力、时间且难以发觉的问题,提高派驻检察工作的质量和效率。

如何培养派驻检察人员的监督能力?一是充分发挥检察纵向一体化优势,建立上下联动的干部实战培养机制。通过市检察院统筹指挥,以分院为主调配,让更多基层检察院的刑事执行检察人员参与司法人员职务犯罪案件线索发现和侦查办案、重大疑难复杂案件办理、重大专项工作、重点调研课题等,在大事、难事中"摸爬滚打",炼出"钢筋铁骨"。二是借助外力对派驻检察人员展开培训。一方面,要与其他检察机关内设部门合作,以刑事、民事、行政、公益诉讼、金融、知识产权、数字检察等检察条线的条线业务竞赛为契机,派出派驻检察人员同步参加其他条线的练兵备战,同步参加其他条线针对性辅导和实战化集训,培养派驻检察工作自己的多种业务标兵能手。另一方面,可以立足工作需要聘请各方面的专业人员兼任特邀检察官助理和特邀培训讲师,与派驻检察人员共同办案并组织研发精品业务课程,与其他政法机关共同开展同堂培训,积极推广检察官、法官、律师等法律职业共同体联合练兵,使派驻检察人员掌握相关技能。三是充分发挥案例指导和办案手册汇编作用,提升派驻检察工作人员办案水平。通过编发派驻检察监督指导性案例,以及监狱、看守所巡回检察,司法工作人员相关职务犯罪侦查等典型案例,汇编派驻检察办案中常用法律法规、办案文书、工作机制和常用做法,制作办案手册,以此指引派驻检察人员办案工作,统一工作步骤。

第二节 派驻检察和巡回检察相结合的新型派驻检察模式

一、以往派驻检察模式的优劣势和改革探索

(一)以往派驻检察模式的优势

派驻检察指人民检察院在监管场所设置派出检察院或者派驻检察室,具体

行使刑罚执行和监管活动监督权的监督方式,具有即时性、现场性的特点。派驻检察人员可以随时查看监管民警的执法情况,对在押人员实施严格有效的监督管理,以维护秩序稳定,防范发生死亡、伤残、逃脱等重大事故作为主要目标,及时发现和纠正侵犯被监管人合法权益的违法行为,从而有效地保护他们的合法权益。在司法改革前,派驻检察是执行监督的主要组织形式,截至 2017 年年底,全国 2626 个看守所,其中 2533 个看守所执行派驻检察,占总数的 96%。[1] 派驻检察根据各级检察机关与被派驻单位的关系不同,可分为同级派驻、属地派驻和派出检察院三种模式。派驻检察模式的形成建立在监督便利性的需求之上,[2]看守所内安全隐患往往潜藏在较为细微之处,需要在日常检查中花费较多时间反复筛查才能准确定位。检察人员深入监管场所开展工作,一方面,可以不间断地对执法活动进行检视,扩大监督范围,及时获取各类工作信息;另一方面,当有违法违规行为发生时可及时发现介入,收集固定证据,开展调查核实。

(二)以往派驻检察模式存在的问题

尽管派驻检察具有及时介入处置突发事件等优势,但派驻检察本身具有局限性,由于轮岗机制的缺乏、机构设置的偏远、工作场所的特殊等原因在长期适用的过程中不免暴露出"同化"等倾向性问题,派驻检察人员监督意愿不强、积极性不高。"同化"是指由于派驻检察室在硬件设施保障方面对监管场所有所依赖,同时派驻检察人员与监管民警长期共同工作,极易形成良好的熟人关系,从而削弱监督者的监督意愿造成监督流于形式,检察人员被监督对象同化后产生的监督虚弱化[3],进一步滋生不愿意监督、不敢监督、监督流于形式等问题。此外,由于我国尚未就刑事执行工作建立完整统一的法律体系,刑事执行相关的规定散见于刑法、刑事诉讼法等众多法律规范中,实践中缺乏具体细节的要求,且涉及刑事执行的法律法规中均存在内容彼此交叉重复的情况,一定程度上容易产生冲突。且刑事执行检察业务素有"点多、线长、面广、事杂"的特点,职能边界不够明晰,加之派驻检察与监管场所在维护监内秩序稳定,防范发生

---

[1] 参见付伟成:《探索建立派驻检察与巡回检察相结合的看守所新型检察模式》,载《法治实务》集刊 2023 年第 1 卷。

[2] 参见李奋飞、王怡然:《监狱检察的三种模式》,载《国家检察官学院学报》2019 年第 3 期。

[3] 参见白泉民主编:《监所检察"四个办法"》,中国检察出版社 2008 年版,第 149 页。

重大事故等工作目标方面本就具有高度的同质性,容易存在检察人员替代监管场所行使监管职能的问题。同时,缺乏刚性监督措施,当被监督单位不予采纳检察建议时,督促落实的手段不足。

(三)以巡回检察完全取代派驻检察的试点探索

最高人民检察院最初曾设想以巡回完全取代派驻,但在看守所巡回检察工作试点中遇到了问题。看守所检察和监狱检察有着截然不同的特点,看守所在押人员的流动性很大。监狱的在押人员都是有一定服刑期限的已决罪犯,流动性相对较小,而看守所大部分在押人员都是关押期限未最终确定的未决罪犯,小部分是剩余服刑期 3 个月以下的短期服刑犯,经常出现在押人员入所一两天就释放出所的情况。而一年进行一两次的巡回检察,适用于人员流动性比较小的监狱还合适,适用于流动性非常大的看守所则不合适。可能出现有些看守所在押人员在所内羁押全过程都遇不到检察人员的情况。非全程参与的巡回检察模式并不能对每一位被羁押人员的合法权益都予以维护,"一刀切"式的巡回检察改革并不可取。[1] 因此看守所巡回检察的试点地区在实践中并未完全遵循,而是在保留派驻检察的基础上开展巡回检察,进而形成了"派驻+巡回"模式的雏形[2],这一实践理性选择因成效斐然而得到最高人民检察院的肯定,对监管场所实行派驻与巡回检察相结合的方式也随之全面推开。这也就更需要将"派驻"与"巡回"予以结合。巡回和派驻检察模式各有长处、各具优势,具有较强的互补性,彼此之间不具有冲突性,而具有融合发展的可能性和趋势。派驻检察模式下存在刑事执行检察不足的问题,而巡回检察的优势之一正是独立灵活,很好地弥补了派驻检察的不足;同时,巡回检察伴随的监督临时性问题,则可以通过派驻检察的常态化监督得以补充。两种检察方式只有工作方式上的区分,没有工作职责上的区别。派驻检察的便利监督与巡回检察的独立监督两者之间并不存在矛盾关系,也不存在非此即彼的选择,两者都是实现有效监督必不可少的组成部分。派驻检察和巡回检察在监督环节各有侧重,规范巡回检察办案组和派驻检察人员的工作衔接配合机制,解决巡回检察"长线运行"的困

---

[1] 参见朱德安、单新源、高樱芙:《论看守所检察改革的经验与塑造》,载《重庆理工大学学报(社会科学)》2021 年第 4 期。

[2] 参见李奋飞、王怡然:《监狱检察的三种模式》,载《国家检察官学院学报》2019 年第 3 期。

境,以确保两种监督模式在各司其职的基础上配合协作,最大发挥派驻检察和巡回检察的优势,是看守所检察转型升级的重要问题。

二、当前"派驻+巡回"模式存在的主要问题

(一)巡回检察的优势及其存在的主要问题

巡回检察以解决派驻检察独立性不足、受干扰性较大的问题为起点,以强调检察的独立性为归宿①,具有针对性强、精准性高的特点,分为常规、专项、机动和交叉四种模式,检察的内容、天数、人员等可以根据需要灵活调整,不受过多限制,因此往往呈现切入口较小而挖掘问题较深的特点。巡回检察不仅针对监管场所,还面向派驻检察履职情况开展督导,因此巡回检察既是检察机关对监管场所刑事执行活动的监督,又是针对检察人员工作情况的内部监督。在对内监督上,巡回检察模式新增了内部监督制约制度和责任追究制度,对驻所检察人员的羁押期限监督、羁押必要性审查、重大案件侦查终结前讯问合法性核查等方面进行是否履职尽职的监督,从而形成责任倒逼机制,提升监督工作的质效。在对外监督上,巡回检察由于不依赖于看守所的物质支持,在很大程度上巩固了看守所检察的独立性。巡回检察改革固然是检察机关应对司法理念多元化的有效尝试,但本身也存在不足。一方面,巡回检察无法持续性地对监管场所的工作情况进行检视,对于日常监管执法中的安全隐患风险难以及时发现纠正,获取各类情况信息无可避免地存在一定滞后性。同时,巡回检察持续时间较为有限,在监督内容上只能有所侧重与取舍,监督全面性及覆盖面不如派驻检察模式。另一方面,看守所巡回检察相关机制体制还不完善,尤其是对检察组工作的考评体系尚未建立,造成实践中存在巡回检察监督办案随意性较大,程序不够规范,查纠监管场所问题不够深入、流于形式等问题,从而未能完全发挥制度的预设价值。

(二)派驻和巡回检察之间信息交互存在一定障碍

巡回检察需要依靠看守所提供资料和信息,而看守所提供的材料一般经过了监管单位相关部门的审查,对其中明显存在问题的资料,监管单位可能采取隐瞒、掩饰或者干脆不提供。巡回检察组存在信息差处于相对被动的位置,很

---

① 参见李奋飞、王怡然:《监狱检察的三种模式》,载《国家检察官学院学报》2019年第3期。

难发现深层次问题,无法切实了解在押人员在看守所的羁押真实情况和民警的执法真实情况。一方面,巡回检察组需要依靠驻所检察机关工作人员的配合联动,通过驻所检察人员长期驻所积累的信息、资料来还原真实情况,并根据驻所检察人员提供的信息与实际情况是否相符,来考核驻所检察人员的法律监督实效。相对于看守所提供的资料,驻所检察人员提供的资料是更有价值的数据源,只有通过两者的比对,才能发现监管场所提供的材料是否真实从而去发现问题。信息比对过程需要运转良好的巡回、驻所模式融合。另一方面,巡回检察既是对看守所内执法活动的检察,也是对驻所检察室工作的工作检查,巡回检察组和派驻检察室存在紧张关系。如果驻所检察室提供信息、资料来证明看守所存在执法问题,看守所被查出存在问题,驻所检察室需要承担连带责任被追责。因此,需要警惕驻所检察室和看守所之间的关系牵连,如何将巡回与派驻检察进行深度融合,提高法律监督的整体质量,是当前开展看守所巡回检察工作面临的重要问题。

(三)"派驻+巡回"检察模式的队伍发展和业务不适配

刑事执行检察部门的人员和检察机关其他检察人员相比,存在人员和组织与刑事执行检察业务的发展不匹配、不适应的问题。

首先,基层检察院刑事执行检察部门在进行派驻检察的同时,因为巡回检察抽调人员过多,几乎没有空余人员用于巡回检察。受检察机关机构编制限制,许多省、区、市检察机关驻所力量配备不足,导致监督乏力。在有些省、区、市检察机关,有的检察室没有正式列编,检察室主任兼职、一人派驻是常态,尤其是有些地方检察院在基层内设机构改革后,刑事执行检察部门被合并,原来以部门为"单元"的监督格局被打破,刑事执行检察力量难以保障,造成留守人员不能有效开展执法办案工作,存在派驻检察监督力度下降的问题。

其次,有些检察人员被长期派驻看守所,受长期派驻影响,监督思维容易固化,监督敏感度降低,影响监督效果。实践中,基层驻所检察人员相对固定,有的甚至长达十几年。例如,某检察院有一位同志,从检察机关重建后被分配到检察院就从事看守所派驻检察,在看守所派驻岗位上坚持了近40年,这固然有熟悉监所情况、注意力集中且监所业务精湛的好处,但也容易形成思维定式,且碍于情面,配合多、监督少。

再次,刑事执行检察部门涵盖了检察院的所有业务,侦查、批捕、起诉、执行均由监所部门自己负责,也就要求检察干警需要拥有多方面能力。驻所检察室一般远离检察院本部,因此往往受重视程度较低,人员流动性差,更替速度慢,难免存在部分检察机关的刑事执行检察部门多数干警年龄偏大、知识结构老化等问题,刑事执行检察部门检察干警业务能力有待提高。

最后,随着业务的发展,如监外检察、监视居住检察、重大案件讯问合法性检察、强制医疗执行活动检察等工作内容不断增加,刑事执行检察部门事多人少的矛盾愈加突出。

三、构建"派驻+巡回"的新型派驻检察模式

(一)坚持融合巡回检察和派驻检察模式

派驻检察和巡回检察在监督环节各有侧重,规范巡回检察办案组和派驻检察人员的工作衔接配合机制,解决巡回检察"长线运行"的困境,以确保两种监督模式在各司其职的基础上配合协作,最大发挥派驻检察和巡回检察的优势,是看守所检察转型升级的重要问题。

继续坚守原有派驻检察的阵地,把派驻检察阵地打得更牢。派驻检察机构在巡回检察模式下具有双重身份:一方面,作为被检察主体,其对于巡回检察中指出的派驻检察存在的问题,应当及时整改;另一方面,应当发挥熟悉监管场所情况的优势,做好巡回检察联络对接工作,向看守所通报巡回检察目标、内容、方式和具体任务,配合巡回检察组开展工作。巡回检察结束后,派驻检察机构接受巡回检察组给予的巡回检察报告并予以跟踪落实。一是要继续推进驻所检察规范化。最高人民检察院长期进行规范化检察室等级评定,需要深入推进驻所检察规范化建设,促进全国驻所检察室达标升级。二是要利用派驻优势,实现日常检察办案化。要积极运用检察建议、纠正意见、检察官告知函等方式,建立健全办案程序。配备同步录音录像、执法记录仪等设备,实现全程留痕。定期开展案件质量评查,规范使用执检子系统。三是要继续坚持联席会议常态化。驻所检察室和看守所定期召开联席会议,针对驻所检察发现的问题进行沟通,不定期参与看守所情况分析会,随时掌握在押人员动态。四是要利用派驻便利,实现权益保障全面化、及时化。要利用派驻的便利,保证在押人员能够及时申请约见检察官;全面履行权利告知工作规定,确保在押人员被羁押后及时被告知相关权利。

另外，在发挥"派"的便利同时，也要发挥"巡"的优势。一是发挥市、检察院的主导作用，成立由市检察院组织的巡回检察，从全市执检人才库中抽调业务尖子，并适时邀请人大代表、政协委员，消防、安全等专业人士以及民事行政检察、技术、财会、法警等部门参加，对全市看守所进行巡回检察，提高检察的专业性和透明度。二是综合运用多种巡回检察方式，不定期进行机动检察。针对在押人员反映强烈的一些问题，或在重要时期、重点节点采取随机抽查或突击检查等方式，或不定时间对上次检察的单位"回马枪"式检察，促进问题有效解决。三是组织交叉巡回检察。可以由市检察院根据监督工作需要，组织交叉巡回检察，采取不固定人员、不固定看守所的方式，从不同视角开展检察，有效解决因"思维定式""熟人模式"而造成的监督不力问题。

（二）聚集工作重点，以排查职务犯罪线索作为"派驻+巡回"的新型派驻检察模式探索的突破口

根据最高人民检察院的统计，目前全国监狱民警和派驻监狱检察人员的配比为224∶1，即1名派驻监狱检察人员平均要对224名监狱民警的刑罚执行和监管改造活动进行法律监督。[①]虽然对看守所民警和派驻看守所检察人员的配比没有专门统计，但根据公安机关相关规定，县级看守所月平均人犯超过100人的，一般按照月平均人犯数量的15%配备看守所人员，大中城市看守所一般按照月平均人犯数的20%配备看守所人员，按此比例，每名派驻看守所检察人员也要对数十名甚至上百名看守所民警的刑罚执行和监管改造活动进行法律监督。而且由于看守所在押人员人流量大，在押人员出入所频率高，每名派驻看守所检察人员平均监督检察机关在押人员的数量远高于派驻监狱检察人员，工作压力同样巨大。派驻检察人员还要参加对其他监管场所的巡回检查工作和对"减假暂"案件开展实质化审查，工作精力和工作任务之间的矛盾非常突出。因此，不能在工作中对所有问题都"眉毛胡子一把抓"，必须对旧派驻检察工作模式进行改革和创新，要聚焦派驻检察的核心业务，扼守工作底线，把握工作重点，紧盯重点领域、重点人员和重点环节，构建监管场所全方位监督模式下的新型派驻检察格局。

[①] 参见娄奕、林莘梦：《试论构建监管场所全方位监督模式下的新型派驻检察格局》，载最高人民检察院第五检察厅编：《刑事执行检察工作指导》2024年第1辑，中国检察出版社2024年版，第91~103页。

新型派驻检察重点必须聚焦严重突出问题、在押人员权益保障、监管民警违法违规行为与职务犯罪线索，通过突出重点形成震慑，体现检察监督的刚性。一是聚焦侦查办案职责。积极履行司法工作人员相关职务犯罪案件侦查职能，将派驻检察作为发现相关职务犯罪问题线索的重要途径，聚焦刑罚变更执行等重点环节，核查监管民警是否存在违法违规情形，深挖履职不当背后的职务犯罪线索。二是围绕看守所羁押特点深挖线索。针对看守所羁押的大部分为尚未定罪的犯罪嫌疑人、被告人的特点，通过查阅案件材料、与在押人员谈话、接受控告申诉等方式，收集看守所存在的各类负面情况与信息，对这些情况产生的原因进行深入分析研判，增强发现职务犯罪案件线索的敏锐度。三是提升自侦查案能力。通过组织开展专题培训、实训，抽调侦查人才库成员参与巡回检察等方式，增强派驻检察人员发现职务犯罪案件线索的能力。

（三）加强内外沟通协作

派驻检察要处理好协作关系，做好与其他制度间的衔接配合。对内要做好刑事执行检察部门与未成年人检察部门的沟通，发挥基层检察院刑事执行检察和未成年人检察两部门整体力量，形成工作合力与互补，保障未成年在押人员合法权益。对外要加强与公安机关的协作，完善与公安机关衔接配合工作制度，与公安机关全流程密切协作，促进派驻检察各项工作顺畅开展。另外，要加强与监察机关的沟通配合，建立与监察机关的线索移交、案件管辖、衔接配合、工作通报等机制。尽快出台刑事执行检察部门办理职务犯罪案件的规范性文件，包括立案标准、侦查工作细则等，明确案件线索归属和办案部门。

为了加强内外沟通协作，其一，要完善协作保障制度。在开展看守所派驻检察工作时，看守所应当予以配合支持，自觉执行好依法回避等制度，并提供相应的工作条件。其二，要完善信息互联共享制度。深入推进看守所视频监控、监管信息系统与驻所检察室的全面联网，实现信息和数据共享，推进一体化办案系统刑罚变更执行模块建设。通过高科技手段开展线上派驻检察。充分发挥检察时效强、工作成本低、监督范围广的优点，实现刑事执行检察全程无缝跟踪监督的效能。其三，要建立情况通报工作细则，明确工作信息通报的具体内容，主要包括重大情况即时通报、常规信息日常通报、工作材料及时转送等。其四，加强与公安机关的协作还应该包括健全监督意见及时回复机制。检察机关与公安机关定期对纠正违法和检察建议"回头看"，共同研究解决共性问题、深层次问题的长效解决机制。检察机关与公安机关定期召开联席会议，共同促进问题发现和整改落实。

第三节 推动派驻检察工作信息化建设

当今世界，信息和网络正在渗透着我们生活的每一个角落，悄然改变着人们的工作方式和思想观念。检察工作信息化建设能为我们提供一个科学的规范的动态管理平台，是传统监所办事模式向刑事执行检察办案信息化、自动化方向发展的必然趋势。

一、派驻检察工作信息化的必要性

21世纪是信息化的时代，信息技术的普遍运用促进了人类社会的高速发展，带来了翻天覆地的社会变化。信息化是当今现代化最显著的标志，也是现代科技革命、社会变革的最重要推动因素之一。检察机关作为国家法律监督机关，应当站在现代科学技术前沿，充分运用信息技术来服务检察工作，发展检察事业。加强信息化建设，实现办案现代化，对于提高检察工作的效率和办案水平起着至关重要的作用。

（一）派驻检察工作信息化建设为各级检察机关的派驻检察工作稳健发展夯实基础

检察机关作为国家的法律监督机关，强化信息化建设是检察工作的又一次革命。加强信息化建设，可以增进资源共享，提高检察机关信息传递速度。用信息技术处理和整合数据，用信息手段管理业务和队伍，既节约资源，把检察官从具体的繁杂的事务中解放出来，节省更多的精力从事检察业务，又能够实现公正、公开、透明、高效的管理，增强管理工作的公正性、透明度，从而形成良性互动的工作局面。信息化建设是检察机关提高法律监督能力的途径。检察机关担负着立案监督、侦查监督、审判监督、执行监督等多项监督职能，科技的日新月异和犯罪的高度智能化、有组织化，使检察机关强化法律监督、维护公平正义难度加大。而信息化建设有助于强化检察机关上下联动、信息畅通，增加科技含量，整合人才资源，提高法律监督的效果。派驻检察工作的信息化也不例外,其为各级检察机关的派驻检察工作都提供了强有力支持。在基层检察机关层面,其为检察官处理个案提供了信息获取支持;在中层检察机关层面,检察机关可以通过派驻检察监督案件数量和质量的分析,机动调配检察官控制名额,将人力物力向派驻检察监督案件众多复杂的基层检察机关倾斜;在高层检察机关层面,检察机关可以通过大数据分析,综合判断派驻检察监督案件的工作情况,制定综合性政策措施,并为制定规范性法律文件提供服务。

(二)派驻检察监督信息化建设有助于促进执法规范化

全国政法机关曾开展规范执法行为、促进执法公正专项整改活动,对检察工作提出了更新更高的要求,如何进一步加强对执法活动的监督制约,加强执法规范化建设,不断提高队伍执法水平是摆在检察机关面前的紧迫任务。派驻检察信息化建设正是帮助检察机关提供派驻检察监督案件执法规范化的一个利器。例如,现有的全国检察机关统一业务应用系统刑事执行监督子系统具有动态管理、流程跟踪、法律文书自动生成等功能,该软件设置的每道程序会提醒承办人不要遗漏审查项目,软件的控制程序使得无法逾越每个必要和关键的操作,为规范办案流程、提高办案质量和效率奠定了基础。充分利用检察监督信息化建设的成果既可以加强检察业务工作规范化建设,又能促进执法行为和执法监督的规范化,使检察机关的派驻检察执法工作步入规范、有序的轨道。

(三)派驻检察监督信息化建设有利于相互联系、共享资料

所谓信息化,就是要在国民经济各部门和社会活动各领域普遍采用现代信息技术,充分、有效地开发和利用各种信息资源,使社会各单位和全体公众都能在任何时间、任何地点,通过各种信息媒体,享用和相互传递信息,以提高各级政府宏观调控和决策能力,提高各单位和个人的工作效率。信息科学技术是当今现代化最显著的标志和最先进生产力的代表,对当今社会的变革和发展产生了广泛深刻的影响,检察机关利用现代信息科学技术也面临着良好的机遇和空间。因此,检察机关的信息化建设的进程就是利用信息技术手段不断提高办案效率、追求科学管理方式的过程。检察信息技术只有与检察业务紧密结合,才能体现其价值。

派驻检察监督的信息化建设,能使检察机关内部通过各自局域网,实现资源共享,发挥网络潜力和资源共享优势,有助于强化检察机关上下联动、信息畅

通、增进资源共享,提高检察机关信息传递速度。更重要的是,通过派驻检察监督的信息化建设,要实现公安、检察、审判、社会矫正、监狱管理等刑事执行各环节各部门的信息联通,共同做好派驻检察工作。

二、派驻检察监督信息化要解决信息获取问题

派驻检察监督的信息化建设必须坚持科技兴检原则,要始终坚持面向刑事执行检察业务,把派驻检察监督检察业务工作中迫切需要解决的热点、难点、重点科技问题作为主要任务,因此首先必须把握派驻检察监督信息化的首要需求是什么,方能进行针对性建设。当前,信息获取问题毫无疑问是派驻检察监督信息化首先要解决的问题。下面谨以被监管人财产刑检察监督工作为例证,具体阐述派驻检察工作当前的信息获取模式。

(一)当前检察机关获取被监管人财产刑检察监督相关信息的主要模式

近年来,最高人民检察院通过数次财产刑执行检察监督"回头看"和财产刑执行检察监督专项活动,将派驻检察中的财产刑检察工作从专项活动逐步转向日常工作。在此过程中,派驻检察部门形成了一定的获取被监管人财产刑检察监督相关信息的模式,主要步骤是:

1. 上级检察院刑事执行检察部门通过全省市检察信息系统获取相关信息,向各基层检察院下发参考数据清单;

2. 基层检察院派驻检察部门经办人员到本检察院案件管理部门查询相关案件的清单列表,并与市检察院业务处下发的参考资料进行比对,形成基础数据清单;

3. 依托上级检察院刑事执行检察部门和本检察院案件管理部门提供的基础数据,在本检察院办公室档案管理部门的支持下,逐一调取相关案件判决书,将其中判决数据摘录下来,填入基础数据清单;

4. 争取同级侦查机关支持,复印同级侦查机关办案台账原始底稿,逐一核对涉及同级侦查机关侦查的每个案件罚金刑、没收财产刑及其他涉案财产处置情况,并与基础数据清单进行比对,确定侦查部门信息的最终正确数据;

5. 争取到同级法院支持后,基层检察院派驻检察部门经办人员到同级法院按照案件清单逐一调取卷宗,查对资料和财务凭证单据,逐案落实清单上所列每个案件由法院执行部门办理的财产刑执行情况,将其中的执行数据摘录统计核实后,交由同级法院刑庭先进行检查核实,再由其与法院执行部门核对落实,确保数据正确性。

目前,这一套模式的主要问题是:人工操作调档翻阅摘录查找信息多,通过信息化手段一次性获取大量信息的情况较少;在检察机关内部通过内部网络和办案系统能够相对获得部分一次性大量信息,但跨系统到法院获取信息,往往必须通过人工手段,而无法直接利用法院内部网络信息;特别是由于保密和联结不互通的原因,检察机关和审判机关无法互通信息和交换数据。

(二)被监管人财产刑检察监督所必须掌握的五类信息

检察机关对被监管人财产刑执行活动进行监督,首要问题就是掌握信息,从中发现问题。为了有效地进行被监管人财产刑执行监督,检察机关有必要掌握五类信息:

1. 财产刑的判决信息,即罚金、没收财产、追缴违法所得、没收犯罪工具等具体财产刑的刑种和数额。

2. 财产刑的执行信息。这具体又分三小类:一是法院刑事判决部门在刑事判决作出前预先收取的退赔赃款、预付罚没款等信息;二是法院专门执行部门的立案信息,即法院执行庭或执行局是否将财产刑执行案件立案进入执行环节;三是法院专门执行部门的执行信息,即财产刑执行与否,是否执行中止,是否上缴国库等。

3. 被执行财产刑人的个人信息,主要为他的经济能力,是否有履行财产刑能力等。

4. 财产刑执行过程中的违法信息。这类信息主要依靠检察机关从在上述信息掌握中自行发现或接受群众举报、接受被执行财产刑人的控告申诉中获取。

5. 财产刑执行违法的整改反馈信息,即检察机关发现财产刑执行过程中的违法行为并向法院提出纠正违法后,法院对违法行为的整改反馈情况。

(三)检察机关当前对被监管人财产刑检察监督所必须掌握的五类信息获取渠道有限

首先,在财产刑的判决信息方面,法院判决文书的送达单位和部门中并不包括检察机关的刑事执行检察部门,因而刑事执行检察部门要获得财产刑的判决信息，必须依靠检察机关的审查起诉部门、案件管理部门配合复制抄送法院判决文书的方式或者在看守所进行羁押期限和交付执行检察监督中，复印法院发送给看守所的法院判决文书两种方式获得。这种烦琐、费时、不准确的手工查阅法院判决文书的方式，非但使派驻检察部门掌握财产刑判决信息不及时、不全面、不准确，而且不可避免发生遗漏，使部分财产刑判决信息脱离刑事执行检察部门的视线。

其次，在财产刑的执行信息方面，根据现有法律、法规、司法解释和其他规范性法律文件，作为财产刑审判机关和执行机关的法院，没有将财产刑的执行活动情况反馈给检察机关的法定义务。目前，检察机关派驻检察部门还是通过部门协调由法院的刑事判决部门和专门执行部门提供信息的方式获取财产刑信息。而万一法院相关部门接受监督的意愿较弱，不愿意将财产刑执行情况告知检察机关或者只愿意有选择性地将部分情况告知检察机关，检察机关就束手无策。

再次，在被执行财产刑人的个人信息方面，检察机关派驻检察部门事多人少，并非专门的侦查部门，很难通过监所之外的社会调查了解被执行财产刑人的经济能力，对于在监所内服刑的被执行财产刑人，还能从其在监管场所的日常消费水平、消费账户情况等判断其财产刑履行能力，而对于原羁押于监所内的被监管人因判缓刑或因减刑、假释、暂予监外执行等原因交付社区矫正后的经济能力和财产刑履行能力信息的掌握，则基本无能为力。

最后，对财产刑执行过程中的违法信息及财产刑执行违法的整改反馈信息的掌握，也需要依靠法院接受监督的自觉意识来获取，万一法院对检察机关的监督有抵触情绪，检察机关获取此类信息就非常困难。

三、派驻检察监督信息化的主要建设方向

派驻检察监督的信息化建设是科技强检在实际业务中的具体体现，派驻检察监督的信息化建设应有助于派驻检察官使用现代化办公设备处理各种业务，有利于派驻检察部门负责人通过计算机网络，及时、全面地了解整个部门派驻检察监督的工作进展情况。要争取在每个环节都要最大限度地利用电子技术。下面同样以被监管人财产刑检察监督工作为例证，具体阐述派驻检察监督信息化的几个主要建设方向。

(一)运用技术手段,建立信息共享平台

目前,检察机关与公安部门已经联合开发了看守所信息共享软件,检察机关与司法部门也联合开发了监狱信息共享软件。检察机关派驻看守所、监狱检察部门已经可以通过上述两个软件查阅看守所、监狱内羁押人员信息、羁押期限、执法情况、出入监管场所情况、身体情况、物品情况等一系列信息,大大方便了检察机关派驻看守所、监狱检察部门对监管场所活动的监督。

因此,完全可以由检察机关、法院、公安部门、司法部门联合合作,开发财产刑执行信息共享平台。检察机关将财产刑执行监督的相关信息输入该软件,法院将财产刑执行立案、执行等信息输入该软件,公安机关将被财产刑执行人的个人财产状况输入该软件,司法部门将社会矫正的被财产刑执行人的相关情况输入该软件,以达成四部门在财产刑执行信息上的共享。

若上述四部门联合开发软件有困难,也可先由检察机关和法院联合开发一个小型的信息传输软件。自动从法院的办案信息系统中筛选部分信息转入检察机关的信息系统,如财产刑判决信息,法院刑庭在判决确定前预先收取的退赔赃款、预付罚没款等信息,法院执行庭或执行局的立案信息、执行信息、上缴国库情况等。这样法院部门可免于重复输入上述信息的额外工作量,检察机关也掌握了财产刑执行的相关信息,可以有效开展财产刑执行监督。

(二)改变目前被监管人财产刑检察监督信息化建设中"输入数据多,利用数据少"的模式,充分利用相关数据服务检察工作

被监管人财产刑检察监督的信息化建设必须牢固树立数据服务理念,加强对财产刑执行业务核心数据、异常数据的深入分析和运用,切实发挥数据精准支撑决策、提升办案水平、服务检察大局的重要作用。改变以往"输入数据多,利用数据少"的情况。

一方面,通过对财产刑执行及其检察监督相关数据的分析,采用每季度数据纵向分析对比、不同基层检察院横向比较等纵横比较方法,把握整个检察机关被监管人财产刑检察监督的工作情况,深度查找工作薄弱环节并制定改进措施。也可以把握刑罚执行机关的工作情况,科学预判财产刑执行工作的发展态势,准确把握财产刑执行工作的薄弱环节和问题,及时向相关刑事执行部门发出预警,并开展问题研讨,着力扬长补短,提升财产刑执行工作整体水平。

另一方面，通过对财产刑执行及其检察监督相关数据的分析，可以推进司法责任制落实。通过被监管人财产刑检察监督信息化建设，用软件动态、全面记录每名刑事执行部门检察官办理被监管人财产刑检察监督案件的类型、时间、效果等，形成检察官绩效考核数据，做到对每名刑事执行部门检察官精准司法画像，以绩效考核促办案责任落实。也可以通过大数据分析，以刑事执行部门检察官个体作为数据分析线索，通过对刑事执行部门检察官被监管人财产刑检察监督工作数据的内容聚类，深度分析刑事执行部门检察官被监管人财产刑检察监督业务倾向，精准描绘刑事执行部门检察官个人工作特质画像，据此开展针对性培训，尽可能实现"因人施教"。同时，深入分析业务能力突出、经验丰富的刑事执行部门检察官被监管人财产刑检察监督工作规律特点，形成业务培训资料，为提高刑事执行部门检察官被监管人财产刑检察监督业务素质提供数据支撑参考。

（三）开发与外网联通的财产刑执行监督专用网站或者手机 App

被监管人财产刑检察监督的信息化建设也要纳入外部监督的内容。古人云："天视自我民视，天听自我民听。"人民群众的监督往往最有效力，最能见微知著。司法权力的运行如果一直存在于阳光之下，其中可能存在的司法腐败、懈怠等问题往往会在群众的监督下如同冰山融雪一样迅速消失。因此，在被监管人财产刑检察监督的信息化建设中，可以开发与外网联通的财产刑执行监督专用网站或者手机 App，方便群众上网浏览财产刑执行检察监督的相关信息。一方面，通过群众监督来杜绝财产刑执行中可能存在的司法腐败、懈怠等问题；另一方面，部分被告人家属可以查阅自己家人的财产刑判决情况，主动代其履行财产刑，方便财产刑的执行。当前，部分检察院已经开发了羁押必要性审查手机 App 系统，群众可以通过这个系统提出羁押必要性审查、查阅办案进程等。可见，开发类似财产刑执行检察监督的软件在技术上并不困难。

同时，通过与外网联通的财产刑执行监督专用网站或者手机 App，也可以推行办案手机化。派驻检察官办理被监管人财产刑检察监督，往往需要到监所之外进行办案活动，如果都必须回检察院输入相关数据，则会造成办案的步骤增加、工作量增加。如果能用手机 App 做到现场输入数据，手机拍摄证据输入系统，将大大便利刑事执行检察官的被监管人财产刑检察监督办案活动。

（四）采用大数据手段进行被监管人财产刑执行检察

当前的被监管人财产刑执行检察工作，虽然取得了很大成果，但是还存在进度不够、绩效不高、刚性监督的手段没有得到有效运用等问题。除部分派驻检察工作人员经验不足、工作力度不够、责任心不强等主观问题外，最主要的问题还是方法不多。而随着信息技术的发展，特别是大数据技术的出现，运用大数据赋能被监管人财产刑执行检察监督工作在现实中有了可行性。

大数据，或称巨量资料，是指相关应用领域所涉及的资料量规模巨大到无法通过目前主流软件工具，在合理时间内达到记取、管理、处理并整理成为帮助决策者更积极目的的资讯。[1] 大数据赋能检察工作不仅仅是一种信息技术，更是一种思维逻辑、一种工作方法。"检察信息化必须经过的途径是要进行检务流程的适度再造和改革，而不能仅仅只是传统流程简单叠加电子手段。"[2]所以，不要被传统流程所桎梏，而要创新思路，通过收集各种数据，借助分析工具建立算法，快速从海量的各种数据中获得检察监督所需要的线索。最核心的就是通过对比分析，找到最有价值的数据源。

1. 通过大数据比对，校验被监管人财产刑判决信息正确性

每个案件的财产刑判决被告人罪名都包含 12 项相关信息：被告人姓名；被告人身份证号码；被告人住址；被告人主刑；被告人羁押场所、服刑场所或社区矫正所在地；被告人是否被判处罚金，具体金额；被告人是否被判处没收个人财产，具体金额；被告人是否被判处退赔被害人损失，具体金额；被告人是否被判处没收违法所得，具体金额；被告人是否被判处没收赃款赃物，具体赃款数额或赃物名称、数量；被告人是否被判处没收犯罪工具，具体名称、数量。可以通过大数据比对，对从法院、检察院、公安局和司法局四个机关系统中获取的 12 项财产刑判决信息进行对比，从而为整个财产刑执行监督建立基本的监督信息数据库。同时，通过信息比对，发现执法信息线索。

之所以要从四个机关系统中获得相同的 12 项财产刑判决信息，是因为要避免"人因误差"而造成信息错漏，进而影响财产刑执行及其监督。所谓"人因

---

[1] 参见张俊杰、马晓怡、刘德印：《大数据＋检察监督管理运行创新机制探讨》，载《中国检察官》2018 年第 19 期。

[2] 张建升等：《加快推进检察信息化工作》，载《人民检察》2010 年第 7 期。

误差",就是指客观中,人必然会犯错,而且每个人都有固定的犯错频率,每个人对自己所犯错误都不自知。但是每个人的犯错频率都不一样,所以每个人都容易发现他人的错误。因此,即使只要一个人就能完成的工作,为了避免人因误差,也要设置两个人互相监督。从四个机关系统中获得数据进行比对,发现其中信息有不一致的地方,就能获得被监管人财产刑执行监督的线索。若是输入中的笔误,按照正式法律文书进行纠正;若是涉及法律文书错误的问题,就可以进行纠正违法的检察监督。

具体步骤为:先从检察机关案件管理数据库、看守所在押人员信息库、司法行政机关"智慧矫正"数据库读取上述12项财产刑判决信息类目,将审判机关法律文书正本扫描后进入文字扫描软件抓取或者手工录入上述12项财产刑判决信息类目;然后通过软件程序自动比对四个系统以上12项财产刑判决信息类目是否一致。

通过比对,有三种可能:一是四个系统中的12项财产刑判决信息类目完全一致,则直接将相关信息录入本模型信息数据系统。二是四个系统中的12项财产刑判决信息类目出现对比空白,即12项信息中的某一项或某几项,在一个机关的数据中有,而在另一个机关的数据中为空白项,或者在多个机关系统数据中都存在不应有的空白(如都录入该被告人被判罚金,但都未填写罚金数额)。在此情况下,就必须进行人工校对。若是因为某一机关人工输入有误,则进行纠正,将正确的信息录入本模型信息数据系统。若是法院的判决有误,如判决书中只写了财产刑的刑种,而未写数额,又或是对必须附加判处财产刑的罪名,只判处主刑,未判处财产刑,则依法进行纠正违法或者抗诉的法律监督。三是四个系统中的12项财产刑判决信息类目出现冲突,即12项信息中的某一项或某几项均非空白,且填写的信息彼此不一致。在此情况下,就必须进行人工校对。若是因为某一机关人工输入有误,则进行纠正,将正确的信息录入本模型信息数据系统。若是法律文书的笔误或其他错误,则依法进行纠正违法的法律监督。

2. 通过大数据比对,对法院财产刑执行进行监督

长期以来,对法院执行部门是否及时对财产刑执行案件立案,是否在法定期限内办结的监督,成为被监管人财产刑执行检察监督工作的一个突出难点。而进行大数据比对,可以通过从看守所、司法局获得的罪犯交付执行日期和从

法院办案系统内网中获得的财产刑执行信息，了解法院是否及时对财产刑执行案件进行立案、执行，同时对执行过程和结果进行监督，从而发现财产刑执行监督线索。

具体步骤为：先从看守所收押室调取在押人员收到刑罚执行通知书的日期及刑事执行通知书上标明的刑罚执行起始日期，同时从司法局"智慧矫正"数据库中获取司法局收到法院邮寄的收到刑罚执行通知书的日期及刑事执行通知书上标明的社区矫正起始日期。通过分析上述数据，软件系统判断出判决生效日期。再从法院办案系统内网中调取财产刑执行立案信息，通过软件系统自动分析，就能得出已判决生效的有财产刑判项的案件是否立案，立案日期和判决生效日期之间相差的天数，由此可以判断法院执行部门遵守了收到刑事审判部门的刑事执行材料后7天内立案的规定。若已经立案，且立案日期和判决生效日期之间相差的天数大于7天，则继续对实施情况进行调查，弄清是法院执行部门未遵守收到刑事审判部门的刑事执行材料后7天内立案的规定还是法院的刑事审判部门未遵守案件判决后及时将执行材料转给执行部门的规定；若没有立案，且目前时间和判决生效日期之间相差的天数大于7天，则要先向法院发送检察监督法律文书，要求其依法立案，再继续对实施情况进行调查，弄清是法院执行部门未遵守收到刑事审判部门的刑事执行材料后7天内立案的规定还是法院的刑事审判部门未遵守案件判决后及时将执行材料转给执行部门的规定。此后，再从法院办案系统内网中调取财产刑执行过程及结案信息，对所有已经立案的财产刑执行案件进行检索，查询其是否结案，结案日期和立案日期之间的天数差距，判断法院执行部门是否遵守了6个月内结案的规定。若已经结案，且立案日期和结案日期之间相差的时间超过6个月，则需要调查法院执行部门是否办过延长或者中止执行的手续，若无，说明法院执行部门未遵守6个月内结案的规定，应当进行法律监督；若没有结案，且立案日期和结案日期之间相差的时间超过6个月，则需要调查法院执行部门是否办过延长或者中止执行的手续，若无，应当先向法院制发检察监督法律文书，要求其尽快依法执行并结案，然后对法院执行部门未遵守6个月内结案的规定的行为进行法律监督。

3.通过大数据分析财产刑缴交义务人的消费行为

对不履行财产刑的被监管人，特别是因被判缓刑或因减刑、假释、暂予监外执行而被纳入社区矫正的被监管人，其究竟是没有能力履行，还是有能力履行而怠于履行，一直也是被监管人财产刑执行检察监督工作的难点。可以通过大数据分析比对从看守所、银行、出入境管理处、车管所、房地产交易中心、证券登记结算中心、公安局治安总队信息中心、支付宝和微信等支付平台获得的财产刑缴交义务人及其近亲属的消费行为，来判断其是否有能力缴纳财产刑而不履行，为下一步监督打好基础。

具体步骤为：先调取所有财产刑缴交义务人的身份证号码信息并通过公安局人口办调取财产刑缴交义务人的户口登记情况，获得其近亲属的身份证号码信息；然后通过身份证号码信息，到相关单位调取相关数据，进行大数据分析。

(1)到看守所的大账登记系统中调取财产刑缴交义务人在所内服刑期间的大账消费信息，判断其是否每月都顶格消费及其大账余额。

(2)到市场监管局工商登记部门，用财产刑缴交义务人及其近亲属的身份证号码查询其是否开办公司，公司的性质是个人独资企业还是有限责任公司，进一步到该公司归口工商管理部门查询该公司内档，了解其具体经营情况、基本户银行信息；再到该公司的基本户银行，要求其在不通知涉嫌公司的情况下，秘密提供该公司账户明细，排查财产刑缴交义务人及其近亲属是否有以差旅费、会务费、劳务费名义进行个人大额消费的情况或通过公司隐匿个人财产，逃避财产刑执行。

(3)到农业、交通、农商、工商、建设、民生、中行、浦发、邮政等主要银行查财产刑缴交义务人及其近亲属的个人账户及信用卡账户，了解其是否有个人大额消费情况，若有，则证明财产刑缴交义务人有能力进行大额消费却不履行财产刑。

(4)到公安局出入境管理处查财产刑缴交义务人的近亲属是否有出国旅行情况，若有，则证明财产刑缴交义务人有能力进行大额消费却不履行财产刑。

(5)到车管所、公安局交警队查财产刑缴交义务人及其近亲属是否近期购买了车辆，若有，则证明财产刑缴交义务人有能力进行大额消费却不履行财产刑。

(6)到房地产交易中心查财产刑缴交义务人及其近亲属是否近期购买了房产，若有，则证明财产刑缴交义务人有能力进行大额消费却不履行财产刑。

(7)到证券登记结算中心查财产刑缴交义务人及其近亲属是否近期购买了大额股票、债券等证券，若有，则证明财产刑缴交义务人有能力进行大额消费却不履行财产刑。

(8)到公安局治安总队信息中心查财产刑缴交义务人及其近亲属是否近期入住过豪华酒店进行大额消费,若有,则证明财产刑缴交义务人有能力进行大额消费却不履行财产刑。

(9)到支付宝、微信等支付平台查财产刑缴交义务人及其近亲属近期是否有大额消费,若有,则证明财产刑缴交义务人有能力进行大额消费却不履行财产刑。

(10)到上海市拍卖行查财产刑缴交义务人及其近亲属是否近期拍卖过上海车牌或买入大宗昂贵物品,若有,则证明财产刑缴交义务人有能力进行大额消费却不履行财产刑。

若上述步骤之一或者数个能证明财产刑缴交义务人有能力进行大额消费却不履行财产刑,则进入财产刑缴交义务人财产调查程序。

4. 通过大数据分析,获取财产刑缴交义务人财产状况

长期以来,财产刑执行及监督机关都苦于"缺乏调查了解被告人财产状况的程序,给财产刑执行带来困难"①,而进行大数据分析,可以通过从看守所、银行、公积金管理中心、车管所、房地产交易中心、证券登记结算中心获得的财产刑缴交义务人及其近亲属的财产线索,为财产刑执行打好基础。

具体步骤为:先调取所有财产刑缴交义务人的身份证号码信息并通过公安局人口办调取财产刑缴交义务人的户口登记情况,获得其近亲属的身份证号码信息;然后通过身份证号码信息,到相关单位调取相关数据,进行大数据分析。

(1)到看守所的大账登记系统中调取财产刑缴交义务人在所内服刑期间的大账余额,判断其余额是否可以冲抵执行财产刑。

(2)到市场监管局工商登记部门,用财产刑缴交义务人及其近亲属的身份证号码查询其是否开办公司,进一步到该公司归口工商管理部门查询该公司内档,了解其具体经营情况、基本户银行信息;再到该公司的基本户银行,要求其在不通知涉嫌公司的情况下,秘密提供该公司账户明细,排查财产刑缴交义务人及其近亲属是否通过公司隐匿个人财产,逃避财产刑执行。通过分析该公司基本户余额,判断是否可以通过法律手续没收冲抵财产刑。若在企业内档中发

---

① 庄永廉等:《财产刑执行检察监督的深化与完善》,载《人民检察》2016年第11期。

现该企业还参与承揽工程,可到建筑工程安全质量监督站查询具体工程名称,进一步到发包单位进行调查,或可将工程尾款作为财产刑执行标的。

(3)到农业、交通、农商、工商、建设、民生、中行、浦发、邮政等主要银行查财产刑缴交义务人的个人账户,分析其个人账户余额是否可以通过法律手续被没收冲抵财产刑。

(4)到公积金管理中心查财产刑缴交义务人的公积金账户,若缴交义务人接近或超过60岁,且公积金账户有余额,则可通过法律手续没收冲抵财产刑。

(5)到车管所查财产刑缴交义务人是否有车辆,若有,则可通过法律手续没收冲抵财产刑。

(6)到房地产交易中心查财产刑缴交义务人是否有房产,若有,则可通过法律手续没收冲抵财产刑。

(7)到证券登记结算中心查财产刑缴交义务人是否有股票、债券等证券,若有,则可通过法律手续没收冲抵财产刑。

总之,派驻检察监督的信息化必须要能够根据派驻检察监督案件办理过程中变化的环节、变换的人员以及不断产生、修改的信息进行有效的控制,使派驻检察官能通过这种控制对所办派驻检察监督案件进行实时跟踪、查询,从而管控派驻检察监督案件办案质量。随着派驻检察官信息化应用水平的提高,对派驻检察监督信息化从不认识到初步认识,从一般了解到比较熟悉,以及派驻检察监督信息化的自我完善,信息化建设将在派驻检察监督业务中起到举足轻重的作用。

第四节 "减假暂"监督案件检察听证

检察听证是检察机关贯彻落实习近平法治思想、践行全过程人民民主、依法能动履职的重要措施,是检察机关办案的新方式、新形态,能够有效促进司法公开,保障人权。自2020年最高人民检察院颁布《人民检察院审查案件听证工作规定》以来,检察听证在检察工作中开始全面铺开运行,各级检察机关充分利用检察听证这一平台,努力提高办案质效,提升群众参与度、满意度,不仅提高了司法公信力,而且增强了司法权威,取得了较好的社会效果。实践中,笔者发现,检察听证已经在刑事申诉案件、民事行政监督案件、羁押必要性审查案件等方面广泛应用,但在检察机关办理"减假暂"监督案件时,检察听证程序的适用率还相对较低。"减假暂"刑罚变更执行问题不仅关乎罪犯的合法权益,还关乎司法公平正义的实现,尤其是近些年在媒体上公开报道进而引发舆论关注的违法违规"减假暂"案件,严重影响了司法机关的公信力。鉴于此,本节通过对检察机关办理"减假暂"监督案件听证应用实践进行研究,分析检察听证制度在"减假暂"监督案件领域尚存在的问题,并针对性地提出改进建议,旨在为"减假暂"监督案件听证制度的完善作出努力。

一、"减假暂"监督案件中适用检察听证的理论必要性

(一)"减假暂"监督案件适用听证程序是落实全过程人民民主的重要举措

党的二十大报告把发展全过程人民民主确定为中国式现代化本质要求的一项重要内容,对"发展全过程人民民主,保障人民当家作主"做出全面部署、提出明确要求。进入新时期,人民群众对民主、法治、公平、正义等也有了更高需求,不仅期望公平正义得到实现,更期望参与到司法办案中来,以看得见的方式实现公平正义。检察机关在"减假暂"监督案件中适用听证程序,邀请人民群众作为听证员参与检察听证活动,在听证中作为独立第三方发表意见,体现了检察机关努力让人民群众参与到司法办案活动中来,广泛听取各方意见,实现"兼听则明"的办案效果。同时,充分保障人民群众的参与权、知情权和监督权,让检察权在阳光下运行,也是检察机关落实全过程人民民主的重要举措。

(二)"减假暂"监督案件适用听证程序是提升司法公信力的现实需要

司法公信力是司法权在实施过程和结果中得到群众信任、认同与尊重的程度,良好的司法公信力是国家司法权正常运行的必备要素。当下,司法活动的被动性和封闭性是导致部分群众不信任司法的原因之一,大部分民众对司法的认知主要通过互联网这种间接渠道获得的信息形成,只有少数民众作为当事人参与诉讼过程,才对司法活动有直观理性的认知。由于当今互联网信息传播的快速性和广泛性,现实中极少数司法不公的案件在互联网上存在放大效应,再加上司法的封闭性、专业性以及群众参与司法活动渠道的有限性,最终加剧了民众对司法的不信任程度。例如曾在媒体上公开报道并引发舆论关注的"孙某果纸面服刑案",严重影响了司法公信力。检察听证是连接检察机关与人民群众的制度性桥梁,检察机关办理"减假暂"监督案件时适用检察听证程序,让人民群众以听证员的身份参与办案活动,可以改变检察权的封闭运行模式,提高办案透明度,消除群众对检察办案的神秘感,使其改变对检察办案的错误认知,同时增强群众的法治理念。总之,司法的生命力在于良好的司法公信。人民群众只有真正参与、了解、监督司法办案过程和结果,才能从内心认同司法,法律才能发挥定分止争的功能。

（三）"减假暂"监督案件适用听证程序是提升检察人员综合素能的有效途径

与传统的封闭式案卷审查工作相比,召开听证会需要承办检察官具备较高的法律素养和临场应变、掌控全程的能力,若在此过程中出现疏忽,易造成不好的社会影响,尤其是在"减假暂"监督案件中,召开检察听证的案件往往具有争议较大、矛盾较深、案情复杂等特性,通常涉及看守所、监狱、法院等不同部门之间的沟通、协调,承办人需要应对更复杂情况、做更充分准备。而将检察办案活动置于公众的监督之下,也是对检察官法律素养、职业道德以及综合能力的一次检验,促使检察人员自我加压、主动学习,不断提升履职的综合素能。

二、当前"减假暂"监督案件适用检察听证面临的症结问题与实践挑战

2020年9月,最高人民检察院印发《人民检察院审查案件听证工作规定》,对检察听证工作进行了统一规范,为检察机关开展检察听证提供了工作指南和法律依据。2023年3月,上海市人民检察院印发了《上海市检察机关检察听证工作规定（试行）》,使检察听证工作更加细化,增强了可操作性。但是在"减假暂"监督案件听证实践过程中,仍然存在一些问题亟待解决。

（一）适用听证程序的"减假暂"监督案件范围有待进一步明确

《人民检察院审查案件听证工作规定》第4条第1款规定:"人民检察院办理羁押必要性审查案件、拟不起诉案件、刑事申诉案件、民事诉讼监督案件、行政诉讼监督案件、公益诉讼案件等,在事实认定、法律适用、案件处理等方面存在较大争议,或者有重大社会影响,需要当面听取当事人和其他相关人员意见的,经检察长批准,可以召开听证会。"可以看到,该规定并没有将"减假暂"监督

案件明确写入可以召开听证的 6 类案件类型中,而"在事实认定、法律适用、案件处理等方面存在较大争议,或者有重大社会影响"这一条件涉及价值判断,故其又赋予了承办检察官较大的自由裁量权,造成实践中"减假暂"监督案件适用听证程序的主观随意性较强,个别检察机关为提升听证数量,将没有实质争议案件的"减假暂"监督案件纳入听证范围,存在为听证而听证的情况,既影响听证工作严肃性,也极大浪费司法资源。

(二)"减假暂"监督案件较短的办案期限导致适用听证程序面临现实困难

急促的办案进程会对检察机关法律监督的功能和价值实现造成不利影响。[①] 每一种检察办案行为都有其相应的期限。期限的设置需要具有一定的适当性,既要考虑办案客观需要,也要确保案件得到及时高效处理,避免久拖不决。也就是说,办案期限的长短应当与实际工作量呈正相关。在检察实务中,部分案件若工作量较大,可以通过"退回补充侦查""延长审查起诉期限"等方式增加办案时长,以缓解时间与工作量之间的矛盾。然而现行有关"减假暂"监督案件的法律法规对检察办案期限的规定较为明确、固定,《人民检察院审查案件听证工作规定》第 20 条又规定听证的期间计入办案期限。实践中,迫于办案时效的考虑,检察官对召开听证往往较为消极。例如,《人民检察院办理减刑、假释案件规定》第 10 条规定,人民检察院发现减刑、假释建议不当或者提请减刑、假释违反法定程序的,应当在收到建议书副本后 10 日以内,依法向审理减刑、假释案件的人民法院提出书面意见,同时将检察意见书副本抄送执行机关。而减刑、假释监督案件中关于罪犯重大立功表现、发明创造、技术革新等通常具有争议,要想通过召开听证会来辅助检察官判断是否属于减刑、假释建议不当的情形,办案时间上就显得较为急促。《人民检察院刑事执行检察部门办理暂予监外执行监督案件工作指引(试行)》第 24 条规定,人民检察院收到监狱、看守所抄送的暂予监外执行书面意见副本和相关材料后,应当逐案进行审查,发现罪犯不符合暂予监外执行法定条件或者提请暂予监外执行违反法定程序的,应当在 10 日以内报经检察长批准,向批准机关提出书面检察意见,同时抄送提请暂予监外执行的监狱或者看守所。人民检察院认为暂予监外执行决定不当的,应当自收到决定、批准机关的法律文书之日起 1 个月以内,制作《纠正不当

---

① 参见李思蒙:《刑事检察听证制度问题研究》,载《江苏理工学院学报》2021 年第 3 期。

暂予监外执行通知书》，并送交决定或者批准暂予监外执行的机关。这在一定程度上影响承办检察官召开听证的积极性。

（三）"减假暂"案件中检察监督刚性不足导致听证效能无法得到实质发挥

在当前的法律框架下，检察机关在办理"减假暂"监督案件活动中出具的监督意见并未明确效力，检察机关通常只是一种"辅助型"角色。[①] 以暂予监外执行监督案件为例，监狱、看守所向人民检察院送达提请暂予监外执行的相关材料，检察机关审查后以"检察意见书""回函"的形式向提请机关反馈意见，而监狱、看守所对检察机关的反馈意见是否应当采纳，目前法律尚无明确规定，效力往往难以保证。实践中，由于检察机关的意见没有强制约束力，甚至导致提请机关不主动征求检察机关意见的情况发生，因此即便听证结果为监狱、看守所提请暂予监外执行不当，该决定能否真正落实还是取决于监狱、看守所等机关的意见，听证结果对于其他司法机关来说实质上没有法律上的约束力。这样一来，检察听证程序在经历各种规则完善、经由多方人员参与、耗费大量资源之后，产出结果的实际效能却无法得到发挥，劳而无功导致"减假暂"监督案件的效率价值也大大降低，必然会影响"减假暂"监督案件听证程序的运行和发展。

（四）参与主体结构不尽合理

1. 听证员的广泛性、专业性有待加强

听证员在听证中作为独立第三方发表的评议是承办检察官办案的重要参考，因此听证员综合素能的高低将直接影响听证会的最终效果。现行的《人民检察院审查案件听证工作规定》中仅仅明确了担任听证员的资格条件，在听证员选取上，并没有相关规定。笔者在调研中发现，听证员的选取还存在以下问题：一是部分承办检察官为了方便案件进行、提高办案效率而直接邀请熟悉的听证人员，抑或仅为满足程序要求而随意邀请听证员，造成听证员的代表性不足，最终降低听证决定的可信度。二是缺乏专家型听证员。暂予监外执行监督案件中往往需要对在押人员的病情病历是否符合暂予监外执行条件进行判断，这就需要具有医学专业知识的专家来担任听证员；减刑、假释监督案件中有时需要对罪犯的发明创造、技术革新是否达到相关立功标准进行判断，由知识产

[①] 参见孔超、陈晓：《检察机关对暂予监外执行的同步监督研究》，载最高人民检察院第五检察厅编：《刑事执行检察工作指导》2024年第1辑，中国检察出版社2024年版，第108页。

权领域相关专家来担任听证员就较为合适。从当下的听证实践来看,听证员主要由承办检察官自行从人大代表、政协委员、人民监督员以及法学专家中进行邀请,由于人员基数较少且广泛性不足,办理类似上述疑难复杂案件时,时常无法邀请到合适的专家型听证员,这导致对于专业性较强的疑难复杂案件,部分听证员无法给出准确且专业的意见,从而降低听证的实效。

2. 部分当事人未实际参与,辩论申诉权难以保障

在实践层面,不同于拟不起诉案件、刑事申诉案件、民事诉讼监督案件、行政诉讼监督案件、公益诉讼案件等检察听证,"减假暂"监督案件听证的当事人往往由于被羁押于监狱、看守所而缺席听证活动,检察机关在召开"减假暂"监督案件听证时,一般就近在本院听证室进行,邀请1~2名听证员,监狱、看守所或法院代表,人民监督员等参与。以某市某区检察院办理的一起暂予监外执行听证为例,参与主体除主持人外,特邀检察官助理、法院代表到场发表意见,2名听证员、1名人民监督员应邀参加并开展监督,其中当事人并未到场。针对上述现象,笔者与多年从事刑事执行检察工作的同仁们进行了交流。有人认为,监狱、看守所作为"减假暂"的提请方,与当事人的利益保持一致,检察机关邀请监狱、看守所方工作人员参与听证会,可以替代当事人行使辩论权;另有人认为,检察机关办理"减假暂"监督案件,只需要就事实认定、法律适用、案件处理等方面争议听取听证员意见,辅助自身作出案件处理决定即可,当事人是否参与并不重要。笔者认为,"减假暂"监督案件听证会的设置,本质是为了解决事实认定、法律适用、案件处理等方面的争议问题,来保证当事人的合法权益。当事人若不能参与听证,其辩论申诉权会无法行使,当事人和公众都会对听证的公正性产生怀疑,同时也不符合正当法律程序原则的要求。[①]

3. 律师介入机制尚属空白

辩论原则是听证程序的重要原则之一。一方面,辩论可以帮助决定机关更加客观、全面地了解案情,而不是偏听一家之言,增加结果的合理性、科学性;另一方面,辩论使当事各方充分交流,各方参与人在互相听取观点、质疑发问的过程中能够了解各自需求,并且全程参与,增加了听证结果的可接受性。实践中,

---

① 参见邱晗:《暂予监外执行听证程序构建研究》,中国人民公安大学2020年硕士学位论文,第30页。

由于"减假暂"监督案件的刑事被执行人聘请律师作为代理人的意愿普遍不强，检察机关也未建立相应的律师介入机制，最多仅是邀请有律师身份的听证员来参与听证活动，作为独立第三方发表法律专业方面的意见，律师帮助权受到限制，听证对抗色彩淡化，释法说理、化解争议的目标难以实现。

（五）考核激励机制不科学，检察官理念认识有待加强

目前"减假暂"监督案件听证工作没有在检察官绩效考评和办案数量上得到合理体现，部分检察官本身没有充分认识到"减假暂"监督案件听证的重要性。树立"减假暂"监督案件听证理念是开展工作的前提。实践中，部分检察人员理念认识不足，本着"多一事不如少一事"的原则，认为有没有听证并不影响办好案子；组织听证只会增加办案量，不一定能带来更好的办案效果，甚至会起到负作用；担心重大复杂、争议较大的案件难以控制场面，矛盾纠纷不易化解；部分检察人员在长期传统办案理念的熏陶下，坚持自我中心主义，轻视当事人、听证员的意见，盲信自己的"办案能力"。受上述观念影响，必然会出现听证择易避难、听证不积极等现象，最终使听证流于形式。

三、完善"减假暂"监督案件听证制度的思考

（一）明晰"减假暂"监督案件听证程序适用的范围

"减假暂"监督案件听证既是检察机关的一种办案程序，也是当事人的权利救济程序。基于此，在确定"减假暂"监督案件听证程序适用范围时，笔者认为需要遵循两个原则：一是不利性原则，即检察机关拟做出不利于当事人的案件办理决定时，如检察机关对监狱、看守所提请暂予监外执行书面意见副本及相关材料审查后，拟出具不同意暂予监外执行的检察意见书时，有必要通过听证程序来增强检察机关做出不利于当事人决定的公正性。二是必要性原则，即检察机关在办理存在较大争议的"减假暂"监督案件时，有必要通过听证程序来实现公正司法。例如，暂予监外执行的罪犯病情是否符合暂予监外执行的相关规定、假释罪犯是否存在再犯罪的危险性等，有必要当面听取当事人、社区矫正机构、医学专家等各方意见。基于上述两项原则，对"减假暂"监督案件听证范围可以做以下调整：

1.增加明示案件类型。《人民检察院审查案件听证工作规定》第4条规定：

"人民检察院办理羁押必要性审查案件、拟不起诉案件、刑事申诉案件、民事诉讼监督案件、行政诉讼监督案件、公益诉讼案件等,在事实认定、法律适用、案件处理等方面存在较大争议,或者有重大社会影响,需要当面听取当事人和其他相关人员意见的,经检察长批准,可以召开听证会。人民检察院办理审查逮捕案件,需要核实评估犯罪嫌疑人是否具有社会危险性、是否具有社会帮教条件的,可以召开听证会。"该条明示列举了可以召开听证的7类案件,实践探索中各地检察机关积极落实"应听证尽听证"理念,早已突破了这7类案件范围,基本覆盖了大部分检察业务。例如,部分检察机关办理公安机关立案监督、社会治理类检察建议、国家赔偿监督、"减假暂"监督等案件时,也会组织召开听证会,且实践效果较好。因此,可以根据检察听证的实践现状,将上述案件类型在听证工作规定中予以明示列举,为"减假暂"监督案件听证适用提供法律保障。

2. 推行部分"减假暂"监督案件强制听证制度。笔者认为,应正确理解和把握"应听证尽听证"的工作要求,在大力推广听证制度、拓宽人民群众参与检察工作的同时,要以诉讼经济原则规范"减假暂"监督案件听证的启动,防止没有听证必要的"凑数听证",避免浪费司法资源、降低司法效率。因此,可以将"减假暂"监督案件划分为"可以听证型"和"应当听证型"两种。"可以听证型"案件由承办检察官根据案件实际情况自主决定是否召开听证,如罪犯为怀孕或哺乳自己婴儿的妇女的暂予监外执行监督案件,可以直接通过鉴定、诊断材料准确判定其是否适用暂予监外执行,这类案件应当纳入"可以听证型"范围。"应当听证型"案件则必须召开。"应当听证型"的案件范围需要根据上述两项原则,同时将已查明的案件情况、当事人个性特点、社会关注度和可能造成的社会影响作为重要参照,使"应当听证型"听证程序的适用范围进一步明确细化。例如,遵循不利性原则,检察机关拟做出不同意监狱、看守所提请"暂予监外执行""减刑""假释"建议书的监督案件,检察机关拟同意社区矫正机构对"暂予监外执行""假释"对象收监执行建议的监督案件,应当纳入"应当型"听证范围。遵循必要性原则,保外就医和生活不能自理的暂予监外执行监督案件,罪犯因"重大立功表现""重大发明创造、技术革新"而减刑、假释的监督案件等,同样应当纳入"应当型"范围。

(二)探索建立"减假暂"监督案件简易听证制度

如前文所述,"减假暂"监督案件较短且固定的办案期限影响承办检察官召开听证积极性,学术界也有学者[①]建议从法律层面赋予听证程序独立的期限,笔者认为考虑当下法律规定下的现实可操作性,探索建立"减假暂"监督案件简易听证制度可以有效缓解办案期限对召开"减假暂"监督案件听证的不利影响。"减假暂"监督案件简易听证程序可以重点从以下三个方面建构:一是明确可以适用简易听证程序的"减假暂"监督案件范围,主要包含办案期限较短且固定的监督案件,具体可以由各地区结合本地实践情况予以细化。二是简化听证参与人员。普通程序的"减假暂"监督案件听证会,一般需要组织当事人、监狱或看守所工作人员代表、检察机关承办人、法院工作人员代表,并邀请数名听证员参加听证。短时间内想召集如此多人参加听证会,的确存在现实困难。对于适用简易听证程序的案件,检察机关可以根据不同案情,有针对性地邀请1~2名精通争议焦点领域的专家型听证员,同时减少非必要的参与方,达到既能解决争端又能提高听证效率的目的。笔者曾有幸于2023年在最高人民检察院12309检察服务中心派驻实训了半年,其间,最高人民检察院12309检察服务中心在刑事申诉案件、行政民事监督案件办理中已经常态化召开简易听证会,例如,信访人上午到最高人民检察院信访接待窗口反映情况,窗口接待检察官初核认为有必要召开听证会,当天下午就可以召开简易听证会,参与人一般包含当事人、听证员1~2名、检察官,大大缩短了召开听证需要准备的时间。三是明确简易听证不受《人民检察院审查案件听证工作规定》中关于送达、公告等程序规则的限制,同时简化听证审批程序。需要说明的是,试行简易听证程序并不是简化检察听证的功能价值,而是通过简化部分听证流程,使办案期限较短的"减假暂"监督案件也能够适用听证程序。

(三)从法律层面明确"减假暂"监督案件检察机关监督意见的效力

检察机关在"减假暂"监督案件中的辅助型角色定位导致检察监督的刚性严重不足,从而让这类案件的听证程序尤为显得多此一举。为彻底解决这个问题,就必须从法律层面明确检察机关监督意见的效力。具体而言,可以参照"批捕权"的运行模式,将检察机关嵌入"减假暂"提请监督案件的办理中,只有经过

---

① 参见李思蒙:《刑事检察听证制度问题研究》,载《江苏理工学院学报》2021年第3期。

检察机关审查同意后,"减假暂"的提请机关才能报请有权机关进行决定,检察机关审查后不予同意的,应当说明不予同意的原因。需要提请机关进一步调查核实、补充材料的,可以退回提请机关补充核实后再次提请。提请机关也可以依据新证据、新事实再次提请。而对于"减假暂"决定监督案件,则可以参照"抗诉权"的运行模式,检察机关经审查后认为决定机关"减假暂"决定不当,应当向决定机关制发纠正违法通知书,决定机关收到纠正违法通知书后,必须启动复查程序。从法律层面保障"减假暂"监督案件检察监督的刚性,能大大提升检察机关监督的有效性,在助推"减假暂"检察监督高质量发展的同时,听证时效问题必将迎刃而解。

(四)参与主体结构的系统化完善

1.科学配置、选用听证员

(1)听证员库的建设。在省市级层面现有的听证员库基础上,可以探索建立一个专门适用于"减假暂"监督案件的听证员分支库,并将听证员进一步分成普通型听证员和专家型听证员两类。普通型听证员主要发挥传达民意的作用,从群众朴素的价值观出发为检察官办案提供参考意见,因此需要具有一定的代表性,而人大代表、人民监督员正好具备这一特性,可以作为普通型听证员的主要来源。专家型听证员则应当包括在特定领域,如法学、医学、心理学、犯罪学、知识产权等领域专家学者,以适应"减假暂"监督案件的需要,也可以将专家咨询委员会等专家库纳入听证员库中来扩大专家型听证员范围。

(2)建立科学选用机制。应当由市级及以上的检察机关统一选任听证员,利用计算机信息技术,将随机性和专业性相结合,确保既能根据不同案件选取合适的听证员,也能保证听证员选取的随机性,避免听证员选用受到承办检察院的影响,提升听证员的客观公正性,最终提高听证的效率和质量。

2.充分保障当事人的参与权

根据正当法律程序原则,笔者认为,任何权益受到听证结果影响的当事人均有权获得参与听证的机会,当事人个人主张和自我辩护都体现在程序性正当之中。刑事被执行人作为"减假暂"案件的当事人,对自身是否有条件减刑、假释、暂予监外执行等事关人身权益的事项天然享有参与权、辩论权、监督权。听证程序的优势在于其简便灵活,鉴于"减假暂"案件的当事人通常被羁押于监管场所,根据案件的具体情况,可以布置多元化的听证场地。例如,检察机关一方面可以通过与监管机关沟通协调,在监管场所为听证提供符合要求的场地、设施和系统,这样"减假暂"监督案件听证就可以直接在监管场所召开,为当事人参与创造便利条件;另一方面可以将信息技术广泛应用于听证,推进检察听证室与监管场所的信息互联互通,加强听证网软硬件设施的一体化、标准化建设,破解地域限制,为被羁押的当事人远程视频参加听证提供条件。

3. 建立公益律师代理制度

目前,最高人民检察院 12309 检察服务中心针对刑事申诉案件听证,已经建立了一套较为完善的公益律师代理援助制度,取得了较好的效果。笔者认为,"减假暂"监督案件听证引入公益律师代理制度,既是保护刑事被执行人的合法权益,亦是适应检察权诉讼化运作的改革趋势。具体可以从以下三方面着手:一是建立法律援助律师库和法律援助告知制度,可以让律师在 12309 检察服务中心兼职,为当事人提供律师代理服务,对于符合法律援助条件的当事人,遵循"应援助尽援助""自愿"原则,及时主动落实法律援助服务,通过推进律师参与介入及有效辩护,强化论证说理因素,帮助当事人与承办检察官、听证员进行充分交流、反馈,促进听证程序在定分止争方面发挥作用。二是充分保障律师阅卷和辩护权利。三是与财政部门沟通协调设立公益律师代理"减假暂"案件听证经费,严格将其列入办案开支范围加以落实,为律师介入"减假暂"监督案件听证提供经费保障。

(五)运用考核等制度推进"减假暂"监督案件听证应用

现行的检察机关业绩考核制度,主要聚焦于办案数量、结果的考核,对于办案过程则关注不足。上级检察院可以完善听证工作情况及效果的业绩考评指标,鼓励承办检察官在办案中积极开展听证,在推进"减假暂"监督案件听证应用上发挥指挥棒的作用;检察机关应当常态化加强听证培训指导,广泛开展专题讲座、现场观摩、案例剖析等;案件管理部门应当积极对"减假暂"监督案件听证应用数据进行统计、通报;宣传部门可以利用微信公众号、微博、抖音等互联网平台对听证效果突出的"减假暂"监督案件积极宣传,扩大影响力,倒逼听证工作高质量发展。

第十三章
检察案件管理实证研究

检察案件管理机制是中国特色社会主义检察制度的重要组成部分，是强化对检察权运行制约监督，全面准确落实司法责任制，推动检察权公正、规范、高效、廉洁运行的重要制度保障。加强检察案件管理，通过理念引领、政策引导、指标评价，牵引检察业务整体向前，推动"四大检察"全面协调充分发展。

2024年1月3日，最高人民检察院召开第十四届检察委员会第二十次会议，审议通过《最高人民检察院关于加快推进新时代检察业务管理现代化的意见》。该意见中明确检察业务管理分为三个层面的主体。检察业务管理主体根据角色不同一般分为三类：一是检察长、检察委员会。检察长、检察委员会对重大业务工作进行决策、指导和监督，位于检察业务管理体系的统领地位，检察长是检察业务管理第一责任人，检察委员会是检察业务管理的重大议事决策机构。二是业务部门。办案部门负责本部门、本条线办案质效的监督管理和各项管理措施的组织实施，位于检察业务管理体系的基础地位，办案部门负责人是本部门、本条线检察业务管理第一责任人；主办检察官、独任检察官是检察业务管理直接责任人。三是案件管理部门。案件管理部门是检察业务管理的专门机构，承担综合协调、统筹管理、监督落实的职责，位于检察业务管理体系的枢纽地位，案件管理部门负责人是检察业务专门管理第一责任人。案件管理部门通过集中统一的案件管理，实现贯通检察长、检察委员会的宏观管理和办案部门的自我管理，并将整个检察院的业务管理融为一体、形成合力。

第一节　检察案件管理的内涵、沿革及主要内容

一、检察案件管理的基本内涵

案件管理是相对于案件办理的一个概念。从现代管理学原理来看，检察管理一般是指"各层级的检察管理主体，根据宪法、法律设定的检察权，基于一定的检察基本理念和发展目标，通过实施各种计划、组织、领导、创新、控制等方法，优化检察机关内部的资源配置，协调与外部的关系，并最终实现检察使命的活动"[①]。第一次提出检察机关案件管理概念是在2003年6月，直至2011年最高人民检察院在《"十二五"时期检察工作发展规划纲要》中再次以强化检察机关内部监督的高度，更加明确地提出了加强检察机关案件管理的目标与任务。此后，最高人民检察院通过一系列文件从指导思想、实现途径、目标要求等不同方面对案件管理进行明确界定。通过抽象概括，我们可以给检察机关案件管理作如下定义，即"检察机关为规范司法行为，提高案件质量和效率，在检察权力运行中，适用现代管理学理念，建立符合检察工作科学发展需要，以全程管理、动态监督、案后评查、综合考评为主要内容，对案件流程和结果全方位、多层次的监督，保证检察权规范、公正、高效行使的宏观保障系统"[②]。

二、检察案件管理的历史沿革

以2011年为"分水岭"，我国检察机关案件管理制度可以分为两个阶段，即2011年以前是以条线管理为主的传统案件管理模式，2011年之后是以集中管理为主的现行案件管理模式。

（一）传统案件管理模式

1979年，检察机关重建之初，管理理念较为落后、管理手段相对缺乏，加之检察人员总体素质不高，检察机关的案件管理模式偏向于简单粗放，主要由各

[①] 张建升等：《更新检察管理理念　创新案件管理模式》，载《人民检察》2011年第21期。
[②] 张鸣、胡一民：《检察案件管理机制的必要性及价值取向》，载《淮南师范学院学报》2012年第2期。

业务部门对案件进行统一的归口管理,通过部门内设的内勤岗位,实现对案件的轮转与分配管理,最后向业务部门统一汇总上报各项办案信息。这种案件管理模式主要依靠业务部门的自我管理和各业务条线之间的对口管理展开,立足于在办案件的各个流程环节,没有设置专门的部门和机构对案件进行统筹管理,容易造成职责和权限分散,各业务部门各自为战、相互脱节的现象,更容易产生案件管理的盲区,不利于从总体上对案件质效进行全面和动态的掌握。与此同时,也不利于检察机关的各级领导从全局上对检察业务进行谋划,从宏观上对司法办案进行决策。随着经济体制改革的不断深入发展,各种社会矛盾日益凸显,各类案件数量均大幅上升,刑事案件数量激增,案多人少的矛盾日益尖锐和突出,加之原有的人员配置不足、专业素质不高等硬伤并未从根源上得到解决,检察机关的办案压力进一步加大。原有的由各业务条线自行管理的模式已无法有效应对这一困境。建立集中统一的案件管理模式,对案件进行全方面、全流程的管理迫在眉睫。2003年,最高人民检察院颁发了《关于加强案件管理的规定》,标志着案件管理模式开始由粗放型向集约型转换。地方各级检察机关据此开始探索建立独立、专业的案件管理机构,对案件进行集中统一管理,案件管理部门由此应运而生。2011年9月,最高人民检察院发布《"十二五"时期检察工作发展规划纲要》,明确提出要建立统一受案、全程管理、动态监督、案后评查、综合考评的执法办案管理新机制,同年10月,最高人民检察院案件管理办公室正式成立,标志着检察机关的案件管理工作进入了新的发展阶段[①],全国检察机关案件管理机制改革大幕就此拉开。

(二) 现行案件管理模式

2011年以来,检察机关案件管理工作经历了从无到有、从弱到强的发展历程,管理理念、管理方式、管理职责等都发生了很大的变化,不断健全完善。从时间先后来看,案件管理工作经历了以下几个阶段:一是探索发展阶段。这个阶段的时间区间为2011年至2014年,主要特征是明确案件管理职责、设置案件管理机构、建立案件管理队伍、完善基础设施、部署信息化平台等,为案件管理工作发展奠定坚实基础。二是规范完善阶段。这个阶段的时间区间为2014

---

① 参见陈丽天:《当前案管工作所面临的问题以及未来走向》,上海市检察院案件管理办公室编案件管理监管论文集。

年至 2017 年,主要特征就是建立了案件流程监控、案件质量评查、涉案财物管理、检察业务考评、案件信息公开等一批案件管理工作制度,促进案件管理工作规范发展。三是全面深化阶段。这个阶段的时间区间为 2018 年至今,主要任务就是顺应司法责任制改革、检察机关内设机构改革等新形势,按照最高人民检察院党组的新理念新要求,提出案件管理工作思路、确定案件管理职能定位、明确案件管理主责主业、优化案件管理工作理念,为案件管理高质量发展指明方向。① 经过多年来的发展,案件管理工作逐步形成了自身的工作体系,案件管理部门逐渐成为检察业务工作"枢纽",全面履行监督管理和服务保障职能。

三、检察案件管理的主要内容

1. 职能内容:大致有 9 项职责。第一项是负责案件的受理、分流和对外审核移送;第二项是负责办案的流程监控;第三项是负责组织办案质量评查;第四项是负责检察业务数据的统计、分析、研判;第五项是负责扣押、冻结等涉案款物的监管;第六项是负责案件信息公开;第七项是负责诉讼参与人、辩护人、诉讼代理人的接待、联系;第八项是负责人民监督员和检察听证的管理;第九项是负责业务信息化管理工作。

2. 职能定位:检察业务工作的中枢。如前所述,在检察机关,与业务直接相关的有三个主体:一是院领导,包括检察长、检察委员会;二是办案部门,包括检察官、检察官办案组等;三是具有管理职责的部门,包括政治部、案件管理部门、检务督察部等。所谓检察业务工作中枢,就是案件管理办公室在这些主体中内外勾连、上下协调,促进业务工作运转有序、高效开展。其一,在对接院领导层面,院领导通过案件管理办公室,管理办案质量、办案流程、办案态势。院领导对业务工作的要求,可以通过会商会议等平台,传达到各业务部门,并由案件管理部门督促落实。各业务部门的管理建议,也可以通过案件管理部门汇总到院领导。其二,在对接办案部门层面,案管部门对于办案部门,主要有服务、监督和引导三项职能。比如,通过统一受理流转案件、提供信息化需求、帮助查询数据等,承担事务性工作,服务办案部门集中精力办案;通过流程监控、质量评查等,监督办案活动,促进规范司法;通过以"案-件比"为核心的案件质量评查指

---

① 参见申国军:《案件管理实务精要十二讲》,中国检察出版社 2023 年版,第 17 页。

标等,引导办案活动科学规范运转。其三,在对接专门管理部门层面,政治部牵头负责对检察官、检察辅助人员、司法行政人员的考核,在业务考核方面如何考,设置哪些指标,就需要案件管理部门配合。检务督查部门负责对违纪违法办案行为行使监督职责,对于确定为错案的承办人,要根据是否违反检察职责,决定是否追究相关责任,这也需要案件管理部门通过质量评查,评出案件等次。[1]

3. 基本特征:一是专门管理、集中管理和同级管理的统一。检察机关设立专门案件管理的部门,集中负责案件管理工作,对同级部门的办案情况进行监督服务。这种专门管理、集中管理和同级管理的一体化,是案件管理在主体方面的特征,也是中国特色检察机关案件管理制度的最大特征。二是监督和服务、实体监督和程序监督、内部监督和外部监督的统一。首先,监督与服务并重。监督是主责主业,对于程序监督、实体监督、数据监督,任何时候都不能放松。同时改变监督的理念,根据现代的管理学理念,更高级的管理是以服务的形式提供的,要让被管理对象心悦诚服地接受管理。其次,实体监督与程序监督并重。实体准确、程序公正是案件办理的基本要求,也是案件管理的重要方面。在对办案程序的管理中,案件管理部门通过案件流程监控,对检察机关在办案件的办理期限、文书适用、涉案财物处置、强制措施适用等进行管理,对于违反办案程序的行为,可以发出口头纠正或者流程监控通知书。在对办案实体的管理中,案件管理部门通过案件质量评查,对检察机关办结案件的证据适用、法律定性等问题进行管理,发现和纠正实体处理中出现的问题。最后,内部监督与外部监督并重。按照案件管理职能包含的外部因素成分,案件管理工作可以分为单纯的内部监督、内外部有机结合的监督。长期以来,无论是案件流程监督、实体监督还是数据监督,都是单纯的内部监督,是一种检察机关内部各部门之间的监督和服务关系。2014 年案件管理部门开展了案件信息公开工作,2018 年人民监督员工作划归案件部门负责,2019 年建立按季度常态化公开检察业务数据机制,2022 年检察听证管理由案件管理部门负责,案件管理部门的工作方式发生了较大变化,开始引入外部监督力量,促进监督检察机关办案活动。严格来讲,人民监督员工作、公开听证工作属于检务公开的范畴,主要依靠

---

[1] 参见申国军:《案件管理实务精要十二讲》,中国检察出版社 2023 年版,第 20 页。

外部监督力量促进规范司法。案件信息公开和业务数据公开也有引入外部监督的性质，倒逼办案人员严格规范司法。工作中，对于一些重大的司法不规范问题，特别是比较严重的程序性问题、实体性问题以及有争议的问题，案件管理部门和办案部门的意见并不完全一致，刚性地开展监督往往容易事与愿违。但是，通过引入外部监督力量，通过人民监督员、公开听证、案件信息公开等方式，把这些问题亮出来，办案部门就会非常重视，就会更加自觉地开展整顿，达到"双赢、多赢、共赢"的目的。三是针对宏观态势和微观个案，管理案件和服务检察官，办案质量和数量、效率和效果的统一。首先，案件管理是针对宏观业务态势和微观个案的管理。案件管理工作可以大致分为宏观管理与微观管理。宏观管理是指通过数据或指标，对某一区域、某一条线、某一检察院整体办案态势进行评价、指导，以发现倾向性、苗头性问题，提前作出应对，比如业务数据分析研判会商、案件质量主要评价指标等。微观管理是指通过办案流程、办案卷宗等，对具体个案的办理程序、处理结果等进行管理，以评判个案办理优劣，比如案件质量评查、案件流程监控等。一般情况下，宏观管理和微观管理是统一的。其次，案件管理是监督办案和服务检察官的管理。案件管理包括监督和服务，但在履职对象方面有所不同。案件管理部门监督的对象是案件而不是检察官，因此需要技高一筹、敢于监督；服务的对象是检察官而不是案件，因此需要优化理念、改进方法。在监督办案方面，通过受案审查、流程监控、质量评查、结案审核等职能，实现对司法办案从入口到出口的"闭环"管理，加强对司法办案数据、实体、程序的全面管理，以管理促进检察权规范运行。在服务检察官方面，主要是承担涉案财物管理、律师阅卷、案件受理、文书管理等事务性工作，服务检察官集中精力用于审查案件。最后，案件管理是针对质量、数量、效率、效果的管理。评价案件办得好，标准是"质量第一、效率效果并重"，质量是根本、效率是保障、效果良好是目标。修订后的案件质量主要评价指标，都是一些比率的指标，充分体现了质量第一的导向，同时根据案件质量评价指标宏观层面反映的业务态势、办案质量状况，调整检察官业绩指标项目、分值，将压力分解、传导至每一位检察官，引导检察官把案件办到极致。[①]

---

① 参见申国军：《案件管理实务精要十二讲》，中国检察出版社2023年版，第28~35页。

第二节　案件管理实证样本分析

一、C 区检察院基本情况

本文选取上海市某基层检察院 C(以下简称 C 区检察院)作为样本分析。C 区检察院案件管理部门设置在第六检察部,第六检察部同时承担法律政策研究和控告申诉的职责,案件管理部门现有 9 人从事案件管理各项工作,其中检察官 3 名,检察官助理 2 名,文员 4 名。从职能分布来看,全面管理案件管理工作的负责人为 1 名检察官,从事流程监控的为 1 名检察官,从事案件质量评查的为 1 名检察官,从事数据管理的为 1 名检察官助理,从事检察听证工作的为 1 名检察官助理,从事案件受理工作的为 2 名文员,从事律师接待和信息公开工作的为 1 名文员,从事涉案财物和司法办案场所管理工作的为 1 名文员,如图 13-1 所示。

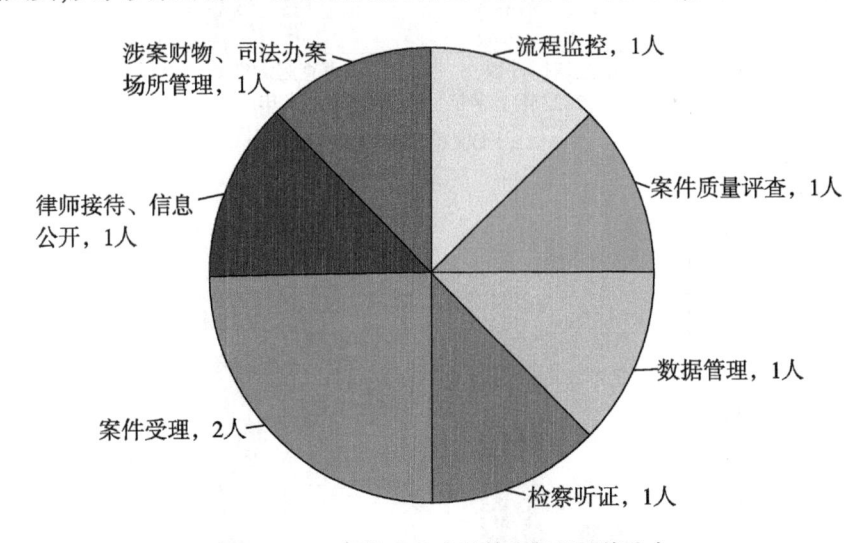

图 13-1　C 区检察院案件管理部门职能分布

(一)窗口工作情况

在案件受理方面,C 区检察院案件管理部门案件受理窗口贯彻落实《上海市检察机关案件统一受理流转工作规定》,规范案件受理审查、分案流转、结案审核。如图 13-2 所示,2024 年上半年,共受理审查逮捕案件 233 件 393 人,同比上升33.9%和46.1%；批准逮捕284人，不批准逮捕108人，不捕率27.55%；共受理审查起诉案件420件693人，同比下降13.93%和9.88%，起诉489人，不起诉117人，不诉率19.31%。持续落实各类案件的繁简认定、繁简分流、繁简承办确定、繁简变更等工作。完善法律监督线索移送管理，2024年以来，共移送线索35件，已办结35件，成案率达到100%。

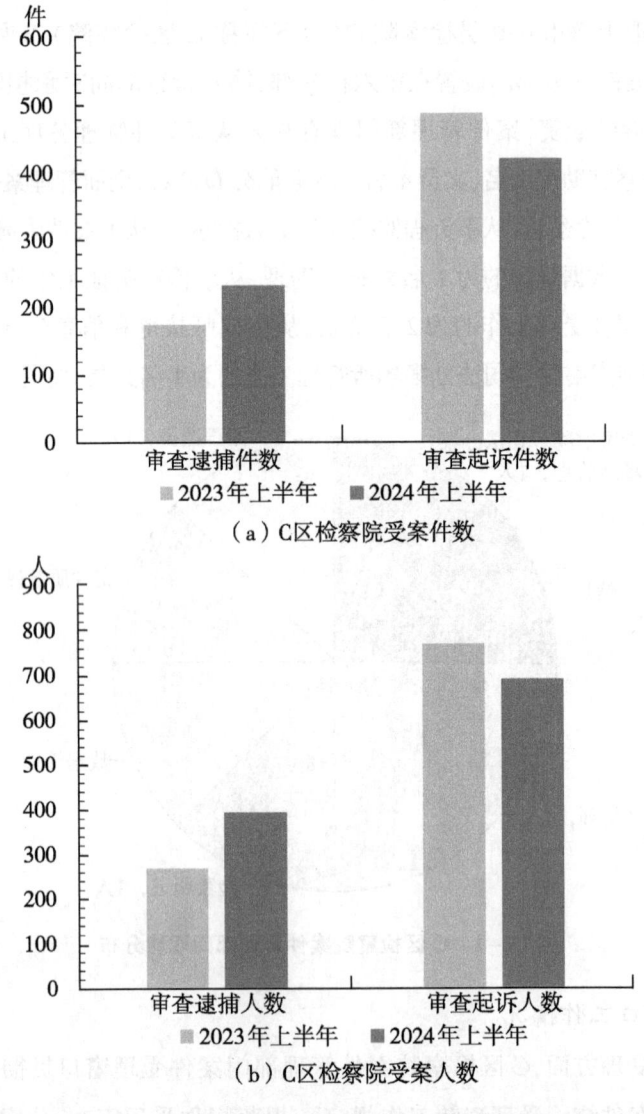

(a) C区检察院受案件数

(b) C区检察院受案人数

图13-2　C区检察院案件管理部门案件受理情况

在司法办案场所管理方面,严格司法办案场所管理,实现功能升级、办案规范和管理精细。对检察人员询问等司法办案活动是否规范开展网上随机巡查,发现不规范问题及时督促整改。2024年上半年,各类司法办案用房共使用893次,范围包括讯(询)问室、听证宣告室和未检工作室。

在涉案财物管理方面,2024年上半年,共接收、保管随案移送的涉案物品5534件,移出涉案物品1122件,均及时录入应用系统,规范登记入库、出库信息。同时,将涉案财物查封、扣押、冻结、保管和处理情况作为监管重点环节,强化对涉案财物不及时规范处置的全流程监管,确保随案移送、自行扣押的款项、物品在规定期限内实质性处置完毕。

(二)内部监管工作情况

在流程监控方面,C区检察院流程监控员在2024年上半年针对发现的告知书超期制作、未依职权进行羁押必要性审查、未听取被害人意见、超期处理涉案财物、社会治理检察建议未双备案、未进行类案检索、不捕案件未制作相关文书、简案超期未结等问题,向办案部门制发《案件流程监控通知书》115份,提出书面纠正意见140条;依据"数检通"就数据错漏问题向办案部门制发《案件流程监控通知书》40份,提出书面纠正意见70条;发出口头纠正意见27件31条,均已回复并整改。

在案件质量评查方面,C区检察院评查员在2024年上半年共评查案件1105件,评查率53.62%,其中专项评查20件,交叉评查2件,常规评查1083件。认定合格案件1095件,认定瑕疵案件10件。召开2023年案件质量讲评会1次。另完成区委政法委组织的案件评查工作30余件。

在数据管理方面,C区检察院数据统计员在2024年上半年针对"数检通"提示和常见通报点"回头看"自查发现的错漏问题及时督促业务部门整改并反馈,下发数据治理提示120余次,跟进修正1300余条;完成日常报表审核案卡1902张;向各业务部门提供各类业务数据服务100余次;开展周调度12次、业务质效分析6次、辖区研判会商5次。

(三)外部监管工作情况

在检察听证方面,C区检察院在2024年上半年共邀请人民监督员开展监督活动111件次,实现"四大检察""十种监督方式"全覆盖,其中案件公开审查、公开听证88件次,其余监督活动23件次,包括检察官出庭支持公诉1件次、巡回检察1件次、检察建议的研究提出及督促落实等相关工作1件次、法律文书宣告送达3件次、司法规范化检查2件次、检察工作情况通报2件次、其他相关司法办案工作6件次、人民监督员以其他方式提出意见建议6件次、案件质量评查1件次。另协助市检察院邀请听证员开展假释案件听证2件次。

在律师接待方面,逐步构建"以互联网阅卷为主,其他阅卷方式为辅"的新型多元化律师阅卷模式,持续做好异地协助阅卷工作。C区检察院在2024年上半年接待律师阅卷376人次,做好各种途径的诉讼进程答复、推送及告知469次,深化电子卷宗的应用,全面向阅卷律师提供电子卷宗229件,阅卷刻录光盘229张,有效提高律师阅卷效率。有序引导律师使用互联网阅卷,受理互联网阅卷204件,成功办理律师互联网阅卷147件,律师互联网阅卷按时完成率100%。另协助外地区检察院成功办理异地阅卷10件。

二、C区检察院特征分析

(一)案件管理人员检察工作经验不足

如表13-1所示,C区检察院案件管理部门9名检察干警中,年龄在26~40岁的7名,年龄在41~50岁的1名,年龄在51岁以上的1名,整体年龄趋于年轻化;学历为大学本科的5名,学历为硕士研究生的4名,整体呈现高学历特征;从事案件管理工作年限在3年以下的5名,3~6年的1名,6年以上的3名,整体案件管理工作经验略欠缺;从事过刑事检察工作的4名,从事过民行公工作的1名,从事过综合工作的1名,"四大检察"办案经验不足。

表13-1 C区检察院案件管理部门工作人员基本情况

项目	年龄			学历		从事案件管理工作年限			工作经历		
	26~40岁	41~50岁	51岁以上	硕士研究生	大学本科	6年以上	3~6年	3年以下	从事过刑事检察工作	从事过民行公工作	从事过综合工作
人数	7	1	1	4	5	3	1	5	4	1	1

(二)监管工作智能化程度欠缺

目前,C区检察院除数据管理外,流程监控和案件质量评查多依赖于人工排查,智能化监督程度较低。在数据管理中,智能化监督多依赖于"数检通"系统,并配合使用新上线的全过程在线管理系统,但由于上述系统中的部分校验规则未及时更新、与实际办案行为存在一定偏差等原因而误判,仍需由人工进行部分筛查及复核,并且上述智能系统中的校验规则无法对所有案卡问题进行排查,为提高案卡填录规范性及数据准确率,仍离不开人工排查。

在流程监控和案件质量评查中,虽然新上线了全过程在线管理系统,但因该系统仍在磨合使用期,大量提示的监管问题经核查实际不存在。同时,目前的信息化流程监控多依赖于结构化数据,主要通过案卡规则设定,来自动锁定办案中的程序问题,对于案卡中无法反映的办案程序以及文书等非结构化数据应用不够,仍需要由人工通过检查相关法律文书、审查报告等发现问题。因此,流程监控和案件质量评查的监管问题大部分由检察官自行发现,少数系在数据治理中发现,后移送做流程监控或案件质量评查。同时,流程监控和案件质量评查中发现的个案问题,如需进行批量案件排查,也多依赖于人工数据筛选实现,缺少智能化工具辅助。

(三)监管工作存在不足与"短板"

1.流程监控方面:一是C区检察院制发的流程监控通知书多针对文书中的错误格式、案卡填录不规范、一般性文书缺失等表面化、浅层次问题,对于严重违反办案程序、严重侵犯当事人权益等问题发现纠正不多;二是流程监控需要针对正在受理或办理的案件进行实时、动态监督,具有很强的时效性,但C区检察院从事流程监控工作的仅有一名检察官,人员配置较少,案多人少的现状致使流程监控呈现出监督能力不足的问题;三是C区检察院从事案件质量评查和数据监管的人员均系刚从其他部门调任从事案件管理工作,相关工作经验不足,因此流程监控与案件质量评查、数据管理等联动不足。

2.案件质量评查方面:一是C区检察院仅有一名检察官从事案件质量评查工作,需要对全院办结的所有案件进行评查,案多人少导致评查范围不够,上半年的评查率仅为53.62%。二是评查工作开展不平衡。C区检察院的案件质量评查多针对刑事案件,对民事、行政、公益诉讼案件关注不高。其原因在于:一方面,评查员对于民事、行政、公益诉讼、监所等其他领域的案件不了解;另一方面,刑事案件历经逮捕、起诉等环节,责任明晰方便评查细化,而民事、行政、公益诉讼检察由于法律监督工作的特殊性,评查内容过于宽泛,难以量化评查责任。三是评查"重程序、轻实体"。C区检察院的案件质量评查多针对办案程序、法律文书等浅层次问题,对于案件事实认定、证据采信、办案效果等影响案件质量的实体问题挖掘力度不够。四是总结提炼指导宏观办案工作不足。针对个案评查发现的普遍性、倾向性、典型性问题,结合瑕疵问题的特点、成因,提出针对性意见,能够实现对类案的指导。C区检察院每年度会形成一份案件质量评查报告,并由评查检察官向全院干警进行解读,但频次较少,且往往未能引起检察业务部门的充分重视,对整体办案水平的提升、促进作用发挥不足。

3.业务数据研判会商方面:一是业务数据研判会商所依赖的基础数据存在瑕疵,承办人案卡填录不规范、迟延填录案卡等原因,会造成数据不准确或无法反映真实办案情况,从而导致业务数据研判会商失之偏颇。二是对其重视程度不够。C区检察院每月除业务数据研判会商外,还会开展两次周调度,因周调度的时效性更强,对业务数据研判会商存在一定走形式、走过场的问题。三是对业务数据研判会商内容进行转换成果的力度不够,对于在业务数据研判会商时发现的异常数据或者业务空白点,业务部门进行核查整改或定向攻坚克难的力度不够。

第三节　案件管理困境的原因分析

一、对案件管理工作的理念认识不足

现阶段案件管理工作人员对案件管理工作的基本理念还认识不足,缺乏系统性的认识。检察机关案件管理工作的基本理念主要包括科学管理理念、能动管理理念和智能管理类理念,三者有机结合并相统一,并贯穿于案件管理的方方面面,体现了司法办案和案件管理的规律,对案件管理具体职能具有普遍的指导意义。其中,科学管理作为案件管理的基本工作标准,能动管理作为案件管理的工作态度,智能管理作为案件管理的基本工作方式方法。案件管理工作人员要正确认识管理理念,并合理、妥善、熟练地应用,才能高质量地做好案件管理工作。

(一)科学管理理念不统一

科学管理理念要求案件管理人员在从事案件管理工作时要遵循司法办案和管理规律,在尊重承办检察官办理案件自主权的同时,遵循办案的阶段性、地域性和条线性的特征。由于案件管理的客体是严重影响当事人人身、财产甚至生命权益的司法活动,管理指向的是上述案件的具有高度自主检察权的一线检察官,管理的目的是促进公平正义,因此案件管理人员要善于根据案件的实际情况适时调整管理的强度、频率和方式方法。其中,提高办案质量、数量、效率是科学管理的唯一标准,尊重司法办案规律和管理规律,对检察业务工作开展评价、指导、管控和服务等工作,通过管理促进并提升司法办案质效。从管理对象上看,科学管理的对象为检察办案活动,服务的是检察官。管理对象既包括案件,也包括人,科学管理要求案件管理人员在从事管理工作中要遵循实事求是的科学理念。

(二)能动管理积极性不高

能动检察理念要求检察机关应当以高度的政治自觉、法治自觉、检察自觉积极担当作为,主动适应时代发展,充分履行法律监督职责,以检察工作高质量发展服务保障经济社会高质量发展。案件管理作为检察工作的一部分,需要树立能动履职的理念,积极主动地开展工作。能动管理主要指案件管理机构准确把握检察工作发展大局和司法办案总体需求,适应司法办案需求,自觉主动地开展监督和服务,通过主动积极地开展工作,发挥指导和引导的作用,从而不断提升管理效果。能动管理的核心是增强管理工作的主动性,案件管理部门目前还存在"等靠要"的思想,这也就导致目前存在案件管理部门较少地发挥指引、引导的作用。因此,应当梳理能动管理的理念,积极主动作为,想在前,做在前,敢于担当作为,主动开展工作。在发挥能动管理的同时应当遵循检察官的办案自主权,管理方式应当简便易行,在管理的过程中应当加强与业务部门的交流协助,促进业务部门的配合管理、接受管理、参与管理,达到双赢、多赢、共赢的效果。[①]

(三)智能管理信息化不强

智能管理理念要求案件管理人员依托于全国检察业务应用系统,深入应用

[①] 参见申国军:《案件管理专题研究十八篇》,中国检察出版社2023年版,第37页。

人工智能、智慧管理等新一代信息化技术,加强建设"智慧案管",进一步实现自动对办案实体、办案程序、办案数据等项目进行汇总、分析、评价和管理。目前,检察业务应用系统已在全国检察机关上线运行,成为集网上司法办案、管理、统计、智能辅助、知识服务、数据共享、大数据应用、政法互联等于一体的大型信息化系统。案件管理部门作为该系统的使用管理部门,将业务部门提交的办案需求进行统筹管理。基于案件管理业务管理点内容多、信息化基础薄弱的特点,应当加强信息化建设。智能管理的重点在于案件流程监控、案件质量评查、业务数据分析研判会商、评价指标展示等工作依托系统开展的智能化程度。智能管理要发挥智能信息化的优势,但并不是智能取代人力。因此,要把信息化的优势与人力的优势相结合,发挥信息化软件的辅助作用,在信息化、智能化软件的加持下,更好地发挥人力的作用。

二、监管队伍素能有待提升

案件管理部门的工作内容与案件质量直接关联,深入办理案件的每一个环节和每一项程序,涉及微观的案卡填录,也涉及宏观的数据统计和分析。因此,案件管理人员的素能要求更高。

(一)客观条件无法满足

案件管理业务点多、线长、面广,涉及诸多环节,如案件受理、结案审核、涉案财物管理、法律文书公开、辩护人及律师接待、流程监控、数据监管、法律监督线索统一受理移送、案件评查、人民监督员监督、数据分析研判等。在经历员额制改革、内设机构改革后,案件管理部门具有丰富经验的人才流失严重,一人多岗的现象还普遍存在,工作精力被分散,监管力量无法匹配办案力量。[①] 经统计,全国检察机关负责案件管理工作的机构有 3488 个,其中有独立的案件管理机构 390 个,与相关职能合并履行案件管理职能的机构 3098 个。案件管理职能不断拓展、业务不断细化,相互管理工作之间的碎片化问题更加凸显,事多人少的矛盾日益凸显。[②]

---

① 参见冯丽君等:《能动管理理念在检察案件管理中的应用》,载《人民检察》2024 年第 6 期。
② 参见最高人民检察院案件管理办公室编:《检察业务管理指导与参考》2023 年第 4 辑,中国检察出版社 2023 年版,第 6 页。

(二)案件管理人员素能欠缺

由于案件管理队伍整体素能不高,新进人员缺乏一线办案经验,而本身储备经验需要一定的时间积累,同时由于近些年来案件管理业务面的拓展和创新,这就导致案件管理人员因本领恐慌而出现不敢监管、不愿监管、不会监管的现象。同时,案件管理人员素能还要求多元化,如分析研判工作人员工作能力、统计能力、调研能力等还有待提升。从部门内部分工来看,案件质量内部监管工作以流程监控、案件质量评查等案件管理业务分类,由不同人员根据不同的监管业务的需求开展工作,有些岗位存在一人多岗的情况,这也就从另一方面倒逼案件管理人员向多元化素能发展。同时,大数据时代,既需要熟悉办案流程、统计工作总结与分析的多元人才,又需要有逻辑表达能力、数据敏感能力及计算机能力的复合型人才。同时,案件管理部门对检察机关内部监督的主体为一线检察官,开展同级监督甚至"下级监督上级"的难题也时而存在,案件管理人员的素能亟待提升。

(三)监管条件有限

在智能化监管推出的背景下,智能化系统为监管人员在一定程度上带来了便利,但同时还存在一些困境,如监管规则对案件实体部分涉及不够,部分监管软件还是过度依赖于数据体量的积累,对文书等非数据部门缺少监管方式。无论是人工监管还是智能化监管,都存在监管侧重点不同的问题,如现在监管还多半以刑事案件为主,民事、行政、公益诉讼等案件的监管数量还有待加强。随着检察业务应用系统、统计系统的上线运行,业务数据量呈爆发式增长,同时带来的数据质量等方面的问题,给案件管理部门开展业务数据统计分析工作带来了更大的困难和挑战。

三、案件管理部门职能定位不够明晰

案件管理部门职能定位从"枢纽"到"中枢"是充分考虑职责任务由注重个案监管向宏观管理的拓展,功能价值由个案质效把控向牵引整体检察业务转变,在整个管理体系中,案件管理部门与其他部门关系的发展变化的结果。

(一)"中枢"定位确定的必要性

在突出检察官办案自主权、减少内部监督管理层级的情况下,业务管理中公共事务变更加集约,需要业务贯通、有效统筹、业务协调运转、内部监督、决策参谋等作用的部门。检察长和检察委员会对检察机关业务运行态势具有指导职能,对重大案件和其他重大问题负有决策和监督职能,而这些决策和监督也需要一个中枢部门,这也反映了案件管理部门被定位为"中枢"的内在需求。一方面,案件管理部门通过集中统一的案件管理,约束、敦促办案部门规范有序地履职办案,通过专门化的横向管理将不同阶段的办案活动连成有机整体,在履职过程中可以掌握本院的全量检察数据,通过数据反映、分析出当前本院业务工作态势并进行研判,为领导决策、指挥调度提供数据支持;另一方面,院领导决策、指挥调度等工作安排,由案件管理部门向各办案部门传达,督促落实、整改反馈。案件管理部门要善于通过微观管理服务于宏观管理,充分考虑职责任务由注重个案监管向宏观管理的拓展,功能价值也由个案质效把控向牵引整体检察业务转变。

(二)"中枢"的基本特征

确定案件管理部门的"中枢"定位,可以促使各级检察院检察长充分认识案件管理的地位和作用,围绕"中枢"定位,合理配置司法资源,妥善安排部署工作;能够促使办案部门对案件管理的认同,形成本院的监督合力,促进内部监督;能够促使包括案件管理部门在内的各管理主体、协同管理部门,找准各自在管理体系中的位置,做到不缺位、不越位、不错位,促进充分履职;同时,可以从根本上决定案件管理部门的工作理念、工作重点、工作机制,在案件管理工作中体现出"压舱石"的作用。

(三)"中枢"的实现路径不够明晰

在业务实践中,检察业务工作的"中枢"职能定位的实现路径还不够明晰,对于"中枢"功能的判断应当做到"七看":看领导决策依据是否准确、看业务评价标准是否科学、看案件质量是否过硬、看办案程序是否顺畅、看业务数据是否可靠、看内部监督是否严密、看业务需求是否统一。① 但要实现以上标准,案件管理部门无法单独完成,这需要各级检察院党组、检察长的认同和运用,需要各部门之间工作协调配合,需要案件管理部门充分履职。一是检察长、检察委员

---

① 参见申国军、韩孔林:《业务中枢定位是对案管工作高质量发展新的更高的要求》,载最高人民检察院案件管理办公室编:《检察业务管理指导与参考》2022年第1辑,中国检察出版社2022年版,第102~106页。

会要通过发挥案件管理部门的"中枢"作用,了解检察业务宏观态势、微观质效,指挥调度检察业务,确保业务工作方向。二是主动与相关部门工作协调配合,形成自我管理与集中管理相互配合的有效衔接,既服务于办案又加强案件监督,推动"四大检察"融合发展,形成法律监督合力。三是案件管理部门应当充分履职,加强案件管理的科学化、规范化、精细化建设,使管理工作有据可依;采取切实有效的方法解决"同级监督难"、"本院监督难"以及不敢监督、不会监督等问题;切实构建上下一体履职的案管工作机制,推动形成高质效的案件管理格局。

第四节 检察案件管理高质量发展的思路举措

一、明确职能定位从"枢纽"到"中枢",聚焦监督管理和服务保障的主责主业

(一)正确理解和运用中枢定位

要善于运用案件管理的中枢作用,贯通整个检察管理,确保整个业务管理体系高效有序运转。为中枢匹配合适的队伍结构,各个检察院可以结合本院自身特点,使案件管理机构与本院检察业务工作相匹配。同时,不能将案件管理部门搞成"大内勤",只做事务性工作,也不能搞成"不管部",脱离"中枢"智能,承担与案件管理无关的综合性任务,否则,管理、办理都抓不上去。[①] 最后,要切实运用好中枢的智能特点,检察长、检察委员会要通过发挥中枢的作用,了解检察业务宏观态势和微观质效,指挥调度检察业务,确保检察工作贴近党中央决策部署,紧跟最高人民检察院工作要求,保证本院的工作方向并把控本院案件质量和存在的突出问题,在服务大局中积极发挥作用。

(二)构建与各部门工作互通机制

畅通各部门的衔接渠道,构建工作互通机制,从而形成互相补足、多方共赢的工作模式,应从以下几点建立:一是案件管理部门需要主动与业务部门进行

---

① 参见申国军:《检察机关案件管理部门职能定位研究》,载最高人民检察院案件管理办公室编:《检察业务管理指导与参考》2024年第1辑,中国检察出版社2024年版,第14页。

工作互通互融、业务协同衔接,形成案件管理共同体。案件管理部门通过加强与办案部门的沟通配合,形成自我管理与集中管理相结合的管理模式,通过主动了解办案部门的工作情况与工作动态,提升为业务部门服务的质量,同时加强案件监督管理,从而有效地推动"四大检察"有机融合发展,形成法律监督合力。二是案件管理部门需要加强与行政部门的联系沟通,建立案件管理与队伍管理相结合的考评机制,善于将案件管理与干警队伍教育培训、表彰奖励等相结合,为本院行政管理提供可转化的素材。三是案件管理部门需要加强与检务督察部门的沟通配合,形成案件管理与督查管理工作之间的有效衔接。加强工作配合、信息共享、追责衔接,按照相关规定,对符合移送条件违反检察职责的案件及时移送至检务督察部门处理。

(三)建立上下一体履职工作机制

建立健全一体化机制,坚持系统集成原则,一体推进、为检察业务管理提供支撑:一要主动为检察长和检察委员会统筹调度检察业务提供业务态势、办案质效等情况;二要及时向办案部门传达检察长和检察委员会的要求,并主动报告反馈落实情况,确保各项工作正确跟进落实;三要将充分履职落在实处。在科学服务的同时,强化个案管理、个案监督、个案评判,切实通过高质效管好每一个案件,助力高质效办好每一个案件,切实解决"同级监督难"、"本院监督难"以及不敢监督、不会监督等问题,从而构建上下一体履职的工作机制,推动形成高质效的案件管理格局。

二、提升业务素能

(一)培养专精尖案件管理队伍

流程监控人员必须熟悉公诉、侦监、自侦、民事行政检察、刑事申诉、刑事赔偿等各项业务的办案流程,必须掌握各诉讼环节的关键节点和办案期限,这样才能做好流程监控、事前预警的工作,在遇到各种复杂问题时及时作出应对措施。例如,可以不定期地组织基层检察机关参加诉讼法及其修正案的学习培训,让流程监控人员能够第一时间掌握程序法动态,也可以定期组织基层流程监控部门人员进行操作技能大比拼,这样静动结合的训练可以让操作人员在最短时间内熟悉各类检察业务。

(二)提升综合检察业务的能力

最高人民检察院提出"四大检察""十大业务"全面协调充分发展,故而案件管理部门对"四大检察""十大业务"办案活动中的案件管理活动同样应当做到协调发展。案件管理工作需要熟悉各项检察业务,如政策把握、法律适用、数据统计、分析研判、流程监管、质量评查等,这就对案件管理人员的专业性提出了更高要求。因此,负责案件管理工作的人员要具备各种检察业务的工作经验,并适当配备一定比例的员额检察官,增强团队力量。

(三)提升发现问题、解决问题的能力

发现问题的能力必须建立在熟悉各种检察业务的程序与实体的基础之上,并且对一类案件、异常情况具有敏锐的洞察力。仅仅具备发现问题的能力还远远不够,还要具备解决问题的能力,对于一类案件要具有普遍性、倾向性的解决方案,对于异常情况要具有分析性、前瞻性的研究策略。在此基础上,还能够迅速制作出综合分类、原因分析、归纳总结的分析报告以供领导决策之用。这就需要综合能力强的中青年检察官充实到流程监控部门,唯有这样的力量加盟才能最终实现流程监控改革的目标定位。

(四)提升沟通协调且精通管理的能力

案件管理工作表面上是在管案,但实际上还是在管人。与人沟通是门艺术,案件管理人员要本着参谋、服务的心去监督,本着双赢、共赢的心去管理,则事半功倍,事事顺利。若本着凌驾于业务部门之上,宁可麻烦别人也不愿烦劳自己的心去跟人打交道,则事倍功半,甚至无功而返。

三、借力数字检察推进数字案管

数字检察是在数字中国建设整体规划下,依托信息化系统,充分、深度运用大数据,最大限度释放数据要素检察,促进检察办案更加公正、检察管理更加科学、检察服务更加精准,其根本是赋能检察机关法律监督,推进检察工作现代化。推动数字案管,是顺应数字时代、数字中国、数字检察的大势,是解决当前案件管理"事多人少"等突出问题的迫切需要。[1] 在数字检察背景下,检察办案

---

[1] 参见最高人民检察院案件管理办公室编:《检察业务管理指导与参考》2023年第4辑,中国检察出版社2023年版,第6页。

方式由被动办案、办理个案向能动办案，系统、规模化办案，融合各项检察智能办案转变。这也就可能导致办案质量瑕疵问题和规范性问题规模化、同质化。①从长远看，数字案管应当是部门各项职能的数字化，包括分析研判、指标运用、受理分流、流程监控、质量评查、数据核查、律师接待、检察听证和人民监督员工作等方面的数字化。

（一）借助智慧辅助系统实现智能化监控

流程监控是案件管理部门的一项传统性、基础性业务，面对流程监控案件数量多、类型范围广、监控点杂的特点，可以借助智能化平台，提高流程监控的效率和质量，从而更好地提升流程监控的全面性和准确性。例如，刑事检察案件监控内容涉及案件受理、强制措施等11个方面63种情形，多而杂的监控内容需借助智能化平台，将案件信息有结构化、数据化地展示出来，再将这些数据进行筛选、分类、梳理、汇总，从而有效提升流程监控效率，更好地使流程监控专员对案件更深层次的问题进行监控。要善于借助系统对流程监控程序、规则和统计进行完善；同时要不断完善流程监控规则，智慧辅助系统只是工作方式，而推进流程监控的根本还在于监控专员对案件监控的方式方法。

（二）借助智能化检察实现质量评查的大规模覆盖

由于质量评查涉及证据采纳、事实认定、法律适用等理性判断，离不开人工参与，因此要善于借助智能化平台试行常规案件评查全覆盖、重点案件重点评查、专项评查模块化评查。一是对常规评查案件中常规性、程序性问题采用智能化筛选，如自动评查嫌疑人关键要素信息不完整、检索主要文书关键内容缺失、是否有应当入卷而未入卷文书、法条引用是否错误等问题，通过系统的自动排查，提升评查的效率。二是对各方意见一致的轻刑案件开展自动评查。通过"三书对比"，了解公检法对案件事实认定、定罪量刑是否有异议，对刑事案件的起诉意见书、起诉书、审结报告和判决书等文书进行对比，通过智能化检察系统得出对比数据供评查人员使用。三是通过对重点案件采用人工与智能相结合的方式，提高评查的准确性和公正性，对于专项评查，借助其他地区检察机关报送的智能化模块，对专项类别、评查方式、评查方向等进行参考制定，由各级检

---

① 参见吕昊：《新时代检察案件管理的特点、规律与方式方法》，载《北京政法职业学院学报》2023年第3期。

察机关根据需求直接使用或改造使用。①

(三)借助数字案管构建数字化分析研判体系

通过对业务数据的汇总、梳理、对比,来分析业务态势,服务科学决策。通过数字化的手段,将每个业务部门办理的不同案件数量、办案时长、办结率等因素予以汇总,并覆盖"四大检察"以及各条线业务数据。通过系统预先设置抓取数据的规则,形成同比比率,将数据相关的分析通过系统快速生成,数据统计员则有更多的精力在数据的基础上进行深度分析和研究,最大限度地让数据为科学决策服务。持续完善系统,不仅可以通过系统来抓取结构化的数据,还可以直接对系统中各类监督文书、审查报告、起诉书和判决书等中的信息进行提取,从而开展更加灵活的研判分析。

四、"三大监管"的完善与融合

流程监控、质量评查和业务数据管理作为检察机关案件管理部门"三大监管"的主要内容,各有不同的特点和职能。其中,质量评查是对办结案件的质量进行检查、评定,既评查办案程序问题,也评查办案实体问题,是检察机关案件管理部门开展实体监督最主要的方法。业务数据管理是管理检察业务统计数据以及可产生统计数据的案卡信息。要注重将流程监控与业务数据核查、案件质量评查深度融合,助推案件质量提质增效。一是做到流程监控与质量评查无缝对接。一方面,将流程监控中易发、多发的文书质量、释法说理、当事人权利保障等问题作为案件质量评查的"切入点",以点带面,对案件的证据采信、事实认定、法律适用、办案程序、文书制作、办案效果等方面进行全方位的评查;另一方面,将案件质量评查中发现的程序性问题作为流程监控工作的重点监控内容,监督方式由之前的"事后"评查逐渐转变为"事中"全流程、全链条监督,增强监督时效性,并与办案部门常沟通、常反馈,形成监督合力,促进司法办案质量的不断提升。二是促进流程管理与数据治理共同发力。一方面,将日常数据核查、重点及专项数据核查与流程监控结合起来,通过每日对报表业务数据的反向核查,发现数据异常后,追根溯源,第一时间通过系统提示承办人纠正案卡信息填录问题,既保证业务数据的准确性,又切实做到有的放矢,实现流程监控

---

① 参见申国军:《"智慧案管"体系建设与实施路径》,载《人民检察》2021年Z1期。

全覆盖；另一方面，在案件监控过程中，通过法律文书与填录的案件信息进行比对，同步审核是否存在案卡漏填、误填、填写不规范的问题，不断增强发现问题的时效性，从"源头"稳步提高业务数据质量。

第十四章
现代化视野下基层检察机关队伍管理研究

近年来,在以习近平同志为核心的党中央坚强领导下,党的检察事业欣逢最好发展时期,检察工作实现职能重塑、机构重组、机制重构,队伍建设与管理卓有成效。踏上新征程,党和人民赋予检察机关更重责任,对检察队伍革命化、正规化、专业化、职业化建设提出了新的更高要求。需要指出的是,随着检察队伍建设主要矛盾的发展变化,检察队伍管理也面临着新的形势与问题,亟待妥善解决,以适应加快推进检察工作现代化和高质量发展的要求。基于我国检察机关具有明显的自上而下的层级结构,且检察机关上下级是领导和被领导的关系,对基层检察机关队伍管理的研究可以通过某一基层检察院作为样本进行切入和分析。本章以长宁区院为例,采用文献分析、实证分析等方法,结合基层检察机关的实际情况,深入研究基层检察机关队伍管理方面存在的问题,提出具有针对性的意见和建议,推动基层检察队伍更好发展,并迈向一个新的高度。

第一节 加强基层检察机关队伍管理的理论探究

一、基层检察机关队伍管理的内容含义

(一)基层检察机关队伍的相关概念

我国检察机关自上而下总共分为四级,即最高人民检察院,省一级、自治区和直辖市人民检察院,市一级人民检察院和基层人民检察院。一般而言,基层人民检察院是指在市辖区、不设区的市以及县一级设立的人民检察院,是我国

受理案件数量最多的检察机关,也是数量最多和队伍最庞大的检察机构。基层检察队伍,是由在基层检察机关工作的检察人员所组成的,包括员额检察官、检察辅助人员和司法行政人员。

(二)队伍管理的主要内容

近年来,最高人民检察院先后出台《关于加强新时代基层检察院建设的意见》《关于加强新时代检察队伍建设的意见》等规范文件,对检察队伍建设尤其是基层检察院队伍建设开展宏观指导和顶层设计。《关于加强新时代基层检察院建设的意见》指出,全国检察机关要"全面加强政治建设、业务建设、队伍建设、纪律作风建设、智慧检务建设",并在第四部分"以队伍建设为根本,大力提升基层法律监督能力"中,提出加强领导班子建设、深化队伍专业化建设、深化检察人员分类管理、着力缓解基层人才紧缺、妥善解决基层司法行政人员"空心化"问题、强化基层检察人员职业保障、构建基层检察工作考核管理体系等问题。《关于加强新时代检察队伍建设的意见》则把队伍建设分为党的政治建设、领导班子建设、人才队伍建设、专业能力建设、职业保障建设和纪律作风建设6个方面。

从以上规范文件与实际情况出发,我们认为,现代化背景下,基层检察机关队伍管理,应当立足我国国情,紧紧围绕推进中国式现代化这个最大的政治,根据经济社会的发展和检察事业发展的要求,应用各种管理理论和手段,从队伍建设需要的几个方面,对基层检察机关的检察人员进行培养和管理,最终达到为检察工作现代化提供坚强组织保证和人才支撑的目的。笔者拟根据最高人民检察院政策文件的论述分类,结合上海直辖市与长宁区的区域特点和工作实际,将基层检察机关队伍管理分为思想政治、干部队伍、专业能力和纪律作风四个部分进行研究。

二、检察机关队伍管理的指导思想

法治的现代化是多维度、全方位的现代化,检察队伍建设作为法治建设的重要一环,势必要与法治建设同向而行,已有制度需要不断健全,新领域新实践需要推进制度创新、填补制度空白。笔者认为,检察队伍管理是一个持续不断、与时俱进的动态过程,脱离中国国情只会导致理论与实践的背道而驰。要研究新形势下检察队伍管理,必须在中国式现代化的宏大背景下、推进检察工作现代化的广阔视野中来审视考量,完整准确理解现代化、队伍建设管理等关键词背后的思想精髓。

(一)关于中国式现代化

"读懂中国,关键要读懂中国式现代化。"2023年12月2日,习近平总书记向2023年"读懂中国"国际会议(广州)致贺词强调,中国将以中国式现代化新成就为世界发展提供新机遇,为人类对现代化道路的探索提供新助力,为人类社会现代化理论和实践创新作出新贡献。[1] 推进中国式现代化,是新时代新征程上凝聚全党全国人民智慧与力量的旗帜。党的二十大确立了全面建成社会主义现代化强国、实现第二个百年奋斗目标,以中国式现代化全面推进中华民族伟大复兴的重要任务,阐述了中国式现代化的中国特色、本质要求、重大原则等,对推进中国式现代化作出战略部署。当前和今后一个时期是以中国式现代化全面推进强国建设、民族复兴伟业的关键时期。党的二十届三中全会审议通过了《中共中央关于进一步全面深化改革　推进中国式现代化的决定》,紧紧围绕推进中国式现代化这个主题擘画进一步全面深化改革的战略举措,必将为中国式现代化提供强大动力和制度保障。

(二)关于检察工作现代化

法治是中国式现代化的重要保障。2024年年初,习近平总书记对政法工作作出重要指示,强调"以政法工作现代化支撑和服务中国式现代化,为全面推进强国建设、民族复兴伟业提供坚强安全保障"。[2] 检察机关法律监督既是法治实施体系的重要环节,也是法治监督体系的重要组成部分。最高人民检察院强调,要紧紧围绕融入和服务中国式现代化,深入落实党的二十大报告关于"加强检察机关法律监督工作"的要求,朝着建设公正高效权威的中国特色社会主义检察制度方向,以检察工作理念现代化为先导、以体系现代化为重点、以机制现代化为关键、以能力现代化为基础,加快推进检察工作现代化。

(三)关于政法队伍建设

党的十八大以来,以习近平同志为核心的党中央高度重视政法队伍建设,作出一系列重要指示,明确提出"五个过硬"、"四个忠于"、"四个铁一般"、"信

---

[1] 参见《习近平向2023年"读懂中国"国际会议(广州)致贺信》,载中央人民政府网,https://www.gov.cn/yaowen/liebiao/202312/content_6918188.htm。

[2] 参见《以政法工作现代化支撑和服务中国式现代化——习近平总书记重要指示为政法战线接续奋进指明方向》,载中央人民政府网,https://www.gov.cn/yaowen/liebiao/202401/content_6925916.htm。

念坚定、执法为民、敢于担当、清正廉洁"、"革命化、正规化、专业化、职业化"以及人民警察训词等重要要求，构成了习近平法治思想关于政法队伍建设的核心内容。比如，在坚持党对检察工作的绝对领导方面强调，要全面贯彻落实党的二十大精神，坚持党对政法工作的绝对领导，提高政治站位和政治判断力、政治领悟力、政治执行力，坚持以人民为中心，坚持中国特色社会主义法治道路，坚持改革创新，坚持发扬斗争精神，奋力推进政法工作现代化。① 要坚持党对政法工作的绝对领导，从党的百年奋斗史中汲取智慧和力量，弘扬伟大建党精神，提升防范化解重大风险的能力，完善执法司法政策措施，全面深化政法改革，巩固深化政法队伍教育整顿成果。② 在全面深化政法改革方面强调，政法系统要在更高起点上，推动改革取得新的突破性进展，加快构建优化协同高效的政法机构职能体系。要优化政法机关职权配置，构建各尽其职、配合有力、制约有效的工作体系。要推进政法机关内设机构改革，优化职能配置、机构设置、人员编制，让运行更加顺畅高效。③ 在锻造新时代政法铁军方面强调，要旗帜鲜明把政治建设放在首位，努力打造一支党中央放心、人民群众满意的高素质政法队伍。要抓好科学理论武装，教育引导广大干警学深悟透新时代中国特色社会主义思想，增强"四个意识"、坚定"四个自信"、做到"两个维护"，矢志不渝做中国特色社会主义事业的建设者、捍卫者。④

（四）关于检察队伍建设

检察队伍是政法队伍的重要组成部分，党中央历来高度重视。习近平总书记在对检察工作的重要指示中强调，要建设过硬队伍，强化法律监督能力。2021年6月，党中央首次专门印发《中共中央关于加强新时代检察机关法律监督工作的意见》，明确部署"加强过硬检察队伍建设"，特别强调要"确保检察人员绝对忠诚、绝对纯洁、绝对可靠""全面提升检察人员专业知识、专业能力、专

---

① 参见《习近平总书记对政法工作作出重要指示》，载中央人民政府网，https://www.gov.cn/xinwen/2023-01/08/content_5735630.htm。

② 参见《习近平总书记对政法工作作出重要指示》，载中央人民政府网，https://www.gov.cn/xinwen/2022-01/15/content_5668362.htm。

③ 参见《习近平出席中央政法工作会议并发表重要讲话》，载中央人民政府网，https://www.gov.cn/xinwen/2019-01/16/content_5358414.htm。

④ 参见《习近平出席中央政法工作会议并发表重要讲话》，载中央人民政府网，https://www.gov.cn/xinwen/2019-01/16/content_5358414.htm。

业作风、专业精神""大力推进检察队伍革命化、正规化、专业化、职业化建设,着力提高法律监督能力水平"。最高人民检察院应勇检察长在2023年12月召开的全国检察机关队伍建设工作会议上指出,要始终把检察队伍建设作为基础性、战略性工程,一体加强政治建设、领导班子建设、人才队伍建设、专业能力建设、职业保障建设和纪律作风建设,为检察工作现代化提供坚强组织保证和人才支撑。① 2024年3月,上海市检察院陈勇检察长牵头召开全市检察机关队伍建设工作会议,并强调要深入贯彻落实最高人民检察院《关于加强新时代检察队伍建设的意见》和本市实施意见,深刻把握新时代新征程检察队伍建设的总体要求,锚定"争一流、走在前、排头兵"工作目标,一体加强政治建设、领导班子建设、人才队伍建设、专业能力建设、职业保障建设和纪律作风建设,坚持以高素质专业化检察队伍服务改革创新发展,更好为大局服务、为人民司法、为法治担当,为上海加快建成具有世界影响力的社会主义现代化国际大都市贡献检察力量。②

三、检察机关队伍管理的背景脉络

推进队伍管理现代化是推进管理体系现代化,激励各类检察人员在检察工作现代化建设中真抓实干、担当作为的应有之义。本书认为,必须对检察机关加强队伍管理的发展脉络进行系统梳理,重点从三组关系进行把握和分析。

（一）管理与制度的关系:检察队伍管理制度体系日趋完善

管理制度是管理的基础。马克斯·韦伯指出,"制度化管理的实质在于以制度规范为基本手段协调组织集体化协作行为"。纵观检察队伍管理的发展沿革,与管理制度体系的系统建构密不可分,主要呈现以下特点:一是以法律规范。法律的规范作用是法律作为一种行为规范对人的行为的作用,一般包括指引、评价、预测、强制、教育等作用。1995年2月,八届全国人大常委会第十二次会议通过《检察官法》,建立了一套较为完备的适应检察机关工作特点和检察职务特点的检察官管理制度,确立了检察官依法履行职责的保障机制,规定了检察官等级序列,标志着我国检察官管理向法治化迈出重要步伐,后经2001年、

---

① 参见《全国检察机关队伍建设工作会议暨第十次"双先"表彰大会召开》,载最高人民检察院网,https://www.spp.gov.cn/dj/xwji/202312/t20231220_637695.shtml。

② 参见《全市检察机关队伍建设工作会议召开》,载上海检察网2024年3月22日,http://www.sh.jcy.gov.cn/xwdt/jcxw/99976.jhtml。

2017年和2019年三次修改,对于加强检察队伍管理、推进高素质专业化检察队伍建设具有深远意义。二是以纪律约束。阿法纳西耶夫曾指出:"纪律是管理关系的形式。"纪律对任何组织来说都是胜利的保证。检察机关始终注重以高标准、严要求推进队伍建设和管理。1988年,最高人民检察院就提出"从严治检"方针。1989年11月,最高人民检察院颁布"八要八不准"《检察人员纪律(试行)》,建立特约检察员制度,建立纪检监察机构。2004年,最高人民检察院印发《检察人员纪律处分条例(试行)》,后经2007年、2016年两次修改,对建设过硬检察队伍,推动检察机关党风廉政建设和反腐败工作具有重要作用。此外,还通过系统内教育整顿和巡视等工作,推动队伍全面从严。三是以文化凝聚。管理学家丹尼尔·雷恩认为,"管理是文化的产儿"[1]。检察文化是检察机关和人员在履行法律监督职能中形成的价值观念、思维模式、行为准则以及与之相关的物质表现的总和,具有导向、凝聚、约束、激励等作用。[2] 2009年9月,最高人民检察院印发《中华人民共和国检察官职业道德基本准则(试行)》,明确基本要求是"忠诚、公正、清廉、文明"。2010年10月,最高人民检察院印发《检察官职业行为基本规范(试行)》,首次对检察官职业信仰、履职行为、职业礼仪、职务外行为做出全面系统规范。2016年11月,在总结2009年9月《中华人民共和国检察官职业道德基本准则(试行)》的基础上,最高人民检察院正式印发《中华人民共和国检察官职业道德基本准则》,提出"忠诚、为民、担当、公正、廉洁"的新时代检察精神,成为检察机关成立以来第一部坚持正面倡导、面向全体检察官的职业道德规范,为新形势下加强检察队伍建设指明了方向。四是以激励指引。2021年10月,为进一步提升检察业务和队伍管理水平,最高人民检察院印发《检察人员考核工作指引》,实现对检察人员全员、全面、全时考核,确保管出队伍"战斗力"。此外,检察系统高度重视对政治素质的考察,2023年最高人民检察院和上海市检察院先后印发《最高人民检察院干部政治素质考察办法》和《上海检察机关干部政治素质考察办法(试行)》,将政治素质考察融入招录遴选、选任晋升、干部监督等检察人员管理全过程,突出把好"政治关、廉洁关"。

---

[1] [美]雷恩:《管理思想的演变》,孙耀君等译,中国社会科学出版社1986年版,第298页。
[2] 参见魏启敏:《检察文化建设研究》,载《中国刑事法杂志》2010年第7期。

(二)管理与建设的关系:检察队伍管理与队伍建设相互促进

建设是一个"从无到有、从有到优"的过程,而管理是一个"控制、指导或组织资源的过程",二者是互为表里、一体两面的关系,不可偏废。事实上,检察系统一直以来都坚持以基层检察院建设和队伍建设带动管理质效提升。在基层检察院建设方面,早在1998年10月,最高人民检察院就曾召开全国检察机关加强基层检察院建设座谈会,明确提出基层检察院建设的总体要求、指导原则、目标任务和主要举措,同年11月印发《关于加强基层检察院建设的意见》,并组织开展以"好班子、好队伍、好机制、好业绩、好形象"为内容的争创"五好基层检察院"活动。2002年3月,最高人民检察院在总结三年基层建设经验的基础上,制定实施《人民检察院基层建设纲要》,推动基层检察院建设经常化、制度化、规范化。进入新时代,为推动习近平法治思想在基层检察院落地落实,坚决贯彻党中央关于抓基层强基础的决策部署,2020年12月,最高人民检察院印发《关于加强新时代基层检察院建设的意见》。上海市检察院随即于2021年3月出台贯彻落实的实施方案,指出"要以队伍建设为根本,大力提升基层法律监督能力。深化基层检察队伍专业化建设和检察人员分类管理。强化基层检察人员职业保障。着力构建基层检察工作考核管理体系";[1]2023年3月,进一步出台《关于推进上海市检察机关新时代基层院建设任务分工方案》,指出要"以科学完备的制度体系保障业务建设和队伍管理等各项工作有力有序有效开展"。在队伍建设方面,从中央层面来看,早在1999年,党中央就制定《关于进一步加强政法干部队伍建设的决定》,对指导一个时期的政法队伍建设发挥了重要作用。2017年,中共中央再次印发《关于新形势下加强政法队伍建设的意见》,明确了新形势下政法队伍建设的指导思想、目标任务。具体到检察系统,2013年5月,最高人民检察院首次召开全国检察机关队伍建设工作会议,出台《关于加强和改进新形势下检察队伍建设的意见》,提出检察队伍建设的方向是专业化、职业化。2023年12月,最高人民检察院印发《关于加强新时代检察队伍建设的意见》。上海市检察院随后印发实施意见及任务分工方案,[2]指出必须"始终坚持

---

[1] 2021年3月,上海市人民检察院关于印发《上海市检察机关贯彻落实〈最高人民检察院关于加强新时代基层检察院建设意见〉实施方案》的通知(内部文件)。

[2] 2024年4月,上海市检察院关于印发《关于加强新时代上海检察队伍建设的实施意见》及任务分工方案的通知(内部文件)。

检察队伍建设革命化正规化专业化职业化方向……坚持以高素质专业化检察队伍服务改革创新发展";2024年,上海市检察院出台《上海检察人才培养规划(2023—2027年)》,要求"培养造就一支政治坚定、数量充足、结构优化、布局合理、素质精良的检察人才队伍",全力提升检察队伍革命化、正规化、专业化、职业化水平,锻造忠诚干净担当的新时代检察铁军。通过以上梳理,可清晰地看到一条"以建设促进管理、以管理促进建设"的双循环路径,这成为我们研究本课题的重要参考。

（三）管理与改革的关系：检察队伍管理伴随改革创新走向深入

检察队伍管理面临的形势与任务,始终植根于全面深化改革的伟大实践。检察管理体制改革作为司法管理体制改革的重要内容之一,其关键内容是对"人""事""物"的管理。① 本书认为,新时代以来历次司法体制改革特别是检察改革,无论是基础性改革还是综合配套改革,对"人"的管理也就是队伍管理,始终是重中之重。在基础性改革方面,中央全面深化改革领导小组第十九次会议强调："完善司法人员分类管理、完善司法责任制、健全司法人员职业保障、推动省以下地方法院检察院人财物统一管理,是司法体制改革的基础性措施。"2015年,最高人民检察院印发《关于深化检察改革的意见（2013—2017年工作规划）》,提出要"建立符合职业特点的检察人员管理制度",并提出实行人员分类管理、建立检察官专业职务序列、建立检察官宣誓制度、完善检察人员职业保障体系和专业化教育培训体系等改革任务。在综合配套改革方面,2017年7月,习近平总书记对司法体制改革作出重要指示,强调"要全面落实司法责任制……开展综合配套改革试点,提升改革整体效能"。随后召开的中央全面深化改革领导小组第三十八次会议审议通过《关于加强法官检察官正规化专业化职业化建设 全面落实司法责任制的意见》和《关于上海市开展司法体制综合配套改革试点的框架意见》。为进一步深入贯彻检察改革,最高人民检察院发布《2018—2022年检察改革工作规划》,提出要"完善检察人员分类管理体系""完善检察机关组织管理体系"等。此后,先后出台《关于进一步规范司法人员与当事人、律师特殊关系人、中介组织接触交往行为的若干规定》《检察人员配

---

① 参见丛林、黄维智：《检察人员分类管理研究》,载《西南民族大学学报（人文社科版）》2017年第1期。

偶、子女及其配偶禁业清单》《关于加强检察人员离职从业审批监管的意见》《人民检察院工作人员离职从业行为限制清单》等一系列规定。党的二十大报告要求："深化司法体制综合配套改革,全面准确落实司法责任制"。为加快推进检察工作现代化,最高人民检察院制定《2023—2027年检察改革工作规划》,提出要"优化检察人员管理制度"。比如,针对新形势下检察官助理队伍的新情况新问题,着眼健全完善检察职业体系。最高人民检察院于2024年7月出台《关于进一步加强人民检察院检察官助理管理工作的意见》,提出一系列新政策、新举措,优化检察官助理分阶段培养和履职管理。在2024年7月的大检察官研讨班上,应勇检察长再次强调要"坚持用改革精神和严的标准管党治检……完善检察人员教育管理机制"。通过以上梳理可见,队伍管理始终伴随司法改革和检察实践逐步深入、精细和完善,以改革的办法破解队伍管理的堵点难点问题成为关键之举。

四、部分理论与实践的参考借鉴

在社会经济高速发展的今天,社会矛盾在不断发生新的变化,检察机关工作所面临的严峻挑战与发展压力前所未有,基于这种现实情况,更加需要理论上的研究来更好地指导实践,同时也需要时间和经验的累积升华为全新的理论,来丰富、充实和创新基层检察队伍管理理论。课题组通过运用公共部门人力资源管理理论、需求层次理论等相关管理学理论基础,吸收、借鉴其他政法机关的先进经验,为解决当前基层检察队伍管理存在的问题提供了理论依据,以期提出适应现代化发展格局的检察机关队伍管理路径,提高队伍管理水平,充分调动和激发基层检察人员的工作积极性,为检察事业发展提供司法人才,促进检察工作提质增效。

（一）管理学相关理论的应用

1.公共部门人力资源管理理论

公共部门人力资源管理指各类公共组织依据人力资源开发和管理的目标,对其所属的人力资源开展的战略规划、甄选录用、职业发展、开发培训、绩效评估、薪酬设计管理、法定权利保障等多项管理活动及过程。其宏观上指在公共部门系统中,为保证人力资源整体结构与组织事业发展相互匹配,对公共部门内外的人力资源供求状况进行宏观和中长期预测、规划,制定人力资源管理的基本制度、政策、管理权限和管理标准,维持公共部门人力资源管理、流动和人才市场秩序的管理。①

公共部门的重要任务是依照公共利益的要求,依靠宪法和法律授予的公共权力,对社会资源和价值进行权威性分配,并推行公共政策。公共部门的人事政策和人事管理活动表现出较高的政治性要求,内部活动受到更多的限制和规范,人力资源的绩效评估有时很难定量化,需要组织在多个评价因素中寻求平衡。公职人员作为公共权力的执掌者和行使者不仅需要具有职位要求的技能和知识,而且必须具备较高的政策认知、执行能力,严格的职业操守等素养,需要对公民利益具有充分的理解力。人力资源管理的核心内容就是人力资源配置,一般是指一个组织为了提高整体工作效率,最大化发挥出现有人力资源的效率,对人力资源实行科学合理的最优化配置。

在检察机关人员的分类管理中对人力资源配置理论的适用上,就是要将最优秀的检察人才配置在检察业务一线,尤其是当今员额制改革下,员额检察官的名额固定,而非员额检察官又不能独立办案,这就要求占据稀缺位置的人必须是最优化发挥岗位作用的人才。而检察官办案时的一些辅助性工作,就可以由聘用制书记员等辅助人员进行。而检察官助理、司法行政人员、检察技术人员、法警等岗位也合理配置相应能力人员,各司其职,才能更好地利于检察事业的发展。②

2. 需求层次理论

马斯洛需求层次理论是由美国犹太裔人本主义心理学家亚伯拉罕·马斯洛提出的,认为人的需求从低到高依次分为生理需求、安全需求、社交需求、尊重需求以及自我实现需求,这五种需要是最基本的、与生俱来的,构成不同的等级或水平,并成为激励和指引个体行为的力量。这五个层次像阶梯一样从低向高,满足了低级需求就会引发更高层次的需求,但具体需求层次是因人而异的。③ 马斯洛的需求层次理论表明,针对人的需要实施相应激励是可能的,但激

---

① 参见孙柏瑛、祁凡骅:《公共部门人力资源开发与管理》(第5版),中国人民大学出版社2023年版,第13页。

② 参见蔡亚男:《田家庵区检察院人员的分类管理研究》,安徽大学2022年硕士学位论文,第14页。转引自方海涛:《我国检察官助理的角色定位和职责分工问题探讨——基于对美国检察人员分类和分工的介绍》,载《行政与法》2018年第1期。

③ 参见牛浩:《大连市基层检察院青年检察人员培养存在问题及对策研究》,东北财经大学2022年硕士学位论文,第10页。

励人们努力的方式不应是单一的,当物质激励提供的激励效果下降时就应增加精神激励的内容。每一个员工作为一个独立的个体,个体的需求是否满足,对需求的满足程度是否能够达到激励作用,影响的是个体的工作态度,而工作态度是否积极又较大地影响个体的劳动效率及工作质量。个体在工作中所表现出来的积极主动性、创造性以及其潜在能力和潜能的发挥程度存在差异性,要使每个人都得到充分发展,就要根据人的不同需要和不同的社会环境设计相应合理有效的激励方案,管理者可以根据自己的需要制定目标,发挥激励作用。

从当前基层检察机关实际情况来看,对干警进行科学有效的分类,按照不同的人员设置不同的绩效考核方式,按照不同人员类别需求的不同完善保障制度,满足各类别人员的不同需求,是提高各类别检察人员工作效率和工作质量的关键,也是进一步提升检察队伍战斗力和凝聚力的重要途径。完善人员的分类管理制度、完善绩效考核机制等都属于该理论的应用范畴。

3.公务员制度人才发展精神

人才发展是现代公务员制度的重要目标之一。只有政府治国人才得到充分储备,人的才华得以充分施展,国家才具有竞争实力。公务员制度力求给人才发展提供一个广阔的空间,围绕识才、选才、用才、育才和留才展开工作。公开招募、择优机制和以能力、功绩为本的人事任用、晋升和调配发展路线,在制度设计上都力图突出公务员的知识、能力和技能对组织的意义,这确立了组织尊重人才、使用人才、发展人才的组织文化环境。[1]

(二)其他政法机关的经验参考

在实践层面,本章梳理了一些地区政法机关在推进队伍管理方面的经验和做法,主要呈现以下特点:

1.注重党建引领。各地政法机关均把党建作为队伍管理的重要抓手。北京市检察院以党建带队伍,制定《关于进一步推进北京市检察机关党建与业务深度融合的指导意见》,并坚持以评价指标系统化提升工作指导系统性,出台《北京市检察机关党建督查测评体系》,形成48项考核指标,持续激发基层党建

---

[1] 参见孙柏瑛、祁凡骅:《公共部门人力资源开发与管理》(第5版),中国人民大学出版社2023年版,第60页。

活力,释放队伍管理效能。北京市高级人民检察院完善党建制度体系,延伸思想政治工作触角,实行党员思想问题"发现、解决、跟踪、反馈"闭环管理,鼓励干事创业担当,组织"亮榜亮绩、摘星夺标"系列活动,让党员的旗帜在战斗堡垒上高高飘扬。

2.注重制度供给。各地政法机关均从制度层面着手解决队伍管理问题。浙江省高级人民检察院积极探索建立"双向平衡发展"的跨类别人员交流机制,出台《审判业务部门与综合部门人员交流办法》,明确规范不同序列人员交流后定职定级、入额办案等问题,同步建立"短期双向借用""结对辅助办案"等配套机制,有力破解不同序列人员跨类别交流隐形壁垒。四川省公安机关保持"零容忍"的警醒、"零容忍"的力度,出台《四川公安队伍"八个常态"管理措施》,确保管好关键人、管到关键处、管住关键事、管在关键时。广东省检察院创建"人、案、事"科学管理机制,构建"1+2+N"分层分类考评系统,率先建立重点岗位人员政治素质档案和劳动合同制人员"考试+考核"管理制度。

3.注重数字赋能。各地政法机关围绕数字赋能队伍管理,进行了一系列有益探索。上海市公安机关提出智慧政工建设总体框架,出台《上海公安"数据警察"指导意见》,[①]打造覆盖政工工作全范围和民警职业管理的综合服务平台,确保政工工作流程网上"一站式"办理。浙江省检察院制定了《浙江数字检察建设"十四五"规划》,在全省推进数字检察战略,建设升级浙检数字政工平台应用等。河南省高级人民检察院打造"智慧画像"系统平台,包括"法官画像""法官助理画像""书记员画像"三个子系统,为队伍管理、择优选拔提供"智慧方案"。

第二节　加强基层检察机关队伍管理的重大意义和内涵要求

一、深刻认识加强基层检察机关队伍管理的重大意义和价值意蕴

1.不断加强基层检察机关队伍管理是坚持党对检察工作的绝对领导的必然要求。习近平总书记深刻指出,"党的领导直接关系中国式现代化的根本方

---

① 参见谭滨:《数字赋能法院队伍建设现代化的实践与思考》,载《数字法治》2023年第6期。

向、前途命运、最终成败"。① 坚持党对检察工作的绝对领导,是检察工作现代化最鲜明的特征、最突出的优势。检察机关作为党绝对领导下的政治机关、法律监督机关和司法机关,想要贯彻"从政治上着眼,旗帜鲜明讲政治;从法治上着力,全面履行检察职能"的要求,就要通过加强检察队伍管理,不断提升思想政治建设,进一步强化政治意识,始终把政治忠诚作为队伍建设的"根"和"魂",注重政治引领,强化理论武装,严格政治标准,从而加深全体检察人员坚定捍卫"两个确立"、忠诚践行"两个维护"的鲜明政治底色,确保检察队伍绝对忠诚、绝对纯洁、绝对可靠。

2. 不断加强基层检察机关队伍管理是检察工作现代化与高质量发展的坚强组织保证。习近平总书记在党的二十大报告中强调,"全面建设社会主义现代化国家,必须有一支政治过硬、适应新时代要求、具备领导现代化建设能力的干部队伍"。这一论述站在关键在党、关键在人的战略高度,着眼强国建设、民族复兴新征程新使命,为新时代干部队伍建设指明了前进方向、提供了根本遵循。最高人民检察院应勇检察长在全国检察长会议上提出,要以检察工作现代化融入和助力政法工作现代化、服务中国式现代化。基层检察机关通过队伍管理的有效举措,可以更加有力地引导检察人员始终坚持以习近平法治思想为指引,紧紧围绕"高质效办好每一个案件"这一基本价值追求,从而着力解决不同程度存在的不敢监督、不愿监督、不善监督的问题。通过持续加强专业化建设,全面提升检察履职能力。

3. 不断加强基层检察机关队伍管理是铸造新时代政法铁军的有效举措。近年来,特别是党的十九大以来,在以习近平同志为核心的党中央坚强领导下,广大检察人员忠实履行法律监督职能,司法为民、公正司法扎实推进,基层检察工作面貌也发生重大转变。同时,国家监察体制改革、司法体制改革、内设机构改革等不断深化,检察工作面临的发展环境、时代要求在变,检察职能、机构设置、队伍结构、风险隐患也在变。2024年是以检察工作现代化服务中国式现代化的深化之年,也是检察机关大抓队伍、建强基层的落实之年。要做到"敢于担当、善于作为,更好为大局服务、为人民司法,以新安全格局保障新发展格局、以高水平法治服务高质量发展"等党中央和人民群众对新时代政法铁军的更高要

---

① 习近平:《以中国式现代化全面推进强国建设、民族复兴伟业》,载《求是》2025年第1期。

求,必须加强队伍管理。不断强化机制保障,通过健全检察队伍管理制度,在法律、政策范围内研究破解制约检察队伍建设的体制性、保障性难题,上下一体推动制度完善。通过与时俱进提升检察人员政治素质、业务素质、职业道德素质,着力打造数量充足、结构优化、布局合理、素质精良的检察人才队伍。通过牢牢把握检察队伍建设的特点和规律,统筹抓好理论武装、选贤任能、育才聚才、严管厚爱、强基固本各项工作,为检察事业聚合力、添动力、增活力。

二、厘清基层检察机关队伍管理的工作要求和理念方法

理念是行动的先导,理念对了,事半功倍。想要更好地以现代化的视野指导基层检察机关队伍管理工作,就要厘清总体的工作要求,并树立符合实际、科学合理的工作理念。

(一)坚持系统观念

系统观念是马克思主义哲学重要的认识论和方法论,是具有基础性的思想和工作方法。系统观念强调用普遍联系的、全面系统的、发展变化的观点观察事物,党的二十大报告指出要把握好全局和局部、当前和长远、宏观和微观、主要矛盾和次要矛盾、特殊和一般的关系,加强基层检察机关队伍管理,必须坚持将系统观念贯穿全过程各领域,推动工作提质增效。一要树立整体性思维。从纵向看,既要充分发挥检察一体化优势加强顶层设计,又要立足四级检察院不同定位、不同视角分类施策,实现队伍管理整体效应最大化。从横向看,要力求整体而不是局部、系统而不是零碎、持久而不是短暂地推进队伍管理各项工作。比如,不断细化人员分类管理,就要做好完善职级待遇、职业发展路径等保障性措施,不然人员梯队建设可能会不均衡。二要树立结构性思维。准确把握基层检察机关队伍管理的特点与规律,正确处理好共性与个性、目标引领与问题导向、建章立制与落地见效、继承与创新的关系,[1]把队伍管理各要素置于检察工作的整体框架中进行谋划,进一步优化系统结构,发挥整体效能。三要树立辩证性思维。运用普遍联系、全面系统、发展变化的眼光来看问题,深入研析队伍管理的作用机理和内在规律,剖析问题根源和现象本质,找准结合点、破解重难

---

[1] 参见习近平:《在中央和国家机关党的建设工作会议上的讲话》,载《求是》2019年第21期。

点,在队伍管理中实现补短板、固底板、拉长板。

(二)坚持问题导向

问题是改革的突破口,也是落实、稳进、提升的突破口。坚持问题导向,就是要加强调查研究,在了解和掌握实际情况的基础上,敏锐地发现问题,系统地分析问题,并通过实践来不断解决问题。习近平总书记强调,要以问题为着力点,在补短板、强弱项上持续用力,要瞄着问题去、对着问题改,精准制导、精准发力,直到问题彻底解决为止。[1] 推进基层检察机关队伍管理,必须坚持问题导向,准确把握当前检察机关党建工作面临的新形势、新任务和新要求。一要敢于直面问题。自觉对标对表系统内外优秀经验,把基层检察机关队伍管理中存在的问题和不足找清楚、找准确、找全面。[2] 坚持奔着问题去。《关于加强新时代检察队伍建设的意见》指出,经过司法责任制、人员分类管理等改革后……检察队伍建设的主要矛盾已由学历层次偏低、职业保障不足转变为司法理念、履职能力、职业素养不适应新时代检察工作高质量发展要求,必须加快推进检察队伍建设理念、体系、机制、能力的现代化。面对这些问题和矛盾,要不掩盖、不回避、不推脱,全面梳理、准确反映、实事求是。二要深入分析问题。发现问题是前提,但能不能正确分析问题更为关键。坚持由表及里,透过现象看本质,善于抓主要矛盾和矛盾的主要方面,对当前存在的问题深入分析、找准症结、靶向治疗,强化管理指导性与针对性。三要推动解决问题。发现问题、分析问题,其最终目的都是解决问题。要把握好习近平新时代中国特色社会主义思想的世界观和方法论,坚持好、运用好贯穿其中的立场观点方法,将其作为研究、解决基层检察机关队伍管理问题的"金钥匙"。立足系统观念和全局思维,善用基层检察机关"船小好调头"的优势,从一线实际角度灵活提出改进措施,破解制约基层检察机关队伍管理高质量发展的短板弱项,推动问题得到真正解决。

(三)坚持遵循规律

司法机关的特定职能有别于行政机关与立法机关,而检察队伍作为国家司

---

[1] 参见习近平:《在中央和国家机关党的建设工作会议上的讲话》,载《求是》2019年第21期。
[2] 参见甘肃省直机关工委课题组:《运用习近平新时代中国特色社会主义思想的世界观和方法论指导机关党建工作研究》,载《机关党建研究》2024年第1期。

法队伍的组成部分，在人员结构、管理模式、履职方式、职业保障等方面有自己的特点和规律，开展基层检察机关队伍管理，必须坚持遵循和把握检察工作规律，立足基层检察机关的工作实际，紧贴检察队伍的职业特点开展工作。一要把握检察机关法律监督的工作主责。检察机关作为法律监督机关，一切工作都需要紧紧围绕党和国家中心任务和工作大局。开展建强组织、配强班子、用好干部、盘活人才等队伍管理工作，要与全面落实《中共中央关于加强新时代检察机关法律监督工作的意见》，推动"四大检察"全面协调充分发展紧密结合。二要把握检察人员分类管理与员额制的组织特点。基于司法员额制体制的特殊性，法检人员管理既要遵循司法机关人事管理的共同规律，又要采取独特的管理方式及手段，尤其要不断落实司法责任制，优化不同类别检察人员职业发展路径和职业保障水平，通过增强检察队伍职业使命感、尊荣感、归属感，坚定中国特色社会主义司法制度和检察制度自信。三要把握基层检察机关面临的形势和要求。基层检察院是全部检察工作的基础，是党通过司法途径保持同人民群众血肉联系的桥梁和纽带。随着近年来基层检察工作面临的发展环境、时代要求在变，检察职能、机构设置、队伍结构、风险隐患也在不断变化，《关于加强新时代基层检察院建设的意见》指出，当前基层检察工作最主要的矛盾是"人"的问题，突出表现在一些"关键少数"和检察人员素质能力跟不上、不适应。因此，做好基层检察机关队伍管理工作，必须联系实际、夯实基础，将认真解决好基层队伍中"人"的问题作为重中之重。

（四）坚持守正创新

守正与创新相辅相成，体现了"变"与"不变"、继承与发展、原则性与创造性、[1]合规律性与合目的性的辩证统一。加强基层检察机关队伍管理，必须坚持守正创新，传承发扬检察机关队伍建设的优良传统，主动适应时代发展、形势变化，以改革创新激发新动能新优势。一要在坚持守正的基础上推动理念思路创新。坚持和运用好检察机关队伍建设的优良传统和经验做法，进一步优化理念思路，增强原则性、系统性、预见性、创造性，使队伍管理能够与时俱进，更好地跟上检察事业发展需要。二要在坚持守正的基础上推动工作体系创新。在顶

---

[1] 参见《处理好守正与创新的关系》，载《人民日报》2023年2月23日，第5版。

层设计中突出总体性规划、前瞻性考虑、创新性探索。对于基层检察机关内部而言,要在各司其职的基础上,以一体联动促进管理的协同高效。建立完善"院党组—部门—干警"三个层面上下贯通、共同担责的培养机制,尤其强化一体协同发力。要有目标清晰、操作明晰、标准明确的制度设计和过程管理意识。三要在坚持守正的基础上推动机制方法的创新。既要善于运用检察机关全系统适宜的有效载体,又要挖掘地域特色,注重依托新技术、新手段,把基层检察机关队伍管理的思路、目标、要求鲜明地反映出来,把全体党员干部的思想、智慧和力量凝聚起来,不断提升队建实效。

第三节 基层检察机关队伍管理的主要做法及存在的问题(以上海市长宁区检察院为例)

我们对当前长宁区检察院的队伍结构现状开展数据统计与分析,并通过梳理工作做法、开展座谈讨论、听取意见等方式,分析当前在队伍管理工作中取得的一些成效,以及仍然存在的薄弱环节,试图在梳理个性化的做法及问题之余,也不断总结、体现基层检察机关当前面临的一些亟待引起重视的共性问题。

一、队伍人员结构分析

上海市长宁区检察院共有内设机构12个,其中业务部门8个,综合部门4个。目前,实有检察干警140人,辅助文员40人,全院合计180人。

(一)性别结构情况

在编干警中,男性56人(占比40%),女性84人(占比60%),男女比例1∶1.5。

(二)年龄结构情况

全院在编干警平均年龄39岁,其中30岁以下35人(25%);31~25岁31人(22.1%);36~40岁23人(16.4%);41~50岁27人(19.3%),51岁以上24人(17.1%)。35岁以下干警66人,占全院干警47.1%。40岁以下干警89人,占比 63.6%。当前检察官平均年龄 45 岁;检察官助理平均年龄 31 岁;司法行政人员平均年龄 40 岁。在编干警及各类别人员年龄结构分布分别如图 14-1、图 14-2 所示。

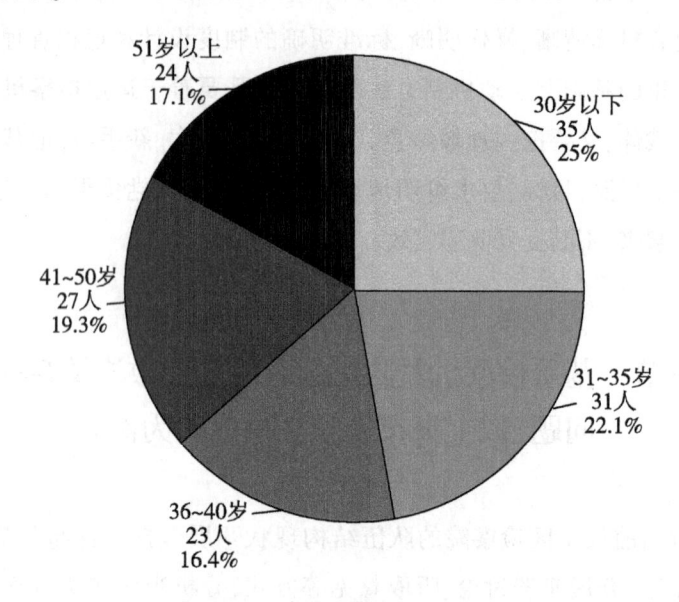

图 14-1 在编干警年龄结构分布

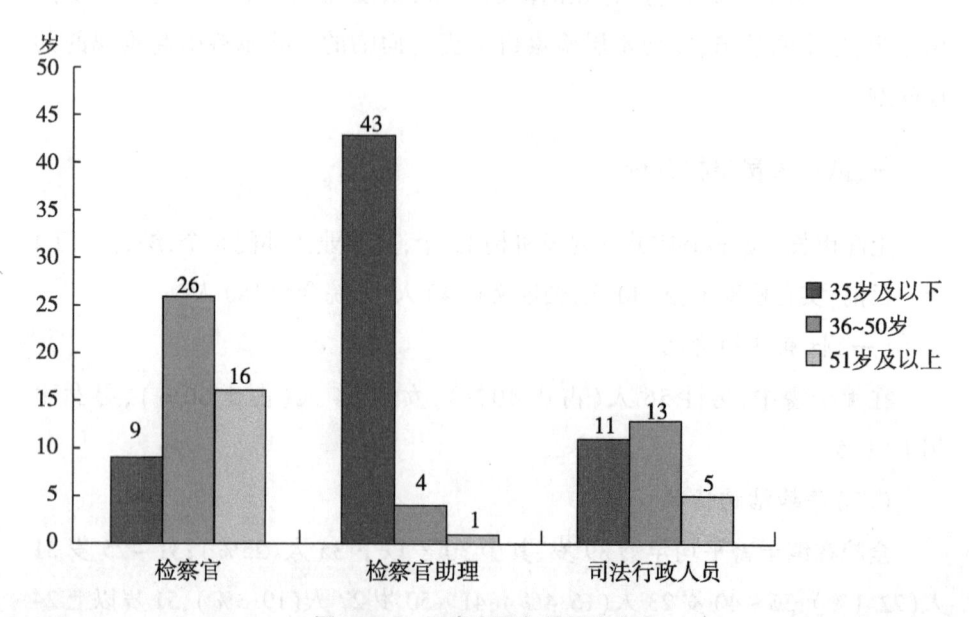

图 14-2 三类人员年龄结构分布

(三)学历及专业结构情况

从学历结构看,全院在编干警大学本科以上学历140人,占比100%,其中硕士学位81人,占比57.9%,博士学位1人。从专业结构看,全院干警中119人具有法学相关专业背景,占比85%;检察官和检察官助理中,法学专业干警的占比为97.9%,其中,本科和硕士均为法学专业的干警有46.5%。其他干警具有中文类、金融类、管理类、传媒类、外语类、计算机技术类和军事类等20余个专业背景。从法学类专业方向看,法学专业主要分布在刑事司法类(32.5%)、经济法学(16.7%)、民商法学(14%)、行政法学(7%)、法学理论类(6%)、国际法学(10.5%)、知识产权(1.8%),如图14-3所示。

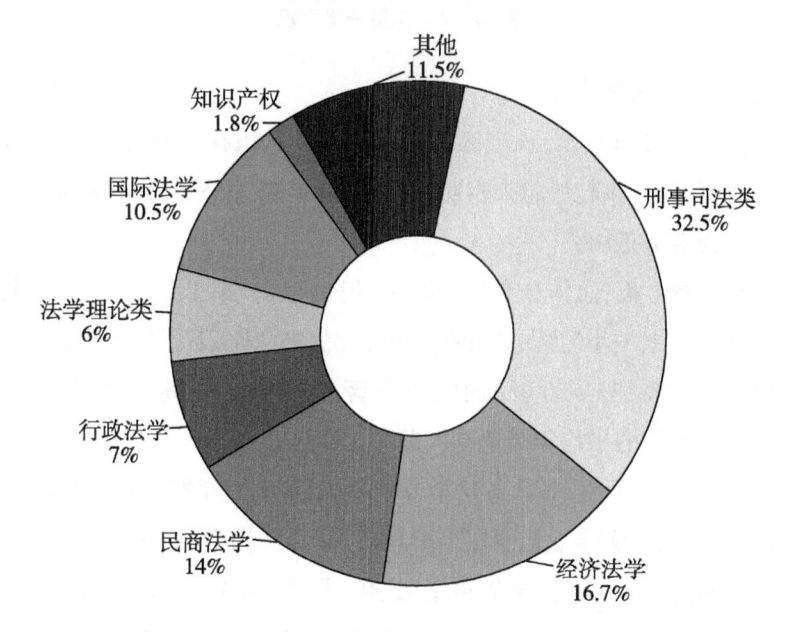

图14-3 法学相关专业结构分布

(四)人员分类情况

检察官员额54名,现实有入额检察官51人,员额空缺数3名。其中一级高级检察官1人,三级高级检察官9人,四级高级检察官23人,一级及以下检察官18人。检察辅助人员100人,包括检察官助理48人、检察技术人员5人、法警7人、辅助文员40人。司法行政人员29人。人员分类情况如图14-4所示。

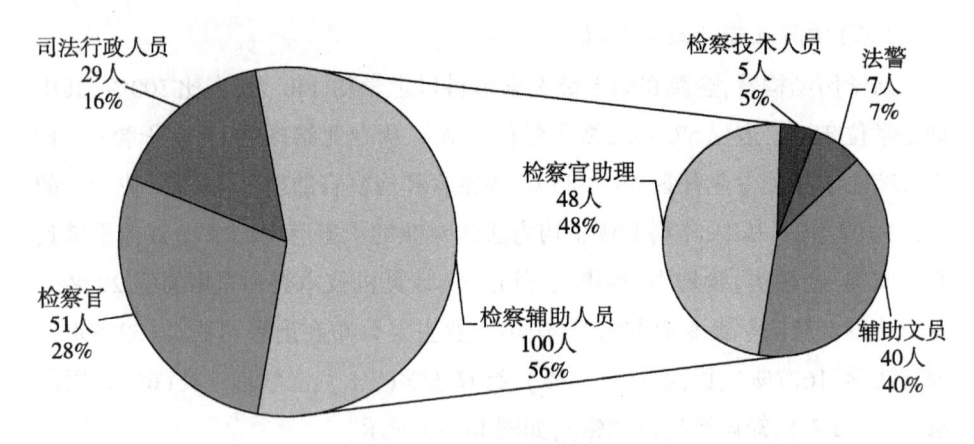

图 14-4　人员分类情况

（五）队伍情况简要分析

从以上数据可以看出，长宁区检察院的人员队伍在性别比方面，总体呈现女多男少的情况，且该趋势越来越明显，这与近年来，报考公务员并进入面试的人员以女性为主呈正相关。

在年龄比例方面，总体分布比较均衡，但也存在"承上启下"的中年骨干人员占比偏低、"一老一小"人员占比偏高的情况（35岁以下干警占47.1%，51岁以上干警占17.1%，35～50岁的中青年干警占35.8%）。其中，检察官、司法行政人员这两类人员的平均年龄偏高问题尤为明显。

在学历比例方面，基本具备法学专业性强的特点和平均学历较高的优势。尤其在法学方面，干警专业包含了刑事司法类、经济法学、民商法学、行政法学、法学理论、国际法学、知识产权等多个法学门类，但与当下"四大检察"协调发展的更高要求相比，还需要吸纳更多具有民商、行政、公益诉讼理论专业背景的法学人才。

二、在思想政治方面的主要做法与问题

（一）主要做法

1. 抓实理论学习，确保管出向心力。理论学习是队伍管理的基础。长宁区人民检察院始终坚持"从政治上着眼"，把学习贯彻党的十九大、二十大及其历次全会精神作为首要政治任务，强化思想淬炼，引导干警把政治标准和政治要

求贯穿到工作全过程、各方面。做实常态化凝心铸魂。坚持读原著、学原文、悟原理,通过党组"第一议题"、中心组(扩大)学习、政治轮训、双周学习等形式,分层次、分类别组织全体干警深入学习习近平法治思想,学习习近平总书记对政法工作的重要指示要求,跟进学习习近平总书记考察上海重要讲话精神,引导干警筑牢理想信念"精神之基",增进坚决拥护"两个确立"、坚决做到"两个维护"的自觉。开展集中性学习教育。根据党中央统一部署,突出"实、联、严"要求,制定党史学习教育、党纪学习教育、检察队伍教育整顿等实施方案和工作安排表,细化具体任务,组织开展系列专题研讨、读书班和每周述学,确保学出绝对忠诚的政治品格。推动调查研究常态化制度化,结合"四百"大走访深入部门、社区、企业开展调研,进一步查堵点、破难题。相关经验做法被《检察日报》等主流媒体头版刊载。守牢关键处思想红线。深入学习贯彻习近平文化思想,落实上海市建设习近平文化思想最佳实践地行动方案、最高人民检察院《关于加强新时代检察文化建设的意见》,加强社会主义核心价值观教育引导、实践养成、制度保障。全面落实意识形态工作责任制,及时传达学习市委、区委相关工作提示,出台《意识形态工作责任制的实施细则》,每年细化制定重点任务和工作举措,定期分析研判队伍思想动态和心理状况,促进队伍健康发展。

2.抓实党建引领,确保管出凝聚力。高质量党建是队伍管理的灵魂。长宁区检察院全力培塑"长心宁聚"党建品牌,不断丰富品牌内涵、延伸辐射触角、推动工作破局,有效增强和发挥基层党组织政治功能和组织功能。突出抓品牌创新。聚焦党建与业务融合,探索系统党建工作联建联创机制,构建内容上"理论联学、活动联建、项目联创"、形式上"上下联动、内部联合、外部联通"、效果上"联推发展、联手为民、联抓治理"的党建联建联创机制,相关经验做法被市委组织部肯定。在全市率先与社会工作部深化合作,牵头党建引领"检察护企"专项行动,党组层面和党支部层面通过签订合作协议、发布法律指引等形式,推动以高质量党建引领高质效履职。突出抓融合发展。紧扣党建与业务相融互促、同频共振,制定长宁区检察院"五抓五强化"工作举措,举办党建与业务深度融合典型案例现场讲评活动,形成多个特色鲜明、作用突出的融合品牌,不断放大履职融合的成效。坚持从立项、推进、评估、总结等入手,全方位加强对典型案例的培育、指导和打磨,2个案例获评全市检察机关党建与业务深度融合典型(推荐)案例,检察队伍意识不断增强。突出抓标准规范。牢牢把握"大抓基层、大抓支部"的鲜明导向,务实推进党支部规范化标准化建设,推行党支部基础工作清单式管理,实现建有标尺、行有准则、管有依据。探索基础党务"每月一提示、每季度一展示、每半年一检查、每年一评议"的"四个一"机制,通过制发工作提示、开展支部记录册填写和党费使用管理等专项检查督促等方式,确保"三会一课"、党员政治生日、民主评议党员等组织生活制度落实。突出抓关心关爱。注重思想关怀,制定《长宁区检察院思想动态和心理状况分析工作办法》,把握岗位变动、组织处理、家庭变故、发现苗头性问题等节点,坦诚相见、交流思想,针对性给予提醒帮助、心理疏导。注重生活关爱,全面排摸困难党员实情,结合"七一"、春节等节点开展常态化走访慰问,对关爱对象实行动态管理、长效帮扶。注重工作关心,发挥群团组织作用,推进关爱暖心、文化修身和强体健身等系列活动,为干警沉心工作提供良好氛围。

3. 抓实文化润检,确保管出战斗力。检察文化是队伍管理的抓手。长宁区检察院充分发挥检察文化立精神支柱、树价值标杆、育时代新人的作用,锻造求真务实、实干担当的新时代检察队伍。用"英模文化"提升成色。深入挖掘身边因公殉职同志的精神品质,其先进事迹获最高人民检察院主要负责同志,以及市委、市检察院领导多次批示,被《人民日报》、《法治日报(内参)》、《检察风云》杂志,以及"伴公汀""上观新闻"等多家媒体平台报道,产生积极广泛的社会影响。精心培育选树先进典型,涌现出上海市青年五四奖章集体、一星级上海市青年文明号等优秀集体,上海市人民满意的公务员、上海市优秀党务工作者等先进个人。用"机关文化"塑造本色。打造干警精神家园,构建院史陈列室、检察文化长廊、主题文化展板"三位一体"的检察文化阵地,弘扬共同价值理念和行为准则。常态化开展"12·4"宪法宣誓、新入额检察官宣誓、颁发"从检三十年"检察荣誉章等富有检察仪式感工作,提升检察职业尊荣感和认同感。积极开展青年阅读马拉松超级赛、"凝心聚力向未来"检察文艺会演、盆栽景观制作等干警喜闻乐见的文体活动,营造团结和谐的文化氛围,提升队伍凝聚力和向心力。用"廉洁文化"擦亮底色。把加强廉洁文化建设作为一体推进不敢腐、不能腐、不想腐的基础性工程抓紧抓实抓好,出台长宁区《关于加强新时代廉洁文化建设的实施意见》,细化制定"建设廉洁家风、弘扬廉洁风尚等"10条举措,用优秀文化涵养清廉精神境界。用好廉洁文化资源,丰富廉政教育形式,与区法院团总支联合开展"党纪铭在心 清廉落到行"等主题活动,教育引导干警尊廉、守廉、倡廉,让心存敬畏、手存戒尺真正成为日常自觉。

(二)存在的问题

在理论学习上,检察队伍学思用贯通、知信行统一上还要持续加强。对习近平新时代中国特色社会主义思想蕴含的新理念、新精神的吸收转化还有不足,思想认识和政治新常态还未同频共振,思想政治教育与司法理念教育、检察职业道德教育融合不够,针对队伍管理实际开展思想政治工作的思路、举措还不够多,科学运用蕴含其中的世界观方法论观察、分析、解决队伍管理方面问题做得不够。在党建引领上,深刻理解、准确把握推动党建与业务深度融合的重要意义不够,实践中还存在"政治与业务脱节、党建工作和中心工作脱节、学用脱节、供需脱节、形式和内容脱节、考核和奖惩脱节"等倾向,以高质量党建引领高质效履职、激活队伍管理"原动力"方面做得还不够。在文化润检上,对检察文化内涵及功能认识不清,检察文化建设浮于表面,与履行法律监督职责没有实质联系,缺少针对性和实效性;检察文化建设形式单一、内容单调、特色不足,难以调动检察人员参与检察文化建设的积极性;发挥检察文化控制功能、激励功能和物质功能还不足,还没有把检察文化作为开展法律监督、加强队伍管理的方式和手段。

三、在干部队伍方面的主要做法与问题

(一)主要做法

1.以党管干部队伍为根本,鲜明树立现代化选人用人正确导向。一是坚持党对干部工作的绝对领导。深入践行新时代党的组织路线和干部工作方针政策,认真贯彻落实党管干部的责任要求,坚定干部工作的正确政治方向,把党的领导贯穿检察队伍建设全过程各方面。对照党中央关于干部队伍建设的工作要求,坚持以事择人、人岗相适的原则,树立新时代新担当新作为的用人导向,始终将政治标准放在首要位置,注重工作实绩,从严监督管理干部,把新时代好干部标准落到实处。长宁区检察院党组切实履行干部队伍建设主体责任,充分发挥领导和把关定向作用,不任人唯亲,不搞"一言堂",坚决防止选人用人上的不正之风。二是规范开展选人用人工作程序。长宁区检察院严格执行《党政领导干部选拔任用工作条例》以及中共中央组织部、上海市委组织部、上海市检察

院和长宁区委组织部各项选人用人工作政策法规。按计划分批次提拔,保证干部培养成熟再提任,控制好干部选拔工作的节奏,形成干部梯队的可持续发展。针对每次选人用人工作出台公示细化的实施办法,开展民主推荐、组织考察,落实"凡提四必"的工作要求,通过民主测评、个别访谈、干部档案核查、个人社会诚信审查、个人有关事项填报、征求纪检监察部门意见等方式,全面、客观了解干部的德才表现,经党组会讨论决定确定任职人选,进行任职公示。认真实施干部选拔任用全过程纪实,深化选人用人痕迹管理,不断提高选人用人工作的规范化水平。

2. 以干部选拔任用为抓手,逐步健全现代化干部培养锻炼机制。一是大力选育管用优秀年轻干部。长宁区检察院建立见习主任、行政主任、部门副主任、部门主任的培养梯队,合理使用好各年龄段干部。实行见习主任机制,依托集中储备、动态调配、统筹优选、储用结合的管理机制,实行提拔一批、成熟一批、保留一批、增补一批的动态管理模式。分别选任首批 15 名、第二期 14 名青年业务骨干担任部门见习主任,以月度、季度和年度为周期,通过"写调研""学理论""领专项""建项目""上讲台"等项目的培养孵化,与分管领导、中层干部协同搭班,统筹推进任务分解和跟踪问效,推动见习主任政治素质、业务素能和领导素养的综合能力提升。两期见习主任中晋升职级 19 人次,提任领导职务 6 人次,为长宁区检察院中坚力量注入了新的活力,人才"蓄水池"作用初步显现,优秀年轻干部选育管用的全链条机制逐步完善。二是抓住关键时刻选派干部历练成长。2019 年以来,长宁区检察院先后选派 6 名干警驻沪西农场院和四岔河农场院进行为期两年的岗位锻炼;选派 2 位 90 后青年干警分别到西藏日喀则和青海果洛对口支援,在艰苦岗位中磨炼意志、增长才干。针对性选派优秀年轻干部到系统内外、党建、巡察、信访窗口等岗位磨砺锻炼,50 余人次干警借调最高人民检察院、市委政法委、市检察院、区委政法委、区委组织部等部门参与重要专项工作。组建"青宁盟"志愿服务队伍,40 余名青年干警轮班驻点检察护企工作站,下沉社区、街道一线等参与志愿服务。聚焦关键时刻、重要节点考察识别干部,把干部在急难险重任务落实中的实际表现作为考察素质能力的重要内容,不断推动干部在攻坚克难中提升能力素质、锤炼责任担当。

3. 以人员分类管理为核心,统筹推进现代化检察队伍平衡发展。人员分类管理改革后,检察机关的人员被分类定岗为员额检察官、检察辅助人员、司法行政人员三类,各类人员按照既定的岗位要求履行各自的职责。一是有序开展检察官单独职务序列管理。实行检察官员额动态管理机制,杜绝"因人设岗""人岗错位"的情况,形成良好入额导向。严把检察官入口关,做好检察官遴选入额工作,对于不符合"准入"条件或存在禁止入额情形的,坚决不予入额。严格实行"一方退出"制度,3名检察官先后因配偶担任律师退出员额,转任司法行政人员。自2015年司法改革以来,长宁区检察院提请人大任命检察员34人,因退休、调离、辞职等免去检察员职务34人。二是建立健全不同序列人员常态化管理机制。检察官助理、检察技术人员、司法行政人员和执法勤务警员先后完成职务职级并行套改,按各自人员序列进行职数管理、设置晋升资格条件。2019年职务职级并行制度实施以来,长宁区检察院提任科级领导职务25名,综合管理类公务员、检察官助理及执法勤务警员职级晋升102人次,加强搭建科学合理的干部职级梯次。三是注重检察干部分类招录与交流锻炼。2015年以来,长宁区检察院分类招录检察官助理45人,100%具有法学专业背景,均配备在一线办案部门。健全适应融合履职要求的同类别检察人员交流机制,结合个人岗位适配度、专业能力和部门职位空缺等情况,在同一人员类别中适时调整干警任职岗位,近5年跨部门跨条线交流任职74人次,拓宽干警职业发展通道。四是统筹开展辅助文员规范化管理。长宁区检察院自2011年起面向社会公开招聘辅助文员,由长宁区人才服务机构与本人签订劳务合同,派遣到检察机关辅助文员岗位工作,由长宁区检察院负责人员管理。统一执行考勤考核、因私出国(境)、保密管理、纪律规范等各项机关管理规章和制度,组织参加政治学习和业务学习,并接受所在部门的行政管理和业务指导。根据辅助文员工作职责和岗位需要,组织业务实训或技能竞赛,提升业务技能和岗位履职能力。以辅助文员岗位职责和承担工作为依据,参照公务员考核内容和标准,全面考核德、能、勤、绩、廉,重点考核工作实绩。年度考核结果与绩效考核奖金挂钩,是劳动合同续签或者解除、终止劳动合同的重要依据。

4.以严管厚爱并举为关键,全面确保现代化职业保障落实落细。一是夯实干部日常监督管理。从严从紧抓实干部监督各项举措,严格落实个人有关事项报告制度。自2019年以来,长宁区检察院组织区管干部年度集中报告203人次,拟提拔考察对象提任报告74人次。持之以恒改进作风、严肃纪律,规范干警离任从业情况管理,落实检察人员配偶、子女及其配偶禁业清单,开展干部配偶、子女从业行为登记报告。规范领导干部配偶、子女及其配偶经商办企业行为，开展在职干警和退休干部在企业、社会组织兼职情况统计，"五眼联盟"国家安全防范工作情况排摸，核查配偶、子女移居国（境）外情况。结合政法队伍教育整顿，开展干警及家属违规从事经营活动、违规参股借贷和检察官离任后违规从事律师职业、充当司法掮客专项整治。二是持续性关心关怀检察干警。坚持政治上激励、工作上鼓劲、待遇上保障、人文上关怀，持续加强基层检察人员工资晋升调整，社保、公积金基数、所得税调整，住房货币补贴发放等工资津补贴规范管理，落实医疗保障、公务交通补贴、绩效工资等待遇。持续做好暖检爱检，完善定期体检、带薪休假、健康疗养、荣誉退休、谈心谈话和走访慰问等制度。长宁区检察院从干警实际需求出发，在工作环境、后勤服务等方面切实优化检务保障，解决干警后顾之忧，提升干警获得感和队伍凝聚力。发扬从优待检精神，对干警生病住院、父母故世、长期外派工作等十几种困难情形给予不同标准的补助，健全关心帮扶机制。

5. 以综合考评体系为依托，正向激励现代化检察人员担当作为。一是依托政治素质考核促实诚。将政治标准作为第一标准，长宁区检察院出台《长宁区人民检察院干部政治素质考察办法》，建立政治性表现评估机制，全面精准评价干部"政治体质"，考实考细干部德才表现，用好用准优秀干部。在开展任职考察、职（等）级晋升考察、评优评先、考核奖励和先进典型培树等工作中，同步开展政治素质考察，通过自查自评、访谈互评、专项测评等方法，结合日常了解与重点跟踪了解，全面掌握干部在履职尽责、重大案件办理、急难险重任务承担中的现实表现。及时对政治素质好、政治能力强、有政治担当的新时代好干部进行表彰宣传，大力营造见贤思齐、奋发有为、干事创业的浓厚氛围。有针对性地加强干部理论学习、党性教育和实践锻炼，强化干部监督管理，提高队伍整体素质。二是依托平时考核促实绩。以强作风、重落实、提效能为导向，对标"考实、评准、用好"要求，持续提升平时考核实效性和科学性，做到"平时有数、用时有据"，为识别评价干部提供科学参考。重点考核检察人员完成日常工作任务、阶段工作目标情况以及出勤情况，采取被考核人填写工作总结，主管领导予以审核评价的方式进行，以量化评分的方式，结合业绩指标、共性指标和综合评价三个维度确定平时考核得分。在承担急难险重任务、处理复杂问题、应对重大考验时，表现突出、有显著成绩和贡献的干部，当期考核结果可以直接确定为好等次,更好凸显导向作用和激励功能。三是依托绩效考核促实干。全面更新绩效考核理念,坚持"奖优罚劣、奖勤罚懒"导向,建立全面考核三类人员的绩效考核机制和奖金分配模式,调动各类人员的工作积极性。依据责任轻重、办案质量、办案数量和办案难度等因素,细化制定绩效考核奖金激励方案,凸显基层一线办案检察官的工作实绩和个体贡献。设置业绩奖、综合奖、质效奖、履职奖和贡献奖五大类,通过上浮和下调奖金系数,区分"干与不干、干多干少、干好干差"的不同。通过激励奖金分配明细公示,在接受干警监督、提升说服力和透明度基础上,让被奖励的干警增强荣誉感,对被扣减的干警加以鞭策,使奖金激励成为释放检察生产力的有效手段。

(二)存在的问题

1. 队伍建设的系统性、前瞻性谋划不足。一是干部梯队结构仍不够合理。基层检察院干部结构有待优化,中层干部平均年龄偏大,尚未形成"老中青"梯次的合理分布。从长宁区检察院的情况来看,目前中层干部平均年龄41岁,其中40岁以上占比53.3%,90后中层干部仅有2人,与兄弟区检察院比年龄结构相对老化。二是年轻干部培养体系尚未健全。干部的培养使用需要提早谋划,但目前对未来5年、10年甚至更长一段时间的系统性规划还不清晰,选才、育才、成才、用才的全链条人才培育体系尚未健全。三是队伍整体竞争力有待提升。近几年长宁区检察院干警在各类业务竞赛中成绩都不理想,近7年中仅出现6位业务竞赛能手和标兵。院层面对评比的重视程度不够,在统一规划、统一培训、激励方式上支持力度不足、保障不够有力。

2. 干部队伍储备人才欠缺。基层检察院专业化、高层次、复合型检察干部缺乏,优秀年轻干部培养锻炼、梯次储备不足,存在干部"断层"的危险。一是专业干部后备不足。例如,民事、行政检察业务条线干部年龄两极分化,能够办理重大、疑难、复杂案件的"中坚人才"不多,近两年新招录进院的"新手"社会经验不足,释法说理和群众工作能力欠缺,业务能力的精进还需较长时间的磨砺。二是复合型领军人才匮乏。近年来,长宁区检察院涉互联网案件数量不断上升,但目前精通办理互联网、金融、知识产权等案件的复合型人才稀缺,应对复杂形势和新类型犯罪的知识储备还不足。在全国、全市具有影响力的领军人才极度缺乏,仅有1人被纳入全国检察人才库。三是中层干部储备不够。根据文件规定,担任业务部门副职的应当现任二级检察官以上等级,而刚入额的优秀年轻干部一般为三级或四级检察官,要达到中层任职条件至少还需要2年的时间,短期内可使用的后备队伍存在缺口。

3. 人员交流发展通道较窄。在内部交流方面,人员分类管理导致新进干警工作领域的相对单一和固化。业务部门干部缺乏综合管理能力,而行政部门干部缺乏业务知识,这对各自的长远发展都造成了一定的局限性。以长宁区检察院司法行政人员为例,检察工作年限普遍较短,缺乏业务工作经历。其中仅有6人曾有多年业务工作经历,另有5人曾在业务部门短期工作过,其他18人均无任何检察业务工作经历。在对外交流方面,更多只在法检之间、政法系统内交流,难以纳入党政干部调整交流的大盘子,缺少与外系统外单位交流任职的渠道,近5年仅有2人转任交流至其他党政机关工作。

四、在专业能力方面的主要做法与问题

(一)主要做法

1. 人才"蓄水",实现队伍可持续发展。严格落实新时代好干部标准,为干警成长成才创造氛围、搭建平台、提供条件,形成"检察成就人才、人才成就检察"的生动景象。一是完善阶梯式人才培养模式。贯彻落实全国、全市检察机关队伍建设工作会议精神,出台基层检察院《关于加强新时代检察队伍建设的实施意见》,谋划部署在党的政治建设、人才队伍建设、专业能力建设、纪律作风建设等方面举措,细化任务分工,明确牵头领导、责任部门以及时间节点。科学谋定人才队伍建设中长期发展规划,构建"业务苗子—业务骨干—业务标兵—业务专家"梯队培养机制。二是培育"长青班"青年培育品牌。深挖青年干警潜力,科学制定"基础培养+强化培养+综合培养"模式,构建多样化党性与职业素能锻炼的"长青班"青年干警培育品牌。深耕"长青训练营""长剑论坛"等项目,选拔各条线青年业务骨干上讲台开展业务授课,牵头部门重点考核项目、急难险重任务,完成专题调研项目,列席检察委员会等,快速打磨综合能力。建立一项目一分析、一季度一点评动态考评机制,分层分类评价、管理和培育。三是拓展轮岗交流新范式。完善横向一体衔接,打破本院部门壁垒、职能界限,分阶段安排青年干警进行"四大检察"轮岗交流,"行政+业务"跟班学习,在办理重要案件、参与重点工作中提升综合素能。加强纵向一体贯通,选派优秀干部到最高人民检察院、上海市检察院、市分院以及系统内外开展"跨层级""跨领域"

轮岗锻炼,促进成长成才。深化检校合作机制,与华东政法大学青少年司法研究所、华东检察研究院等专业院校签署共建协议,在党建联建、人才培养、理论调研等领域拓展合作。

2. 能力"淬炼",谋划业务培训新举措。以推进检察工作能力现代化为目标,积极构建"一个导向、一个平台、一个机制"的"三位一体"岗位实训体系,构建集中培训与日常学习相结合、线上线下互为补充的立体培训机制。一是坚持实战实用实效导向。坚持需求为本,通过座谈、调研等广泛征求意见,了解"本领恐慌"根源、打通工作"堵点",在此基础上科学制定各部门年度岗位实训项目,构建理论教学、实务讲授、典型案例研讨、模拟辩论等适应实践需要的实训内容。认真落实"三个善于",通过优秀案例评选、反向审视等方式,正反结合引导检察人员更加全面深刻领悟"三个善于"内涵,真正践行到具体办案中,更好实现"高质效办好每一个案件"。二是打造岗位练兵实训平台。制定《业务实训三年规划》和本年度实施方案,持续开展实战化、磨刀式的业务练赛,注重抓实成果反馈和项目化跟踪。组建业务竞赛"备赛小组",推荐青年业务骨干参与市院条线业务竞赛活动,组建团队参与分院模拟法庭竞赛系列实战演练。细化政策保障,将备赛参选、奖项申报情况与年度绩效考核挂钩,细化"三优一能"选手或重大荣誉获得者在干部选拔任用、职级晋升、检察官入额等方面激励机制。三是完善业务培训制度机制。丰富课程资源,开设"长剑坊""长剑论坛"等"长剑"系列讲堂,分层分类开展覆盖"四大检察"的实务课程,模拟法庭、综合答辩等实训课程,一体推进"学用赛练"。配强师资力量,加强兼职教师培育力度,深入落实"领导干部上讲台""检察官教检察官",邀请检察英模、全国优秀公诉人、市分院业务专家等"传经送宝",提升业务培训质效。

(二)存在的问题

1. 检察履职的能力距离"高质效办好每一个案件"的要求还有差距。最高人民检察院在各地探索基础上,研究提出了"三个结构比"("四大检察"的履职结构比,依程序办案与依职权监督的案件结构比,依程序移送、依申请受案与主动发现的案源结构比)。[①] 面对检察履职办案方式的不断变化,检察人员对"四

---

① 参见《事关"四大检察":最高检密集提及"三个机构比"有何深意?》,载微信公众号"检察日报正义网"2024年6月13日,https://mp.weixin.qq.com/s?_biz=MzAxNjMyNzMwMg。

大检察"案件总体态势、监督职责履行情况等理解认识还不够深刻、把握还不够精准。履职能力距离"会批捕、会起诉、会监督、会说理、会治理"的要求还有不小的差距,"不专""不会""不力"等问题仍待着力解决。

2.教育培训的质效与基层检察人员的需求还不匹配。一方面,三级院一体化合力有待增强。上海市作为直辖市,三级院全员全覆盖业务培训均是由市检察院组织,分院和基层检察院通常负责本院的日常岗位练兵,辖区内各基层检察院间进行资源共享,开展联合培训、业务研讨等还不是非常频繁。另一方面,基层检察机关自身在教育培训工作体系建设上还不够到位。教育培训内容资源、师资课程、培训阵地、教学管理、考核评估等基础性工作周期长、见效慢,制约了基层检察机关教育培训工作的发展及成效。

3.业务竞赛练兵的成效发挥尚不充分。从院级层面来看,直辖市业务员竞赛选拔只有市级和院级两个层面,院级层面组织选拔难以操作。从干警个人层面来看,基层干警参与市级业务竞赛的积极性并不高。一方面,受限于基层检察院相对较为繁重的办案量,以及基层检察院在岗位练兵工作组织上等弱势;另一方面,竞赛激励作用还不够明显。比如,检察官助理参评业务竞赛,虽然在遴选入额时可以加分,但是计入总分的权重并不高。相比而言,司法体制改革之前业务竞赛中获评为业务标兵的助理检察员,在检察员考试中可以直接免于笔试。

五、在纪律作风方面的主要做法与问题

(一)主要做法

1.全面从严治检,抓实内部监管。一是健全"四责协同"运行机制。长宁区检察院制定院《推进全面从严治党"四责协同"机制建设责任清单》,明确五个层面共31项责任内容、责任举措、牵头领导或责任部门和时间节点,促进院党组主体责任、纪检监察的监督责任、党组书记的第一责任和班子成员、中层干部的"一岗双责"落实到位。加强对"四责协同"机制落实情况的监督检查,督促各责任主体对标"四责协同"实施办法、主体责任清单、"一岗双责"清单等开展对照检查。每年度,院党组书记、检察长主持召开全院党风廉政建设大会和警示教育大会,每两年党组与各部门负责人签订党风廉政建设责任书,持续落实院领导参加部门季度廉政教育讲评常态化机制,层层传递责任。二是注重监督

"关键少数"。贯彻落实党中央和市委要求,对"一把手"和领导班子落实全面从严治党责任、执行民主集中制、依规依法履职用权等情况开展监督。班子成员制定全面从严治党"问题、责任、项目"三张清单,确定重点项目,进一步巩固知责明责、履责尽责、考责问责的工作闭环,同时向基层党支部拓展延伸、层层传导压力。用好驻院纪检监察组组长参加民主生活会、党组会、检察委员会等相关机制,加强对"三重一大"决策事项和重要案件集体研究决策情况的监督。三是强化检察权监督制约。围绕"捕诉一体"后检察办案新模式新风险,不断完善聚焦精准、覆盖"四大检察"的廉政风险防控机制。开展"办理不捕、捕后变更、不诉案件廉政风险防控工作指引"执行情况等专项检务督察,常态化做好晋升晋级人员集体廉政谈话及纪律条规测试。近年来,就结案归档、"窗口"接待等进行"飞行检查"80余次。严格执行新时代政法干警"十个严禁"和"三个规定",记录报告过问或干预、插手司法办案等重大事项,筑牢防范人情案、关系案、金钱案的制度"堤坝"。

2.强化纪律教育,严格正风肃纪。深入查摆遵规守纪方面存在的突出问题和风险苗头,与纠治"庸懒散""等靠要堵推"等不良作风相互联动、系统施治。一是落实全面从严治党责任。党组专题研究全面从严治党工作,并加强与派驻纪检组全面从严治党会商,探索监督职能贯通融合,形成监督合力。修订完善"四责协同"机制实施办法,综合运用专项督察、问题核查、定期通报等方式强化机制运行,持续压紧压实"一岗双责"。每年制定出台《院党组落实全面从严治党主体责任年度任务安排的措施》,形成6方面21项任务安排,推动全面从严管党治检向纵深发展。二是强化纪律作风督察。持续开展群众身边不正之风和腐败问题集中整治,深入实施"净风行动",中层以上干部签署承诺书,紧盯违规吃喝背后的委托请托、打探案情、勾兑案件等问题,打好廉洁从检"预防针"。主动接受上级检察院的专项整治督察,对落实上级部署要求、重要制度和上海市检察院党组重点任务安排推进落实情况全面自查、充分准备、全力配合、积极整改。围绕严格执行考勤管理办法、着装和仪容规定等内部管理规定情况开展即时督察,以好作风提振精气神。对于发现的干警违规违纪问题,及时、严肃开展处理。三是开展专题党纪学习。结合每年开展的集中性学习活动,深入学习贯彻习近平总书记关于党规党纪的重要讲话和重要指示精神,牢牢把握"学纪、知纪、明纪、守纪"目标要求,紧扣"严"字部署、围绕"实"字推进,将廉政教育资源用足用好。每年深入学习区委警示教育大会和全市检察机关党风廉政建设会议精神,分批次组织参观区从严治党警示教育基地,引导干警保持"敬畏之心",增强纪法意识。在院内定期召开警示教育会,分析当前党风廉政建设和反腐败斗争形势,推动党员干警时刻保持高度警惕警醒。通过开展"沉浸式"旁听庭审,集中观看警示教育片等,从内容和形式上增强代入感,提高针对性和震撼力。

(二)存在的问题

1. 虽然基层检察机关能够通过制定党风廉政建设会议任务分工方案、责任清单等方式推进廉政工作,但在推进落实及跟踪问效方面,还需常抓不懈。近年来,长宁区检察院仍有干警因作风问题受到党纪、政纪处分,尤其是青年干警在"八小时外"的生活作风问题,是当前需要监督、管理的重点。

2. 贯彻执行防止干预司法"三个规定"及重大事项记录报告制度方面需进一步严格把握。当前仍然存在基层检察机关对报告事项范围要求把握不到位的情况,检察人员及时规范准确填报的自觉性还有待进一步提高。

第四节 加强基层检察机关队伍管理,提升现代化水平的路径探索

当前,检察队伍管理中存在的各种问题和短板还在制约检察事业的发展。加强检察队伍管理、提升队伍建设实效,是加强检察队伍专业化建设,从而提升法律监督能力、推进检察工作现代化的必经途径。当前和今后一个时期,必须加快推进检察队伍管理理念、体系、机制、能力的现代化更迭,全面提升对检察队伍管理规律性把握和科学化水平。据此,我们认为,可从以下几个方面探索现代化的基层检察队伍管理路径。

一、思想政治方面

(一)坚持政治统领队伍管理,突出政治标准和正确导向

党的思想政治工作是检察队伍管理的重要资源,要完善经常性思想政治教

育机制,让坚定拥护"两个确立"、坚决做到"两个维护"成为检察队伍的鲜明政治底色。一要举旗帜,永葆政治本色。"首关不过、余关莫论"。旗帜鲜明讲政治始终是第一位的要求。要胸怀"国之大者",自觉以国家政治安全为大、以人民为重、以坚持和发展中国特色社会主义为本,不断提高政治判断力、政治领悟力、政治执行力。做深做实政治素质考察,经常性开展政治体检,确保"刀把子"牢牢掌握在党和人民手中,始终做到"让党放心、让人民满意"。落实意识形态工作责任制,引导干警认清新形势下意识形态领域斗争的复杂性、长期性,坚决抵制西方"宪政""三权鼎立""司法独立"等错误思潮侵蚀,展现高度的政治自觉和责任担当。二要重教育,加强理论武装。思想统一是党的团结统一最深厚最持久最可靠的保证。其一,突出理论强党。把系统掌握马克思主义理论作为看家本领,把深入学习贯彻习近平新时代中国特色社会主义思想作为首要政治任务,认真学习宣传贯彻党的二十大精神及其系列全会精神,拓展多层次、全覆盖的理论学习格局,推动学习往深里走、往心里走、往实里走。其二,强化思想追随。一体学习习近平法治思想、习近平总书记对政法工作的重要指示和考察上海重要讲话精神,推动"第一议题"等制度落实,加强青年理论学习小组建设,时常对标对表、校准方向、激发动力,把学习成果转化为推动检察工作高质量发展的科学思路、有力举措。三要立规矩,严守纪律底线。只有严明的纪律才能确保全党目标一致、团结一致、步调一致。要认真落实《中国共产党政法工作条例》及市委实施细则,严格执行重大事项、重大敏感案件请示报告制度,自觉把各项检察工作置于党的绝对领导之下。健全贯彻习近平总书记重要讲话、重要指示和党中央重大决策部署闭环落实、督查问责机制,自觉在思想上、政治上、行动上同以习近平同志为核心的党中央保持高度一致,做到党中央提倡的坚决响应、党中央决定的坚决执行、党中央禁止的坚决不做。巩固深化党纪学习教育和检察队伍教育整顿成果,把学习贯彻党章和《中国共产党纪律处分条例》《检察人员纪律处分条例》作为基础性、长期性工作,严肃党内政治生活,净化党内政治生态,推进全面从严治党向纵深发展。

(二)坚持党建引领队伍管理,发挥政治优势和组织优势

习近平总书记关于党的建设的重要思想,为深入推进新时代检察队伍管理提供了根本遵循和行动指南,必须坚持抓党建带全局,抓好三个重点,以高质量党建提升队伍管理现代化水平。一要提升组织力,深化组织赋能。习近平总书

记指出,"党的力量来自组织,党的全面领导、党的全部工作要靠党的坚强组织体系去实现"。① 要加强标准化规范化建设,落实好"三会一课"、主题党日等组织生活制度,持续整顿软弱涣散基层党组织,从严加强党员教育管理,推动全面进步、全面过硬。对标"让党中央放心、让人民群众满意"要求,强化模范机关和"四强"党支部创建,做到以评促创、以创促建,常抓不懈、久久为功,持续增强政治功能和组织功能。坚持密切联系群众,以贯彻全过程人民民主理念、党员"双报到"等制度为牵引,组织开展形式丰富、务实为民的志愿服务等活动,着力树"先锋意识"、炼"先锋队伍"、强"先锋组织"。二要加强系统性,推进融合发展。推进党建与业务深度融合是加强检察队伍管理的重要抓手,我们认为,需要系统构建融合性思想、话语、行为和评价体系。要深入挖掘、阐释党建与业务深度融合的思想内涵、目标意义、实现路径,提升队伍管理的能力水平。推动思想转化为话语,对外突出讲政治与讲法治、讲政治与抓业务相统一的宣传内核,对内提炼"检察机关首先是政治机关"等标识性话语,推动内化于心、外化于行。坚持把"为大局服务、为人民司法、为法治担当"体现到日常履职和言行举止上,更好领悟和践行"三个善于"。发挥考核的指挥棒作用、选拔任用的导向作用,把政治性评价作为重要标准,切实把讲政治从外部要求转化为内在主动。三要深耕品牌化,释放管理效能。好的品牌是一面旗帜,对于加强新时代检察队伍管理具有重要意义,要以建设"1+N"党建品牌矩阵牵引检察队伍管理。院层面要全面总结提炼党建领域经验做法,着力培树1个"母品牌"。比如,长宁区检察院要在联建联创"三三制"基础上,因地制宜出台党建联建联创实施办法,打造"上下一体、系统集成、联建联创、赋能增效"的党建工作体系,进一步推动"党建强、发展强"。支部层面要结合地区发展愿景和自身职能实际,深化"一支部一品牌"建设,孵化多个具有政治底色、法治底蕴、特色鲜明的"子品牌",强化党组织的凝聚力和向心力,推动党员干部队伍思想有高度、履职有法度、服务有温度。

(三)坚持文化推动队伍管理,重塑法治精神和法律人格

坚持以文化固本培元、凝神聚气,一体培育检察职业信仰、理念、精神和道德,展现新时代检察队伍形象。一要培育检察核心价值。坚持以社会主义核心

---

① 2018年7月3日习近平总书记在全国组织工作会议上的讲话。

价值体系和社会主义法治理念为指引,明确检察文化建设的主旋律和大方向,引导干警围绕"强化法律监督、维护公平正义"和"以检察工作现代化服务保障中国式现代化"工作主题,坚守"忠诚、为民、担当、公正、廉洁"的新时代检察精神,建立新时代检察核心价值体系,引领干警深入学习践行检察官职业道德基本准则、职业行为基本规范,并将其融入贯彻于检察工作和队伍管理全过程、各方面,转化为检察人员自觉追求,坚定其政治信仰、强化其法治意识、规范其司法行为。二要培塑检察文化品牌。检察文化品牌是检察职业精神、法律监督价值追求、检察人员精神风貌的集中展示,也是检察文化繁荣发展的重要标志。要聚焦中心、突出重点,经常性开展检察文化品牌培树活动,防止检察文化建设的泛化,构建新时代检察人员的精神家园和强大内核。注重将检察文化与法治文化、廉洁文化、历史文化、地域文化有机结合,深入挖掘检察文化品牌内涵,提升检察文化的凝聚力、传播力和影响力。将检察文化作为检察工作发展的动力源泉,形成"思想持续进步、制度持续改进、工作持续创新"的良性机制。三要培植检察文艺精品。习近平总书记指出,"文艺是时代前进的号角,最能代表一个时代的风貌,最能引领一个时代的风气"。[①] 检察文艺是党的人民文艺事业的重要组成部分,也是社会主义法治文化的重要内容。要坚持文以载道、文以明道、以文化人,充分运用影视、文学等文化载体,推出更多人民群众喜闻乐见的检察文化精品,既保持法律严肃性,又更好地关注社会、面向社会,讲好检察故事、传播好检察声音,展现可信、可爱、可敬的检察形象,实现对检察人员的精神塑造。

二、干部队伍方面

(一)提升全过程科学化管理水平

一要坚持整体谋划。把检察队伍建设放在检察工作全局中谋划和推进,聚焦服务党和国家事业所需、党的检察事业所需、法律监督工作所需,以前瞻性思考、全局性谋划、创新性落实推动检察队伍建设高质量发展。从检察工作规律和检察队伍建设规律出发,坚持顶层设计、目标引领,统筹推进建强组织、配强班子、用好干部、盘活人才、锤炼作风等各项工作,持续提升检察队伍管理整体质效,更好融入和助推检察工作现代化。二要坚持系统培育。建立市检察院主

---

① 2014年10月15日习近平总书记在文艺工作座谈会上的讲话。

导、分院主推、基层检察院主抓的一体化培养平台。要充分发挥市检察院顶层设计、把握宏观政策的优势,分院承上启下、办理疑难复杂案件的优势,基层检察院案件量大、办案实践丰富的优势,构建完善"上下贯通、优势互补、共同培养"的系统性干部培育机制。比如,上海市检察院要加强对检察干部工作的统一领导、研究部署和政策供给,组织实施检察队伍培养各项制度措施,协调解决制约检察队伍管理发展的难点问题。上海市分院要协助市检察院推进落实,指导辖区检察院干部培养工作,探索完善辖区内各类检察人才参与集中办案、课题研究、专项任务尤其是创新项目等工作机制。同时,加强自身干部培养。上海市长宁区检察院要发挥检察人才培养主阵地作用,结合本院队伍实际,抓好日常干部培养。三要坚持科学使用。树立指标导向,加强过程管理,建立健全科学合理、务实有效的管理制度机制,提高知事识人穿透力精准度。健全落实优秀年轻干部日常发现、跟踪培养、适时使用、从严管理的常态化工作机制。完善检察队伍评价体系,强化考核结果运用,推动能上能下,做实奖优罚劣。对改革创新工作中表现突出的部门和个人,在年底考核、职级晋升、表彰奖励等方面给予有感受度的倾斜,推动形成劳有所得、创有所获的良好生态。

（二）构建干部引进储备培养体系

年轻干部是党和国家事业发展的生力军,要以高度的政治责任感、历史使命感抓好后继有人这个根本大计,构建层次合理、后备丰富的干部梯队,为检察事业高质量发展提供坚实人才保障。一要多渠道招贤纳才。用足用好招录、转任、调任等政策,加快引进检察侦查、民事、行政、知识产权、金融证券、涉外法治、数字检察等方面紧缺人才。建立与"双一流"高校、本地区知名高校的合作机制,加大选调生工作力度,提升研究生学历人员比例。比如,可以积极争取市公务员局支持,面向985、211等重点大学院校定向选拔选调生,进一步做好检察事业人才储备。也可以与纪委监委、公安、法院等系统沟通协调,择优选择专业急需、能力强、敢担当的人才充实检察队伍。二要多层次建立储备梯队。围绕"近期可用、中期培养、长期储备"三重梯队,进一步健全干部培养长期规划,聚焦不同主体特点、不同阶段需要,不断创新载体、拓延内容、优化机制。定期开展优秀年轻干部专题调研,着力发现不同年龄层次的年轻干部苗子,分类建立干部人才库。完善见习主任选拔、培养等机制,大胆使用政治素质过硬、工作实绩突出、群众认可度高的年轻干部。健全上下联动的全链条接续培养锻炼机制,推进年轻干部交流任职、跟班学习、实践锻炼、参与重点工作等,有针对性开展跨条线跨部门多岗位任职培养。全方位提升政治素质、业务素能、职业道德素养和综合履职能力,为加快推进检察工作现代化提供坚实人才保证和智力支撑。三要分阶段培养检察官助理。作为检察官后备力量的检察官助理,是基层检察机关的重要办案力量,也是检察队伍管理的重点对象。探索实行检察官助理分阶段培养训练和履职管理,对于新任职的检察官助理主要加强基础性、程序性检察辅助事务和办案规范的训练,对于具备一定辅助办案经验的检察官助理,主要强化审查案件材料、草拟法律文书、参与侦查调查等实质性行使检察职权的办案技能训练。从事法律工作达到一定年限、业务能力较强、工作业绩较为突出、拟作为检察官人选的人员,可以确定为高阶段检察官助理,全面参与各类办案事项,为将来遴选担任检察官后独立办案做好准备。通过分阶段培养训练缓解检察官助理因扎堆遴选、屡考不中、年年备考而产生的焦虑情绪,增强职业认同感,推动检察官助理阶梯式成长成熟,提高胜任当前协助办案和未来独立办案的能力。

(三)畅通各类人员交流发展通道

一要健全不同类别人员有序交流机制。分类管理并非使各类人员相互隔离、彼此阻断,在分类管理改革的基础上,完善内部交流机制,也就是轮岗制度,使人员可以在相同序列和不同序列之间合理流动,增强人员发展动力和队伍活力。以检察工作需要为出发点,在检察人员比例范围内,安排一批优秀的年轻检察官助理到综合部门锻炼,安排若干符合条件的综合部门人员到办案部门帮助工作,科学有序开展双向交流。多岗位工作经历更有利于检察人员的全方位发展,减轻或避免检察人员因为工作内容冗杂重复而产生的职业倦怠感,能使其切身体会其他部门工作的难处,增强队伍的向心力和凝聚力。二要合理规划分类职业发展路径。根据马斯洛的需求层次理论,不同个体对于需求的层次高低不尽相同,要使不同类别个体都得到充分发展,激发对工作的积极主动性和创造性,就要根据不同的需求分类设计激励方案和职业规划。我们认为,可以从检察机关分类管理入手,对不同类别人员制定个性化的发展目标,发挥激励作用。突出检察官行使检察权的业务属性,科学配置检察官人力资源,推动完善检察官逐级遴选制度,落实检察官等级与领导干部选任资格条件相衔接制度。全面提升检察官助理履职专业能力,不局限于固定办案组,在一些重大疑难案件中，灵活调配分组，提供办理各类案件经验的机会，让所有的员额检察官都成为检察官助理的老师而不是沦为某一位员额检察官的打字机器。重视司法行政人员内心需求，基于工作任务繁重、预期发展前景受限、工资待遇不平衡等现实情况，司法行政人员往往会产生心理落差。综合部门领导干部符合检察官任职资格条件的，给予选任至检察业务部门担任领导职务的平台，对具有业务和综合行政岗位工作经历的干部，同等条件下优先任用。有效发挥司法警察辅助检察办案、保障办案安全等职能作用，优化警务运行模式，规范司法警察编队管理。健全检察技术专家评选机制，完善检察技术人员能力认定体系。延伸聘用制书记员发展空间，探索与薪酬待遇、等级晋升挂钩的分级管理制度。面向具备一定工作年限、表现优秀的聘用制书记员，招录一批检察官助理，通过部分职位合理设置司法辅助工作经历条件给予政策倾斜，形成示范效应和激励效果。三要开拓向外输送干部渠道。争取市检察院、区委组织部的支持，畅通基层检察人员与上级检察院、地方党政部门干部的交流渠道。市分院留出一定职位从基层检察院选拔班子成员和部门负责人，加大基层检察院向上输送干部的力度；将检察机关纳入地区党政干部交流的统筹盘子中，加强与地区其他党政部门协调，积极推荐检察人员进入其他党政机关、高等院校、社会团体、行业头部企业等进行岗位锻炼、交流任职，实现检察人员全方位、立体式发展，打通横向输送基层优秀检察干部的路径。

三、专业能力方面

(一) 抓细人才强检战略

检察队伍专业化建设必须牢牢抓住人才这个第一资源，夯实兴业之本。一要抓纲带目，统筹协调推进。立足当前队伍现状，将检察人才培养与思想政治建设、干部选育管用、专业素能提升、工作品牌呈现、基层基础夯实、从严管理监督等系统谋划、一体推进。遵循人才成长规律，进一步完善人才政治引领、选育管用、梯队建设、评价激励等制度机制的科学性、专业性和长效性，加快形成适应新时代检察事业需要、体现上海区位优势特点、具有一定规模、高质效履职的检察人才队伍，为加快推进检察工作现代化提供坚实人才保证和智力支撑。二要纵横交错，打造"人才矩阵"。在纵向上，建立(直辖市)市检察院主导、分院主推、基层检察院主抓的一体化培养平台。完善干部培养长期规划，用好专业化办案团队、业务竞赛、人才库等机制,逐步形成青年人才经业务竞赛选拔为尖子人才,尖子人才经实践历练成长为骨干人才,骨干人才经长期积累提升为领军人才的发展路径,形成"领军人才—骨干人才—尖子人才—青年人才"培养梯队。在横向上,坚持检察业务能力与综合管理、组织领导能力一体培养,检察业务人才与检察理论研究人才、综合管理人才培养并重,一体提升基层检察队伍政治素质、业务素质、职业道德素质和综合履职能力。结合优秀年轻干部调研,建立储备人才库并进行动态调整,构建结构合理的干部队伍培养梯队。三要立足职能,强化实践锻炼。发挥检察一体化优势,建立健全多渠道、多层次、上下联动的检察队伍岗位锻炼机制,完善省、市级检察机关与基层检察院,以及其他党政机关、研究机构干部的交流锻炼制度规定。深化理论研究、互聘互派、教育培训、实践教学等检校合作机制。

(二)深耕专业能力提升

建设新时代检察队伍,能力是核心,专业化是必由之路。一要在"学什么"上明晰方向,强化法律监督理念引领。坚持以习近平法治思想引领检察工作理念现代化,全方位提升基层检察队伍政治素质、业务素能、职业道德素养和综合履职能力。坚持把政治标准深度融入业务培训,通过讲清案件背后蕴含的价值导向和司法理念,使检察人员善于从法律条文中深刻领悟法治精神,善于从监督案件中准确把握实质法律关系,善于统筹法理情的有机统一。落实指导性案例和典型案(事)例常态化学习机制,推动指导性案例和典型案(事)例进课堂,深入讲解监督理念、办案技巧、履职方式、沟通方法等,实现办理一案、讲解一课、培训一片。二要在"怎么学"上创新方式,提升业务培训质效。聚焦"四大检察"核心能力,统筹开展法律适用、释法说理、服务群众、沟通协调等通用能力培训,突出抓好审查批捕、出庭公诉、检察侦查、诉讼监督、法律文书制作等核心能力培训。注重实战实训,在授课形式上综合运用讲授式、研讨式、案例式、模拟式、体验式、访谈式、行动学习等教学方法,增强培训实效。探索多部门组团式培训,促进"四大检察"融合发展。加强"订单式"培训、"办案+研究+培训"定制化培训,增强培训的针对性。三要在"学得精"上强化保障,充分借力外脑资源。深化检校合作,充分利用高校法学教育资源,建立健全检察机关与法学院校、科研院所合作机制,探索建立青年检察人才"双导师"培养机制,发挥专家学者在专业化办案、专业化研究、专业化培养等方面的理论指导作用。牢固树立

"双赢、多赢、共赢"理念,健全完善法律职业共同体等同堂培训机制。围绕法律监督难点堵点,协同联动监察机关、政法单位和相关行政部门,共同组织开展职务犯罪、金融知识产权犯罪、电信网络犯罪等重点专题同堂培训,统一执法司法理念和标准。完善与外省市检察机关跨地区交流协作和长三角区域联合培训机制,实现教育培训资源共建共享。

(三)推动人才典型选树

一要培树检察英雄模范。检察英模是检察机关中可亲、可敬、可学的光荣群体,是忠诚干净担当的检察标杆。要建立"身边典型"选树机制,大力弘扬劳模精神、工匠精神,常态化推出党员先锋、岗位标兵宣传推介活动,选树一批具有时代特色和检察特征鲜明的检察英模,注重深入挖掘"底色+亮色"的新时代检察英模精神,发挥其精神引领作用,推动全体检察人员见贤思齐、争做先锋,形成学习英模、尊重英模、崇尚英模、争当英模的良好氛围,让"逢先必争、逢旗必夺"蔚然成风。二要建立职业荣誉制度。贯彻落实《中共中央关于加强党的政治建设的意见》《中国共产党政法工作条例》等精神,建立检察人员职业荣誉制度,面向新进人员、初任检察官、退休人员等不同群体,开展发放关怀手册、举行宪法宣誓仪式、致感谢信等针对性活动,增强检察干警职业荣誉感和归属感。落实"三个区分开来",完善检察人员依法履职不实举报澄清保护机制。三要改进法治宣传教育。落实"谁执法,谁普法"的普法责任制,弘扬社会主义核心价值观,引领社会主义法治风尚。紧扣超大城市建设,聚焦提升新时代检察机关法律监督能力,鼓励检察人才参与专业领域案件的庭审直播、媒体采访、法治宣传等活动,讲好新时代检察故事,在社会和群众中树立良好形象,提升检察人才显示度和影响力。

四、纪律作风方面

(一)把作风建设不断引向深入

坚持和完善通报曝光、警示提醒制度,及时传达学习检察系统和本地区违反中央八项规定精神典型案例通报,警醒全体检察人员防微杜渐。紧盯奢靡享乐、违规吃喝易发多发问题,继续用好"飞行检查"等行之有效的管理手段,重点关注关键节点,串点成线,管出习惯。纠治形式主义、官僚主义,尤其要高度重视、大力破除"等靠要堵推"的工作作风问题。充分发挥政治巡察、督察的独特优势。基层检察机关要积极配合上级检察院、本地区党委政府在政治巡察、督察中查找出的问题，落实整改。与省市级检察院"督查式调研"融合，与督查督导督办联动，与廉政风险防控等重点工作结合。更加注重与派驻纪检监察组政治监督的同向发力，继续加强与督查督导等联动配合，形成内部监督合力，督促基层检察院全面、准确、及时地贯彻党中央决策和上级部署要求。更严更实执行防止干预司法"三个规定"。要督促领导干部发挥好"头雁效应"，也要重点关注记录报告情况内容是否符合要求。"三个规定"填报应当是手段而非目标，不应简单关注填报数量的多少和比例，而要通过不断学习、抽查等，转变工作理念，进一步提升填报质量。

（二）一体推进检察机关"三不腐"

一要深化"四责协同"。基层检察机关领导班子和"一把手"要履行好自身的主体责任和第一责任人责任，班子成员、部门负责人要切实履行"一岗双责"，身体力行抓分管领域和所在部门的业务工作和队伍建设，做到同部署、同落实、同检查、同促进，不能做"甩手掌柜"。驻院纪检监察组在监督上发挥着不可替代的重要作用，基层检察机关党组要主动接受、全力支持派驻监督。二要紧盯"关键少数"。必须充分落实上级检察机关对基层检察机关"一把手"和领导班子的监督规定，把对"关键少数"的监督作为重中之重，紧盯责任和权力，督促严于律己、严负其责、严管所辖。要充分发挥巡视巡察利剑作用和内部审计监督作用，紧紧围绕"关键少数"决策权、用人权、司法权、财经权和管理权强化监督制约，寓保护于监督。三要狠抓制度执行。坚持制度完善与制度执行"两手抓""同步抓"，提升制度治理的综合效能。不断推进建章立制，确保将"权力关进制度的笼子"，不给滥用权、乱作为留下空间。例如，可以通过"省—市—区"三级院联动，定期组织制度执行情况专项评估，让制度更为优良、更具刚性、更富实效，实现更高水平的用制度管人管事管案。

（三）推动形成遵规守纪的高度自觉

一要以铁的纪律从严管理。基层检察机关要深入学习贯彻修订后的《中国共产党纪律处分条例》。以学习贯彻《中国共产党纪律处分条例》为契机，按照统一部署，结合自身实际，不断深化集中性纪律教育成果，促使检察人员时刻绷紧纪律这根弦,把遵规守纪铭刻在心、力践于行。坚持执纪必严、违纪必究。要以"零容忍""无禁区"的坚决态度,坚决支持纪委监委和派驻纪检监察组监督执纪,严肃查处检察人员违反"三个规定"、"十个严禁"、最高人民检察院"禁酒令"、"禁业清单"、与律师不正当接触交往等违纪违法问题,执行铁规禁令要越往后越严。二要强化警示教育。运用监督执纪"四种形态"中的前两种形态,批评教育帮助和处理,有效将少数人的问题处理在萌芽状态。要从中发现总结高发易发问题做好警示教育,提醒多数人"勿以恶小而为之"。三要持续用好用活违纪违法典型案例。强化查处一案、警示一片、规范一方的治本作用,使铁的纪律转化为检察人员的日常习惯和自觉遵循。